KNAUR.LEBEN

Robin Sharma

Der 5-Uhr-Club

Gestalte deinen Morgen, und in deinem Leben wird alles möglich

Aus dem Amerikanischen
von Hans Freundl

KNAUR.LEBEN

Die amerikanische Originalausgabe erschien 2018 unter dem Titel
»The 5 am Club« bei HarperCollins Publishers Ltd., Canada.

Besuchen Sie uns im Internet:
www.knaur-leben.de

FSC www.fsc.org
MIX
Papier | Fördert gute Waldnutzung
FSC® C083411

Vollständige Taschenbuchausgabe Januar 2022
Knaur.Leben Taschenbuch

Ein Imprint der Verlagsgruppe
Droemer Knaur GmbH & Co. KG
Landsberger Straße 346, 80687 München

Redaktion: Birgit Förster
Abbildungen im Innenteil von
Mae Besom (S. 36, 59, 139, 158, 255, 346)
und le-tex, Leipzig (S. 225, 353)
Covergestaltung: ZERO Werbeagentur, München
Coverabbildung: Alexander Row
Satz: Adobe InDesign im Verlag
Druck und Bindung: CPI books GmbH, Leck
ISBN 978-3-426-87881-1

Kontaktadresse nach EU-Produktsicherheitsverordnung:
produktsicherheit@droemer-knaur.de

8 10 11 9

Botschaft des Autors und Widmung

Ich bin unendlich dankbar dafür, dass sich dieses Buch nun in Ihren Händen befindet. Meine tiefe Hoffnung ist es, dass es Ihnen helfen möge, Ihre Gaben und Talente in vollem Umfang und auf wunderbare Weise zur Entfaltung zu bringen. Und dass es eine revolutionäre und heldenhafte Transformation Ihrer Kreativität, Ihrer Produktivität und Ihres Wohlergehens und Ihrer Bedeutung für die Welt bewirken möge.

Der 5-Uhr-Club beruht auf einem Konzept und einer Methode, die ich seit mehr als zwanzig Jahren – und mit außergewöhnlichem Erfolg – bekannten Unternehmensführern, Vorstandschefs legendärer Konzerne, Sport-Superstars, berühmten Musikern und zahlreichen Angehörigen von Königshäusern vermittle.

Ich habe dieses Buch in einem Zeitraum von vier Jahren in Italien, Südafrika, Kanada, der Schweiz, in Russland, Brasilien und auf Mauritius geschrieben. Manchmal flossen mir die Worte mühelos in die Tasten, als würde eine leichte Sommerbrise in meinem Rücken wehen, zu anderen Zeiten musste ich kämpfen, um voranzukommen. Manchmal war mir danach zumute, die weiße Flagge der kreativen Erschöpfung zu hissen, in anderen Phasen dieses intensiven geistigen Prozesses aber ermutigte mich das Gefühl einer Verantwortung, die über meine eigenen Bedürfnisse hinausreicht, zum Weitermachen.

Ich habe alles gegeben, was ich zu geben habe, um dieses Buch für Sie zu schreiben. Und ich danke aufrichtig all den großartigen Menschen auf diesem Planeten, die mir bei der Fertigstellung des 5-Uhr-Clubs zur Seite gestanden sind.

Und somit widme ich dieses Werk demütig und aus ganzem Herzen Ihnen, den Lesern. Die Welt braucht mehr Helden, und warum sollten Sie darauf warten – wenn es Ihnen selbst gegeben ist, ein Held zu werden. Fangen Sie heute damit an.

In Liebe und Respekt

Inhalt

»Uns bleibt eine Ewigkeit, um die Siege zu feiern, aber nur ein paar Stunden, bis sie im Sonnenuntergang entschwinden.«
– Amy Carmichael

»Es ist niemals zu spät oder, was mich betrifft, zu früh, um jener Mensch zu werden, der man sein möchte. … Ich hoffe, Sie führen ein Leben, auf das Sie stolz sind. Sollten Sie feststellen, dass dies nicht der Fall ist, so hoffe ich, dass Sie die Kraft finden, wieder ganz neu anzufangen.«
– F. Scott Fitzgerald

»Die Tanzenden wurden für verrückt gehalten von denjenigen, die die Musik nicht hören konnten.«
– Friedrich Nietzsche

Kapitel 1

Die gefährliche Tat

Erschießen wäre zu gewalttätig. Aufhängen wäre zu antiquiert. Und sich mit dem Messer die Pulsadern aufschneiden wäre zu still. Es kam also die Frage auf: *Wie kann man ein einstmals wundervolles Leben schnell und präzise beenden, mit möglichst wenig unschönen Begleiterscheinungen, aber maximaler Wirkung?*

Noch vor einem Jahr hatte sich die Situation wesentlich verheißungsvoller dargestellt. Die Unternehmerin wurde weithin gefeiert als eine der bedeutendsten Repräsentantinnen ihrer Branche, sie hatte einen Namen in der Gesellschaft und engagierte sich für soziale Belange. Sie war Ende dreißig und führte die Technologiefirma, die sie in ihrem Zimmer im Studentenwohnheim gegründet hatte, in immer neue Höhen der Marktbeherrschung und produzierte Dinge, die ihr die Kunden aus den Händen rissen.

Jetzt aber wurde sie bedrängt und sah sich mit einem hinterhältigen, von Eifersucht getriebenen Manöver konfrontiert, das dazu führen würde, dass ihre Anteile an dem Unternehmen, dessen Aufbau sie den Großteil ihres Lebens gewidmet hatte, erheblich verringert werden würden und sie sich letztlich einen neuen Job würde suchen müssen.

Die Grausamkeit dieser schicksalhaften Wendung der Ereignisse war für die Unternehmerin unerträglich. Hinter ihrem gewöhnlich kühlen Äußeren verbarg sich ein fürsorgliches, leidenschaftliches und zutiefst liebevolles Wesen. Sie hatte das Gefühl, dass das Leben sie hintergangen hatte. Und dass sie dies ganz und gar nicht verdient hatte.

Sie erwog, eine große Schachtel Schlaftabletten zu schlucken. Die gefährliche Tat würde auf diese Weise sauberer vonstattengehen. Einfach nur alle Tabletten einnehmen und die Sache schnell hinter sich bringen, dachte sie. Ich möchte mir all diese Schmerzen ersparen.

Dann aber entdeckte sie etwas auf der modischen Eichenkommode in ihrem völlig weißen Schlafzimmer – eine Einladung zu einem Seminar über Selbstoptimierung, die ihre Mutter ihr gegeben hatte. Die Unternehmerin machte sich gewöhnlich lustig über Leute, die solche Veranstaltungen besuchten, hielt sie für schwächlich und unsicher und sagte, diese Leute suchten bei irgendwelchen Pseudogurus nach Antworten, während alles, was sie brauchten, um ein gutes und erfolgreiches Leben zu führen, bereits in ihnen selbst angelegt sei.

Aber vielleicht war es jetzt an der Zeit, ihre Meinung zu überdenken. Sie sah nicht viele Möglichkeiten. Entweder ging sie zu diesem Seminar – und würde dabei vielleicht etwas völlig Neues erfahren, das ihr Leben retten könnte. Oder sie würde ihre Ruhe finden. Durch einen schnellen Tod.

Kapitel 2

Eine Alltagsphilosophie darüber, wie man zur Legende werden kann

»Lasst euer Feuer nicht, einen unersetzlichen Funken nach dem anderen, in den hoffnungslosen Sümpfen des Ungefähr, des Nicht-ganz, des Noch-nicht und des Überhaupt-nicht erlöschen. Lasst das Heroische in eurer Seele nicht aus einsamer Verzweiflung darüber zugrunde gehen, dass ihr das Leben, das ihr verdient habt, niemals erreichen konntet … Die Welt, die ihr euch gewünscht habt, ist erreichbar, sie existiert, sie ist wirklich, sie ist möglich, sie gehört euch.« – Ayn Rand

Er war ein begnadeter Redner. Jemand, der es verstand, die Menschen durch die Kraft seiner Worte in seinen Bann zu ziehen, zu faszinieren und zu fesseln.

Er näherte sich dem Ende seiner fabelhaften Karriere, war über achtzig Jahre alt und wurde auf der ganzen Welt verehrt als ein Großmeister der Inspiration, als eine Legende der Menschenführung und als ein integrer Staatsmann, der gewöhnlichen Menschen half, ihre größten Begabungen zur Entfaltung zu bringen.

In einer Kultur, die von Unstetigkeit, Unsicherheit und Ungewissheit geprägt ist, zogen die Veranstaltungen dieses Redners Heerscharen von Menschen an, die nicht nur ein meisterhaftes Leben führen wollten, erfüllt von schöpferischer Kraft,

Produktivität und Wohlstand, sondern durch ihre Art des Lebens auch einen Beitrag zur Verbesserung und Vervollkommnung der Menschheit insgesamt leisten wollten. Sodass sie sich am Ende in der Gewissheit wiegen konnten, dass sie ein wundervolles Erbe hinterlassen hatten und auch in den nachfolgenden Generationen noch ihre Spuren sichtbar sein würden.

Das Werk dieses Mannes war einzigartig. Es umschloss Erkenntnisse, die das Kämpferische unseres Wesens mit Ideen verbanden, die den gefühlvollen Poeten in unserem Herzen zur Geltung kommen lassen. Seine Botschaft zeigte gewöhnlichen Menschen, wie sie auf den höchsten Ebenen des Wirtschaftslebens erfolgreich sein, aber auch den Zauber eines reichen und erfüllten Lebens zurückerlangen konnten. Sie zielte darauf, jenes Gefühl von Ehrfurcht wieder wachzurufen, das wir noch kannten, bevor eine harte und kalte Welt unsere natürliche Genialität in das Korsett einer Orgie von Komplexität, Oberflächlichkeit und technologischer Ablenkung zwängte.

Der fesselnde Redner war ein groß gewachsener Mann, er hatte jedoch aufgrund seines fortgeschrittenen Alters eine leicht nach vorn gebeugte Haltung. Er schritt bedächtig, aber dennoch würdevoll zum Rednerpult. Ein perfekt sitzender dunkelgrauer Anzug mit matten weißen Nadelstreifen verlieh ihm ein elegantes Aussehen. Eine blau getönte Brille sorgte für das richtige Maß an Coolness.

»Das Leben ist zu kurz, um seine Talente zu vergeuden«, hob der Redner vor den mehreren Tausend Zuhörern an. »Mit der Geburt wurde Ihnen die Chance, aber auch die Verpflichtung mitgegeben, legendär zu werden. Sie wurden dazu geschaffen, Projekte auf meisterhaftem Niveau durchzuführen. Sie wurden mit der Fähigkeit ausgestattet, außerordentlich bedeutsamen Tätigkeiten nachzugehen, und Sie wurden dazu bestimmt, auf diesem winzigen Planeten als eine Kraft des Guten zu wirken. Es liegt allein an Ihnen, die Souveränität über Ihre ursprüngliche Größe wiederzuerlangen in einer Zivilisation, die weithin unzivilisiert geworden ist. Ihre Würde wiederzugewinnen in einer globalen Gemeinschaft, in der die meisten Menschen hübsche Schuhe einkaufen und teure Dinge erwerben, aber nur selten danach streben, ein besseres Selbst zu werden. Ihre persönliche Führungsfähigkeit erfordert – nein, verlangt –, dass Sie aufhören, ein Cyber-Zombie zu sein, der unablässig von digitalen Geräten in den Bann geschlagen wird, und dass Sie Ihr Leben umstellen, um Meisterhaftigkeit zu erlangen, Rechtschaffenheit vorzuleben und jene Selbstbezogenheit zu überwinden, die guten Menschen Beschränkungen auferlegt. Alle großen und berühmten Menschen der Welt waren Gebende, nicht Nehmende. Weisen Sie den allgemeinen Irrglauben zurück, dass jener der Sieger ist, der am meisten gewinnt. Verrichten Sie stattdessen eine Arbeit, die heldenmütig ist – die Ihre Branche durch die Qualität ihrer Originalität verblüfft wie auch durch den Nutzen, den sie bietet. Dadurch, so lautet meine Botschaft, können Sie auch Ihr persönliches Leben in einer Weise gestalten, die erfüllt ist von hoher Moral, die reich ist an bezaubernder Schönheit und unerschütterlich, was die Bewahrung Ihres inneren Friedens betrifft. Auf diese Weise, meine Freunde, können Sie mit den Engeln fliegen. Und einherwandeln neben den Göttern.«

Der Redner machte eine Pause. Er atmete tief ein. Dann wurde sein Atem angestrengter, und er gab ein zischendes Geräusch von sich, wenn er die Luft einsog. Er blickte hinab auf seine modischen schwarzen Schuhe, die blitzblank poliert waren wie Soldatenstiefel.

Die Zuhörer in der ersten Reihe konnten sehen, wie eine kleine Träne über das alte, einst so gut aussehende Gesicht lief.

Sein Blick blieb weiter nach unten gerichtet. Seine Stille war betäubend. Der Redner wirkte unsicher.

Nach ein paar anstrengenden Momenten, die einige Zuhörer dazu veranlassten, unruhig auf ihren Sitzen hin und her zu rutschen, legte der Redner das Mikrofon ab, das er in der linken Hand gehalten hatte. Mit der freien Hand fuhr er in seine Hosentasche und zog ein sorgfältig zusammengelegtes Leinentaschentuch heraus. Damit wischte er sich über die Wange.

»Jeder von Ihnen hat eine Berufung im Leben. Jeder von Ihnen trägt einen Instinkt für das Außergewöhnliche in seinem Herzen. Niemand in diesem Raum muss in Durchschnittlichkeit erstarren und sich in die Mittelmäßigkeit des Verhaltens der Masse einfügen, das in der Gesellschaft so offenkundig ist, und der kollektiven Entprofessionalisierung erliegen, die in der Wirtschaft allenthalben sichtbar ist. Begrenzung ist nichts weiter als eine mentale Einstellung, die so viele Menschen tagtäglich praktizieren, bis sie sie für eine Realität halten. Es betrübt mich zutiefst, wenn ich erlebe, wie so viele potenziell machtvolle Menschen in Vorstellungen darüber gefangen sind, warum sie nicht außergewöhnlich sein können und beruflich und persönlich erfolgreich. Sie dürfen nie vergessen, dass Ihre Entschuldigungen Verführer sind, dass Ihre Ängste Lügner und Ihre Zweifel Diebe sind.«

Viele Zuhörer nickten. Einige klatschten. Dann applaudierten weitere.

»Ich verstehe Sie. Wirklich«, fuhr der Redner fort.

»Ich weiß, dass Sie schwierige Zeiten durchgemacht haben in Ihrem Leben. Das gilt für uns alle. Ich verstehe, dass Sie das Gefühl haben, dass sich die Dinge nicht so entwickelt haben, wie Sie es sich einst vorgestellt haben, als Sie noch ein kleines Kind waren, voller Energie und Verlangen und Staunen. Sie haben nicht erwartet, dass jeder Tag wie der andere sein würde, nicht wahr? Dass Sie einen Job verrichten würden, der Ihre Seele erstickt? Dass Sie sich mit belastenden Sorgen würden herumschlagen müssen und mit endlosen Verpflichtungen, die Ihre Ursprünglichkeit unterdrücken und Ihnen die Kraft rauben. Dass Sie begierig sein würden nach unwichtigen Tätigkeiten und hungrig nach der unmittelbaren Erfüllung trivialer Wünsche, oftmals getrieben von einer Technik, die uns versklavt, anstatt uns zu befreien. Dass Sie die gleiche Woche tausendmal wiederholen und dies als das Leben bezeichnen würden. Ich muss Ihnen mitteilen, dass zu viele Menschen schon mit dreißig sterben und erst mit achtzig begraben werden. Daher verstehe ich Sie. Sie hegten einst die Hoffnung, dass sich Ihr Leben anders entwickeln würde. Interessanter. Aufregender. Erfüllender. Als etwas Besonderes und Magisches.«

Die Stimme des Redners zitterte, als er diese letzten Worte sprach. Er holte kurz Luft. In einem Anflug von Besorgnis krümmten sich seine Augenbrauen. Er setzte sich auf einen cremefarbenen Stuhl, den einer seiner Assistenten an den Rand der Bühne gestellt hatte.

»Aber ich bin mir durchaus bewusst, dass es auch viele Leute in diesem Raum gibt, die mit ihrem Leben sehr zufrieden sind. Sie sind rundum erfolgreich in der Welt, bestens in Form und bereichern Ihre Familie und Ihr Umfeld mit einem schier überirdischen Elan. Sehr schön! Bravo! Doch auch Sie haben schon Zeiten erlebt, in denen Sie sich im kalten und gefährlichen Tal der Dunkelheit verloren fühlten. Auch Sie haben schon erlebt, wie Ihre einzigartige schöpferische Kraft und Ihre herausragende Leistungsfähigkeit nachließen und eingezwängt wurden in einen engen Kreislauf der Bequemlichkeit, der Ängstlichkeit und der Empfindungslosigkeit, der den Stätten der Meisterhaftigkeit und den Reservoirs des Heldenmuts, die in Ihnen angelegt sind, Hohn sprach. Auch Sie sind schon enttäuscht worden durch die kargen Winter eines Lebens, das kraftlos gelebt wird. Auch Ihnen ist die Erfüllung der meisten kühnen Kindheitsträume versagt geblieben. Auch Sie sind verletzt worden von Menschen, denen Sie vertrauten. Auch Ihre Ideale sind zerstört worden. Auch Ihr unschuldiges Herz hat Verheerungen erlitten, und auch Ihr Leben wurde dadurch dezimiert wie ein verwüstetes Land, in das ehrgeizige Invasoren eingedrungen sind.«

Im riesigen Konferenzsaal herrschte Totenstille.

»Unabhängig davon, wo Sie sich auf Ihrem Lebensweg befinden, lassen Sie sich bitte vom Schmerz einer unvollkommenen Vergangenheit nicht den Ruhm Ihrer fabelhaften Zukunft nehmen. Sie sind um so vieles kraftvoller und stärker, als Sie vielleicht im Augenblick meinen. Grandiose Siege – und großartige Geschenke – warten auf Sie. Und Sie befinden sich genau da, wo Sie sein müssen, um jenes Wachstum zu erfahren, das erforderlich ist, damit Sie das ungewöhnlich produktive, überaus wundervolle und außerordentlich einflussreiche Leben führen können, das Sie sich durch Ihre harten Prüfungen verdient haben. Nichts ist verkehrt in diesem Augenblick, auch wenn Sie das Gefühl haben, dass gerade alles zusammenbricht. Wenn Sie meinen, dass Ihr Leben momentan ein großes Durcheinander ist, liegt dies schlicht daran, dass Ihre Ängste etwas stärker sind als Ihr Glaube. Mit ein wenig Übung werden Sie die Lautstärke der Stimme Ihres verängstigten Selbst leiser stellen können. Und den Ton Ihrer triumphalsten Seite höher drehen können. Jede Herausforderung, die Sie erlebt haben, jede negative Person, der Sie begegnet sind, alle Prüfungen, die Sie bestanden haben, waren eine perfekte Vorbereitung darauf, Sie zu jenem Menschen werden zu lassen, der Sie heute sind. Sie haben diese Lektionen gebraucht, um die Schätze, die Talente und die Kräfte zu erschließen, die in Ihnen schlummern. Nichts war ein Zufall. Nichts war eine Verschwendung. Sie stehen jetzt genau da, wo Sie stehen müssen, um ein Leben zu beginnen, in dem sich Ihre höchsten Sehnsüchte verwirklichen können. Ein Leben, in dem Sie zum Erbauer eines Imperiums werden können, zu einem Umgestalter der Welt, vielleicht gar zu einem Menschen, der Geschichte schreibt.«

»Das klingt alles sehr einfach, aber in Wirklichkeit ist es viel schwieriger«, rief ein Mann mit einer roten Baseballkappe, der in der fünften Reihe saß. Er trug ein graues T-Shirt und zerrissene Jeans – ein Typ, dem man in jedem Einkaufszentrum über den Weg laufen kann. Obwohl dieser Zwischenruf respektlos erscheinen könnte, verrieten der Tonfall der Stimme dieses Mannes und seine Körpersprache echte Bewunderung für den Redner.

»Ich stimme Ihnen zu, Sie wunderbarer Mensch«, erwiderte der Redner. Seine würdevolle Haltung beeindruckte alle Anwesenden, und seine Stimme klang nun wieder etwas fester, als er vom Stuhl aufstand. »Ideen sind nichts wert, solange sie nicht umgesetzt werden. Die kleinste praktische Umsetzung ist mehr wert als die kühnsten Absichten. Und wenn es leicht wäre, eine faszinierende Persönlichkeit zu werden und ein legendäres Leben zu führen, dann würde es jeder tun. Verstehen Sie, was ich meine?«

»Gewiss, werter Herr«, erwiderte der Mann mit der roten Kappe und fuhr sich mit einem Finger über die Unterlippe.

»Die Gesellschaft hat uns eine Vielzahl von Unwahrheiten aufgedrängt«, fuhr der Redner fort. »Das Vergnügen wird der angsteinflößenden, aber erhabenen Tatsache vorgezogen, dass jede neue Chance es erfordert, hart an sich zu arbeiten, sich immer wieder neu zu erfinden und die feste Entschlossenheit aufzubringen, täglich unsere sicheren Häfen zu verlassen. Ich glaube, dass die Verführung durch die Selbstzufriedenheit und ein unkompliziertes, leichtes Leben hundertmal grausamer ist als ein Leben, das man mit vollem Risiko lebt und das man unerschütterlich an seinen kühnsten Träumen ausrichtet. Erstklassigkeit beginnt dort, wo Ihre Komfortzone endet – das ist eine Regel, die die erfolgreichen, die einflussreichen und die glücklichen Menschen stets beherzigen.«

Der Mann nickte. Auch andere Zuhörer nickten.

»Von klein auf werden wir an den Gedanken gewöhnt, dass ein Leben, das von Meisterhaftigkeit, Erfindungsgeist und Rechtschaffenheit bestimmt wird, keiner großen Anstrengung bedarf. Aber wenn dann der Weg schwieriger wird und etwas Geduld erfordert, glauben wir, wir befänden uns auf dem falschen Weg«, erklärte der Redner, während er nach einer Armstütze des Holzstuhls griff und sich wieder setzte.

»Wir haben eine Kultur weichlicher, schwacher und empfindlicher Menschen hervorgebracht, die Versprechen nicht einhalten können, Verpflichtungen nicht erfüllen und gleich das Handtuch werfen und aufgeben, sobald das kleinste Hindernis auftaucht.«

Der Redner seufzte laut.

»Härte ist gut. Die Erlangung echter Größe und die Verwirklichung der Ihnen innewohnenden Genialität sind ein schwieriges Unterfangen. Nur jene, die fest entschlossen sind, bis an ihre äußersten Grenzen zu gehen, werden in der Lage sein, diese zu überschreiten. Und das Leid, das sich einstellt, wenn Sie all Ihre Kräfte mobilisieren, um Ihre größten Fähigkeiten zu nutzen und Ihre ehrgeizigsten Ziele zu erreichen, ist eine der wichtigsten Quellen menschlicher Zufriedenheit. Ein wichtiger Schlüssel zum Glück – und zu innerem Frieden – ist das Wissen, dass Sie alles getan haben, was erforderlich war, um sich Ihre Belohnung zu verdienen, und dass Sie leidenschaftlich die anstrengende Kühnheit aufgebracht haben, das Beste in sich zum Vorschein zu bringen. Der legendäre Jazzmusiker Miles Davis bemühte sich mit größter Entschlossenheit, das Mittelmaß hinter sich zu lassen, das kennzeichnend war für seine Branche, und sein herausragendes Potenzial zur Entfaltung zu bringen. Michelangelo brachte große Opfer in mentaler, emotionaler, physischer und spiritueller Hinsicht, als er seine bewundernswerte Kunst schuf. Rosa Parks, eine einfache Näherin mit außergewöhnlichem Mut, erduldete die öffentliche Erniedrigung, als sie verhaftet wurde, weil sie sich weigerte, ihren Sitzplatz in einem Bus frei zu machen, in dem die Rassentrennung galt, und entzündete dadurch den Funken der amerikanischen Bürgerrechtsbewegung. Charles Darwin legte jene Art von Entschlossenheit an den Tag, die für Virtuosität erforderlich ist, als er acht Jahre lang Rankenfußkrebse untersuchte – ja, Rankenfußkrebse – und in dieser Zeit seine berühmte Evolutionstheorie entwickelte. Diese Art des Beharrens auf einer Optimierung des Wissens würden die meisten Menschen als

›verrückt‹ bezeichnen in der heutigen modernen Welt, die einen so großen Teil unwiederbringlicher Lebenszeit mit dem Betrachten von Selfies, dem Verfolgen des Frühstücks virtueller Freunde oder der Beschäftigung mit gewalttätigen Videospielen verbringt«, erklärte der Redner, während er seine Blicke durch den Saal schweifen ließ, als wolle er jedem der Anwesenden direkt in die Augen schauen.

»Stephen King hat als Englischlehrer an einer Highschool und als Bügler in einer Wäscherei gearbeitet, bevor er *Carrie* herausbrachte, jenen Roman, der ihn berühmt machte«, fuhr der alte Mann fort. »Ja, und Sie sollten auch wissen, dass King durch all die Ablehnungen, die er erhielt, so entmutigt war, dass er zunächst das Manuskript, das er in einem heruntergekommenen Wohnwagen geschrieben hatte, in den Mülleimer warf und den Kampf aufgab. Doch seine Ehefrau Tabitha entdeckte das Werk, als ihr Mann nicht zu Hause war, säuberte es von der Asche seiner Zigaretten, las das Buch und erklärte dem Autor dann, dass es hervorragend sei, worauf King den Roman vollendete, der schließlich von einem Verlag angenommen wurde. Doch sein Vorschuss auf die Hardcover-Rechte betrug nur bescheidene 2500 Dollar.«

»Meinen Sie das ernst?«, murmelte eine Frau, die in der Nähe der Bühne saß. Sie trug einen knallgrünen Hut, aus dem eine große rote Feder herausragte, und legte augenscheinlich Wert darauf, sich von ihrer Umwelt abzuheben.

»Ja, das tue ich«, erwiderte der Redner. »Vincent van Gogh, der in seinem Leben neunhundert Gemälde und mehr als tausend Zeichnungen geschaffen hat, wurde erst nach seinem Tod berühmt. Sein Schaffensdrang wurde nicht durch den Applaus des Publikums angefeuert, sondern durch einen klügeren Instinkt, der es ihm ermöglichte zu erkennen, wie viel von seiner schöpferischen Kraft er freisetzen konnte, ganz gleich, welche Nöte und Mühsale er ertragen musste. Legendär zu werden ist niemals leicht. Doch ich bevorzuge diesen Weg gegenüber dem Elend des Verharrens im Gewöhnlichen, mit dem sich so viele potenziell heldenmütige Menschen ständig begnügen«, erklärte der Redner mit fester Stimme.

»Nun gut, lassen Sie mich festhalten, dass dort, wo Sie Ihr größtes Unbehagen empfinden, auch jener Bereich ist, wo die größten Chancen auf Sie warten. Die Einstellungen, die Sie beunruhigen, die Gefühle, die Sie bedrohen, die Projekte, die Sie verunsichern, und die Entfaltung jener Ihrer Talente, gegen die sich der unsichere Teil Ihres Selbst sträubt – gerade diese Bereiche müssen Sie aufsuchen. Durchschreiten Sie diese Türen, die Ihnen den Weg ermöglichen zur Verwirklichung Ihrer Größe als schöpferischer Erzeuger, als Sucher nach persönlicher Freiheit und als Mensch, der seine Möglichkeiten nutzt. Und heißen Sie dann diese Überzeugungen, diese Gefühle und Projekte willkommen, anstatt Ihr Leben in einer Weise zu strukturieren, die dazu führt, dass Sie sie verwerfen. Genau jene Dinge anzunehmen, die Ihnen Unbehagen bereiten, die Sie ängstigen, das ermöglicht es Ihnen, Ihre vergessene Kraft und Stärke wiederzuerlangen. Und wieder zurückzufinden zu jener Unschuld und jenem Staunen, das Ihnen nach ihrer Kindheit verloren gegangen ist.«

Plötzlich begann der Redner zu husten. Zuerst nur verhalten. Dann heftiger, als wäre er von einem Dämon besessen, der darauf aus war, sich zu rächen. Hinter den Kulissen sprach ein Mann mit einem aggressiven Bürstenhaarschnitt in ein Mikrofon, das dezent an seinem Hemdkragen befestigt war. Die Lichter begannen zu flackern, dann wurde es halbdunkel. Einige Zuhörer, die in der Nähe der Bühne saßen, wussten nicht, was sie tun sollten, und standen auf.

Eine außergewöhnlich attraktive Frau, die ihre Haare zu einem festen Knoten gebunden hatte, ein verkrampftes Lächeln auf den Lippen und ein enges, schwarzes Kleid mit einem bestickten, weißen Kragen trug, eilte die Metalltreppe hinauf, über die der Redner vor Beginn seines Vortrags hinaufgestiegen war. Sie hatte ein Mobiltelefon in der einen Hand und ein etwas abgenutztes Notebook in der anderen. Ihre hochhackigen roten Schuhe machten klackernde Geräusche, als sie zu ihrem Arbeitgeber lief.

Doch die Frau kam zu spät.

Der Redner ging zu Boden wie ein benommener Boxer mit großem Ehrgeiz, aber schwachen Kräften in der letzten Runde einer einstmals grandiosen Karriere, die er eigentlich schon vor vielen Jahren hätte beenden sollen. Der alte Mann lag reglos auf dem Boden. Ein kleines Blutrinnsal sickerte aus einer Verletzung am Kopf, die er sich bei dem Sturz zugezogen hatte. Seine Brille lag neben ihm. Das Taschentuch befand sich noch immer in seiner Hand. Seine vorher glänzenden Augen waren geschlossen.

Kapitel 3

Eine unerwartete Begegnung mit einem überraschenden Fremden

»Richte dich nicht ein, als solltest du hundert Jahre alt werden. Denn wie nahe ist vielleicht dein Ende! Aber solange du lebst, solange es in deiner Macht steht – sei gut!« – **Marc Aurel, römischer Kaiser**

Die Unternehmerin hatte etwas geflunkert gegenüber den Leuten, die sie beim Seminar traf, und ihnen erzählt, sie sei hier, um etwas zu erfahren über die berühmten Formeln des Redners bezüglich einer exponentiellen Steigerung der eigenen Produktivität und über die neurowissenschaftlichen Grundlagen persönlicher Meisterhaftigkeit, die er schon so vielen Firmenchefs vermittelt habe. Sie halte es für möglich, dass ihr die Methoden des Gurus einen uneinholbaren Vorteil gegenüber der Konkurrenz würden verschaffen können und es ihrem Unternehmen ermöglichen könnten, rasch die unangefochtene Marktführerschaft in der Branche zu erreichen. Aber es war klar, weshalb sie wirklich hier war: Sie wollte wieder neue Hoffnung finden. Und ihr Leben retten.

Der Künstler war zu dieser Veranstaltung gekommen, um zu erfahren, wie er seine Kreativität steigern und seine Fähigkeiten verbessern konnte, um auf seinem Gebiet durch die Bilder, die er schuf, nachhaltige Spuren in dieser Welt zu hinterlassen.

Und der Obdachlose war anscheinend in den Konferenzsaal gelangt, als gerade niemand aufpasste.

Die Unternehmerin und der Künstler saßen nebeneinander. Sie waren sich vorher noch nie begegnet.

»Meinen Sie, er ist tot?«, fragte sie, während der Künstler mit seinen Bob-Marley-Rastalocken spielte.

Die Unternehmerin hatte ein eckiges, langes Gesicht. Über ihre Stirn zogen sich zahlreiche Falten und tiefe Gräben wie Furchen auf einem frisch gepflügten Feld. Ihre braunen Haare waren mittellang und auf eine Art gestylt, die die Botschaft vermittelte: »Ich meine es ernst, legen Sie sich nicht mit mir an.« Sie war schlank, wie eine Langstreckenläuferin, und hatte dünne Arme und durchtrainierte Beine, die aus einem zweckmäßigen blauen Designerkleid herausragten. Ihre Augen hatten einen traurigen Ausdruck, von alten Verletzungen, die nie geheilt waren. Und auch aufgrund des Durcheinanders, das ihrer geliebten Firma gegenwärtig so zusetzte.

»Ich weiß nicht. Er ist ja schon alt. Er ist schlimm gestürzt. Meine Güte, war das heftig. So was habe ich noch nie gesehen«, antwortete der Künstler sorgenvoll, während er an einem seiner Ohrringe zupfte.

»Ich weiß noch nichts über seine Arbeit. Normalerweise habe ich für solche Dinge nichts übrig«, erläuterte die Unternehmerin. Sie blieb sitzen, die Arme über ihrer cremefarbenen Bluse gefaltet, an deren oberen Ende eine große schlaffe Schleife saß, die sich elegant um ihren Hals legte. »Aber es hat mir gut gefallen, was er über Produktivität gesagt hat in dieser Zeit, in der alle möglichen Geräte uns ablenken und unsere Fähigkeit zu gründlichem Nachdenken beeinträchtigen. Durch seine Worte habe ich begriffen, dass ich auf meine kognitiven Fähigkeiten wesentlich besser achtgeben muss«, fuhr sie eher geschäftsmäßig fort. Sie hatte kein Interesse daran, einem Wildfremden mitzuteilen, was sie gerade durchmachte, und sie wollte offenkundig ihre Fassade als erfolgreiche Geschäftsfrau, die sich anschickte, auf die nächste Stufe emporzusteigen, wahren.

»Ja, er ist wirklich hip«, erwiderte der Künstler, der nervös wirkte. »Er hat mir sehr geholfen. Ich kann gar nicht glauben, was hier gerade abgelaufen ist. Wirklich surreal, nicht?«

Er war Maler. Weil er sich in seiner Kunst weiterentwickeln und auch sein persönliches Leben verbessern wollte, verfolgte er die Arbeit des Redners. Doch aus welchen Gründen auch immer, meinte er, schienen die Dämonen in ihm die Oberhand zu behalten über seine höhere Natur. Und dies würde unvermeidlich dazu führen, dass er seine herkulischen Ambitionen und seine wundervollen ursprünglichen Ideen selbst sabotierte.

Der Künstler war stark übergewichtig. Ein Spitzbart ragte von seinem Kinn nach unten. Er trug ein schwarzes T-Shirt und lange schwarze Shorts, die ein Stück über seine knotigen Knie reichten. Schwarze Stiefel mit Gummisohlen, wie sie in Australien häufig getragen werden, vervollständigten seine kreative Uniform. Über beide Arme und das linke Bein erstreckte sich eine faszinierende Ansammlung von Tattoos. In einer dieser Tätowierungen hieß es: »Reiche Leute sind Schwindler«. In einer anderen wurde eine Zeile von Salvador Dali zitiert, dem berühmten spanischen Künstler. Sie lautete schlicht: »Ich handle nicht mit Drogen. Ich bin eine Droge.«

»Hallo, Leute«, rief plötzlich der Obdachlose, der ein paar Reihen hinter der Unternehmerin und dem Künstler saß, mit unangemessen lauter Stimme. Der Saal leerte sich weiter, und das technische Personal baute geräuschvoll die Geräte ab. Mitarbeiter des Veranstalters eilten durch den Saal. Ein Song der Band *Nightmares on Wax* lief dezent im Hintergrund.

Die beiden, die gerade miteinander Bekanntschaft geschlossen hatten, drehten sich um und blickten in ein Gewirr von Haaren, ein Gesicht, das aussah, als wäre es seit Jahrzehnten nicht mehr rasiert worden, und eine Ansammlung abgerissener, fleckiger Klamotten.

»Ja?«, fragte die Unternehmerin in einem Ton, der so kalt

war wie ein Eisbrocken in der Arktis. »Kann ich Ihnen helfen?«

»He, Bruder, was ist los?«, sagte der Künstler deutlich mitfühlender.

Der Obdachlose stand auf, schlurfte nach vorn und setzte sich neben die beiden.

»Meint ihr, dass der Guru hinüber ist?«, fragte er, während er eine Kruste an seinem Handgelenk wegkratzte.

»Ich bin nicht sicher«, antwortete der Künstler und spielte mit einer seiner Rastalocken. »Hoffentlich nicht.«

»Hat euch beiden das Seminar gefallen? Steht ihr drauf, was der Alte gesagt hat?«, fuhr der ungepflegte Fremde fort.

»Definitiv«, erwiderte der Künstler. »Ich liebe seine Arbeit. Ich tue mich schwer damit, all das umzusetzen, aber was er sagt, hat Hand und Fuß. Und es ist sehr wirkungsvoll.«

»Da bin ich mir nicht so sicher«, bemerkte die Unternehmerin skeptisch. »Vieles, was ich heute hier gehört habe, erscheint mir einleuchtend, aber einige Dinge überzeugen mich nicht. Ich brauche etwas Zeit, um alles zu verarbeiten.«

»Nun, ich denke, er ist die Nummer eins«, sagte der Obdachlose und rülpste. »Ich habe dank der Lehren des Redners mein Vermögen gemacht. Und dank ihm habe ich ein sehr schönes Leben geführt. Die meisten Leute wünschen sich, dass sie einmal etwas ganz Besonderes erleben. Er hat mich gelehrt, dass Menschen, die Außergewöhnliches leisten, allein dadurch dafür sorgen, dass ihnen Phänomenales widerfährt. Und das Tolle ist, er hat mich nicht nur mit einer geheimen Philosophie vertraut gemacht, die es mir ermöglicht, meine großen Träume wahr werden zu lassen, er hat mir auch die Technik gezeigt – die Methoden und die Werkzeuge –, die erforderlich sind, um dieses Wissen in Ergebnisse umzusetzen. Allein seine revolutionären Erkenntnisse darüber, wie man eine durchschlagend erfolgreiche Morgenroutine etabliert, haben meine Durchsetzungskraft in meiner Branche grundlegend verändert.«

Eine gezackte Narbe verlief über die Stirn des Obdachlosen, direkt über seinem rechten Auge. Sein bedrohlich wirkender Bart war grau. Um den Hals trug er eine Kette, ähnlich wie jene, die indische heilige Männer in ihren Tempeln tragen. Obwohl er durch seine Großspurigkeit unglaubwürdig und unsicher wirkte und sein Erscheinungsbild darauf schließen ließ, dass er schon seit vielen Jahren auf der Straße lebte, vermittelte seine Stimme ein irritierendes Gefühl von Autorität. Und seine Augen strahlten die Entschlossenheit eines Löwen aus.

»Völlig irre«, flüsterte die Unternehmerin dem Künstler zu. »Wenn der ein Vermögen gemacht hat, dann bin ich Mutter Teresa.«

»Klar, der ist verrückt«, erwiderte der Künstler. »Aber schauen Sie sich seine riesige Armbanduhr an.«

Am linken Handgelenk trug der Obdachlose, der etwa Ende sechzig war, einen dieser gigantischen Zeitmesser, den britische Hedgefonds-Manager gern zur Schau stellen, wenn sie in Mayfair zum Essen gehen. Die Uhr hatte ein revolverfarbenes Ziffernblatt, das von einem Edelstahlrand umfasst wurde, einen roten, nadelfeinen Stundenzeiger und einen orangefarbenen Minutenzeiger. Dieses auffällige Statusabzeichen war befestigt an einem breiten schwarzen Gummiarmband, das dem ganzen luxuriösen Ensemble einen tauchermäßigen Anschein verlieh.

»Hundert Riesen, locker«, bemerkte die Geschäftsfrau leise. »Einige Leute in meiner Firma haben sich nach unserem Börsengang solche Uhren zugelegt. Leider ist unser Aktienkurs später abgestürzt. Aber die verdammten Uhren haben sie behalten.«

»Also, welcher Teil der Ausführungen des Redners hat euch beiden am besten gefallen?«, fragte der Obdachlose, während er sich am Handgelenk kratzte. »Waren es die Aussagen über die Psychologie des Genies, die er am Anfang gebracht hat? Oder diese unglaublichen Modelle über die Produktivitätstricks von Milliardären, die er in der Mitte eingestreut hat? Vielleicht wart ihr auch beeindruckt von den Ausführungen über die neurobiologischen Aspekte, die Top-Leistungen zugrunde liegen? Oder hat euch seine Theorie angesprochen, dass wir es selbst in der Hand haben, legendär zu werden, wenn wir als ein Werkzeug zum Nutzen der Menschheit fungieren, die er uns vor diesem dramatischen Finale dargelegt hat?« Der Obdachlose blinzelte. Dann warf er einen Blick auf seine große Armbanduhr.

»Gut, Leute, das war alles sehr lustig. Aber Zeit ist eines der kostbarsten Güter, wie ich gelernt habe. Warren Buffett, der berühmte Investor, hat einmal gesagt, die Reichen investieren in Zeit. Die Armen investieren in Geld. Ich muss mich also jetzt von euch verabschieden. Hab eine Verabredung mit einem Jet und einer Rollbahn, wenn ihr wisst, was ich meine.«

»Der ist anscheinend völlig durchgeknallt«, dachte die Unternehmerin.

»Buffett hat auch gesagt: ›Ich kaufe teure Anzüge. An mir sehen sie billig aus.‹ Vielleicht kennen Sie dieses Zitat auch«, sagte die Unternehmerin und fuhr fort: »Ich möchte nicht unhöflich sein, aber ich weiß nicht, wie Sie hier reingekommen sind. Und ich habe auch keine Ahnung, woher Sie diese teure Uhr haben oder von welchem Jet Sie reden. Und hören Sie bitte auf, so über diese Veranstaltung zu sprechen. Daran ist nichts Komisches. Im Ernst, ich bin mir nicht sicher, ob der alte Herr noch atmet.«

»Sie hat definitiv recht«, pflichtete ihr der Künstler bei und strich sich über seinen Spitzbart. »Das ist nicht cool. Und warum reden Sie wie ein Surfer?«

»He, Leute, beruhigt euch«, sagte der Obdachlose. »Erstens, ich bin ein Surfer. Ich habe meine Jugendjahre auf einem Surfbrett in Malibu verbracht. Bin in der Nähe eines Orts gesurft, wo die Riesenwellen sind. Jetzt surfe ich kleinere Wellen in der Tamarin-Bucht, ein Platz, wo ihr zwei Hübschen wahrscheinlich noch nie gewesen seid.«

»Nie davon gehört. Sie sind wirklich unmöglich«, erwiderte die Unternehmerin frostig.

»Und zweitens, ich war sehr erfolgreich im Geschäftsleben. Ich habe eine Reihe von Unternehmen aufgebaut, die äußerst profitabel waren in dieser Zeit, in der Firmen Milliarden umsetzen, ohne irgendeine Substanz zu haben. Was für ein Witz. Die Welt wird immer verrückter. Zu viel Gier und zu wenig gesunder Menschenverstand. Und drittens, wenn ich das noch sagen darf«, fügte er hinzu, während er seine raue Stimme hob, »wartet tatsächlich ein Flugzeug auf mich, auf einem Rollfeld, das gar nicht weit von hier entfernt ist. Also, bevor ich gehe, möchte ich euch noch mal fragen – denn ich will es einfach wissen: Welcher Teil des Vortrags des Redners hat euch beiden am besten gefallen?«

»Eigentlich alles«, antwortete der Künstler. »Mir hat alles sehr gut gefallen, und ich habe alles aufgenommen, was der berühmte alte Mann gesagt hat.«

»Das ist illegal«, warnte der Obdachlose und verschränkte seine Arme. »Damit könntest du ernsthafte rechtliche Probleme bekommen.«

»Das ist nicht erlaubt«, bestätigte die Unternehmerin. »Warum haben Sie das getan?«

»Weil ich es wollte. Ich hatte einfach Lust dazu. Ich tue, was ich will. Regeln sind dazu da, dass man gegen sie verstößt, nicht wahr? Picasso hat einmal gesagt, man solle wie ein Profi die Regeln lernen, damit man sie wie ein Künstler brechen könne. Ich will ich selbst sein und nicht irgendein Schaf, das keinen Mumm hat und blind der Herde folgt auf einem Weg, der nirgendwohin führt. Die meisten Leute, insbesondere Leute mit Geld, sind nichts weiter als ein Haufen Schwindler«, verkündete der Künstler. »Es ist, wie der Redner manchmal sagt: ›Du kannst dich anpassen. Oder du kannst die Welt verändern. Aber beides zusammen geht nicht.‹ Also habe ich den ganzen Vortrag aufgenommen. Erschießt mich. Oder werft mich in den Knast, das wäre auch interessant. Dort treffe ich bestimmt ein paar coole Typen.«

»Schon gut, okay«, sagte der Obdachlose. »Ich billige deine Entscheidung nicht. Aber mir gefällt deine Leidenschaftlichkeit. Also mach weiter. Spiele uns die Teile des Seminars vor, die dir besonders gefallen haben.«

»Alles, was ich aufgenommen habe, ist umwerfend!« Der Künstler hob einen Arm hoch und zeigte ein Tattoo des Gitarrenvirtuosen Jimi Hendrix. Der Satz »Wenn die Macht der Liebe die Liebe zur Macht überwältigt, wird die Welt Frieden finden« erschien über dem Gesicht des toten Superstars. »Sie werden gleich etwas ganz Besonderes hören«, fügte er hinzu.

»Ja. Machen Sie weiter, und spielen Sie uns die Teile vor, die Sie besonders angesprochen haben«, ermutigte ihn die Unternehmerin und stand auf. Sie war sich nicht sicher, aber irgendetwas schien tief in ihrem Inneren in Bewegung gekommen zu sein. »Vielleicht hat mich das Leben so niedergedrückt«, dachte sie. »Vielleicht gibt es jetzt eine Möglichkeit, mich ein wenig davon zu befreien.«

Die Teilnahme an dieser Veranstaltung, die Begegnung mit dem Künstler, die Worte des Redners, auch wenn sie ihm nicht in allem zustimmte – all dies gab ihr das Gefühl, dass das, was sie gerade in ihrer Firma durchmachte, eine Art von Vorbereitung war, die erforderlich war, um ihre eigene Großartigkeit zu entdecken. Die Unternehmerin war nach wie vor skeptisch. Aber sie spürte, dass sie sich öffnete. Und dass sie sich möglicherweise gerade persönlich weiterentwickelte. Daher nahm sie sich vor, diesen Prozess weiterzuverfolgen, anstatt sich zurückzuziehen. Ihre frühere Art zu leben erschien ihr nicht mehr hilfreich. Es war Zeit für einen Wandel.

Die Unternehmerin dachte an einen berühmten Satz von Theodore Roosevelt: »Nicht der Kritiker zählt; nicht derjenige, der darauf aufmerksam macht, wie der Starke fällt oder wo der, der anpackt, es besser hätte machen können. Die Anerkennung gebührt dem, der tatsächlich in der Arena steht, dessen Gesicht staubig und verschwitzt und voller Blut ist; der sich wacker bemüht; der sich irrt, der wieder und wieder scheitert, weil es kein Bemühen ohne Fehler und Schwächen gibt, aber der sich tatsächlich bemüht, Taten zu vollbringen; der großartige Begeisterung, großartige Hingabe kennt; der seine Kraft auf eine ehrenwerte Sache verwendet; der im besten Falle am Ende den Triumph einer großen Leistung kennt und der im schlimmsten Falle, sollte er scheitern, zumindest bei einem kühnen Versuch scheitert, sodass sein Platz nie bei den kalten und furchtsamen Seelen ist, die weder Sieg noch Niederlage kennen.«

Sie erinnerte sich auch an einen Satz, den sie aus dem Vortrag des Redners mitgenommen hatte – etwas wie: »Der Augenblick, in dem Sie aufzugeben bereit sind, das ist der Moment, in dem Sie in sich selbst die Kraft finden müssen, weiterzumachen.« Und daher hörte die Geschäftsfrau auf ihr Innerstes und fasste den festen Entschluss, ihre Suche fortzusetzen, um ihre Antworten zu finden, ihre Probleme zu lösen und wieder wesentlich bessere und schönere Tage zu erleben. Sie bekam allmählich wieder Hoffnung, und ihre Sorgen traten langsam in den Hintergrund. Und die schwache, kaum hörbare Stimme ihres inneren Selbst begann ihr zuzuflüstern, dass bald ein ganz besonderes Abenteuer für sie beginnen würde.

Kapitel 4

Das Mittelmässige und alles Gewöhnliche loslassen

»Ich habe manchmal schon vor dem Frühstück an sechs unmögliche Dinge geglaubt.« – Lewis Carroll, *Alice im Wunderland*

»Du bist Maler, oder?«, fragte der Obdachlose, während er mit einem lockeren Knopf an seinem ausgewaschenen Hemd spielte.

»Ja«, murmelte der Künstler. »Ein ziemlich frustrierter Maler. Ich bin gut. Aber ich bin nicht großartig.«

»Ich habe viele Kunstwerke in meiner Wohnung in Zürich«, sagte der Obdachlose und lächelte nachsichtig. »Hab mir eine Wohnung in der Nähe der Bahnhofstraße gekauft, kurz bevor die Preise in die Höhe geschossen sind. Ich habe gelernt, dass es wichtig ist, mich immer nur mit der höchsten Qualität zu umgeben, wo immer ich bin. Das war eines der wichtigsten Erfolgsrezepte, die es mir ermöglicht haben, mir das Leben zu erschaffen, das ich führe. In meinem Unternehmen dulde ich nur Spitzenplayer, denn man kann keine Weltklassefirma mit drittklassigen Mitarbeitern betreiben. Wir bringen nur Produkte heraus, die etwas völlig Neues im Markt darstellen und dann durch ihre Hochwertigkeit die Branche grundlegend umkrempeln. Meine Firmen bieten nur Dienstleistungen an, die unsere Kunden in ethischer Hinsicht bereichern, den Nutzern eine atemberaubende neue Erfahrung ermöglichen und sich eine treu ergebene Kundschaft heranziehen, die sich nicht vorstellen kann, mit jemand anderem Geschäfte zu machen. Und in meinem Privatleben ist es genauso: Ich esse nur die besten Lebensmittel, wenn ich auch nicht besonders viel esse. Ich lese nur die originellsten und geistreichsten Bücher, verbringe meine Zeit an den am stärksten lichtdurchfluteten und inspirierendsten Orten und besuche die faszinierendsten Städte. Und was persönliche Beziehungen betrifft, umgebe ich mich nur mit Menschen, die mir Freude bereiten, meinen inneren Frieden fördern und mich dazu anregen, ein besserer Mensch zu werden. Das Leben ist zu kostbar, um sich mit Leuten abzugeben, die einen nicht verstehen. Zu denen man einfach keinen Draht findet. Die andere Werte und niedrigere Ansprüche haben als man selbst. Die unterschiedliche Mindsets, Heartsets, Healthsets und Soulsets haben, also unterschiedliche Geistes-, Herzens-, Gesundheits- und Seelenhaltungen. Es ist ein kleines Wunder, wie stark und wie grundlegend die Einflüsse, denen wir ausgesetzt sind, und unsere Umwelt unsere Schaffenskraft und auch unsere Außenwirkung prägen.«

»Interessant«, bemerkte die Unternehmerin, während sie auf ihr Smartphone blickte. »Anscheinend weiß er, wovon er spricht«, murmelte sie leise an den Künstler gewandt, während ihre Augen weiterhin auf das Display gerichtet waren.

Die spinnennetzartigen Falten in ihrem Gesicht entspannten sich weiter. An einem ihrer Handgelenke hingen zwei blitzende silberne Armreifen. Auf einem stand der Satz »Verwandle das Ich-kann-nicht in ein Ich-kann«, auf dem anderen war »Erledigt ist besser als vollkommen« eingraviert. Die Unternehmerin hatte diese Geschenke für sich selbst gekauft, als ihre Firma noch in der Start-up-Phase war und sie sich in einer hochgradig optimistischen Stimmung befand.

»Ich kenne den Begriff Mindset, aber von Heart-, Health- und Soulsets habe ich noch nichts gehört«, sagte der Künstler.

»Das wird sich bald ändern«, entgegnete der Obdachlose. »Und dann wird sich die Art, wie du in der Welt auftrittst, wie du arbeitest und schöpferisch tätig bist, vollkommen verändern und niemals mehr so sein wie vorher. Das sind ernsthafte revolutionäre Konzepte für Erbauer von Imperien oder Umgestalter der Welt. Aber nur sehr wenige Geschäftsleute und andere Menschen auf der Erde kennen sie. Wären sie damit vertraut, würden sich alle Elemente ihres Lebens sogleich wesentlich verbessern. Fürs Erste möchte ich einfach mein persönliches Engagement in allen Dingen, die mich umgeben, nur auf die höchstmögliche Qualität ausrichten. Deine Umgebung formt deine Wahrnehmung, deine Inspirationen und die Umsetzung deiner Pläne und Ideen. Die Kunst nährt meine Seele. Großartige Bücher bestärken meine Hoffnung. Anregende Gespräche fördern meine Kreativität. Wunderbare Musik beschwingt mein Herz. Schöne Bilder festigen meinen Geist. Es bedarf lediglich eines einzigen Morgens, der mit positiver Energie erfüllt ist, um sich mit schöpferischen Ideen aufzuladen, die eine ganze Generation auf eine höhere Stufe heben können, müsst ihr wissen. Und ich möchte hinzufügen, das Aufbauen, das Erheben des Menschen ist das vornehmste Ziel jener, die in ihrem jeweiligen Bereich zu den Top Five zählen. Im Geschäftsleben geht es nicht in erster Linie darum, ein persönliches Vermögen aufzubauen. Der Hauptzweck dieses Tuns besteht darin, anderen zu dienen. Geld, Macht und Ansehen sind nur die unvermeidlichen Begleiterscheinungen, die sich im Laufe der Entwicklung einstellen. Ein alter und außergewöhnlicher Freund von mir hat mich in jungen Jahren diese Herangehensweise gelehrt. Sie hat meinen materiellen Status ebenso grundlegend verändert wie das Ausmaß meiner persönlichen Freiheit. Und diese nonkonformistische Geschäftsphilosophie bestimmt seither meine Handlungsweise. Wer weiß, vielleicht werde ich euch eines Tages meinen Mentor vorstellen.«

Der Stadtstreicher machte eine Pause. Er warf einen Blick auf seine riesige Armbanduhr. Dann schloss er die Augen und sprach die Worte: »Gestalte deinen Morgen, und in deinem

Leben wird alles möglich.« Wie bei einem Zaubertrick erschien ein kleines, aber ziemlich dickes Blatt Papier auf der Innenfläche seiner ausgestreckten Hand. Es war tatsächlich ein Trick. Hätte man neben diesen drei Menschen gestanden, wäre man wohl schwer beeindruckt gewesen.

Auf dem Blatt war folgende Zeichnung zu sehen:

Die Unternehmerin und der Künstler starrten den Mann mit offenem Mund an; beide wirkten zugleich verwirrt und fasziniert.

»In euch beiden lebt ein Heros. Als Kinder habt ihr dies schon gewusst, bevor die Erwachsenen euch gesagt haben, dass ihr eure Fähigkeiten begrenzen, eure Genialität an die Kette legen und die Wahrheit eures Herzens verleugnen sollt«, erklärte der Obdachlose und klang dabei schon ganz ähnlich wie der Redner.

»Erwachsene sind verdorbene Kinder«, fuhr er fort. »Als ihr noch klein wart, habt ihr instinktiv gewusst, wie das Leben zu führen ist. Der Blick in die Sterne hat euch verzückt. Das Herumtollen in einem Park hat euch das Gefühl gegeben, lebendig zu sein. Und das Schmetterlingen-Hinterherjagen hat euch mit Freude erfüllt. Oh, wie ich die Schmetterlinge liebe! Als ihr dann größer wurdet, habt ihr allmählich vergessen, was es heißt, ein Mensch zu sein. Ihr habt vergessen, wie es ist, wagemutig und enthusiastisch zu sein, auf mitfühlende und ungezähmte Weise lebendig zu sein. Eure kostbaren Reservoirs der Hoffnung sind dahingeschwunden. Gewöhnlich zu sein wurde akzeptabel. Das Licht eurer Schöpferkraft, eurer positiven Energie und eurer Vertrautheit mit eurer inneren Großartigkeit leuchtete schwächer, als ihr anfingt, euch darüber Sorgen zu machen, wie ihr euch einfügen könnt, wie ihr mehr haben könnt als die anderen und euch beliebt machen könnt. Nun, dazu will ich Folgendes sagen: Versucht nicht, teilzuhaben an der Welt abgestumpfter Erwachsener, mit ihrer Enge, ihrer Gleichgültigkeit und ihrer Begrenztheit. Ich lade euch ein, in eine geheime Wirklichkeit einzutreten, die nur den wahren Meistern bekannt ist, den großen Genies und den echten Legenden der Geschichte. Und in euch selbst grundlegende Kräfte zu entdecken, von denen ihr bisher noch überhaupt nichts wusstet. Ihr könnt etwas Magisches erschaffen in eurer Arbeit und eurem Privatleben. Ich habe dies zweifellos getan. Und ich bin hier, um euch zu helfen, dies ebenfalls zu erreichen.«

Bevor die Unternehmerin und der Künstler auch nur ein Wort hervorbringen konnten, setzte der Obdachlose seinen Vortrag fort. »Ach, ich habe ja schon von der Bedeutung der Kunst gesprochen. Über das Ökosystem, in das euer Leben eingebunden ist. Da fallen mir die klugen Worte des portugiesischen Schriftstellers Fernando Pessoa ein: ›Die Kunst befreit uns durch die Illusion vom Elend des Seins. Während wir die Ungerechtigkeiten und die Qualen nachempfinden, die Hamlet, der Prinz von Dänemark, zu erdulden hat, spüren wir unsere eigenen nicht, die abscheulich sind, weil es unsere sind, und die abscheulich sind, weil sie abscheulich sind.‹ Oder wie Vincent van Gogh einmal sagte: ›Ich weiß nichts mit Gewissheit, aber der Blick in die Sterne bringt mich zum Träumen.‹«

Der Obdachlose schluckte schwer. Sein Blick schweifte ab. Er räusperte sich nervös.

»Leute, ich habe viel durchgemacht. Habe Niederlagen erlitten und bin vom Leben herumgeschubst worden. War krank. Bin angegriffen worden. Bin misshandelt worden. Bin ausgenutzt worden. He, ich höre mich an wie ein Country-Song. Wenn mich meine Freundin betrogen hätte und mein Hund gestorben wäre, dann hätte ich eine Hit-Single gelandet.«

Der Obdachlose lachte. Es klang wie das eigenartige, kehlige, bittere Lachen eines Zirkusclowns. Dann sprach er weiter. »Wie auch immer, es ist alles gut. Der Schmerz ist die Tür zum Inneren. Versteht ihr, was ich meine? Und die Tragödie ist der große Ausputzer der Natur. Sie brennt die Falschheit aus, die Angst und die Überheblichkeit des Egos. Sie führt uns zurück zu unserer Brillanz und unserer Genialität, wenn man den Mut besitzt, dorthin zu gehen, wo es wehtut. Das Leiden bringt mannigfaltigen Ertrag, wie zum Beispiel Empathie, Originalität, Zuordenbarkeit und Authentizität. Jonas Silk hat einmal gesagt: ›Ich habe Träume und Albträume gehabt, aber ich habe meine Albträume wegen meiner Träume überwunden‹«, fügte der uneingeladene Stadtstreicher wehmütig hinzu.

»Er ist wirklich sehr komisch. Unglaublich exzentrisch. Aber er hat etwas Besonderes«, bemerkte die Unternehmerin an den Künstler gewandt und legte ein weiteres Stück ihres Zynismuspanzers ab, der sie während ihres kometenhaften Aufstiegs geschützt hatte. »Was er gerade gesagt hat, ist genau das, was wir hören wollen. Er sieht aus, als würde er in einem Pappkartonverschlag auf der Straße hausen. Aber man muss sich anhören, was er sagt. Manchmal redet er wie ein Dichter.

Wie kann er so wortgewandt sein? Woher kommt seine gedankliche Tiefe? Und wer ist dieser ›alte Freund‹, der ihm so viel beigebracht hat, wie er behauptet? Er strahlt eine Wärme aus, die mich an meinen Vater erinnert. Er fehlt mir noch immer. Er war meine Vertrauensperson. Mein wichtigster Unterstützer. Und mein bester Freund. Ich denke jeden Tag an ihn.«

»Okay«, sagte der Künstler zu dem skurrilen Fremden. »Sie wollten wissen, welcher Teil des Vortrags mir am besten gefallen hat. Das war ganz klar der Teil, in dem der Redner über das Credo der spartanischen Krieger gesprochen hat, das lautet: ›Wer in der Ausbildung mehr schwitzt, muss im Krieg weniger bluten.‹ Gefallen hat mir auch der Satz: ›Die großen Siege werden in den frühen Morgenstunden errungen, wenn keiner hinschaut und alle anderen noch schlafen.‹ Seine Ausführungen über die Bedeutung eines Weltklasse-Morgenrituals waren großartig.«

Die Unternehmerin blickte auf ihr Smartphone. »Ich habe mir auch ein paar Notizen gemacht. Aber diese Perlen sind mir entgangen«, sagte sie, nachdem sie verarbeitet hatte, was sie gerade erfahren hatte.

»Wir hören nur, was wir hören wollen«, bemerkte der Obdachlose weise. »Alle Erkenntnisse erreichen uns genau da, wo wir stehen. Und wenn wir innerlich wachsen, können wir auch manche Dinge besser verstehen.«

Plötzlich erklang die Stimme des Redners. Die Augen des Obdachlosen wurden so groß wie der Tadsch Mahal. Man sah, dass er zutiefst überrascht war, diese berühmte Stimme zu hören. Er wirbelte herum und versuchte ausfindig zu machen, woher sie kam. Schnell klärte es sich auf.

Der Künstler spielte seine illegale Seminaraufzeichnung ab.

»Hier ist der Teil, der mir ganz besonders gefallen hat«, erklärte er und schaute dem abgerissenen Stadtstreicher in die Augen.

In einer Kultur der Cyber-Zombies, die süchtig sind nach Zerstreuung und heimgesucht werden von Unterbrechungen, besteht die klügste Art und Weise, beständig meisterhafte Ergebnisse in den wichtigsten Bereichen des beruflichen und privaten Lebens hervorzubringen, darin, eine Weltklasse-Morgenroutine zu entwickeln. Das Gewinnen fängt an mit dem Beginnen. In den ersten Stunden des Tages werden Helden geboren.

Kämpfen Sie gegen die Schwäche an, und starten Sie eine Kampagne gegen die Furchtsamkeit. Sie schaffen es wirklich, früh aufzustehen. Dies ist eine Notwendigkeit in Ihrem bewundernswerten Bemühen, legendär zu werden.

Befassen Sie sich eingehend mit dem Beginn Ihres Tages, dann wird der Rest des Tages wie von selbst laufen. Heben Sie Ihr Leben auf eine neue Stufe.

Man hörte, dass der Redner keuchte wie ein ungeübter Schwimmer, der zu schnell zu weit hinausgeschwommen ist. Der Künstler ließ seine Aufnahme weiterlaufen und drehte den Ton lauter.

Hier ist das kleine kostbare Geheimnis, das die Großen der Wirtschaft, die herausragenden Künstler und die Menschen, denen alles gelingt, niemals mit Ihnen teilen werden: Spitzenleistungen haben weniger mit Ihren ererbten Eigenschaften zu tun als mit Ihren täglichen Gewohnheiten. Und Ihr Morgenritual ist dabei der weitaus wichtigste Bestandteil, den es richtig einzustellen und zu justieren gilt. Und anschließend zu automatisieren.

Wenn wir diese Ikonen in der Praxis beobachten und erleben, verleitet unsere Kultur uns zu der Annahme, dass diese Menschen schon immer so erfolgreich waren. Dass es ihnen in die Wiege gelegt wurde, Außergewöhnliches zu schaffen. Dass sie in der DNA-Lotterie einen Volltreffer gelandet haben. Dass sie ihre Genialität ererbt haben. In Wirklichkeit aber beruht all ihre Herrlichkeit auf einem jahrelangen Prozess, einem Prozess, der unzählige Stunden des Übens umfasste. Wenn wir Menschen beobachten, die im

Geschäftsleben, im Sport, in der Wissenschaft und den Künsten herausragende Spitzenleistungen erbringen, dann erleben wir die verdienten Ergebnisse einer monomanischen Konzentration auf ein einziges Streben, einer bedingungslosen Fokussierung auf eine einzige Fähigkeit, einer intensiven Aufopferung für ein einziges Ziel, eines außergewöhnlichen Maßes an Vorbereitung und einer extremen Investition von Geduld. Bedenken wir, jeder Profi war früher auch einmal ein Amateur, und jeder Meister hat einmal als Anfänger begonnen. Gewöhnliche Menschen können außergewöhnliche Taten vollbringen, wenn ihnen die richtigen Gewohnheiten zur Routine geworden sind.

»Der Kerl hat wirklich was auf dem Kasten«, bemerkte der Obdachlose. Er klatschte in seine schmutzigen Hände wie ein Kind im Karneval. Abermals warf er einen Blick auf seine Armbanduhr. Dann setzte er sich in Bewegung, wobei seine Hüften zuerst nach vorn und dann nach hinten schwangen. Seine Hände fuhren durch die Luft, und er schnippte mit den Fingern. Er hatte die Augen wieder geschlossen. Aus seinen rissigen Lippen drangen Laute, wie sie die frühen Rapper hervorbrachten, als sie noch keine Gettoblaster hatten. Er bot einen urkomischen Anblick.

»Was zum Teufel machen Sie da?«, rief der Künstler.

»Ich tanze«, erwiderte der Obdachlose, während er sich kunstvoll bewegte. »Nur weiter so, bringt mir dieses kostbare Wissen. Sokrates hat gesagt: ›Bildung ist das Entzünden einer Flamme.‹ Und Isaac Asimov hat geschrieben: ›Selbsterziehung ist meines Erachtens die einzige Art von Erziehung.‹ Also, Kumpel, spiel mir weiter die Worte dieses alten Gelehrten vor. Es ist wirklich krass.«

Der Künstler ließ die Aufnahme weiterlaufen:

Widersetzen Sie sich entschlossen der Piraterie Ihrer Meisterhaftigkeit durch diese Welt, die Sie zu Ablenkungen verführen und digitale Demenz erzeugen möchte. Lenken Sie Ihre Aufmerksamkeit wieder zurück auf das gewaltige Gebirge Ihres Potenzials, das nach vollständigerem Ausdruck drängt, und verwerfen Sie alle Begründungen, die das Erstarren Ihrer Kräfte fördern. Fangen Sie an, ein Imaginist zu werden – einer dieser seltenen Menschen, die der Erhabenheit ihrer Zukunft den Vorzug geben vor den Gefängnisgittern ihrer Vergangenheit. Jeder von uns dürstet nach Tagen, die erfüllt sind von kleinen Ausbrüchen des Wunderbaren. Jeder von uns wünscht sich, in den Besitz seiner unverfälschten Heldenhaftigkeit zu gelangen und den Schritt zu entfesselter Außergewöhnlichkeit zu tun. Alle Menschen haben ein tiefes Verlangen, Meisterwerke hervorzubringen, die auf Bewunderung stoßen, jeden Tag in ungewöhnlichem Staunen und in dem Wissen zu leben, dass wir unsere Zeit auf eine Weise verbringen, die andere Menschen bereichert. Der Dichter Thomas Campbell drückte dies sehr schön aus, als er sagte: ›Wenn wir in den Herzen weiterleben, die wir zurücklassen, sterben wir nicht.‹

Jeder von uns – wirklich jeder – ist dazu geschaffen, Geschichte zu schreiben, auf unsere eigene authentische Weise. Für den einen mag dies bedeuten, dass er ein ausgezeichneter Programmierer ist oder ein hervorragender Lehrer, der junge Menschen voranbringt. Für eine andere kann es heißen, dass sie eine fantastische Mutter wird oder eine großartige Managerin. Für wiederum andere mag dies bedeuten, dass sie ausgezeichnete Verkäufer werden, die ihren Kunden auf grandiose Weise dienen. Die Chance, in der Erinnerung künftiger Generationen weiterzuleben und ein Leben zu führen, das tatsächlich etwas bewirkt, ist keine bloße Plattitüde. Sie ist vielmehr eine Tatsache. Doch nur sehr wenige von uns haben diese Geisteshaltung, diese Morgenrituale und die dauerhaften Voraussetzungen entdeckt und auch verinnerlicht, die es ermöglichen, dass sich diese Ergebnisse für uns einstellen. Wir alle wollen wieder unser Geburtsrecht auf überragendes Talent, grenzenlose Freude und Freiheit von Furcht einfordern, aber nur sehr wenige von uns sind bereit, jene Dinge zu tun, die unsere verborgene Genialität zum Vorschein bringen können. Das ist seltsam, nicht wahr? Und es ist sehr traurig. Die

> meisten von uns sind nicht mehr empfänglich für die Leuchtkraft dessen, was unsere Essenz ausmacht. Die meisten Menschen unserer Zeit sind in ihren kostbarsten Stunden damit beschäftigt, geschäftig zu sein. Trivialen Tätigkeiten und künstlichen Vergnügungen nachzujagen, während sie das wirkliche Leben versäumen. Das ist eine Formel, die am Ende zu großem Kummer führt. Was bringt es, die besten Morgen und die potenziell ertragreichen Tage damit zu verbringen, Berge zu erklimmen, von denen man erkennt, dass es die falschen waren, wenn man alt und gebrechlich geworden ist? Es ist sehr traurig.

»Dieser Teil hat mich besonders angesprochen«, bemerkte die Unternehmerin leicht bewegt. »Ich bin tatsächlich abhängig von meiner Technik. Ich muss ständig alles überprüfen. Das ist das Erste, was ich am Morgen mache, und das Letzte am Abend. Es nimmt meine Konzentration völlig in Beschlag. Ich kann mich kaum noch auf die Verpflichtungen konzentrieren, denen mein Team und ich nachkommen müssen. Alles erscheint so kompliziert. Ich habe das Gefühl, mir bleibt gar keine Zeit mehr für mich selbst. Es ist wirklich überwältigend, all die Meldungen und Nachrichten und Werbespots und Ablenkungen. Aber was der Redner gesagt hat, hilft mir sehr bei meinen Bemühungen, meine Ansprüche und Maßstäbe als Führungskraft zu erhöhen. Ich bin irgendwie vor einer Mauer gelandet. Meine Firma ist schneller gewachsen, als ich erwartet hatte. Ich bin erfolgreicher geworden, als ich es mir jemals vorzustellen vermochte. Aber es gibt einige Dinge, die mir großen Stress bereiten.« Sie wandte den Blick ab und verschränkte abermals die Arme.

»Ich kann Ihnen nicht sagen, was mich in Wirklichkeit beschäftigt«, dachte die Unternehmerin bei sich.

Dann fuhr sie fort: »Ich musste mich von Leuten trennen, die ich wirklich mochte, weil ich gelernt habe, dass Menschen, die in einer bestimmten Phase der Geschäftsentwicklung in die Firma passen, in einer anderen Phase nicht mehr hilfreich sind. Das war wirklich hart. Und es haben sich einige Dinge in meiner Firma entwickelt, die mein Leben auf den Kopf gestellt haben. Ich möchte mich nicht näher dazu äußern. Es ist momentan eine sehr schwierige Zeit für mich.«

»Nun, was die Verbesserung deiner Fähigkeiten als Führungsperson betrifft«, erwiderte der Obdachlose, »denke bitte daran, dass es die Aufgabe eines Leaders ist, den Zweiflern dabei zu helfen, die eigene Vision zu verstehen, den Machtlosen zu helfen, ihre Schwäche zu überwinden, und den Hoffnungslosen zu helfen, Zuversicht zu entwickeln. Und was du darüber gesagt hast, dass du Leute entlassen musstest, die nicht mehr in die Firma gepasst haben – das ist normal während der Entwicklung eines Unternehmens. Und das hatte damit zu tun, dass sich diese Leute nicht weiterentwickelt haben, als deine Firma größer geworden ist. Sie haben aufgehört zu wachsen. Sie haben aufgehört zu lernen, zu erfinden und die Dinge, mit denen sie zu tun bekamen, besser zu machen, als sie sie vorgefunden hatten. Das hatte zur Folge, dass sie für dein Unternehmen keine bewundernswerten Wertschöpfer mehr sein konnten. Sie haben wahrscheinlich dich dafür verantwortlich gemacht. In Wirklichkeit aber waren sie selbst verantwortlich«, erklärte der Fremde und überraschte seine Zuhörer durch seine profunden Kenntnisse über Teambildung und Erfolg im Geschäftsleben.

»Ja, genau«, erwiderte die Unternehmerin. »Wir mussten diese Leute entlassen, weil sie nicht mehr die Ergebnisse liefern konnten, für die wir sie bezahlten. Und oft wache ich nachts um zwei Uhr schweißgebadet auf. Vielleicht ist es wirklich so, wie der Autorennfahrer Mario Andretti einmal gesagt hat: ›Wenn es den Anschein hat, dass alles unter Kontrolle ist, dann fährt man nicht schnell genug.‹ Wir haben unsere wichtigsten Leistungsindikatoren so schnell erfüllt und übertroffen, dass mir ganz schwindlig wurde. Neue Teammitglieder zu fördern, neue Marken zu managen, neue Märkte zu erschließen, neue Zulieferer zu überwachen, neue Produkte zu verbessern, neue Investoren und Anteilseigner zu beeindrucken und mit tausend neuen Verpflichtungen zurechtzukommen – das kann wirklich ein bisschen viel werden. Ich bin durchaus imstande, auch anspruchsvolle Aufgaben zu bewältigen. Aber zurzeit lastet sehr viel auf meinen Schultern.«

Die Unternehmerin zog ihre Arme an und strich sich gedankenversunken über die Stirn. Ihre schmalen Lippen waren zusammengepresst wie eine Seeanemone, die einen todbringenden Räuber entdeckt hat. Und ihren Augen war anzusehen, dass sie wirklich litt.

»Und was deine Abhängigkeit von den technischen Geräten betrifft, denke daran, dass diese Geräte, wenn man sie intelligent nutzt, den menschlichen Fortschritt beschleunigen. Durch eine kluge und umsichtige Verwendung der Technologien wird unser Leben verbessert, unser Wissen wird bereichert und unsere wunderbare Welt wird kleiner. Der Missbrauch dieser Technologien verdirbt den Geist der Menschen, beeinträchtigt ihre Schaffenskraft und zerstört das Gefüge unserer Gesellschaft. Dein Smartphone kostet dich ein Vermögen, weißt du das? Wenn du den ganzen Tag damit herumspielst. Und was du über den starken Druck gesagt hast, der auf dir lastet: Das ist fantastisch. ›Druck ist ein Privileg‹, hat die Tennislegende Billie Jean King einmal gesagt«, erklärte der Obdachlose. »Du musst wachsen. Und als Mensch zu wachsen und sich weiterzuentwickeln, das ist eine der klügsten Möglichkeiten, den Rest des Lebens zu verbringen. Mit jeder neuen Herausforderung geht die fantastische Chance einher, aufzusteigen auf die nächste Stufe als Führungspersönlichkeit, als Leistungserbringer und als Mensch. Hindernisse sind nichts weiter als Prüfungen, die dazu dienen, zu messen, wie ernsthaft du die Belohnungen willst, die du durch deine Ambitionen erstrebst. Sie ermöglichen es dir, herauszufinden, wie entschlossen du bist, dich zu jener Art von Mensch zu entwickeln, der dieses Maß an Erfolg aushält. Scheitern ist gewissermaßen Wachstum im Wolfspelz. Und praktisch nichts im

Leben ist wichtiger als die persönliche Weiterentwicklung, die Entfaltung des eigenen Potenzials. Tolstoi hat geschrieben: ›Alle denken an das Verändern der Welt, aber niemand denkt daran, sich selbst zu verändern.‹ Werde ein größerer, bedeutenderer Mensch, dann wirst du automatisch auch eine bessere Führungspersönlichkeit – und ein Mensch, der mehr leisten kann. Ja, Wachstum kann auch Angst machen. Aber mein Mentor hat mich einmal gelehrt, dass ›jener Teil von dir, der sich an die Angst klammert, gewissermaßen eine Kreuzigung erfahren muss, damit der andere Teil von dir, der höhere Ehren verdient, eine Auferstehung erlebt‹. Mit genau diesen Worten hat er es ausgedrückt. Klingt irgendwie verrückt, ist aber doch sehr tiefgehend, nicht wahr?«, sagte der Stadtstreicher, während er über die Perlen des Rosenkranzes strich, den er bei sich trug.

Er sprach weiter, ohne eine Antwort abzuwarten.

»Mein spezieller Lehrer hat mir auch erklärt, dass man, ›um das Beste in sich selbst zu finden, das schwache Selbst aufgeben muss‹. Und das geht nur durch unermüdliche Verbesserung, durch ständige Reflexion und fortlaufende Selbsterforschung. Wenn man nicht jeden Tag besser wird, fährt man sich fest im Leben, bleibt stecken für den Rest des Lebens. Dazu fällt mir ein Satz des Journalisten Norman Cousins ein: ›Die Tragödie des Lebens besteht nicht im Sterben, sondern darin, was wir in uns selbst sterben lassen, solange wir noch leben.‹«

Der Obdachlose hob seine kratzende Stimme und erklärte: »Darüber hinaus hat mir mein spezieller Lehrer beigebracht, dass wir, sobald wir die grundlegende Beziehung zu uns selbst geklärt haben, feststellen werden, dass sich auch unsere Beziehungen zu anderen Menschen, unsere Arbeit, unser Einkommen und unsere Wirkungsmöglichkeiten verändern werden. Die meisten Menschen können sich selbst nicht ausstehen. Deshalb können sie nie allein sein. Und still sein. Sie müssen ständig mit anderen Menschen zusammen sein, um ihren Gefühlen des Selbsthasses wegen all ihres vergeudeten Potenzials zu entfliehen, und daher bleiben ihnen all die Wunder und die Weisheiten versagt, die das Alleinsein und die Stille mit sich bringen können. Oder sie sitzen ständig vor dem Fernseher und erkennen nicht, dass dadurch ihr Vorstellungsvermögen abstumpft und auch ihr Bankkonto schrumpft.«

»Ich empfinde mein Leben als sehr kompliziert. Ich fühle mich erschlagen. Ich habe keine Zeit mehr für mich selbst«, wiederholte die Unternehmerin. »Ich bin nicht sicher, was mit meinem Leben geschehen ist. Alles hat sich so verhärtet.«

»Ich verstehe Sie«, entgegnete der Künstler und legte einen Arm um die Schulter seiner neuen Freundin. »Ich spüre, dass Sie viel mehr durchzumachen haben, als Sie uns hier anvertraut haben. Das ist auch okay. Wissen Sie, manchmal erscheint mir das Leben so chaotisch, dass ich gar nicht aufstehen kann. Ich liege einfach nur im Bett. Ich schließe die Augen und wünsche, der Nebel in meinem Kopf würde sich verziehen. Wenigstens für einen Tag. Ich kann zeitweise nicht mehr richtig denken. An solchen Tagen bin ich völlig hoffnungslos. Und alle Leute gehen mir auf die Nerven. Ich bin nicht menschenfeindlich. Ich mag nur die Schwachköpfe nicht. Es gibt einfach zu viele dumme Leute um einen herum. Die dämliche Modefotos von sich machen mit Schmolllippen in Kleidern, die sie sich gar nicht leisten können. Die mit Menschen herumhängen, die sie nicht leiden können. Ich würde lieber ein aufmerksameres Leben führen. Ein risikoreiches Leben. Ein Künstlerleben. Es macht mich verrückt, wie oberflächlich die Leute geworden sind.«

Der Künstler schlug mit einer Faust in die Innenfläche seiner anderen Hand. Deutliche Falten erschienen auf seiner Kieferpartie, und auf seinem dicken Hals trat eine blaue Ader hervor.

»Klar, ich verstehe euch«, sagte der Obdachlose. »Das Leben ist nicht leicht, Leute. Die meiste Zeit ist es harte Schufterei. Aber wie schon John Lennon gesagt hat: ›Am Ende wird alles gut. Und wenn es nicht gut ist, dann ist es nicht das Ende‹«, bemerkte er und brachte damit ein weiteres Zitat aus seinem anscheinend unbegrenzten geistigen Fundus an.

Der Künstler beruhigte sich umgehend und lächelte auf eine Art, die beinahe herzig wirkte. Er atmete tief aus. Was er gerade gehört hatte, gefiel ihm.

»Und außerdem«, fuhr der Stadtstreicher fort, »der Aufstieg in die dünne Luft der persönlichen und beruflichen Meisterhaftigkeit, für den wir drei uns offenkundig angemeldet haben, ist nichts für Schwächlinge. Das eigene Leben auf eine neue Stufe zu heben, um wahre Freude zu erleben und die eigenen Fähigkeiten zu optimieren und sich das eigene Terrain voll anzueignen, das kann oft sehr anstrengend sein. Ich will aufrichtig sein. Aber eine wichtige Sache habe ich gelernt: Der Schmerz des Wachstums ist wesentlich weniger kostspielig als die verheerenden Kosten des Bereuens.«

»Wo haben Sie das her?«, fragte der Künstler, während er die Worte in sein Notebook tippte.

»Das kann ich euch nicht sagen. Jedenfalls noch nicht«, erwiderte der Obdachlose und schürte damit die Neugier darauf, wo er alle diese wertvollen Erkenntnisse gewonnen hatte.

Die Unternehmerin wandte sich von dem Künstler ab und machte sich ebenfalls Notizen in ihrem Gerät. Dann griff der Obdachlose in sein zerrissenes kariertes Hemd und holte eine abgegriffene Karteikarte heraus. Er hielt sie hoch, wie ein Kind, das im Kindergarten etwas über einen mitgebrachten Gegenstand erzählen soll.

»Eine berühmte Person hat mir das gegeben, als ich noch um einiges jünger war und gerade meine erste Firma gegründet hatte. Ich hatte damals viel Ähnlichkeit mit euch beiden: Ich war voller Träume und entschlossen, der Welt meinen Stempel aufzudrücken. Ich war hungrig danach, mich zu beweisen. Entschlossen, das Spiel zu beherrschen. Die ersten fünfzig Jahre unseres Lebens sind stark von der Suche nach Legitimität ausgefüllt, wisst ihr. Wir sehnen uns nach sozialer

Zustimmung. Wir wollen, dass Menschen, die auf derselben Ebene stehen wie wir, uns respektieren. Wir hoffen, dass unsere Nachbarn uns mögen. Wir kaufen alle möglichen Dinge, die wir in Wirklichkeit gar nicht brauchen, und sind davon besessen, Geld zu verdienen, über das wir uns eigentlich gar nicht freuen.«

»Völlig richtig«, murmelte der Künstler, nickte energisch und veränderte seine Körperhaltung, sodass ihm seine Rastalocken über die Schultern fielen.

Der Veranstaltungsraum war mittlerweile leer.

»Wenn wir den Mut aufbringen, in unser Inneres zu blicken, stellen wir fest, dass wir dies tun, weil wir zahlreiche Leerstellen in uns haben. Wir glauben fälschlicherweise, dass Material von außen die Leere in uns ausfüllen kann. Doch das wird nie geschehen. Niemals. Aber wenn wir die Lebensmitte erreichen, vollziehen viele von uns eine Umkehr. Wir erkennen allmählich, dass wir nicht ewig leben werden. Wir kommen in Kontakt mit unserer Sterblichkeit. Das ist der entscheidende Punkt. Uns wird klar, dass wir eines Tages sterben werden. Was wirklich wichtig ist, das rückt nun stärker in den Fokus. Wir werden nachdenklicher. Wir beginnen uns zu fragen, ob wir unsere Begabungen wirklich genutzt haben, ob wir unsere Werte gelebt haben und ob wir erfolgreich waren im Hinblick auf das, was wir für richtig befunden haben. Und wir denken darüber nach, was unsere Liebsten einmal über uns sagen werden, wenn wir nicht mehr da sind. Das ist der Zeitpunkt, an dem viele von uns eine große Kehrtwende vollziehen: Anstatt nach Legitimität in der Gesellschaft zu streben, versuchen wir eine bedeutsame Hinterlassenschaft aufzubauen. In den letzten fünfzig Jahren geht es weniger um mich selbst, sondern mehr um uns. Weniger um Selbstbezogenheit, sondern mehr um Dienstbarkeit. Wir hören auf, immer mehr Dinge in unserem Leben anzuhäufen, und beginnen uns von Dingen zu trennen – und das Leben zu vereinfachen. Wir lernen die schlichte Schönheit wertzuschätzen, empfinden Dankbarkeit für kleine Wunder, achten den unbezifferbaren Wert von seelischem Frieden, verbringen mehr Zeit damit, menschliche Verbindungen zu pflegen, und beginnen zu verstehen, dass jener, der gibt, jener ist, der am meisten gewinnt. Was dann noch bleibt von unserem Leben, entwickelt sich zu einer phänomenalen Hingabe an die Liebe zum Leben selbst und zu einem Freundschaftsdienst für die vielen. Und dies kann dann möglicherweise ein Weg zur Unsterblichkeit werden.«

»Wirklich ein sehr eigenartiger Typ«, flüsterte die Unternehmerin. »Seit Monaten habe ich mich nicht mehr so hoffnungsfroh, so energiegeladen und geerdet gefühlt. Früher ist mir mein Vater immer in schwierigen Zeiten zur Seite gestanden«, erklärte sie dem Künstler. »Seit er gestorben ist, habe ich niemanden mehr, an den ich mich anlehnen kann.«

»Was ist mit ihm geschehen?«, erkundigte sich der Künstler.

»Ich bin jetzt ein bisschen unsicher, obwohl ich mich stärker fühle als heute Morgen, als ich hierhergekommen bin. Aber es ist einfach so, dass er sich das Leben genommen hat. Dad war ein bemerkenswerter Mensch – ein ungeheuer erfolgreicher Businesspionier. Er flog Flugzeuge, fuhr schnelle Autos und liebte exzellenten Wein. Er war so ein lebendiger Mensch. Dann nahm ihm sein Geschäftspartner alles weg, ganz ähnlich wie die schlimme Situation, in der ich mich gerade befinde. Der Stress und der Schock, als die Welt um ihn herum zusammenbrach, trieben ihn dazu, etwas zu tun, was er sich zuvor niemals hätte vorstellen können. Er sah einfach keinen Ausweg mehr«, bekannte die Unternehmerin mit brüchiger Stimme.

»Du kannst dich an mich anlehnen«, sagte der Künstler zärtlich. Er legte eine Hand, an deren kleinem Finger ein Hippie-Ring steckte, auf sein Herz, als er diese Worte sprach, und wirkte dabei galant und bohemienhaft zugleich.

Der Obdachlose unterbrach den intimen Moment, den die beiden teilten.

»Hier, lest das«, sagte er und reichte ihnen seine Karteikarte. »Das wird euch eine Hilfe sein, wenn ihr anfangt, euer Leistungsvermögen auf eine neue Stufe zu heben, und dann all das erleben werdet, was damit einhergeht, wenn man sich einlässt auf dieses Abenteuer, das zu menschlicher Leadership führt und zu persönlicher Meisterhaftigkeit und eine Karriere voller ungewöhnlicher schöpferischer Kraft ermöglicht.«

Auf dem Papier, das im Laufe der Jahre vergilbt war, stand in roten Buchstaben: »Alle Veränderungen sind am Anfang mühsam, in ihrem Verlauf chaotisch und am Ende großartig.«

»Das ist sehr schön«, bemerkte die Geschäftsfrau. »Eine wertvolle Information für mich. Danke.«

Dann ließ der Künstler seine illegal angefertigte Aufnahme des Vortrags des Redners weiterlaufen:

> Jeder von Ihnen beherbergt ein stilles Genie und einen triumphalen Helden in sich. Wenn Sie wollen, können Sie dies als die idealistischen Worte eines alten Mentaltrainers abtun. Aber ich bin stolz darauf, dass ich ein Idealist bin. Unsere Welt braucht mehr von uns. Aber ich bin auch ein Realist. Und hier ist die Wahrheit. Die meisten Menschen auf der Erde denken leider nicht viel über sich selbst nach. Sie beziehen ihre Identität von außen. Sie bewerten ihre Leistungen nach den Dingen, die sie angesammelt haben, und nicht nach dem Charakter, den sie kultiviert haben. Sie vergleichen sich mit den inszenierten – und falschen – Trailerfilmchen, die ihnen von den Menschen vorgespielt werden, denen sie folgen. Sie messen ihren Selbstwert an ihrem Vermögen. Und sie lassen sich von dem falschen Gedanken verführen, dass etwas, weil es noch nie gemacht worden ist, auch nicht gemacht werden kann – und sie vergeben dadurch die großartigen und elektrisierenden Möglichkeiten, die ihr Leben für sie bereithält. Das ist eine Erklärung dafür, warum die meisten Menschen im Treibsand der Ungewissheit, der Langeweile, der Ablenkung und der Komplexität versinken.

»Drama-Mamas«, mischte sich der Obdachlose ein. »So nenne ich diese Männer und Frauen, die sich den Virus der Victimitis Excusitis eingefangen haben. Sie können sich immer nur darüber beklagen, wie schlimm die Dinge sind, statt die ihnen innewohnende Kraft dazu einzusetzen, sie zu verbessern. Sie nehmen, statt zu geben. Sie kritisieren, statt etwas zu erschaffen, und sie sorgen sich, statt zu arbeiten. Baue Antikörper auf, um jede Form von Durchschnittlichkeit zu bekämpfen, die sich in deinen beruflichen Tätigkeiten im Büro und deinem Privatleben zu Hause einschleichen könnten. Sei niemals eine Drama-Mama.«

Die Unternehmerin und der Künstler schauten sich an. Dann kicherten sie, sowohl über die Bezeichnungen, die der skurrile Fremde verwendete, als auch über die Art, wie er den Arm hob und die Finger einer Hand zum Friedenszeichen formte, während er sprach. Wenn man hier neben ihm stand, konnte man ihn wirklich für einen ziemlich schrägen Vogel halten.

Dann ertönten wieder die Worte des Redners aus seinem aufgenommenen Vortrag:

> Um es klar zu sagen: Jeden Tag – für den Rest Ihres Lebens – wird Ihnen die Chance geboten werden, Leadership zu zeigen, wo immer Sie sich aufhalten und was immer Sie tun. Leadership ist keine Sache weltweit verehrter Ikonen oder marktbeherrschender Wirtschaftsführer. Es ist eine Arena, die jedem geboten wird und in der jeder mitwirken kann. Denn Leadership hat viel weniger mit einem formellen Titel, einem großen Büro und viel Geld auf dem Konto zu tun. Sondern wesentlich mehr damit, in allem, was Sie tun, Meisterhaftigkeit anzustreben – und auch darin, was Sie sind. Es geht darum, sich der Tyrannei des Gewöhnlichen zu widersetzen, der Negativität nicht zu gestatten, sich des eigenen Gefühls von Ehrfurcht und Größe zu bemächtigen, und zu verhindern, dass sich die Sklaverei der Mittelmäßigkeit in Ihr Leben schleicht. Leadership besteht darin, etwas zu bewirken, und zwar

genau dort, wo man hingestellt ist. Echte Leadership besteht darin, rechtschaffene Arbeit zu leisten, die den Genius repräsentiert, die durch ihre Tragweite, ihre Innovationskraft und die Art ihrer Durchführung ganze Branchen umkrempelt und die so überragend und außergewöhnlich ist, dass sie die Zeit überdauert.
Und arbeiten Sie niemals nur des Einkommens wegen. Arbeiten Sie wegen der Wirkung. Machen Sie es sich zu Ihrem vorrangigen Ziel, aus ganzem Herzen Wert zu schaffen, der einen außergewöhnlichen Zauber vermittelt, der an Poesie grenzt. Demonstrieren Sie in höchster Anschaulichkeit, was ein Mensch zu schaffen imstande ist. Entwickeln Sie die Geduld, an Ihrer Entschlossenheit festzuhalten, absolut erstklassige Arbeit zu leisten, auch wenn Sie in Ihrem Leben nur ein einziges Meisterwerk hervorbringen. Schon allein, wenn Sie dies erreichen, war Ihr Leben eine Reise, die sich gelohnt hat.
Seien Sie ein Virtuose. Ein Spitzenmann oder eine Spitzenfrau. Den obersten 5 Prozent geht es weniger um Ruhm, Geld und Anerkennung, sondern mehr darum, in ihrem Fach gewissermaßen über ihrer Gewichtsklasse zu boxen, über ihrer Gehaltsebene ihre Talente zur Geltung zu bringen und jene Art von Schöpferkraft an den Tag zu legen, die Millionen Menschen inspiriert – und ihnen zugleich dient. Und das ist auch der Grund, warum diese Menschen oftmals Millionen verdienen. Also geben Sie niemals auf. Sondern treiben Sie die Dinge voran.

Der Obdachlose hatte mittlerweile die Augen geschlossen. Er hatte sich auf dem Boden niedergelassen und machte eine Art einarmige Liegestütze. Dabei wiederholte er immer wieder die Sätze: »Gestalte deinen Morgen, und in deinem Leben wird alles möglich.«

Die Unternehmerin und der Künstler schüttelten den Kopf.

»Eines meiner Lieblingsbücher ist *Der Prophet*«, sinnierte der Künstler. »Das ist eines der meistverkauften literarisch-spirituellen Bücher der Welt. Ich habe gelesen, dass Khalil Gibran das Manuskript vier Jahre mit sich herumgetragen und ständig daran gefeilt hat, bevor er es seinem Verleger übergab. Es war also reine Kunst. Ich kann mich noch genau an seine Worte erinnern, als er von einem Journalisten über seinen schöpferischen Prozess befragt wurde, denn diese Worte sind auch für mich eine Richtschnur, wenn ich in meinem Atelier bin. Seine Worte ermöglichen es mir, als Künstler größere Wirksamkeit zu erreichen, obwohl ich sehr mit der Aufschieberitis zu kämpfen habe. Wie ich schon sagte, ich bin ziemlich gut. Aber ich weiß, ich kann großartig sein. Wenn ich nur meine Selbstsabotage überwinden könnte. Und meine Dämonen.«

»Und was hat er gesagt?«, fragte der Obdachlose, der jetzt wieder auf den Beinen stand und an seiner großen Armbanduhr herumspielte. Schweißperlen liefen über sein markantes Gesicht.

»Seine Worte lauteten folgendermaßen«, antwortete der Künstler: »›Ich wollte sicher sein, sehr sicher, dass jedes Wort das Beste war, das ich anzubieten hatte.‹«

»Toll«, erwiderte der Obdachlose. »Das ist genau der Maßstab, den die Besten immer an sich anlegen.«

Plötzlich hörte man den Redner in der Aufzeichnung husten. Seine folgenden Sätze schienen sich unter großen Mühen aus ihm herauszuzwängen, wie ein noch ungeborenes Kind, das sich heftig dagegen wehrt, den warmen und schützenden Mutterleib zu verlassen.

Jeder kann im Alltag ein Leader werden, indem er meine Empfehlungen umsetzt. Wenn es einfach ist und vor allem auch, wenn es schwierig ist. Und wenn er oder sie heute damit anfängt. Wenn Sie dies tun, ist Ihnen in der Zukunft der Sieg gewiss. Und ich möchte hinzufügen, dass es keinen lebenden Menschen gibt, der nicht imstande wäre, sein Denken, seine Leistungsfähigkeit, seine Vitalität, sein Wohlergehen und sein Lebensglück auf wundervolle Weise zu verbessern, wenn er sich einige grundlegende tägliche Rituale zu eigen macht und diese praktiziert, bis sie ihm zur zweiten Natur werden. Dies bringt mich zum wichtigsten und entscheidendsten Aspekt meines Vortrags: Der beste Ausgangspunkt, um beruflich erfolgreich zu werden und ein großartiges, gelingendes Leben zu führen, besteht darin, dem 5-Uhr-Club beizutreten. Wie können Sie jemals Weltklasse erreichen, wenn Sie sich nicht jeden Morgen ein wenig Zeit dafür reservieren, an diesem Ziel zu arbeiten?

Die Unternehmerin schrieb nun eifriger mit als zuvor. Auf dem Gesicht des Künstlers lag ein Lächeln, das zu sagen schien: »Das gibt mir ein Gefühl von Stärke.« Der Obdachlose stieß kurz auf, dann ließ er sich auf den Boden nieder und machte einen Unterarmstütz, eine Übung, die von versierten Fitnessstudio-Besuchern oft zur Kräftigung der Rumpfmuskulatur eingesetzt wird.

Man hörte, wie der Redner abermals heftig zu husten begann. Es folgte eine quälende – und anhaltende – Pause.

Dann sprach er stockend weiter. Er keuchte hörbar. Seine Stimme begann zu zittern wie die Stimme einer jungen Telefonverkäuferin bei ihrem allerersten Anruf.

Um 5 Uhr früh aufzustehen ist die wahrhaftige Mutter aller Routinen. Dem 5-Uhr-Club beizutreten ist jene Handlung, die alle anderen menschlichen Handlungen auf eine neue Stufe hebt. Diese Handlungsweise ist der entscheidende Treiber, der Sie in ein unbezwingbares Modell des Möglichen verwandelt. Wie Sie Ihren Tag beginnen, das bestimmt die Intensität der Konzentration, der Energie, der Begeisterung und der Vortrefflichkeit, die Sie in den Tag einbringen. Jeder frühe Morgen ist eine Seite in der Geschichte, die zu Ihrem Vermächtnis wird. Jeder neue Morgen ist eine frische Chance, Ihre Brillanz zum Tragen zu bringen, Ihre Potenz freizusetzen und mitzuspielen in den obersten Ligen jener, die erstklassige Ergebnisse erzielen. Sie haben eine grandiose Kraft in sich, die sich mit den ersten Sonnenstrahlen des neuen Tages entfaltet. Lassen Sie bitte nicht zu, dass Verletzungen der

Vergangenheit und Frustrationen der Gegenwart Ihre Großartigkeit vermindern, Ihre Unbezwingbarkeit unterdrücken und den an keine Grenzen gebundenen Helden ersticken, der im besten Teil von Ihnen schlummert. In einer Welt, die Sie am Boden halten möchte – bauen Sie sich selbst auf. In einer Epoche, die wünscht, dass Sie im Dunkeln verharren – treten Sie ins Licht. In einer Zeit, die Sie dazu verleitet, Ihre Fähigkeiten zu vergessen – fordern Sie aufs Neue Ihre Genialität ein. Unsere Welt verlangt dies von jedem von uns. Um Herren unserer Fertigkeiten zu werden, Kämpfer für unser Wachstum und Wächter der bedingungslosen Liebe – für die gesamte Menschheit.

Bekunden Sie Respekt und Mitgefühl für alle anderen Menschen, die diesen winzigen Planeten bewohnen, ungeachtet ihres Glaubens, ihrer Hautfarbe oder sozialen Schicht. Heben Sie diese Menschen empor in einer Zivilisation, in der viele ihre Kraft daraus ziehen, dass sie andere nach unten reißen. Helfen Sie anderen, das Wundervolle zu erkennen, das in ihnen schlummert. Leben Sie die Tugenden vor, von denen wir wünschen, dass alle sie praktizieren würden. Alles, was ich sage, appelliert an den unverdorbenen Teil in Ihnen, an jene Seite in Ihnen, die noch höchst lebendig war, bevor man Ihnen beibrachte, sich zu fürchten, Dinge anzuhäufen, sich klein zu machen und anderen zu misstrauen. Es ist Ihre Aufgabe als Held Ihres eigenen Lebens, als kreativer Erfolgsmensch, dem es aufgegeben ist, die Kultur zu verändern, und als Bewohner der Erde, diese Dimension in sich zu entdecken. Und dann, wenn dies gelungen ist, den Rest Ihrer Tage in enger Verbindung damit zu verbringen.

Akzeptieren Sie die Chance, menschliche Meisterhaftigkeit zu erlangen, und ich verspreche Ihnen, dass eine Synchronizität des Erfolgs und ein orchestrierter Zauber, der die Grenzen der Logik weit überschreitet, den Rest Ihrer Tage durchfluten werden. Und die stärkeren Engel Ihres großartigsten Potenzials werden Ihnen regelmäßig zur Seite stehen. Scheinbar unmögliche Wunder werden einfließen in Ihre Träume und dafür sorgen, dass die kühnsten von ihnen Wirklichkeit werden. Und Sie werden zu einem jener seltenen und großartigen Geschöpfe werden, die die Welt auf eine höhere Stufe heben, schlicht und einfach dadurch, dass sie unter uns weilen.

Der Konferenzsaal war nun dunkel. Die Unternehmerin seufzte laut. Der Künstler bewegte sich nicht. Der Obdachlose begann zu weinen.

Dann stieg er auf einen Stuhl, hob die Arme wie ein Prediger und zitierte folgende Worte des irischen Dramatikers George Bernard Shaw:

Die wahre Freude am Leben besteht darin, zu wissen, dass man für einen bestimmten Zweck, den man selbst als einen mächtigen anerkennt, gebraucht wird …, dass man eine Naturkraft sein kann statt eines fieberkranken, selbstsüchtigen kleinen Bündels von Schmerzen und Nöten, das jammert, weil die Welt sich nicht der Aufgabe widmet, einen glücklich zu machen.
Ich bin der Auffassung, dass mein Leben der gesamten Gemeinschaft gehört, und solange ich lebe, ist es mein Privileg, für sie zu tun, was ich vermag.
Ich möchte vollständig aufgebraucht sein, wenn ich sterbe, denn je härter ich arbeite, umso mehr lebe ich. Ich erfreue mich am Leben um seiner selbst willen. Für mich ist das Leben kein kurzer Kerzenstummel. Es ist gewissermaßen eine wunderbare Fackel, die ich für einen Moment halten darf, und ich möchte, dass sie so hell wie möglich brennt, bevor ich sie weiterreiche an künftige Generationen.

Dann sank der Obdachlose auf die Knie. Er küsste seinen Rosenkranz. Und weinte noch immer.

Kapitel 5

Ein skurriles Abenteuer auf dem Weg zur Morgen-Meisterhaftigkeit

»Jeder hat sein eigen Glück unter den Händen, wie der Künstler die rohe Materie, die er zu einer Gestalt umbilden will … Nur die Fähigkeit dazu wird uns angeboren, sie will gelernt und sorgfältig ausgeübt sein.« – **Johann Wolfgang von Goethe**

»Falls ihr beide interessiert seid«, sagte der Obdachlose, »würde ich euch gern ein paar Morgenkurse in meinem Anwesen am Meer geben. Ich würde euch meine Morgenroutine vorstellen und euch erklären, warum es für die Erlangung persönlicher Meisterhaftigkeit und für außergewöhnlichen wirtschaftlichen Erfolg von höchster Bedeutung ist, wie man die erste Stunde des Tages gestaltet. Euer Leben wird euch dann wunderbar erscheinen – schon nach kurzer Zeit. Und der Aufenthalt bei mir wird euch eine Menge Spaß machen. Es wird nicht immer einfach sein, wie uns der alte Meister auf der Bühne schon erklärt hat. Aber es ist wertvoll, fruchtbar und herrlich. Vielleicht wunderbarer als die Decke der Sixtinischen Kapelle.«

»Ich habe geweint, als ich die zum ersten Mal gesehen habe«, bemerkte der Künstler und strich sich über seinen Spitzbart.

»Michelangelo war ein schlimmer Finger. Aber ich meine

das im positiven Sinn«, erklärte der Obdachlose, während auch er mit seinem Bart spielte, der etwas schmutzig war. Dann zog er sein Hemd hoch und enthüllte Bauchmuskeln, die eines griechischen Gottes würdig waren. Ein langer schmieriger Finger fuhr die Konturen entlang, wie ein Regentropfen nach einem Frühlingsschauer über den Stiel einer Rose rinnt.

»Kneift mich«, rief der Künstler mit der Begeisterung einer Katze, die in einem Vogelkäfig freie Bahn hat. »Wie zum Teufel sind Sie zu dieser Figur gekommen?«

»Jedenfalls nicht durch irgendeinen Bauchmuskeltrainer aus Plastik, den ich bei einem TV-Shopping-Sender gekauft habe. Da stecken harte Arbeit und viel Training dahinter. Jede Menge Liegestütze, Klimmzüge, Unterarmstütze und schweißtreibende Sitzungen auf dem Cardiotrainer, manchmal auch an meinem speziellen Strand.« Der Obdachlose holte eine offensichtlich teure Lederbrieftasche hervor, dann zog er ein Plastikkärtchen heraus, auf dem eine Zeichnung zu sehen war. Sie zeigte das folgende Bild; es ist genau jenes Bild, das die Unternehmerin und der Künstler in diesem Augenblick zu sehen bekamen:

Ohne irgendwelche Reaktionen seiner beiden Zuhörer abzuwarten, sprach der Stadtstreicher weiter. »Entschlossenheit, Disziplin, Geduld und Arbeit. Werte, die in der heutigen Zeit nicht mehr hoch im Kurs stehen, in der viele Leute eine Anspruchsmentalität haben und erwarten, dass ihnen ein reiches, schöpferisches und erfülltes Leben einfach eines Tages zufliegt wie ein Spatz am Frühlingsanfang. Und die erwarten, dass alle Menschen in ihrer Umgebung die Anstrengung aufbringen, die vielmehr sie selbst beisteuern müssten. Was hat ein solches Verhalten mit Leadership zu tun?«

»Eine Gesellschaft von Erwachsenen, die sich wie verzogene kleine Kinder verhalten, so kommt mir unsere Welt manchmal vor. Ich bewerte es nicht, ich stelle es nur fest. Ich klage nicht darüber, ich berichte nur. He, Leute, Folgendes möchte ich euch dadurch nahebringen, dass ich euch einen Blick auf meine wohlgeformten Bauchmuskeln erlaubt habe: *Nichts hilft bei denen, die sich nicht anstrengen.* Weniger reden und mehr tun, das ist es, was ich sage. Ach, und schaut euch das hier an.«

Der Stadtstreicher drehte sich um und knöpfte sein zerrissenes Hemd auf. Auf seinem festen, gefurchten Rücken befand sich ein Tattoo mit der Inschrift: »Opfer lieben Unterhaltung. Sieger lieben Bildung.«

»Besucht mich und verbringt ein paar Tage auf einer zauberhaften kleinen Insel mitten in einem fantastischen Meer, nur fünf Stunden von Kapstadt entfernt.« Er reichte der Unternehmerin die Plastikkarte mit der Strandszene. »Das sind meine Delfine«, sagte er und deutete fröhlich auf das von Hand gemalte Bild.

»Die Reise wird sich lohnen«, fuhr er fort. »Ein einmaliges Abenteuer. Ihr werdet einige der kostbarsten und spektakulärsten Augenblicke eures Lebens erleben. Ihr müsst mir Vertrauen schenken, Leute. Ich werde euch alles beibringen, was ich über das erstklassige Morgenritual weiß. Ich werde euch auch helfen, Mitglied im 5-Uhr-Club zu werden. Ihr werdet lernen, früh aufzustehen, und zwar regelmäßig – sodass ihr bis zum Mittag schon mehr geschafft habt als die meisten Leute in einer Woche, und ihr werdet eure Gesundheit, euer Glück und euren Seelenfrieden verbessern. Das ist der Grund, warum so viele berühmte Erfolgsmenschen der Welt vor Sonnenaufgang aufstehen – *das ist der wichtigste Teil des Tages.* Ich werde euch erklären, wie ich diese revolutionäre Methode *genutzt* habe, um mein Imperium aufzubauen. Und um es klar zu sagen, Imperien können sich in vielen verschiedenen Formen entwickeln – ein geschäftliches Imperium ist nur eine davon. Man kann auch Imperien aufbauen auf den Gebieten der Kunst, der Produktivität, der Menschlichkeit, der Philanthropie, der persönlichen Freiheit und sogar der Spiritualität. Ich werde euch praktisch alles weitergeben, was mir zu lernen vergönnt war durch jenen Mentor, der mein Leben verändert hat. Ihr werdet so viel Neues entdecken. Ihr werdet zutiefst bewegt sein. Ihr werdet die Welt mit ganz neuen Augen sehen. Ihr werdet auch die erlesensten Mahlzeiten essen und die spektakulärsten Sonnenuntergänge beobachten. Ihr könnt im Meer schwimmen, mit den Delfinen tauchen oder mit meinem Hubschrauber über die Zuckerrohrhalme fliegen, die im Wind schaukeln. Und wenn ihr beide meine herzliche Einladung annehmt und mich besucht, dann bestehe ich darauf, dass ihr bei mir zu Hause wohnt.«

»Mein Gott, Sie machen Scherze, nicht wahr?«, rief der Künstler. Es zeigte sich immer deutlicher, dass der Künstler, wie viele Vertreter seiner Zunft, ein sehr gefühlsbetonter Mensch war, sehr wachsam und mit einer Sensitivität ausgestattet, die aus latentem Schmerz erwachsen war. Menschen, die empfindsamer sind als andere, meinen bisweilen, sie wären mit einem Fluch geschlagen. In Wirklichkeit sind sie mit einer besonderen Gabe beschenkt: einer Gabe, die es ihnen ermöglicht, Dinge zu spüren, die anderen entgehen, Freuden zu erleben, die andere missachten, und die Erhabenheit in ganz gewöhnlichen Momenten zu erkennen. Ja, solche Menschen sind schneller verletzt, aber es sind auch jene, die großartige

Symphonien komponieren, atemberaubende Gebäude entwerfen und Heilmittel für Kranke finden. Tolstoi bemerkte einmal, dass »nur Menschen, die imstande sind, innig zu lieben, großes Leid ertragen können«, und der persische Sufi-Mystiker Rumi schrieb: »Du musst dein Herz immer wieder brechen, bis es sich öffnet.« Der Künstler schien all diese Erkenntnisse zu verkörpern.

»Nein. Das ist alles völlig ernst gemeint, Leute«, erwiderte der Obdachlose begeistert. »Ich habe ein Haus, das nicht weit von einem Dorf namens Solitude entfernt liegt. Und glaubt mir, dieser Name passt ausgezeichnet. Erst wenn ihr all den Lärm und die Ablenkungen hinter euch gelassen habt und Ruhe und Frieden genießt, könnt ihr euch wieder daran erinnern, wer ihr eigentlich sein sollt. Sagt einfach Ja zum Leben. Und tut es auch! Wie der Meister auf der Bühne gesagt hat, wird sich für euch ein Zauber enthüllen, je besser ihr die unglaublichen Chancen zu nutzen lernt, die sich auf eurem Weg auftun, scheinbar ganz zufällig. Man kann kein Spiel gewinnen, in dem man nicht mitspielt, stimmt's? Die Wahrheit ist, dass das Leben es gut mit euch meint, auch wenn es nicht so aussieht. Aber man muss seinen eigenen Teil beitragen und aktiv werden, wenn sich das Fenster der Gelegenheit öffnet. Ach ja – wenn ihr auf meine Insel kommt, ist das Einzige, was ich von euch verlange, dass ihr lange genug bleibt, sodass ich die Möglichkeit habe, euch die Philosophie und die Methode beizubringen, die mir mein geheimer Lehrer vermittelt hat. Dem 5-Uhr-Club beizutreten, erfordert etwas Zeitaufwand.«

Der Obdachlose machte eine Pause, dann fuhr er fort: »Ich werde auch für alle eure Ausgaben aufkommen. Alles wird bezahlt. Ich lasse euch sogar von meinem Privatflugzeug abholen, wenn ihr wollt.«

Die Unternehmerin und der Künstler schauten sich an, amüsiert, verblüfft und völlig verunsichert.

»Hätten Sie etwas dagegen, Bruder, wenn meine Freundin

und ich uns einen Augenblick allein besprechen?«, fragte der Künstler, der sein Notebook noch in der Hand hielt.

»Kein Problem. Nur zu. Nehmt euch alle Zeit, die ihr braucht. Ich setze mich unterdessen wieder auf meinen Platz da drüben und führe ein paar Gespräche mit meinen Mitarbeitern«, erwiderte der Obdachlose und ging weg.

»Das ist aberwitzig. Einfach unglaublich«, sagte der Künstler zu der Unternehmerin. »Ich sehe es genauso wie du, dass er irgendetwas Besonderes an sich hat. Vielleicht sogar etwas Magisches. Ich weiß, wie verrückt das klingt. Und ich bin fasziniert von diesem Mentor, von dem er spricht, diesem Lehrer, der wie ein Meister der heutigen Zeit klingt. Ich muss zugeben, dass dieser Stadtstreicher anscheinend einige wirklich phänomenale Erkenntnisse gewonnen hat. Und er hat offensichtlich auch eine Menge Erfahrung. Aber schau ihn dir an! Der Kerl sieht völlig abgerissen aus – ein komplettes Wrack. Wahrscheinlich hat er seit Wochen nicht mehr geduscht. Seine Klamotten sind zerlumpt. Er ist einfach nur abgedreht. Und manchmal redet er völlig verrücktes Zeug. Wir wissen überhaupt nicht, wer er eigentlich ist. Er könnte gefährlich sein.«

»Ja. Total schräg, das Ganze. Alles, was hier heute geschehen ist, erscheint mir völlig bizarr«, bestätigte die Unternehmerin. Dann entspannte sich ihr schlankes Gesicht. Ihre Augen jedoch wirkten noch immer melancholisch. »Ich bin in meinem Leben an einem Punkt angekommen, an dem ich einiges verändern muss«, bekannte sie. »Ich kann nicht mehr weitermachen wie bisher. Ich höre, was du sagst. Ich bin misstrauisch gegen jeden und gegen alles, seit ich mit elf Jahren meinen Vater verloren habe. Ein Mädchen, das ohne Vater aufwächst, ist ziemlich ängstlich. Ehrlich gesagt, ich trage noch immer ein emotionales Trauma mit mir herum. Ich denke jeden Tag an ihn. Ich hatte ein paar intime Beziehungen. Aber ich habe sehr mit meinem geringen Selbstwertgefühl gekämpft und in meinen Beziehungen einige schreckliche Fehlentscheidungen getroffen.

Vor einem Jahr ungefähr habe ich angefangen, zu einem Therapeuten gehen, der mir aufgezeigt hat, warum ich mich so verhalte, wie ich es tue«, fuhr die Unternehmerin fort. »Die Psychologen sprechen vom ›Syndrom der vaterlosen Tochter‹. Innerlich hatte ich große Angst vor dem Verlassenwerden und all die Unsicherheiten, die mit dieser Verletzung einhergehen. Ja, dadurch bin ich nach außen außerordentlich hart geworden. Und in gewisser Weise auch skrupellos. Der Schmerz über den Verlust des Vaters hat meinen Antrieb und meinen Ehrgeiz gefördert. Doch er hat eine innere Leere erzeugt. Ich habe gelernt, dass ich die Leere, die durch seinen Weggang entstanden ist, dadurch auszufüllen versuche, dass ich mich in die Arbeit stürze und dabei von der Überzeugung angetrieben werde, dass ich, wenn ich noch erfolgreicher werde, die verlorene Liebe wieder zurückgewinnen kann. Ich habe versucht, meine emotionale Leere durch die Jagd nach mehr Geld zu füllen wie ein Heroin-Junkie, der den nächsten Schuss braucht. Ich bin hungrig nach sozialem Status und nach der Anerkennung durch meine Branche – und flüchte mich in schnelle Zerstreuungen im Internet, während ich Dinge tun könnte, die wirklich von Bedeutung sind. Wie ich gelernt habe, wird mein Verhalten zum großen Teil von der Angst getrieben, die durch die Herausforderungen geschürt wurde, die ich als junge Frau erlebt habe. Es war sehr inspirierend für mich, als der Redner davon gesprochen hat, dass man niemals etwas allein des Geldes wegen tun, sondern vielmehr danach streben sollte, als Leader erstklassig zu werden und ein Mensch zu werden, der die Bedeutung des Geldes begreift und die Wachstumschancen erkennt, die es bietet, und die Möglichkeiten, die Welt zu verändern. Seine Worte haben mir so viel Hoffnung gegeben. Ich will so leben, wie er es empfohlen hat, aber im Moment bin ich noch sehr weit davon entfernt. Und das, was kürzlich in meiner Firma passiert ist, hat mich an den Rand der Verzweiflung gebracht. Mir geht es zurzeit wirklich nicht gut. Ich bin nur zu dieser Veranstaltung gegangen, weil meine Mutter mir eine Eintrittskarte geschenkt hat. Aber ich bin fest entschlossen, etwas zu ändern.«

Die Unternehmerin holte tief Luft. »Tut mir leid«, entschuldigte sie sich mit verlegenem Blick. »Ich kenne dich kaum und weiß gar nicht, warum ich dir das alles anvertraue. Vielleicht fühle ich mich einfach sicher bei dir. Ich weiß nicht, warum. Es tut mir leid, wenn ich dich zu sehr mit meinen Sorgen belaste.«

»Kein Problem«, erwiderte der Künstler. Seine Körpersprache zeigte, dass er wirklich Anteil nahm. Er spielte nicht mehr mit seinem Bart und seinen Rastalocken.

»Wir sind immer so freimütig, wenn wir uns mit Taxifahrern oder anderen Leuten unterhalten, die wir gar nicht richtig kennen, nicht wahr?«, fuhr die Unternehmerin fort. »Ich möchte nur sagen, dass ich bereit bin zu einer Veränderung. Und mein Instinkt sagt mir, dass dieser heruntergekommene Typ, der uns zeigen will, wie man durch eine exzellente Morgenroutine in kreativer, produktiver und finanzieller Hinsicht und in Bezug auf das persönliche Glück in ganz neue Dimensionen vorstoßen kann, mir wirklich helfen kann. Uns helfen kann.

Und denken wir an seine Armbanduhr«, fügte sie hinzu.

»Ich mag ihn«, erklärte der Künstler. »Er ist ein origineller Typ. Mir gefällt es, dass er sich manchmal so poetisch ausdrückt und dann wieder so leidenschaftlich. Er denkt so lebendig und zitiert George Bernard Shaw, als würde sein Leben davon abhängen. Wirklich cool. Aber ganz vertraue ich ihm immer noch nicht«, sagte der Künstler, während er wieder mit der Faust in die offene Innenfläche der anderen Hand schlug. »Wahrscheinlich hat er die Uhr irgendeinem reichen Idioten geklaut.«

»Ich verstehe, was du empfindest«, erwiderte die Unternehmerin. »Ich habe ein ganz ähnliches Gefühl. Und wir beide haben uns gerade erst kennengelernt. Ich bin mir nicht sicher, wie es wäre, wenn wir gemeinsam auf Reisen gingen.

Sei mir bitte nicht böse, wenn ich das sage. Du bist anscheinend ein netter Kerl. Vielleicht mit einigen rauen Kanten. Ich glaube, ich verstehe auch, wo diese herkommen. Aber tief im Inneren bist du ein guter Mensch. Das spüre ich.«

Der Künstler wirkte zufrieden und erfreut. Er warf einen Blick zu dem Obdachlosen, der gerade eine Scheibe Avocado aus einer Plastiktüte aß.

»Ich muss schauen, ob ich in meinem Büro überhaupt so lange abkömmlich sein kann, dass wir einige Zeit mit ihm verbringen können«, erklärte die Unternehmerin und deutete auf den Obdachlosen. Während dieser an seinem Imbiss kaute, telefonierte er mit einem reichlich antiquiert anmutenden Mobiltelefon und blickte nach oben an die Decke. »Allmählich beginnt mir der Gedanke zu gefallen, einige Zeit in der Nähe eines Dorfs namens Solitude auf irgendeiner winzigen Insel zu verbringen, erlesene Speisen zu essen und mit Delfinen zu schwimmen. Ich glaube, das könnte ein ganz tolles Abenteuer werden. Ich spüre wieder mehr Leben in mir.«

»Jetzt, da du das sagst, beginne ich auch Gefallen an der Sache zu finden«, meinte der Künstler. »Es hat einfach etwas Verrücktes. Eine Gelegenheit, eine ganz neue Welt, etwas ganz anderes kennenzulernen. Das kann sich nur positiv auf meine Kunst auswirken. Dazu fällt mir ein Spruch von Charles Bukowski ein: ›Manche Leute werden niemals verrückt. Was für ein schreckliches Leben müssen die führen.‹ Und der Redner hat uns ja auch dazu ermutigt, die Grenzen unseres normalen Lebens zu überschreiten und unsere Fähigkeiten, unsere Begabungen und unsere Stärken zu fördern. Mein Instinkt sagt mir, dass ich das tun soll. Also, wenn du mitmachst, bin ich auch dabei.«

»Weißt du, was? Ich wage den Sprung. Die Sache ist entschieden. Ich bin dabei! Los geht's!«

»Einverstanden«, erwiderte der Künstler.

Beide standen auf und gingen zu dem Obdachlosen, der nun mit geschlossenen Augen dasaß.

»Was ist das, was Sie da gerade machen?«, fragte der Künstler.

»Eine intensive Visualisierung all dessen, was ich sein möchte, und der höheren Lebensform, die ich erreichen will. Ein türkischer Kampfpilot hat mir einmal erzählt, dass er vor jedem Einsatz ›geflogen ist, wie wir fliegen werden‹. Er wollte damit sagen, dass ein sorgfältiges Durchspielen der Art und Weise, wie er und seine Mannschaft die Mission durchführen würden, in seiner Vorstellungswelt sie dazu befähigen würde, diese Vision in der Wirklichkeit makellos umzusetzen. Dein Mindset ist ein enorm wichtiges Werkzeug zur Erlangung persönlicher Großartigkeit, außerordentlicher Schöpferkraft und kreativer Siege – neben deinem Heartset, dem Healthset und dem Soulset. Ich werde euch alle diese bemerkenswerten Konzepte ausführlich darstellen, wenn ihr meine Einladung annehmt. Aber wieder zurück zu der Frage, warum ich meine Augen geschlossen habe. Fast jeden Morgen stelle ich mir meine ideale Performance für den vor mir liegenden Tag vor. Ich versenke mich zudem tief in meine Emotionen, und daher fühle ich, wie es sich anfühlen wird, wenn ich die Siege erringe, die ich mir vorgenommen habe. Ich schließe mich in einem Zustand außerordentlicher Zuversicht ein, in dem jede Art von Scheitern außerhalb des Bereichs des Möglichen liegt. Dann gehe ich hinaus und gebe mein Bestes, um diesen vollkommenen Tag zu leben.«

»Interessant.« Die Unternehmerin war fasziniert.

»Das ist nur eine der SOPs, die ich täglich absolviere, um Spitzenleistung erbringen zu können. Die Wissenschaft hat bestätigt, dass diese Übung dabei hilft, das Erbgut zu verbessern, indem Gene aktiviert werden, die vorher geschlafen haben. Deine DNS ist nicht dein Schicksal, musst du wissen. Kein Grund zur Sorge, Leute. Ihr werdet alles Nötige erfahren über die Durchbrüche auf dem Gebiet der Epigenetik, wenn ihr auf der Insel seid. Ihr werdet auch einiges über die Neurowissenschaft lernen, die es ermöglicht, den eigenen Erfolg zu vervielfachen in dieser Zeit der zerstreuten Aufmerksamkeit, damit die Waffen der Massenablenkung nicht die eigene Großartigkeit zerstören. Ich werde euch mit meinen Erkenntnissen darüber vertraut machen, wie man Projekte so meisterhaft umsetzen kann, dass sie Generationen überdauern. Ihr werdet fabelhafte Möglichkeiten kennenlernen, wie ihr euren mentalen Fokus panzern und eure physische Energie feuerfest machen könnt. Ihr werdet entdecken, wie die besten Businessleute der Welt marktbeherrschende Unternehmen aufbauen, und ihr werdet ein maßgeschneidertes System kennenlernen, das die meisten positiv denkenden, freudvollen Menschen auf diesem Planeten jeden Morgen anwenden, um ein an Magie grenzendes Leben zu führen. Oh, und falls ihr mit dem Begriff nicht vertraut seid, eine SOP ist eine Standard Operating Procedure, eine Standardvorgehensweise. Diesen Begriff hat mein Spezialberater verwendet, als er von den täglichen Strukturen sprach, die man entwickeln muss, um im Spiel des Lebens zu triumphieren. Ich nehme an, ihr kommt?«

»Ja, wir kommen«, bestätigte die Unternehmerin mit optimistischem Ton. »Danke für das Angebot.«

»Ja, vielen Dank«, setzte der Künstler hinzu, der nun wieder etwas gelassener wirkte.

»Bitte bringen Sie uns alles bei«, sagte die Unternehmerin ernst, »was Sie darüber wissen, wie man sich die Morgenroutine hocheffizienter Führungspersönlichkeiten und außergewöhnlich erfolgreicher Unternehmer aneignen kann. Ich möchte so gern meine Performance und meine tägliche Produktivität verbessern. Ich brauche auch Ihre Hilfe, um mein Leben neu zu strukturieren. Ehrlich gesagt, ich fühle mich heute so inspiriert und beflügelt wie schon lange nicht mehr. Aber ich bin nicht am idealen Platz.«

»Ja, bitte«, sagte nun auch der Künstler, »zeigen Sie uns eine Super-Morgenroutine, die mir hilft, als Künstler – und auch als Mensch – so gut zu werden, wie ich kann.« Er wedelte mit seinem Notebook, während er sprach. »Schicken Sie uns Ihren Flieger. Bringen Sie uns in Ihr Dorf. Geben Sie uns ein paar Kokosnüsse. Lassen Sie uns auf Delfinen reiten. Und machen Sie unser Leben besser. Wir sind dabei.«

»Nichts von dem, was ihr lernen und entdecken werdet, wird mit Motivation zu tun haben«, erwiderte der zottelige Stadtstreicher in einem ernsten Ton, den er bisher noch nicht angeschlagen hatte. »Es wird ausschließlich um *Transformation* gehen. Und alles wird sich auf robuste Daten stützen, auf jüngste Forschungsergebnisse und praktische Übungen, die in den Schützengräben der Wirtschaft erprobt wurden. Macht euch gefasst auf das größte Abenteuer eures Lebens, Leute!«

»Ausgezeichnet«, verkündete die Unternehmerin und streckte den Arm aus, um dem wettergegerbten Fremden die Hand zu schütteln. »Ich muss zugeben, dass dieses ganze Szenarium uns beiden sehr eigenartig erscheint, aber aus irgendeinem Grund vertrauen wir Ihnen. Ja, wir sind völlig offen für diese neue Erfahrung.«

»Es ist sehr freundlich, dass Sie das für uns tun«, sagte der Künstler. Er wirkte überrascht über das Ausmaß dieser Großzügigkeit.

»Toll, eine hervorragende Entscheidung, Leute«, lautete die warmherzige Erwiderung. »Seid bitte morgen früh am Eingang dieses Konferenzsaals. Bringt euch Kleidung für zumindest ein paar Tage mit. Das ist alles. Wie ich schon sagte, ich kümmere mich um alles andere. Sämtliche Kosten werden übernommen. Ich danke euch.«

»Warum danken Sie uns?«, fragte die Unternehmerin.

Der Obdachlose lächelte milde und kratzte sich nachdenklich den Bart. »In seiner letzten Predigt vor seiner Ermordung hat Martin Luther King gesagt: ›Jeder kann groß sein. Denn jeder kann dienen. Du brauchst keinen akademischen Grad, um zu dienen. Du brauchst nicht die Grammatik zu beherrschen, um zu dienen. Du brauchst nichts von Platon und Aristoteles zu wissen, um zu dienen. Du brauchst nicht Einsteins

Relativitätstheorie zu kennen, um zu dienen. Du brauchst nicht das zweite thermodynamische Gesetz zu kennen, um zu dienen. Du brauchst nur ein Herz voll Barmherzigkeit. Eine Seele, die von Liebe angetrieben ist.‹«

Der Obdachlose wischte sich einen Avocadokrümel aus dem Mundwinkel und sprach dann weiter.

»Eine der wichtigen Lektionen, die ich im Lauf der Jahre gelernt habe, besagt, dass das Beschenken anderer Menschen die Gabe ist, sich selbst zu beschenken. Steigere die Freude anderer, dann wirst auch du selbst mehr Freude empfinden. Hebe deine Mitmenschen empor, und damit wirst auch du selbst emporgehoben werden. Großzügigkeit – nicht Knauserigkeit – ist der Wesenszug aller großen Männer und Frauen, die unsere Welt besser gemacht haben. Und wir brauchen heute mehr denn je Leader, echte Leader und nicht Narzissten, die nur ihren eigenen Interessen nachjagen.«

Der Obdachlose warf einen letzten Blick auf seine große Armbanduhr. »Du kannst deinen Titel, dein Geld und all deine schönen Spielzeuge nicht mitnehmen, wenn du stirbst, nicht wahr? Man muss nur einmal einen Leichenwagen auf dem Weg zur Beerdigung verfolgen.« Er kicherte. Seine beiden Zuhörer grinsten.

»Er ist wirklich ein Goldstück«, flüsterte die Unternehmerin.

»Definitiv«, bestätigte der Künstler.

»Hör doch auf mit deinem ständigen ›Definitiv‹«, sagte die Unternehmerin. »Das nervt mich allmählich.«

Der Künstler wirkte leicht konsterniert. »Okay.«

»Alles, was an unserem letzten Tag auf Erden zählt, ist das Potenzial, das wir in Bewegung gesetzt haben, die Heldenhaftigkeit, die wir an den Tag gelegt, und die menschlichen Leben, die wir verschönert und bereichert haben«, erklärte der Obdachlose feierlich. Dann schwieg er und atmete tief aus. »Nun denn. Sehr schön, dass ihr kommt. Wir werden eine fantastische Zeit miteinander haben.«

»Kann ich meine Farbpinsel mitbringen?«, fragte der Künstler höflich.

»Nur wenn du das Paradies malen willst«, lautete die augenzwinkernde Antwort des Obdachlosen.

»Um welche Zeit sollen wir morgen früh hier sein?«, erkundigte sich die Unternehmerin, während sie ihre Handtasche über ihre schmächtige, knochige Schulter schwang.

»Um 5 Uhr«, wies sie der Obdachlose an. »Gestalte deinen Morgen, und in deinem Leben wird alles möglich.«

Dann verschwand er.

Kapitel 6

Eine Reise zu höchster Leistungsfähigkeit, Virtuosität und Unbezwingbarkeit

»Deine Zeit ist begrenzt, also vergeude sie nicht damit, das Leben anderer Menschen zu leben. Lasse dich nicht von Dogmen gefangen nehmen – denn das bedeutet, mit den Ergebnissen des Denkens anderer Menschen zu leben. Lasse nicht zu, dass der Lärm anderer Meinungen deine eigene innere Stimme übertönt. Und am wichtigsten ist, habe den Mut, deinem Herzen und deiner Intuition zu folgen. Sie wissen in irgendeiner Weise immer, was du tatsächlich werden möchtest.« – **Steve Jobs**

»Mensch, bin ich müde«, murmelte die Unternehmerin mit der Energie einer alten Schildkröte, die eine Urlaubsreise macht, während sie eine riesige Tasse Kaffee in der Hand hielt. »Diese Reise ist anstrengender, als ich dachte. Ich habe das Gefühl, dass ich in eine ganz neue Welt aufgebrochen bin. Wie ich dir gestern nach dem Seminar schon gesagt habe, bin ich wirklich bereit zu einem Wandel. Zu einem Neuanfang. Aber ich fühle mich auch unwohl dabei. Letzte Nacht habe ich nicht viel geschlafen. Hatte komische – und teilweise auch mit Gewalt verbundene – Träume. Und, ja, dieses Erlebnis, auf das wir uns eingelassen haben, könnte durchaus gefährlich sein.«

»Na, also ich komme mir vor wie tot«, sagte der Künstler.

»Ich hasse es, so früh aufzustehen. Das war eine schreckliche Idee.«

Die beiden tapferen Seelen standen auf dem Gehsteig vor dem Saal, wo der Redner am Tag zuvor seine legendären Fähigkeiten demonstriert hatte – und mit seinem Zusammenbruch vielen einen gewaltigen Schrecken eingejagt hatte.

Es war 4.49 Uhr.

»Er wird nicht kommen«, stieß der Künstler hervor. Er war ganz in Schwarz gekleidet und hatte ein rubinrotes gepunktetes Halstuch um sein linkes Handgelenk gebunden. Dieselben Stiefel wie gestern. Diese australischen Stiefel. Er schleuderte einen Mundvoll Spucke auf die verlassene Straße. Er warf einen Blick zum Himmel. Dann verschränkte er seine tätowierten Arme.

Die Unternehmerin hatte einen Seesack aus Nylon über ihre Schulter gelegt. Sie trug eine Seidenbluse mit Flügelärmeln, blaue Designerjeans und hochhackige Sandalen – jene Art von Sandalen, die manchmal Supermodels mit gigantischen Sonnenbrillen in ihrer Freizeit anhaben. Ihre Lippen waren zusammengepresst, und die Falten auf ihrem Gesicht bildeten interessante Muster.

»Ich wette, die Show des Obdachlosen war eine Luftnummer«, bemerkte sie spöttisch. »Auf seine Armbanduhr gebe ich nicht viel. Es hat nichts zu sagen, dass er sich so gut ausdrücken kann. Es bedeutet mir auch nichts, dass er mich an meinen Vater erinnerte. Gott, bin ich erschöpft. Er war vielleicht auf dem Seminar, weil er einen Platz suchte, wo er sich ein paar Stunden ausruhen konnte. Er wusste von der Morgenroutine des 5-Uhr-Clubs, weil er diesen Teil des Vortrags zufällig mitbekommen hatte. Und das Privatflugzeug, von dem er gesprochen hat, gehört wahrscheinlich zu seinen Lieblingshalluzinationen.«

Die Unternehmerin war wieder zurückgekehrt zu ihrer angestammten Skepsis und verkroch sich in ihrem schützenden Panzer. Die hoffnungsfrohe Stimmung des Vortags war verschwunden.

Da tauchten in der Dunkelheit zwei starke Halogenscheinwerfer auf.

Die beiden Wartenden schauten sich an. Die Unternehmerin brachte ein Lächeln zustande. »Okay. Vielleicht ist der Instinkt doch wesentlich klüger als der Verstand«, murmelte sie.

Ein glänzender Rolls-Royce, pechschwarz, bog um die Kurve. Flink und behände sprang ein Mann in einer strahlend weißen Uniform aus der Limousine und begrüßte die beiden mit ausgesuchter Höflichkeit.

»Ich wünsche Ihnen einen guten Morgen, Madam. Und auch Ihnen, Sir«, sagte der Mann mit britischem Akzent, während er ihr Gepäck mit einem geschickten Schlenker in den Wagen hievte.

»Wo ist der Penner?«, fragte der Künstler mit dem Taktgefühl eines Hinterwäldlers, der noch nie aus seinem Dorf hinausgekommen ist.

Der Fahrer musste lachen. Rasch aber fasste er sich wieder.

»Es tut mir leid, Sir. Ja, Mr Riley kleidet sich oft sehr anspruchslos, möchte ich sagen. Er tut das vor allem, wenn er es für notwendig hält, ›ein bisschen volksnäher aufzutreten‹, wie er diese Übung nennt. Er führt die meiste Zeit ein äußerst bemerkenswertes Leben und ist es gewohnt, alles zu bekommen, was er möchte. Deshalb tut er manchmal Dinge, die seine Bescheidenheit und seine Demut zur Geltung bringen. Das gehört zu seinem skurrilen Charme, möchte ich hinzufügen. Mr Riley hat mich gebeten, Ihnen dies hier zu geben.«

Der Chauffeur zog zwei Briefumschläge heraus, die aus feinstem Papier bestanden. Nachdem die Unternehmerin und der Künstler sie geöffnet hatten, lasen sie:

Hallo, Leute! Hoffe, es geht euch gut. Ich wollte euch gestern nicht erschrecken. Aber ich musste einfach auf dem Boden bleiben. Epiktet, einer meiner Lieblingsphilosophen, hat geschrieben: »Allein ein Stier wird nicht auf einmal ein Stier, und so wird man auch nicht auf einmal ein tapferer Mann. Man muss sich bei Wind und Wetter an Strapazen gewöhnen, man muss sich Kraft erwerben, aber man darf nicht blindlings und übereilt an Aufgaben gehen, denen man nicht gewachsen ist.«

Freiwillige Unbequemlichkeit, sei es in der Kleidung, wie ich es getan habe, oder indem man einen Tag in der Woche fastet oder einmal im Monat auf dem Boden schläft, sorgt dafür, dass ich stark und diszipliniert bleibe und fokussiert bin auf die zentralen Prioritäten, um die herum mein Leben aufgebaut ist. Nun denn, ich wünsche euch einen wunderschönen Flug und sehe euch dann bald im Paradies. Ich umarme euch herzlich.

Der Chauffeur fuhr fort: »Bedenken Sie bitte, dass das äußere Erscheinungsbild irreführend sein kann und Kleidung nichts über den Charakter eines Menschen aussagt. Gestern haben Sie einen großen Mann kennengelernt. Das Aussehen bringt nicht die Qualität eines Menschen zum Ausdruck.«

»Ich glaube, Rasieren auch nicht«, verkündete der Künstler und trat mit einem seiner schwarzen Stiefel gegen das glänzende Rolls-Royce-Symbol an einer der Radkappen.

»Mr Riley würde Ihnen niemals das sagen, was ich Ihnen jetzt sage, denn er ist viel zu höflich und zurückhaltend. Doch der Gentleman, den Sie als ›Penner‹ bezeichnen, ist einer der reichsten Menschen der Welt.«

»Meinen Sie das ernst?«, fragte die Unternehmerin mit großen Augen.

»Allerdings.« Der Chauffeur lächelte höflich, öffnete eine Tür des Wagens und bedeutete den beiden Passagieren durch einen Wink mit seiner weiß behandschuhten Hand, dass sie einsteigen sollten.

Die Sitze verströmten den wunderbar moschusartigen Geruch frischen Leders. Die Holzvertäfelung schien von Hand gefertigt worden zu sein, vielleicht von einer kleinen Familie akribischer Kunsthandwerker, die sich durch ein ganz besonderes Talent ihren Ruf erworben hatte.

»Mr Riley hat sein Vermögen vor vielen Jahren erworben,

mit verschiedenen geschäftlichen Unternehmungen. Er war ein früher Investor in einer heute weltberühmten Firma. Die Diskretion verbietet es mir, den Namen zu nennen, und wenn Mr Riley herausfinden würde, dass ich mit Ihnen über finanzielle Dinge spreche, würde er zutiefst enttäuscht sein. Seine Anweisungen lauteten schlicht, mich mit der größtmöglichen Sorgfalt um Sie zu kümmern und Ihnen seine Aufrichtigkeit und Zuverlässigkeit zu versichern. Und Sie sicher und unversehrt zu Hangar 21 zu bringen.«

»Hangar 21?«, fragte der Künstler, als er es sich lässig in dem opulenten Fahrzeug bequem machte wie ein Rockstar, der an diese Art der Beförderung gewöhnt ist, oder ein Hip-Hop-Künstler, der einen Wochenendtrip unternehmen will.

»Dort steht die Flotte von Mr Rileys Flugzeugen«, erklärte der Chauffeur knapp.

»Die Flotte?«, erkundigte sich die Unternehmerin, deren braune Augen nun sehr interessiert und neugierig guckten.

»Ja«, antwortete der Chauffeur kurz angebunden.

Es herrschte Stille, als der Chauffeur durch die frühmorgendlichen Straßen fuhr. Der Künstler schaute aus dem Fenster, während er gedankenversunken in einer Hand eine Flasche Wasser hin und her rollte. Er hatte seit vielen Jahren keinen Sonnenaufgang mehr gesehen. »Sehr interessant. Wirklich schön«, bemerkte er. »Alles ist so friedlich um diese Tageszeit. Kein Lärm. Diese Stille. Obwohl ich mich müde fühle, kann ich denken. Die Dinge wirken klarer. Meine Aufmerksamkeit ist nicht abgelenkt. Es kommt mir vor, als würde der Rest der Welt noch schlafen. Was für eine Ruhe.«

Eine Kavallerie dünner, bernsteinfarbener Strahlen, das ätherische Farbenspiel des Tagesanbruchs und der Frieden und die Stille dieses Augenblicks hatten ihn beschwingt. Und in Ehrfurcht versetzt.

Die Unternehmerin musterte den Chauffeur. »Erzählen Sie mir bitte mehr über Ihren Chef«, bat sie, während sie ruhelos mit ihrem Smartphone spielte.

»Ich kann Ihnen nicht viel mehr sagen. Er ist Multimilliardär. Er hat den Großteil seines Vermögens wohltätigen Zwecken gespendet. Mr Riley ist der faszinierendste, großzügigste und mitfühlendste Mensch, den ich kenne. Er verfügt zudem über eine unglaubliche Willenskraft und hält sich eisern an seine Werte wie Ehrlichkeit, Empathie, Integrität und Loyalität. Und natürlich ist er ein echter Exzentriker, wenn ich das sagen darf. Wie viele der ganz, ganz Reichen.«

»Das haben wir schon bemerkt«, stimmte ihm die Unternehmerin zu. »Aber das interessiert mich. Warum sagen Sie, er sei exzentrisch?«

»Das werden Sie schon selbst sehen«, lautete die knappe Antwort.

Nach kurzer Fahrt erreichte der Rolls-Royce einen privaten Flugplatz. Von Mr Riley war nichts zu sehen. Der Chauffeur fuhr zu einem elfenbeinfarbenen Jet, der tadellos gepflegt und gewartet aussah. Die einzige Farbe, die das Flugzeug trug, befand sich am Heck. In Orange standen dort drei Buchstaben: »5UC«.

»Was bedeutet ›5UC?‹«, fragte die Unternehmerin angespannt und umklammerte ihr Gerät fester.

»Der 5-Uhr-Club. ›Gestalte deinen Morgen, und in deinem Leben wird alles möglich.‹ Das ist eine der Maximen, unter denen Mr Riley viele seiner geschäftlichen Unternehmungen durchgeführt hat. Und hier muss ich mich zu meinem Bedauern von Ihnen verabschieden. Au revoir«, sagte der Fahrer, dann trug er das Gepäck zu dem blitzenden Flugzeug.

Zwei Crew-Mitglieder unterhielten sich in der Nähe der Metalltreppe, die zur Kabine hinaufführte. Eine geschmackvoll gekleidete Flugbegleiterin reichte der Unternehmerin und dem Künstler heiße Handtücher und bot ihnen auf einem Silbertablett Kaffee an. »Dobroe utro«, sagte sie auf Russisch.

»Es war mir ein großes Vergnügen, Sie kennenzulernen«, rief der Chauffeur zum Flugzeug hin, bevor er wieder in den

Wagen stieg. »Richten Sie bitte Mr Riley meine besten Grüße aus, wenn Sie ihn treffen. Und viel Spaß auf Mauritius.«

»Mauritius?«, riefen die beiden Reisegefährten, so überrascht wie ein Vampir, der durch den Geruch einer Knoblauchzehe aufgeweckt wird.

»Das ist unglaublich«, sagte der Künstler, als er zur Kabine hinaufstieg. »Mauritius! Auf diese Insel wollte ich immer schon einmal, und ich habe einiges darüber gelesen. Ein sehr beliebtes Reiseziel. Französisches Flair. Unglaublich schön. Und wie man sagt, leben dort die warmherzigsten und glücklichsten Menschen der Welt.«

»Auch ich bin völlig von den Socken«, bestätigte die Unternehmerin, nahm einen Schluck von ihrem Kaffee und warf einen Blick ins Cockpit. Sie musterte die Piloten, die ihre Startvorbereitungen trafen. »Ich habe auch gehört, dass Mauritius ganz toll sein soll und dass die Leute dort superfreundlich sind, hilfsbereit und spirituell weit entwickelt.«

Nach einem perfekten Start stieg das Flugzeug hoch hinauf in die Wolken. Als die Reiseflughöhe erreicht war, wurde den Passagieren Champagner serviert und Kaviar sowie mehrere traumhafte Hauptgerichte angeboten. Die Unternehmerin empfand Ruhe und Zufriedenheit und war mittlerweile wesentlich weniger aufgewühlt wegen des hinterhältigen Versuchs ihrer Investoren, ihr ihre Firma wegzunehmen. Dies war sicherlich nicht der ideale Zeitpunkt für eine Urlaubsreise, um die Philosophie des 5-Uhr-Clubs und die dahinterstehende Methode kennenzulernen, die Mr Rileys Aufstieg zu einem Wirtschaftsmagnaten und einem global tätigen Philanthropen ermöglicht und vorangetrieben hatte. Oder vielleicht war es doch der perfekte Zeitpunkt, um einmal aus ihrer gewohnten Routine auszubrechen und zu entdecken, wie die erfolgreichsten, die einflussreichsten und die glücklichsten Menschen der Erde ihren Tag beginnen.

Nachdem sie etwas Champagner getrunken hatte, schaute sich die Unternehmerin einen Spielfilm an. Dann schlief sie ein. Der Künstler hatte ein Buch dabei mit dem Titel *Michelangelo Fiorentino et Rafael da Urbino: Masters of Art in the Vatican.* Er las stundenlang darin. Anscheinend fühlte er sich rundum wohl.

Der Jet flog über ausgedehnte Kontinente und über ganz unterschiedliche Gebiete. Der Flug verlief völlig störungsfrei, und auch die Landung ging glatt und problemlos vonstatten.

»Bienvenue à l'île Maurice«, verkündete der Kapitän über den Bordlautsprecher, als das Flugzeug über die frisch geteerte Landebahn rollte. »Merci beaucoup. Willkommen auf Mauritius und am Sir Seewoosagur Ramgoolam International Airport«, fuhr er fort. In seiner Stimme lag die wohlverdiente Zuversicht eines Mannes, der die meiste Zeit seines Lebens über den Wolken verbracht hat. »Es war uns eine Ehre, Sie zwei VIPs an Bord zu haben. Wir werden uns in einigen Tagen wiedersehen, wie uns Mr Rileys persönlicher Assistent während des Fluges mitgeteilt hat. Abermals danke dafür, dass Sie mit uns geflogen sind, und wir freuen uns, dass der Flug komplikationslos, angenehm und vor allem sicher war.«

Ein glänzender schwarzer SUV wartete mit laufendem Motor neben der Rollbahn, während die Flugbegleiterin ihre besonderen Passagiere aus dem Flugzeug und zu dem Wagen geleitete.

»Ihr Gepäck wird nachgeliefert. Keine Sorge – es wird zu Ihren Gästezimmern in Mr Rileys Anwesen am Strand gebracht. Nach Spasiba«, fügte sie in anmutigem Ton und mit einem kleinen Wink hinzu.

»Das ist alles wirklich spitzenmäßig«, bemerkte die Unternehmerin, während sie fröhlich einige Selfies machte und, was gar nicht ihre Art war, wie ein Model posierte.

»Absolut«, erwiderte der Künstler, während er sie fotografierte, und streckte die Zunge heraus wie Albert Einstein auf dem berühmten Foto, das sein Image des ernsthaften Wissenschaftlers konterkarierte und zeigte, dass er sich seinen Sinn für kindlichen Spaß bewahrt hatte.

Während der Range Rover über die Straße rollte, wiegten sich Büschel von hohen Zuckerrohrstangen in der sanften Brise, die vom Indischen Ozean hereinwehte. Der schweigsame Fahrer trug eine weiße Kappe, wie häufig die Ausrufer in Fünf-Sterne-Hotels, und eine gut gebügelte dunkelgraue Uniform, die auf eine untertriebene, aber hoch entwickelte Professionalität verwies. Er bremste stets ab, wenn das Tempolimit herabgesetzt wurde, und blinkte zuverlässig jedes Mal, wenn er abbog. Auch wenn der Mann schon etwas älter zu sein schien, bewegte er das Fahrzeug mit der Präzision eines jungen Fahranfängers auf der Straße, der der Beste werden möchte. Während der gesamten Fahrt konzentrierte er sich auf die vor ihm liegende Straße, wie in einer Art von Trance, die darauf gerichtet schien, die Passagiere sicher, aber auch mit geschmeidiger Effizienz an ihr Ziel zu bringen.

Sie fuhren durch einige kleine Dörfer, die wie aus der Zeit gefallen zu sein schienen. Bougainvilleen säumten die Straßen, verwilderte Hunde, die sich wie Straßenkönige aufführten, standen an der Mittellinie und forderten den SUV in einem tödlichen Feiglingsspiel heraus, und Kinder spielten mit gedankenloser Unbekümmertheit auf den kleinen Rasenflächen. Gelegentlich hörte man Hähne krähen, und alte Männer mit einfachen Strohhüten, lückenhaften Zähnen und kastanienbrauner Haut saßen auf wettergegerbten Holzstühlen. Sie sahen aus, als hätten sie viel Zeit totzuschlagen, nachdem sie müde geworden waren durch die Mühsal, die hinter ihnen lag, aber auch klug durch die Erfahrungen eines reichen Lebens. Vögel zwitscherten fröhlich im Chor, und überall schienen bunte Schmetterlinge herumzuschwirren.

In einem dieser kleinen Dörfer, die der SUV passierte, strampelte ein kleiner Junge mit einer viel zu langen Hose auf einem Fahrrad, dessen Sitz deutlich zu hoch angebracht war. In einem anderen Dorf ging eine Gruppe junger Mädchen in Tanktops, Surf-Shorts und Flip-Flops auf der schmalen, aber sorgfältig ausgebesserten Straße hinter einem Mann in armeegrünen Cargo-Shorts her. Auf der Rückseite seines T-Shirts stand: »Die Nummer 1 bei flambierten Hühnchen«.

Alles schien einer eigenen Inselzeit zu folgen. Die Menschen wirkten unbekümmert. Sie versprühten eine Lebendigkeit, die im überregulierten, von technischen Geräten bestimmten und oftmals auch seelenlosen Leben, das so viele von uns führen, nicht häufig anzutreffen ist. Die Strände waren von einer unbeschreiblichen Schönheit. Die Gärten waren überwältigend. Und die gesamte, an Gauguin erinnernde Szenerie war von Bergen umrahmt, die aussahen, als seien sie von einem Florentiner Bildhauer des 16. Jahrhunderts geschaffen worden.

»Sehen Sie die Struktur da drüben?«, fragte der Fahrer, brach damit sein selbst auferlegtes Schweigen und deutete auf eine Felsformation auf einem der Gipfel, die wie eine menschliche Gestalt aussah. »Das ist der zweithöchste Berg auf Mauritius. Er wird Pieter Both genannt. Sehen Sie den Gipfel da oben? Er ähnelt einem menschlichen Kopf, nicht wahr?«, sagte er und zeigte mit dem Finger nach oben.

»Ja, eindeutig«, erwiderte der Künstler.

»In der Grundschule«, fuhr der Chauffeur fort, »hat man uns die Geschichte von einem Mann erzählt, der am Fuß des Berges eingeschlafen ist. Als er seltsame Geräusche hörte, wachte er auf und sah Feen und Engel, die um ihn herumtanzten. Diese Wesen befahlen dem Mann, niemandem zu erzählen, was er gesehen hatte, sonst würde er zu Stein verwandelt werden. Er versprach es, aber in der Aufregung über das mystische Erlebnis, das er gehabt hatte, brach er sein Versprechen und erzählte mehreren seiner Freunde von seinem Glück. Die Feen und Engel wurden zornig und verwandelten ihn in einen Felsen. Und sein Kopf wurde so groß, dass er auf dem Gipfel dieses majestätischen Berges, den Sie beide hier sehen, Platz fand und jeden daran erinnert, dass man seine Versprechen einhalten und zu seinem Wort stehen muss.«

Der Wagen passierte ein weiteres Dorf. Aus einem kleinen Lautsprecher auf einer Veranda drang Musik, während zwei

Jungen und drei Mädchen im Teenager-Alter mit weißen und pinkfarbenen Blumen in den Haaren fröhlich tanzten. Im Hintergrund bellte leise ein Hund.

»Eine tolle Geschichte«, sagte die Unternehmerin. Ihr Fenster war offen, und ihre Haare wehten im Wind. Ihr gewöhnlich zerfurchtes Gesicht erschien jetzt völlig glatt. Sie sprach auch langsamer. Eine ihrer Hände lag auf dem Sitz, nicht weit entfernt von der Hand des Künstlers, auf deren Mittel- und Zeigefinger sich sorgfältig gearbeitete Tattoos befanden.

»Mark Twain hat einmal geschrieben: ›Zuerst wurde Mauritius gemacht, dann erst der Himmel; und der Himmel hat Mauritius nachgeahmt‹«, erklärte der Fahrer, der nun zunehmend auftaute. Er strahlte so stolz wie ein Präsident am Tag seiner Amtseinführung.

»So was habe ich noch nie gesehen«, bemerkte der Künstler; seine Grufti-macht-auf-zornigen-Mann-Attitüde war nun einer unbekümmerteren, entspannteren Art gewichen. »Und die Schwingungen, die ich hier spüre, sprechen eine tiefe, kreative Seite in mir an.«

Die Unternehmerin betrachtete den Künstler etwas länger, als es sich höflicherweise schickte. Dann schaute sie weg und richtete ihren Blick nach draußen aufs Meer. Auch wenn sie sich dagegen sträubte, musste sie lächeln.

Der Fahrer sprach in den Lautsprecher des Wagens. »Fünf Minuten noch.« Dann reichte er jedem seiner Passagiere eine handgefertigte Tafel, die aus Gold zu bestehen schien. »Bitte lesen Sie das aufmerksam«, sagte er.

In das anscheinend edle Metall waren fünf Aussagen eingraviert. Auf der Tafel stand Folgendes:

REGEL #1

Abhängig zu werden von Zerstreuungen ist das Ende Ihrer schöpferischen Tätigkeit. Die Erbauer von Imperien und die Menschen, die Geschichte schreiben, nehmen sich eine Stunde vor Tagesanbruch Zeit, die sie in der Gelassenheit verbringen, die jenseits der Zwänge der Komplexität liegt, um sich auf einen Weltklassetag vorzubereiten.

REGEL #2

Ausreden bringen keine Genies hervor. Dass Sie sich das frühe Aufstehen noch nicht zur Gewohnheit gemacht haben, heißt nicht, dass Sie es nicht jetzt noch tun könnten. Geben Sie Ihre Rechtfertigungsversuche auf, und denken Sie daran, dass kleine tägliche Verbesserungen im Laufe der Zeit, sofern man sie beständig durchführt, zu außergewöhnlichen Ergebnissen führen.

REGEL #3

Alle Veränderungen sind am Anfang mühsam, in ihrem Verlauf chaotisch und am Ende großartig. Alles, was Ihnen heute leichtfällt, ist Ihnen am Anfang schwierig erschienen. Mit beständiger Praxis wird das Aufstehen mit der Sonne für Sie zur neuen Normalität werden. Und Ihnen in Fleisch und Blut übergehen.

REGEL #4

Um auch solche Ergebnisse zu erzielen wie die obersten 5 Prozent der Leistungserbringer, müssen Sie beginnen, genau das zu tun, was 95 Prozent nicht tun wollen. Wenn Sie damit anfangen, werden die meisten Sie als verrückt bezeichnen. Denken Sie daran: Als Sonderling angesehen zu werden ist der Preis der Größe.

REGEL #5

Wenn Ihnen nach Aufgeben zumute ist, machen Sie weiter. Der Triumph liebt die Unbeugsamen.

Das Fahrzeug wurde langsamer, als es an einer geordneten Reihe weißer Strandhäuser vorüberfuhr. In der staubigen Zufahrt zu einem der Häuser war ein Kleinlaster geparkt. Auf dem Vorplatz eines der anderen Häuser lag Tauchausrüstung. Vor dem letzten Haus in der Reihe tollte eine Schar Kinder herum.

Dann kam das Meer in den Blick; es schimmerte grünlich und bläulich, und die schaumgekrönten Wellen erzeugten laute, plätschernde Geräusche, bevor sie an den Sandstrand schwappten. In der Luft lag nun der Geruch des Meeres, der aber dennoch süß wie Nektar war, weil er mit dem unerwarteten Duft von Zimt vermischt war. Auf einem breiten Holzsteg stand ein wuchtiger Mann mit einem Santa-Claus-Bart und hochgerollten Kaki-Hosen, der barfuß fischte, um Essen für seine Familie zu beschaffen. Auf seinem Kopf befand sich ein Motorradhelm.

Die Sonne ging gerade auf, eine prächtige Scheibe mit blendendem Glanz, die gelbe Strahlen und Spiegelungen auf das Wasser warf, das vor ihr lag. Vögel zwitscherten. Schmetterlinge flatterten durch die Luft. Die gesamte Szene wirkte zutiefst magisch.

»Wir sind da«, sagte der Chauffeur in eine Sprechanlage, die neben einem Metallzaun angebracht war, der anscheinend eher dazu diente, wilde Tiere draußen zu halten, als Eindringlinge abzuwehren.

Das Tor ging auf. Langsam.

Der Wagen rollte eine gewundene Straße entlang, die gesäumt war von Bougainvilleen, Hibiskus, Frangipani und Boucles d'Oreille, der Nationalblume von Mauritius. Der Fahrer öffnete das Fenster auf seiner Seite und ließ die Meeresbrise hereinströmen, die einen wirbelnden Duft mit sich trug, der auch frischen Jasmin- und Rosenduft enthielt. Gärtner in schicker grüner Kluft winkten ihnen zu. Einer rief »Bonjour«, als der Wagen vorüberfuhr. Ein anderer sagte »Bonzour«, während zwei fette Tauben von der Größe einer Fernfahrerfaust über den Boden hüpften.

Das Haus des Milliardärs nahm sich eher bescheiden aus. Es hatte den Schick eines gehobenen Strandhauses. Eine Art Mischung aus Martha's-Vineyard-Cottage und schwedischem Bauernhaus. Es wirkte aufsehenerregend schön und sehr privat zugleich.

Eine riesige Veranda an der hinteren Seite des Hauses erstreckte sich hinaus bis zum Meer. An einer Mauer lehnte ein schmutziges Mountainbike. Ein Surfbrett lag am Ende der Zufahrt. Massive Fenster, die vom Boden bis zur Decke reichten, waren das einzige extravagante architektonische Element. Edle Blumen waren sorgfältig arrangiert entlang einer Terrasse, auf der ein Rollwagen mit Vorspeisen, allerlei Sorten Käse, einer Kanne mit Zitronentee und gleichmäßig geschnittenen Scheiben Ingwer stand. Sonnengebleichte graue Treppenstufen führten hinab zu einem atemberaubend schönen Strand wie aus einem jener Reisemagazine, die in elitären Kreisen gelesen werden.

Inmitten dieser exquisiten Umgebung stand eine einsame Gestalt auf dem milchfarbenen Strand. Sie bewegte sich nicht. Alles war vollkommen ruhig.

Der Mann erschien groß wie der Eiffelturm, hatte kein Hemd an und war braun gebrannt. Er trug Shorts mit Tarnmuster. Kanariengelbe Sandalen und eine hochmodische Sonnenbrille, wie man sie etwa in der Via dei Condotti in Rom kaufen kann, vervollständigten sein Erscheinungsbild, das einer Mischung aus Zen-Sucher und stolzierendem Soho-Gockel glich. Der Mann blickte hinaus aufs Meer, blieb aber weiter unbeweglich wie ein Stern am afrikanischen Himmel.

»Da«, sagte die Unternehmerin und zeigte mit dem Finger auf die Gestalt. »Jetzt lernen wir unseren Gastgeber kennen. Der berühmte Mr Riley«, bemerkte sie entschlossen und beschleunigte ihre Schritte, als sie die Holzstufen hinabstieg, die zum Strand führten. »Schau ihn dir an! Er steht direkt am Wasser, saugt die Sonnenstrahlen in sich auf und steckt voller Liebe zum Leben. Ich habe dir gesagt, dass er etwas Besonderes ist. Ich bin so froh, dass ich auf mein Bauchgefühl gehört habe und mich zu dieser wunderbaren Reise habe überreden lassen. Er hat sein Wort gehalten, in einer Welt, in der so viele Leute Dinge sagen, die sie nie tun, und Versprechungen machen, die sie nicht einhalten. Er ist superkonsequent. Er hat uns so gut behandelt. Er kennt uns kaum, aber trotzdem versucht er uns zu helfen. Ich habe keinerlei Zweifel, dass er es gut mit uns meint. Komm, beeil dich!«, drängte sie ihren langsameren Begleiter und winkte aufmunternd mit einer Hand. »Ich möchte Mr Riley fest in die Arme schließen!«

Der Künstler lachte, als ein junger Gecko über eine breite Planke huschte. Er zog in der gleißenden Sonne sein schwarzes Hemd aus und enthüllte einen Bauch, der dem Buddha zur Ehre gereicht hätte, und Männerbrüste so groß wie fleischige Mangos.

»Ich auch. Er steht zu seinem Wort. Mann, ich muss in die Sonne kommen«, murmelte der Maler, während er schneller ging, um mit der Unternehmerin Schritt zu halten. Er atmete schwer.

Als die beiden Besucher auf den Mann zugingen, der am Wasserrand stand in diesem Nirwana einer Siedlung am Meer, stellten sie fest, dass hier keine anderen Häuser zu sehen waren. Kein einziges. Nur ein paar hölzerne Fischerboote, deren Farbe abbröckelte, lagen in dem seichten Wasser unweit des Strands. Und abgesehen von dem Sonnenanbeter und Imperien-Erbauer mit der italienischen Sonnenbrille war auch kein anderer Mensch zu sehen. Nirgendwo.

»Mr Riley!«, rief der Künstler, der nun auf dem Sand begierig die frische Luft in seine bemerkenswert untrainierten Lungen einsog.

Die schlanke Gestalt blieb weiter unbeweglich stehen wie eine Palastwache, die auf die Ankunft der königlichen Wagenkolonne wartet.

»Mr Riley!«, wiederholte die Unternehmerin leidenschaftlich.

Keine Reaktion. Der Mann blickte einfach weiter auf das Meer hinaus und zu Containerschiffen von der Größe eines Fußballstadions, die am Horizont aufschienen.

Nach kurzer Zeit stand der Künstler hinter den tief gebräunten Schultern der Gestalt und klopfte dreimal auf die linke Schulterhälfte. Plötzlich drehte sich die Gestalt um. Den beiden Besuchern verschlug es den Atem. Die Unternehmerin presste sich eine Hand vor den Mund. Der Künstler wich instinktiv zurück, dann stürzte er in den Sand.

Beide waren vollkommen verblüfft über das, was sie sahen.

Es war der Redner.

KAPITEL 7

DIE VORBEREITUNG AUF EINE TRANSFORMATION BEGINNT IM PARADIES

»Einem Kind fällt es nicht schwer, an das Unglaubliche zu glauben, auch nicht dem Genie und dem Verrückten. Nur Ihnen und mir, mit unseren großen Hirnen und winzigen Herzen, die zweifeln und zu viel nachdenken und zaudern.« – **Steven Pressfield**

»Wow, unglaublich!«, rief die Unternehmerin mit einem schiefen Lächeln, das zugleich Überraschung und Bewunderung ausdrückte.

»Wir waren auf Ihrem Seminar. Sie waren großartig auf der Bühne«, brachte sie schließlich hervor und wechselte elegant von leichtem Erschrecken in jenen Herrscherin-über-das-Universum-Habitus, der ihr vertrauter war. »Ich leite eine Technologiefirma. Wir sind sozusagen das, was Kenner unserer Branche eine ›Rakete‹ nennen wegen unseres außerordentlichen Wachstums. Bis vor einer Weile ist alles fantastisch gelaufen, doch dann …« Die Unternehmerin verstummte.

Sie wandte den Blick von dem Redner ab und schaute den Künstler an. Einen Augenblick spielte sie nervös mit ihren Armreifen. Die Furchen in ihrem Gesicht wurden wieder deutlicher sichtbar. Sie wirkte bedrückt, müde und verletzt in diesem Augenblick, an diesem atemberaubenden Strand.

»Was ist geschehen?«, fragte der Redner. »Was ist mit Ihrer Firma passiert?«

»Einige der Leute, die in mein Unternehmen investiert haben, hatten das Gefühl, dass mein Anteil zu groß wäre. Sie wollten mehr Einfluss. Extrem gierige Leute. Sie haben daher mein Führungsteam beeinflusst und wichtige Mitarbeiter dazu gebracht, sich gegen mich zu verbünden, und jetzt versuchen sie, mich aus der Firma zu drängen. Aber dieses Unternehmen ist mein Leben.« Die Unternehmerin brach ab.

Ein Schwarm farbenprächtiger tropischer Fische schwamm durch das seichte Wasser am Rande des Sands.

»Ich war schon fast so weit, dass ich mich umbringen wollte«, fuhr sie fort. »Bis ich Ihr Seminar besucht habe. Viele Ihrer Wissensperlen haben mir wieder neue Hoffnung gegeben. Viele Ihrer Worte haben mir das Gefühl vermittelt, dass ich stark bin. Ich weiß nicht genau, was es war, aber Sie haben mich dazu gebracht, dass ich wieder an mich und an meine Zukunft glaube. Ich möchte Ihnen einfach nur danken.« Sie umarmte den Redner. »Sie haben mich auf eine Reise geschickt, die es mir ermöglichen wird, ein besseres Leben zu führen.«

»Ich danke Ihnen sehr für Ihre freundlichen Worte«, entgegnete der Redner, der nun ganz anders wirkte als zu der Zeit, als die Unternehmerin und der Künstler ihn das letzte Mal gesehen hatten. Er hatte jetzt nicht nur dieses gesunde Strahlen, das sich einstellt, wenn sich Menschen längere Zeit in der Sonne aufhalten, er stand auch fest auf seinen Beinen und hatte etwas Gewicht zugelegt.

»Ich bin dankbar für das, was Sie gesagt haben«, wiederholte der Redner. »Aber in Wirklichkeit habe nicht ich Sie auf diesen Weg gebracht. *Sie selbst* ändern Ihr Leben, indem Sie anfangen, meine Erkenntnisse und Methoden praktisch anzuwenden – indem Sie meine Lehren *umsetzen.* So viele Menschen haben gute Ideen im Kopf. Sie reden von all ihren Zielen und den Vorhaben und Plänen, die sie verwirklichen möchten. Ich urteile nicht. Ich berichte nur. Ich klage nicht. Ich sage nur:

Die meisten Leute bleiben ihr ganzes Leben, wie sie sind. Sie haben viel zu viel Angst, ihre Gewohnheiten aufzugeben. Sie sind mit der Selbstzufriedenheit verheiratet und an die Ketten der Konformität gefesselt und widersetzen sich allen Chancen, als Mensch zu wachsen, sich weiterzuentwickeln und persönlich auf eine höhere Stufe zu gelangen. So viele herzensgute Menschen sind viel zu verängstigt, um dem Ruf ihres Lebens zu folgen, der sie auffordert, sich hinauszubegeben auf das blaue Meer der Möglichkeiten, wo sie Meisterhaftigkeit, die Erhabenheit des Wagemuts und die Authentizität des Wagnisses erwarten. Sie dagegen haben die Klugheit aufgebracht, entsprechend den Informationen zu handeln, die ich Ihnen in meiner Veranstaltung vermittelt habe. Sie gehören zu jener winzigen Minderheit von Menschen, die bereit sind, zu tun, was erforderlich ist, um eine bessere Führungspersönlichkeit zu werden, bessere Leistungen zu erzielen und ein besserer Mensch zu werden. Und ich weiß, dass die Transformation keine einfache Sache ist. Ja, das Leben der Raupe muss enden, damit sich die Schönheit des Schmetterlings entfalten kann. Das Alte ›Ich‹ muss sterben, damit sich das beste ›Ich‹ herausbilden kann. Sie sind klug und warten nicht, bis Sie die idealen Voraussetzungen vorfinden, um in eine Arbeitswelt und ein Privatleben vollendeter Vortrefflichkeit einzutreten. Große Kräfte werden freigesetzt allein durch das schlichte Anfangen. Wenn Sie beginnen, die Schlaufe zu schließen, die durch Ihre kühnsten Bestrebungen angelegt wird, indem Sie diese Wirklichkeit werden lassen, kommt eine verborgene heldenhafte Kraft in Ihnen zum Tragen. Die Natur bemerkt Ihre entschlossenen Bemühungen und belohnt Ihr aufrichtiges Bestreben mit unerwarteten Gewinnen. Ihre Willenskraft nimmt zu. Auch ihre Vortrefflichkeit steigert sich. In einem Jahr werden Sie über die Maßen froh darüber sein, dass Sie heute angefangen haben.«

»Ich danke Ihnen«, sagte die Geschäftsfrau.

»Einmal sagte ein Mann zu mir, er müsse zuerst abnehmen,

bevor er mit dem Joggen anfangen könne. Stellen Sie sich das vor. Zuerst abnehmen, bevor er anfangen kann, sich das Joggen zur Gewohnheit zu machen. Das ist wie ein Schriftsteller, der auf eine Inspiration wartet, bevor er mit einem Buch anfängt, oder ein Manager, der auf eine Beförderung wartet, bevor er sich an die Spitze setzt, oder ein Start-up-Unternehmer, der darauf wartet, dass die gesamte Finanzierung unter Dach und Fach ist, bevor er sein bahnbrechendes, den Status quo veränderndes Produkt auf den Markt bringt. Der Fluss des Lebens belohnt positives Handeln und bestraft Zaudern. Nun, ich freue mich jedenfalls, dass ich in bescheidenem Maße dazu beitragen konnte, dass Sie vorangekommen sind. Sie befinden sich anscheinend in einer schwierigen, aber auch aufregenden Phase Ihres persönlichen Abenteuers. Bedenken Sie bitte, dass ein schlechter Tag für das Ego ein großer Tag für die Seele ist. Und was die Stimme Ihrer Angst als Unglück bezeichnet, das erkennt das Licht Ihrer Weisheit als ein tolles Geschenk.«

»Wir dachten, Sie wären tot«, sagte die Unternehmerin unvermittelt. »Gott sei Dank geht es Ihnen gut. Und ich schätze Ihre Bescheidenheit sehr.«

»Meiner Ansicht nach ist der Bescheidenste der Höchste. Echte Leader sind sich im Innersten sicher, dass ihr wichtigster Auftrag darin besteht, anderen zu helfen, auf eine höhere Stufe zu gelangen. Sie besitzen eine so ausgeprägte Selbstachtung, eine Fröhlichkeit und einen inneren Frieden, dass sie es nicht nötig haben, ihren Erfolg der Gesellschaft zu verkaufen in einem schwächlichen Bemühen, sich besser zu fühlen. Ich möchte noch hinzufügen, dass ein großer Unterschied besteht zwischen echter Macht und falscher Macht«, erklärte der Redner und fiel wieder in den Guru-Modus, der ihn weltberühmt gemacht hatte.

»Unsere Kultur drängt uns dazu, nach Titeln und Tand zu streben, nach Applaus und Zustimmung, nach Geld und Häusern. All dies ist schön – ja, wirklich –, solange man nicht der Versuchung erliegt, den eigenen Wert als Mensch durch diese

Dinge zu definieren. Genieße sie, aber mache dich nicht von ihnen abhängig. Besitze sie, aber gründe nicht deine Identität auf sie. Schätze sie, aber *brauche* sie nicht. Sie sind nur Formen von falscher Macht, und unsere Zivilisation redet uns ein, dass wir nach ihnen streben müssen, um erfolgreich zu sein – und glücklich und unbeschwert. Tatsache ist, wenn man eines dieser Dinge einbüßt, dann verflüchtigt sich auch die Ersatzmacht, die man aus ihm bezogen hat. Sie verschwindet unverzüglich und entpuppt sich als die Illusion, die sie war.«

»Erzählen Sie uns bitte noch mehr.« Die Unternehmerin verschlang jedes seiner Worte.

»Echte Macht geht niemals aus etwas Äußerem hervor«, fuhr der Redner fort. »Viele Menschen, die viel Geld besitzen, sind nicht besonders wohlhabend. Sagen Sie das Ihrer Bank«, verkündete der Redner, streifte seine gelben Flip-Flops ab und stellte sie ordentlich in den Sand. »Echte Macht – der Stoff, aus dem Legenden gemacht werden – erwächst nicht aus dem, was Sie äußerlich besitzen. Die Welt ist jeden Augenblick hinfällig. Wahre und dauerhafte Macht kommt zum Ausdruck, wenn Sie in Verbindung stehen mit Ihren ursprünglichen Gaben und Ihre wahren Begabungen als Mensch erkennen. Darüber hinaus möchte ich sagen, echte Reichtümer entstehen, wenn man in seinem Leben die edlen Tugenden von Schaffenskraft, Selbstdisziplin, Mut, Aufrichtigkeit, Empathie und Integrität befolgt und in der Lage ist, seine Tage nach eigenen Maßgaben zu verbringen, anstatt blind den Schafen nachzulaufen, zu denen in unserer kranken Gesellschaft so viele Menschen geworden sind. ›Herdenmenschen‹, das sind so viele Menschen heutzutage. Das Erfreuliche ist, dass diese Art von Macht, von der ich spreche, von *jedem* zu erlangen ist, der heute auf diesem Planeten lebt. Wir haben diese Form von Wirkmächtigkeit vergessen oder verleugnet, als uns das Leben Verletzungen und Enttäuschungen zugefügt und uns in Verwirrung gestürzt hat. Doch sie ist noch immer gegenwärtig und wartet darauf, dass wir eine Verbindung zu ihr aufbauen. Und sie pflegen und entwickeln. Alle großen Lehrer der Geschichte haben nur wenig besessen, müssen Sie wissen. Als Mahatma Gandhi starb, hatte er nur ungefähr zehn Besitztümer, darunter seine Sandalen, eine Armbanduhr, seine Brille und eine schlichte Schale für seine Mahlzeiten. Mutter Teresa, so großzügig sie in ihrem Herzen und so authentisch ihre Kraft war, mit der sie Millionen Menschen beeinflusste, starb in einem winzigen Raum, in dem sich fast keine weltlichen Güter befanden. Wenn sie reiste, trug sie all ihre Habseligkeiten in einer weißen Stofftasche bei sich.«

»Warum haben so viele dieser Helden der Menschheit so wenig besessen?«, fragte der Künstler, der es sich im Sand bequem gemacht hatte.

»Weil sie eine Stufe persönlicher Reife erreicht hatten, die es ihnen ermöglichte zu erkennen, wie vergeblich es ist, seine Zeit mit der Jagd nach Dingen zu verbringen, die am Ende nichts zählen. Und sie hatten ihren Charakter so weit kultiviert, dass sie nicht mehr das bei den meisten Menschen vorhandene Bedürfnis verspürten, die Leere in ihrem Inneren durch Zerstreuungen, Attraktionen, Fluchten und Luxusgüter zu füllen. Je mehr ihr Verlangen nach oberflächlichen Besitztümern schwand, desto stärker wuchs ihr Hunger nach gehaltvollen Betätigungen, wie zum Beispiel das Bemühen, ihre schöpferische Vision zum Tragen zu bringen, ihrer inneren Genialität Ausdruck zu verleihen und ihr Leben nach einem höheren moralischen Vorbild auszurichten. Sie verstanden instinktiv, dass es eine Frage der inneren Einstellung ist, inspirierend, meisterhaft und furchtlos zu sein. Und sobald man einmal *echte* Macht erlangt hat, werden äußere Substitute unwichtig im Vergleich zu dem Gefühl der Erfüllung, das dieser kostbare Schatz vermittelt. Ja, und alle diese Schwergewichte der Geschichte haben, nachdem sie diese höhere Ebene ihres Wesens entdeckt hatten, auch erkannt, dass eines der wichtigsten Ziele eines gelingenden Lebensentwurfs darin besteht, einen Beitrag zu leisten. Wirksamkeit zu entfalten. Nützlich zu sein. Hilfsbereitschaft zu zeigen. Was Unternehmensgründer als ›Schaffung von Wert für die Anteilseigner‹ bezeichnen. Wie ich in meinem Seminar vor meinem Schwächeanfall erklärt habe: ›Führen bedeutet dienen.‹ Der Philosoph Rumi hat diesen Zusammenhang viel besser ausgedrückt, als ich es könnte, als er den Satz formulierte: ›Höre auf, der Tropfen zu sein, werde der Ozean.‹«

»Danke, dass Sie uns an alldem teilhaben lassen«, erklärte die Unternehmerin ernst. Sie setzte sich neben den Künstler in den Sand und legte eine Hand nicht weit entfernt von seiner auf den Boden.

»Schön zu sehen, dass es Ihnen wieder besser geht«, bemerkte der Künstler, der mittlerweile seine Schuhe ausgezogen hatte. Während er sich wie eine Katze, die ein Sonnenbad nimmt, im warmen Sonnenlicht rekelte, fragte er: »Was ist eigentlich mit Ihnen passiert?«

»Es war Erschöpfung«, erwiderte der Redner. »Zu viele Städte. Zu viele Flugzeuge. Zu viele Medienauftritte. Zu viele Veranstaltungen. Ich habe mich aufgerieben bei meiner Mission, den Menschen zu helfen, ihre Führungsfähigkeit zu stärken, ihre Begabungen zum Tragen zu bringen und zu Helden ihres eigenen Lebens zu werden. Eigentlich weiß ich es ja besser.«

Der Redner nahm seine schnittige Sonnenbrille ab und streckte den beiden Besuchern eine Hand entgegen. »Es ist mir ein großes Vergnügen, Sie beide hier zu sehen.«

»Uns auch«, erwiderte der Künstler. »Ihre Weisheiten haben mir geholfen, einige schwierige Phasen durchzustehen.«

Während der Künstler diese Worte sagte, entdeckte er in der Ferne einen vorüberziehenden Katamaran, der voll besetzt war mit festlich gekleideten Touristen. Ein weiterer Schwarm von Fischen, sogenannten Capitaines, tauchte im klaren Wasser auf. Der Redner betrachtete sie, lächelte breit und fuhr dann fort.

»Sie fragen sich wahrscheinlich, warum ich hier bin«, sagte er.

»Ja«, entgegnete die Unternehmerin, während sie ihre Schuhe auszog und ihre Füße neben ihrem Begleiter in den warmen Sand schob.

»Nun, ich berate Mr Riley, seit er 33 Jahre alt ist. Alle professionellen Athleten haben Trainer, die ihnen helfen, ihre Leistung zu optimieren, und das gilt auch für außergewöhnliche Menschen in der Wirtschaft. Man kann nicht allein eine Spitzenstellung erreichen. Er stand noch am Anfang, als wir uns kennenlernten, aber schon damals begriff er, dass man umso mehr erreichen kann, je mehr man lernt. Wachstum ist die eigentliche Disziplin, in der sich die Besten betätigen. Bildung ist die Impfung gegen Disruption. Und wenn Sie besser werden, werden Sie es auch besser haben, in allen Bereichen Ihres Lebens. Ich bezeichne dies als den *2×3-Mindset:* das Einkommen und die eigene Wirksamkeit verdoppeln und die Investitionen in zwei Kernbereichen verdreifachen – Ihrer persönlichen Meisterschaft und Ihren professionellen Fähigkeiten.«

»Das gefällt mir«, sagte der Künstler und kratzte sich an seinem schlaffen Bauch.

»Mr Riley hat sehr früh verstanden, dass man, um Weltklasse zu erreichen, eine Weltklasse-Unterstützung braucht. Im Laufe der Jahre sind wir enge Freunde geworden. Wir hatten viel Spaß zusammen, haben zum Beispiel hier auf seiner Privatinsel ausgiebige Mahlzeiten mit Palmherzensalat, frischen gegrillten Garnelen und ausgezeichneten französischen Weinen genossen.«

Der Redner streckte seine Arme aus und blickte hinüber zu den mächtigen Bergen. Dann schwieg er eine Weile.

»Und wir haben auch Leid gemeinsam geteilt, etwa als mein Partner nach seinem 50. Geburtstag an Krebs erkrankte. Er schien alles zu haben, was sich ein Mann nur erträumen konnte. Aber als er seine Gesundheit verloren hatte, erkannte er, dass er nichts hatte. Das veränderte ihn. Die Gesundheit ist die Krone auf dem Haupt eines Menschen, dem es gut geht, die aber nur Kranke sehen können, verstehen Sie? Oder wie es auch heißt: Wenn wir jung sind, opfern wir die Gesundheit für das Geld, und wenn wir älter und klüger werden, erkennen wir, was am wichtigsten ist – und sind bereit, unser Geld für einen Tag mit guter Gesundheit zu opfern. Keiner strebt danach, der reichste Mensch auf dem Friedhof zu sein.

Aber er hat den Krebs besiegt«, fügte der Redner hinzu und blickte hinaus zu den lärmenden Touristen, die auf dem Katamaran Party machten. »Man hatte mir mitgeteilt, dass Sie kommen würden. Mr Riley freut sich sehr darauf, mit Ihnen alle seine Erkenntnisse darüber zu teilen, wie man maximale Produktivität erreicht, außergewöhnliche Leistungsfähigkeit aufrechterhält und sich ein Leben erschafft, das man wirklich liebt, indem man eine ganz besondere Morgenroutine erlernt. Ich freue mich, dass er sein Wissen und alles, was ich ihn gelehrt habe, an andere weitergibt. Der 5-Uhr-Club wird für Sie beide etwas Revolutionäres sein. Ich weiß, es klingt seltsam und unglaubwürdig, aber die Beschäftigung mit der Methode, die Stone Ihnen zeigen möchte, wird einschneidende Veränderungen bei Ihnen bewirken. Allein das Wissen davon wird etwas ganz Besonderes in Ihnen wachrufen.«

Der Redner setzte seine schicke Sonnenbrille wieder auf.

»Also, Mr Riley hat mich gebeten, Ihnen mitzuteilen, dass Sie es sich hier für die nächsten Tage bequem machen sollen. Von mir werden Sie nicht viel sehen, denn ich werde die meiste Zeit tauchen, segeln und angeln. Angeln ist eine meiner Lieblingsbeschäftigungen. Ich bin nicht nur nach Mauritius gekommen, um den großen Geist zu coachen, den Sie hier kennenlernen werden, ich will mich hier auch erholen und für eine Weile unsere allzu komplizierte Welt hinter mir lassen, die voll ist mit Schwierigkeiten, mit funktionsgestörten Ökonomien, gesättigten Industrien und Umweltproblemen, um nur einige der Faktoren zu nennen, die unsere Kreativität, unsere Energie, unsere Leistungsfähigkeit und unser Glück bedrohen und einschränken. Ich bin hier, um mich zu entspannen und neu aufzutanken. Herausragende Produktivität ohne gelegentliche Ruhepausen führt zu dauerhafter Erschöpfung. Ruhe und Erholung sind kein Luxus für jemanden, der sich der Meisterhaftigkeit verschrieben hat – sie sind eine Notwendigkeit. Diesen Grundsatz lehre ich seit vielen Jahren – doch ich selbst habe ihn vergessen und bei dieser Veranstaltung den Preis dafür bezahlt. Zudem habe ich gelernt, dass die Inspiration durch Isolation gefördert wird, durch die Abwesenheit beständiger digitaler Ablenkung und sinnloser Überkommunikation, die heutzutage die Zeit vieler Menschen beherrscht. Und Sie sollen auch wissen, dass Ihre natürliche Genialität in Erscheinung treten wird in den Augenblicken Ihres größten Entzückens. Wir erhalten unsere Ideen, die die Welt verändern, wenn wir ruhen, entspannen und von Freude erfüllt sind. Dieses winzige Fleckchen im Indischen Ozean hilft mir, wieder Zugang zu dem Besten in mir zu finden. Es ist darüber hinaus ein echtes Refugium, von überwältigender Schönheit und mit einer vorzüglichen Gastronomie, mit liebenswürdigen Menschen, die noch das Herz auf der Zunge tragen. Ich bewundere die Mauritier. Die meisten wissen noch die einfachen Vergnügen des Lebens wertzuschätzen. Wie zum Beispiel ein Mahl mit der Familie oder gemeinsames Schwimmen mit Freunden, nach dem man Brathähnchen isst, die mit einem eiskalten Phoenix hinuntergespült werden.«

»Ein Phoenix?«, fragte der Künstler.

»So heißt das Bier auf Mauritius«, antwortete der Redner. »Und ich muss sagen, dass ich hundertmal stärker, gefestigter, konzentrierter und energiegeladener bin, wenn ich die Insel verlasse. Ich arbeite hart in meinem alltäglichen Leben. Ich hoffe, es klingt nicht allzu eitel, aber mir ist sehr daran gelegen, die Gesellschaft voranzubringen, und ich leiste engagiert meinen Beitrag dazu, die Gier, den Hass und die Konflikte in der Gesellschaft zu vermindern. Hier kann ich mich wieder erneuern. Und den Kontakt wiederherstellen zu dem, was wichtig ist. Dann kann ich wieder weggehen und für die Welt arbeiten.

Wir alle arbeiten für die Welt, nicht wahr? Nun, ich hoffe, Sie beide fühlen sich wohl hier. Und noch einmal danke dafür, dass Sie zu meinem Seminar gekommen sind, und für Ihre freundlichen Worte. Sie bedeuten mir mehr, als Sie sich vorstellen können. Jeder kann ein Kritiker sein. Es erfordert Mumm, ein Ermutiger zu sein. Ein Leader, der wirklich etwas bewegt, kann kein respektloser, ungehobelter Mensch sein. Ich wünschte, mehr Leader würden dieses Prinzip begreifen.

Ach, und noch ein Letztes«, fügte der Redner hinzu, während er etwas Sand von seiner Camouflage-Surfhose klopfte.

»Was?«, fragte die Unternehmerin respektvoll.

»Kommen Sie bitte morgen früh wieder hierher an diesen Strand. Dann beginnt Ihr Training.«

»Gern«, erwiderte die Unternehmerin. »Um welche Uhrzeit?

»Um 5 Uhr«, lautete die Antwort. »Gestalte deinen Morgen, und in deinem Leben wird alles möglich.«

Kapitel 8

Die 5-Uhr-Methode: Die Morgenroutine der Erbauer von Welten

»Es ist gut, vor Tagesanbruch wach zu sein, da derlei Gewohnheiten zu Gesundheit, Reichtum und Weisheit beitragen.« – **Aristoteles**

»Willkommen beim 5-Uhr-Club!«, rief der Milliardär, als er die Stufen von seinem Strandhaus herabstieg. »Bonzour! Das ist Kreolisch und heißt ›Guten Morgen‹. Sie sind auf die Minute pünktlich! Das gefällt mir! Pünktlichkeit ist eine Eigenschaft der Könige. Zumindest nach meinem Dafürhalten. Stone Riley ist mein Name«, verkündete er, während er seinen beiden Gästen freundlich eine Hand entgegenstreckte.

Die zerlumpten alten Klamotten hatte er ersetzt durch schwarze, eng geschnittene Shorts und ein blütenweißes T-Shirt mit der Aufschrift: »Eine Idee funktioniert erst dann, wenn man sie umsetzt.« Er war barfuß und glatt rasiert, wirkte außerordentlich fit und hatte eine wunderbare Sonnenbräune, was ihn insgesamt wesentlich jünger aussehen ließ als auf dem Seminar. Auf dem Kopf trug er eine schwarze Baseballkappe, die er verkehrt herum aufgesetzt hatte.

Seine grünen Augen waren ungewöhnlich klar. Und sein Lächeln war erstaunlich strahlend. Ja, dieser Mann hatte wirklich etwas ganz Besonderes, wie die Unternehmerin schon gespürt hatte.

Eine weiße Taube flog über dem Tycoon und stand ungefähr zehn Sekunden in der Luft, als würde sie auf wundersame Weise festgehalten werden. Dann drehte sie ab. Kann man sich das vorstellen? Es war ein zauberhafter Anblick.

»Ich möchte Sie beide umarmen, wenn Sie nichts dagegen haben«, sagte der Milliardär und schlang seine langen Arme gleichzeitig um die Unternehmerin und den Künstler, ohne eine Erwiderung abzuwarten.

»Mein Gott, Sie haben Mut. Ja, wirklich«, sagte er. »Sie haben einem abgerissenen alten Mann Vertrauen geschenkt. Einem völlig Fremden. Ich weiß, ich habe an diesem Tag ausgesehen wie ein Landstreicher. Also, es ist nicht so, dass ich mir keine Gedanken darüber machen würde, wie ich aussehe«, sagte er und lachte über seinen Mangel an Selbstbewusstsein. »Ich möchte mit den Füßen auf dem Boden bleiben. Schlicht und einfach. Vollkommen authentisch. Dazu fällt mir eine alte Weisheit ein: Viel Geld zu haben, macht einen nicht anders. Es macht einen nur mehr zu dem, der man schon war, bevor man zu dem Geld gekommen ist.«

Der Milliardär blickte auf das Meer hinaus und genoss die ersten Strahlen der Morgendämmerung. Er schloss die Augen und atmete tief ein. Die Konturen seiner wohlgeformten Bauchmuskeln zeichneten sich durch sein T-Shirt ab. Dann zog er eine Blume aus seiner Gesäßtasche. Weder die Unternehmerin noch der Künstler hatten je zuvor eine solche Blume gesehen. Und sie war überhaupt nicht zerdrückt oder anderweitig beschädigt dadurch, dass sie sich in der Hosentasche befunden hatte. Seltsam.

»Blumen sind sehr wichtig für jeden, der in seiner Arbeit und seinem Privatleben etwas Magisches schaffen möchte«, erklärte der Magnat, während er an den Blüten schnupperte. »Nun, ich möchte noch erwähnen, dass mein Vater Farmer war. Ich bin auf einer Farm aufgewachsen, bevor wir nach Südkalifornien zogen. Wir haben einfach gedacht, einfach gesprochen und einfach gelebt. Man kann den Jungen aus dem Land hinausbringen, aber man kann nicht das Land aus dem Jungen hinaustreiben, verstehen Sie?«, setzte er hinzu. Er versprühte eine Begeisterung, die ansteckend war, während sein Blick weiterhin hinaus auf das herrliche Meer gerichtet war.

Die Geschäftsfrau und der Künstler bedankten sich überschwänglich bei dem Milliardär. Sie erklärten, dass ihr Abenteuer bisher phänomenal gewesen sei, und betonten, dass die Insel und sein exklusiver Strand das Schönste seien, was sie jemals gesehen hätten.

»Ein Utopia, nicht wahr?«, sagte der Milliardär und setzte sich seine Sonnenbrille wieder auf. »Ich bin vom Glück verwöhnt, so viel ist klar. Ich bin so froh, dass Sie beide hier sind.«

»Hat also Ihr Vater Sie dazu gebracht, bei Sonnenaufgang aufzustehen?«, fragte der Künstler, als sie am Wasser entlanggingen.

Ein kleiner Krebs huschte vorüber, während drei Schmetterlinge in der Luft tanzten.

Der Milliardär wirbelte herum wie ein tanzender Derwisch. Während der Bewegung rief er: »Ich hätte auf die Vorhänge in Ihren Zimmern schreiben sollen: ›Wenn du nicht früh aufstehst, kannst du in keiner Hinsicht Fortschritte erzielen.‹«

»Was meinen Sie damit?«, fragte die Unternehmerin.

»Das ist ein sehr schönes Zitat von William Pitt, dem Earl of Chatham. Aus irgendeinem Grund hatte ich das Bedürfnis, es hier anzubringen. Nun, lassen Sie mich Ihre Frage nach meinem Vater beantworten«, sagte der Milliardär umständlich.

»Ja und nein. Ich habe als Kind erlebt, dass er jeden Tag bei Sonnenaufgang aufgestanden ist. Und wie bei jeder guten Routine hat er das so oft und so regelmäßig getan, dass es für ihn unmöglich wurde, es einmal *nicht* zu tun. Aber wie die meisten Kinder widersetzte ich mich den Wünschen meines Vaters. Ich hatte schon immer etwas Rebellisches in mir. Ich bin in gewisser Weise ein Pirat. Anstatt jeden Tag einen kleinen Krieg mit mir auszufechten, hat er mir einfach erlaubt zu tun, was ich wollte. Also habe ich lange geschlafen.«

»Ganz schön cool, Ihr Vater«, bemerkte die Unternehmerin, die an diesem Morgen Yoga-Kleidung trug und ihr Aufzeichnungsgerät dabeihatte, um sich Notizen zu machen.

»Ja, das war er«, bestätigte der Milliardär und legte herzlich die Arme um seine Schüler, während sie weiter an dem unberührten Strand entlanggingen.

Mr Riley fuhr fort. »Es war der Redner, der mir die 5-Uhr-Methode beibrachte. Ich war noch ein junger Mann, als ich ihn kennenlernte. Ich hatte gerade meine erste Firma gegründet. Ich brauchte jemanden, der mich anleitete, mich herausforderte und mir half, mich als Unternehmer, als Mensch, der Spitzenleistungen erbringt, und als Leader weiterzuentwickeln. Alle sagten, er sei bei Weitem der beste Mentaltrainer der Welt. Er hatte eine Warteliste von drei Jahren. Also rief ich ihn jeden Tag an, bis er sich schließlich bereit erklärte, mein Mentor zu werden. Auch er war damals noch recht jung. Aber seine Lehren zeichneten sich aus durch eine Tiefe der Weisheit, eine Reinheit der Kraft und eine ungeheure Wirksamkeit, die für sein Alter erstaunlich fortgeschritten waren.«

»Und die Methode des Frühaufstehens hat Ihnen geholfen?«, unterbrach der Künstler.

Der Milliardär lächelte den Künstler an und blieb stehen.

»Es war jene Praxis, die alle anderen Praktiken veränderte – und verbesserte. Die Forscher nennen ein solches Kernverhalten, das alle anderen regelmäßigen Verhaltensmuster vervielfältigt und verstärkt, eine ›Schlüsselgewohnheit‹. Sie als grundlegenden neuronalen Pfad zu verankern, kostete etwas Mühe, war zeitweise durchaus anstrengend und erforderte ein Höchstmaß an Engagement. Ehrlich gesagt, gab es Tage im Prozess der Automatisierung dieser Routine, an denen ich ziemlich übel gelaunt war, Tage, an denen es in meinem Kopf dröhnte wie von einem Presslufthammer. Und Morgen, an denen ich einfach weiterschlafen wollte. Aber nachdem ich es mir zur Gewohnheit gemacht hatte, regelmäßig um 5 Uhr aufzustehen, wurden meine Tage dauerhaft – und in einem umfassenden Sinn – besser als alles, was ich vorher erlebt hatte.«

»Inwiefern?«, fragten seine beiden Zuhörer gleichzeitig.

Die Unternehmerin legte liebevoll einen Finger auf den Arm des Künstlers, wie um anzudeuten, dass sie beide gemeinsam an diesem Abenteuer teilnahmen, dass sie jetzt ein Team bildeten und dass ihr sein Wohlergehen am Herzen lag. Der Künstler richtete seinen Blick auf sie. Ein leises Schmunzeln erschien auf seinem Gesicht.

Der Milliardär sprach weiter: »In dieser Zeit außerordentlicher Veränderungen, überwältigender Ablenkungen und übervoller Terminkalender bildeten das Aufstehen um 5 Uhr und die Durchführung der Morgenroutine, die mir der Redner nahebrachte, für mich das Mittel gegen Durchschnittlichkeit. Keine morgendliche Hetzerei mehr! Stellen Sie sich vor, wie sich allein das auf die Qualität des Tages auswirkt. In den neuen Tag zu starten in der Stille, die der frühe Morgen mit sich bringt. Den Tag mit dem Gefühl zu beginnen, dass man stark ist und konzentriert und frei. Ich habe festgestellt, dass mein Geist zunehmend klarer und fokussierter geworden ist, je mehr der Tag voranschritt. Jeder, der große Leistungen erbringt, sei es ein herausragender Athlet, ein Spitzenmanager, ein berühmter Architekt oder ein verehrter Cellist, hat die Fähigkeit entwickelt, sich für längere Zeit und ununterbrochen darauf zu konzentrieren, diese eine Begabung zu optimieren. Diese Fähigkeit ist einer der speziellen Faktoren, die es diesen Menschen ermöglichen, derart hochwertige Ergebnisse zu erzielen in einer Welt, in der viel zu viele Menschen ihre kognitive Bandbreite verengen und ihre Aufmerksamkeit fragmentieren, schlechtere oder durchschnittliche Leistungen akzeptieren und ein Leben in enttäuschender Mittelmäßigkeit führen.«

»Das sehe ich genauso«, verkündete der Künstler. »Nur selten sieht man heutzutage jemanden, der sich noch über Stunden auf seine Kunst oder seine Tätigkeit konzentriert. Der Redner hatte recht, als er im Seminar die Menschen, die von ihren elektronischen Geräten abhängig sind, als ›Cyber-Zombies‹ bezeichnete. Ich habe jeden Tag mit solchen Leuten zu tun. Sie kommen mir vor, als wären sie keine echten Menschen mehr. Eher Roboter, die an ihre Bildschirme gefesselt sind. Nicht mehr präsent. Und nur noch halb lebendig.«

»Ich kann Sie gut verstehen«, erwiderte der Milliardär. »Sich abzuschirmen gegen Ablenkungen ist genau das, worum man sich bemühen muss, wenn man auf seinem Tätigkeitsgebiet eine dominierende Stellung erreichen und erfolgreich sein will. Neurowissenschaftler sprechen von einem *peak mental state,* einem Zustand höchster mentaler Fokussierung, wenn sich unsere Wahrnehmung schärft und wir Zugang finden zu originellen Ideen und eine neue Stufe der geistigen Verarbeitungsfähigkeit erreichen, einen ›Flow‹-Zustand. Und das Aufstehen um 5 Uhr fördert diesen Flow-Zustand ganz enorm. Vor Tagesanbruch aufzustehen, während fast alle anderen noch schlafen, hat auch meiner Kreativität einen Schub verliehen, meine Energie hat sich verdoppelt, meine Produktivität hat sich verdreifacht, meine ...«

»Ist das Ihr Ernst?«, unterbrach ihn die Unternehmerin, die ihre Faszination darüber nicht länger verbergen konnte, dass ein einfacher Übergang zu einer bestimmten Morgenroutine ein menschliches Leben derart grundlegend verändern konnte.

»Absolut. Aufrichtig zu sein gehörte zu meinen Grundüberzeugungen in all den Jahren, in denen ich geschäftlich tätig war. Nichts geht darüber, früh schlafen zu gehen mit einem unbelasteten Bewusstsein und einem sorgenfreien Herzen. Das hat vielleicht auch damit zu tun, dass ich in meinem Innersten ein Bauernjunge bin«, bemerkte der Milliardär.

Plötzlich signalisierte das Smartphone der Unternehmerin, dass eine dringende neue Nachricht eingetroffen war. »Es tut mir sehr leid. Ich habe deutlich zum Ausdruck gebracht, dass mein Team mich hier nicht anrufen soll. Ich habe keine Ahnung, warum sie mich jetzt trotzdem stören«, sagte sie, während sie auf das Display blickte.

Dort erschienen in Großbuchstaben die Worte:

STEIG AUS DER FIRMA AUS. ODER DU STIRBST.

Die Unternehmerin hantierte hektisch an ihrem Gerät. Dann ließ sie es unabsichtlich in den Sand fallen. Sie atmete schwer.

»Was ist los?«, erkundigte sich der Künstler besorgt.

Als er sah, dass seine Freundin kreidebleich wurde und ihre Hände zu zittern begannen, wiederholte er seine Frage eindringlicher und mit noch mehr Empathie. »Was ist los?«

Auch der Milliardär wirkte besorgt. »Ist alles in Ordnung? Brauchen Sie Wasser oder etwas anderes?«

»Ich habe gerade eine Morddrohung erhalten. Von … äh … meinen Investoren. Sie wollen meine Firma. Sie versuchen … äh … mich hinauszudrängen, weil sie glauben, mein Anteil wäre zu groß. Sie haben mir mitgeteilt, wenn ich nicht verschwinde, werden sie mich umbringen.«

Ruckartig nahm der Milliardär seine Sonnenbrille ab, hielt sie in die Luft und machte damit eine kreisende Bewegung. Wenige Sekunden später erschienen hinter einer kleinen Palmengruppe zwei große Männer mit Ohrhörern und Schusswaffen und spurteten im Eiltempo hinab zum Strand.

»Boss, alles in Ordnung?«, fragte der größere der beiden besorgt.

»Ja«, lautete die ruhige und gefasste Antwort des Milliardärs an seine Sicherheitsleute. »Aber ich möchte, dass ihr beide sofort alles hier überprüft – es ist mir eine Ehre, das für Sie zu tun«, sagte er zur Unternehmerin gewandt. »Ich kann Ihnen helfen, diese Drohung aus der Welt zu schaffen.«

Dann murmelte der Milliardär noch etwas Unverständliches. Ein Schwarm Tauben flog vorüber.

»Gewiss. Ja. Ich weiß Ihre Hilfe zu schätzen«, erwiderte die Geschäftsfrau. Ihre Stimme zitterte noch immer, und

Schweißperlen standen auf ihrer Stirn, genau da, wo ihre Falten lagen.

»Überlassen Sie das uns«, verkündete der Milliardär. Dann sprach er mit seinen Sicherheitsleuten, höflich, aber in einem Ton, der unverkennbar Autorität ausstrahlte. »Anscheinend wird meine Besucherin hier ernsthaft von einigen Gaunern belästigt, die ihre Firma übernehmen wollen. Bitte findet heraus, was diese Leute vorhaben, und schlagt mir dann eine Lösung vor.

Keine Sorge«, sagte er zu der Unternehmerin. »Meine Jungs hier sind die Besten in ihrer Branche. *Das wird kein Problem sein.*« Mr Riley betonte in dem letzten Satz jedes Wort, damit er besonders machtvoll wirkte.

»Vielen Dank«, erwiderte die Unternehmerin. Sie wirkte sichtlich erleichtert.

Der Künstler hielt sachte ihre Hand.

»Gut, kann ich jetzt weitermachen?«, fragte der Milliardär, während die Sonne in den strahlenden Tropenhimmel hinaufstieg.

Seine Gäste nickten.

Ein Bediensteter, der makellos gekleidet war, kam aus einer Hütte, die weiter oben am Strand stand. Sie hatte einen grünen Anstrich mit weißer Umrandung. Der Bedienstete servierte der Unternehmerin und dem Künstler den köstlichsten Kaffee, den sie jemals getrunken hatten.

»Ein fantastischer Beschleuniger des Denkens, wenn er jeden Morgen in Maßen getrunken wird«, erklärte der Milliardär und nahm einen Schluck aus seiner Tasse. »Er steckt voller Antioxidantien, das heißt also, Kaffee verlangsamt das Altern.

Nun, wo waren wir stehen geblieben? Ich habe davon gesprochen, welche wunderbaren Auswirkungen sich einstellten, nachdem ich dem 5-Uhr-Club beigetreten war und die Morgenroutine zu praktizieren begonnen habe, mit der mich der Redner bekannt gemacht hat. Das ist die *20/20/20-For-*

mel, und Sie können mir glauben, wenn Sie dieses Konzept einmal gelernt haben und es dann umsetzen, werden sich Ihre Produktivität, Ihr Wohlstand, Ihre Leistungsfähigkeit und Ihre Wirkungsmächtigkeit enorm vergrößern. Ich kenne kein anderes Ritual, das mehr zu meinem Erfolg und meinem Wohlergehen beigetragen hat. Ich bin ausgesprochen bescheiden, was die Darstellung meiner wirtschaftlichen Erfolge betrifft. Ich habe Prahlerei schon immer als einen schwerwiegenden Charaktermangel betrachtet. Je mächtiger eine Person ist, umso weniger muss sie dies zur Schau stellen. Und je stärker ein Leader ist, umso weniger muss er dies proklamieren.«

»Der Redner hat ja schon einiges über Ihre Erfolge erzählt«, warf die Unternehmerin ein, die jetzt wieder einigermaßen entspannt wirkte.

»Und die Art der Kleidung, in der Sie auf der Veranstaltung erschienen sind, hat das bestätigt!«, erklärte der Künstler und grinste breit, wobei ein paar abgebrochene Zähne sichtbar wurden.

»Um 5 Uhr früh aufzustehen war die wichtigste persönliche Praxis, die das meiste davon zuwege gebracht hat. Sie hat es mir ermöglicht, ein visionärer Denker zu werden. Sie hat mir einen Raum zur Reflexion verschafft, der es mir ermöglichte, mein Innerstes auf eindrucksvolle Weise zu entwickeln. Die Disziplin hat mir geholfen, ultrafit zu werden, mit all den angenehmen Verbesserungen des Einkommens und des Lebensstils, die mit ausgezeichneter Gesundheit einhergehen. Durch das Frühaufstehen bin ich zudem ein mitreißender Leader geworden. Auch als der Prostatakrebs mich zu vernichten drohte, war es meine Morgenroutine, die mich geschützt hat. Ja, wirklich. Ich werde die *20/20/20-Formel* in einer der späteren Lektionen vorstellen, damit Sie genau erfahren, was Sie tun müssen, um ab dem ersten Augenblick nach dem Aufwachen erstaunliche Ergebnisse zu erzielen. Sie werden wahrscheinlich nicht glauben, wie wirksam und wertvoll die Informationen sind, die Sie erhalten werden. Ich freue mich so sehr für Sie beide. Willkommen im Paradies. Und willkommen zum ersten Tag eines substanziell besseren Lebens.«

Die Unternehmerin schlief in dieser Nacht auf Mauritius so gut wie schon seit Jahren nicht mehr. Trotz der Morddrohung, die sie erhalten hatte, ermöglichten es ihr die kurze Einführung durch den Milliardär, die wundervolle Umgebung, die Schönheit des Meeres und ihre wachsende Zuneigung zu dem Künstler, viele ihrer Sorgen zu vergessen. Und jene innere Ruhe wiederzuentdecken, die sie schon lange nicht mehr erlebt hatte.

Um genau 3.33 Uhr hörte sie ein lautes Klopfen an ihrer Tür.

Sie wusste die genaue Uhrzeit, weil sie gerade einen Blick auf den Wecker auf dem hölzernen Nachttischchen in dem modernen Gästehaus geworfen hatte, das ihr Gastgeber für sie hergerichtet hatte. Die Unternehmerin nahm an, dass es der Künstler sei, der vielleicht mit dem Jetlag zu kämpfen hatte oder nicht schlafen konnte nach dem ausgezeichneten und üppigen Abendessen, das sie gemeinsam eingenommen hatten. Ohne zu fragen, wer es war, öffnete sie die Tür.

Es war niemand da.

»Hallo?«, rief sie in den mit Sternen übersäten Himmel.

Wellen schlugen sanft an das Ufer, das nicht weit von ihrem Häuschen entfernt war, und der Duft von Rosen, Weihrauch und Sandelholz lag in der Luft.

»Ist da jemand?«

Stille.

Die Unternehmerin schloss die Tür sorgfältig. Diesmal verriegelte sie sie auch. Als sie zu ihrem Bett zurückging, das mit ägyptischer Baumwolle und englischem Leinen bezogen war, klopfte es erneut dreimal heftig an der Tür.

»Ja?«, rief die Unternehmerin, nun schon einigermaßen verängstigt. »Ja?!«

»Wir bringen Ihnen den Morgenkaffee, den Sie bestellt haben, Madam«, antwortete eine heisere Stimme.

Das Gesicht der Unternehmerin war jetzt wieder zerfurcht. Ihr Herz begann heftig zu pochen. Panik erfasste sie, und ihr Magen verkrampfte sich. »Sie bringen mir Kaffee um diese unmögliche Uhrzeit? Unglaublich.«

Sie kehrte zum Eingang des Gästehauses zurück, sperrte auf und öffnete zögerlich die Tür.

Draußen stand ein untersetzter Mann mit einem unansehnlichen kahlen Schädel und einem lädiert aussehenden Auge und grinste. Er trug eine rote Windjacke und eine Jeanshose, die knapp über die Knie reichte. Um seinen Hals hing eine schmale blaue Kette. Daran baumelte ein in Plastik eingeschweißtes Foto, das ein menschliches Gesicht zeigte.

Die Unternehmerin blinzelte, um das Gesicht in der Dunkelheit besser erkennen zu können. Es war das Bild eines alten Mannes. Eines Mannes, den sie sehr gut kannte. Den sie sehr liebte. Und den sie schmerzlich vermisste.

Auf dem eingeschweißten Bild war das Gesicht ihres verstorbenen Vaters.

»Wer sind Sie?«, rief die Unternehmerin entsetzt. »Woher haben Sie dieses Foto?«

»Ihre Geschäftspartner haben mich geschickt. Wir wissen alles über Sie. Alles. Wir haben all Ihre persönlichen Daten ausgekundschaftet. Wir haben all Ihre Computerdateien gehackt. Wir haben Ihren gesamten Werdegang nachverfolgt.« Der kahlköpfige Mann in der Windjacke griff in seinen Gürtel – und zog ein Messer heraus, das er bis auf wenige Zentimeter an den dünnen und stark von Adern durchzogenen Hals der Unternehmerin heranführte.

»Niemand kann Sie jetzt hier beschützen. Wir haben ein ganzes Team auf Sie angesetzt. Ich werde Ihnen nichts tun … noch nicht. Diesmal möchte ich Ihnen nur einen Hinweis geben. Ihnen eine persönliche Botschaft übermitteln. … Steigen Sie aus der Firma aus. Geben Sie Ihre Anteile ab. Und verabschieden Sie sich. Oder Sie kriegen dieses Messer in den Hals. Wenn Sie es am wenigsten erwarten … wenn Sie glauben, Sie wären in Sicherheit. Vielleicht zusammen mit diesem dicklichen Maler.«

Der Mann nahm das Messer von ihrem Hals weg und steckte es sich wieder in den Gürtel. »Ich wünsche Ihnen eine gute Nacht, Madam. Es war mir ein Vergnügen, Sie kennenzulernen. Ich weiß, wir werden uns bald wiedersehen.« Dann griff er nach vorn und zog die Tür krachend zu.

Die Unternehmerin sank zutiefst erschüttert auf die Knie.

»Bitte, Gott, hilf mir. Ich halte das nicht mehr aus! Ich will nicht sterben.«

Abermals klopfte es dreimal an der Tür. Diesmal sachter.

»Hallo, ich bin's. Bitte mach auf.«

Das Klopfen ließ die Unternehmerin zusammenzucken. Und sie wachte auf. Es klopfte erneut. Sie schlug die Augen auf und blickte in dem dunklen Raum umher – und sie begriff, dass sie einen bösen Traum gehabt hatte.

Die Geschäftsfrau stieg aus dem Bett und ging über die breiten Eichendielen zur Eingangstür, denn nachdem sie seine vertraute Stimme gehört hatte, wusste sie, dass es der Künstler war.

»Ich hatte einen schrecklichen Traum«, sagte die Unternehmerin. »Ein brutaler Kerl ist hier aufgetaucht. Um seinen Hals hing eine Kette mit einem Foto meines Vaters, und er hat mir gedroht, er würde mich erstechen, wenn ich meine Firma nicht an die Investoren abtrete.«

»Geht es dir jetzt wieder besser?«, fragte der Künstler mitfühlend.

»Ja, es geht mir wieder gut.«

»Auch ich hatte einen ungewöhnlichen Traum«, erzählte der Künstler. »Danach konnte ich nicht mehr einschlafen. Dieser Traum hat mich dazu gebracht, über eine Menge Dinge nachzudenken. Über die Qualität meiner Kunst. Die Tiefe meines Glaubenssystems. Die Dummheit meiner Entschuldigungen. Mein zynische Einstellung. Meine Aggressivität. Meine Selbstsabotage und meine endlose Zauderei. Ich analysiere meine täglichen Routineabläufe. Und wie ich mein Leben verbringe. He, bist du sicher, dass es dir wieder besser geht?«, fragte der Künstler, als er erkannte, dass er etwas zu viel über sich selbst geredet hatte und gar nicht auf seine verängstigte Reisegefährtin eingegangen war.

»Es geht mir gut. Zumindest, seit du jetzt hier bist.«

»Sicher?«

»Ja.«

»Du hast mir gefehlt«, sagte der Künstler. »Darf ich dir noch mehr über meinen Traum erzählen?«

»Nur zu«, ermutigte ihn die Unternehmerin.

»Nun, ich war ein kleines Kind und ging noch zur Schule. Und jeden Tag tat ich so, als wäre ich zweierlei: ein Riese und ein Pirat. Den ganzen Tag über glaubte ich, dass ich die Kraft eines Riesen hätte und den sich über alle Regeln hinwegsetzenden Kampfgeist eines Piraten. Ich habe meinen Lehrern erzählt, dass ich diese zwei Charaktere in mir hätte. Und zu Hause habe ich meinen Eltern das Gleiche gesagt. Meine Lehrer haben mich ausgelacht – mich nicht ernst genommen und mir gesagt, ich solle realistischer sein, mich mehr wie die anderen Kinder verhalten und meine lächerlichen Träumereien aufgeben.«

»Was haben deine Eltern gesagt? Waren sie verständnisvoller?«, fragte die Unternehmerin, die jetzt auf dem Sofa saß und die Beine in Yoga-Haltung gekreuzt hatte.

»Das Gleiche wie meine Lehrer. Sie haben mir erklärt, dass ich kein Riese sei. Und dass ich eindeutig auch kein Pirat sei. Sie haben mich daran erinnert, dass ich ein kleiner Junge war. Und mir gedroht, dass sie mich bestrafen würden, wenn ich meine Einbildungskraft nicht bändigen, meine Kreativität nicht dämpfen und meine Fantasien nicht aufgeben würde.«

»Und was ist dann geschehen?«

»Ich habe getan, was man von mir verlangte. Ich habe nachgegeben. Ich habe die Sichtweisen der Erwachsenen übernommen. Ich habe mich kleiner statt größer gemacht, damit ich ein guter Junge sein konnte. Ich habe meine Hoffnungen, meine Begabungen und meine Kraft unterdrückt, weil ich den Erwartungen entsprechen wollte – wie es die meisten Leute tagtäglich tun. Ich beginne allmählich zu begreifen, wie sehr wir von unserer Brillanz entfremdet werden und wie uns unsere Genialität ausgetrieben wird. Der Redner und der Milliardär haben recht.«

»Erzähl mir noch mehr von deinem Traum«, drängte die Unternehmerin.

»Ich habe angefangen, mich dem System anzupassen. Ich habe begonnen, ein Mitläufer zu werden. Ich glaubte nicht länger daran, dass ich mächtig wie ein Riese und draufgängerisch wie ein Pirat sei. Ich bin mit der Herde gelaufen und wie alle anderen geworden. Schließlich wurde ich ein erwachsener Mann, der Geld ausgab, das er nicht hatte, und Dinge kaufte, die er nicht brauchte, um Leute zu beeindrucken, die er nicht mochte. Was für eine armselige Art zu leben.«

»Ich verhalte mich teilweise auch so«, erklärte die Unternehmerin. »Dank dieser höchst eigenartigen und sehr hilfreichen Reise lerne ich so viel über mich selbst. Ich erkenne allmählich, wie oberflächlich ich war, wie selbstbezogen, und wie viele schöne Dinge mir in meinem Leben widerfahren. Viele Menschen auf der Welt können nicht einmal träumen von all den Segnungen, die mir zuteilwerden.«

»Ich verstehe dich«, erwiderte der Künstler. »In meinem Traum bin ich dann Buchhalter geworden. Ich habe geheiratet und hatte eine Familie. Ich lebte in einer Trabantenstadt. Und fuhr ein schönes Auto. Ich hatte eigentlich ein sehr angenehmes Leben. Einige echte Freunde. Arbeit und ein Gehalt, mit dem ich gut meinen Lebensunterhalt bestreiten und meine Raten bezahlen konnte. Aber jeder Tag erschien mir wie der vorhergehende. Alles war grau anstatt lebendig. Langweilig anstatt bezaubernd. Als ich älter wurde, verließen die Kinder das Haus, um ihr eigenes Leben zu führen. Mein Körper alterte, meine Energie ließ nach. Und unglücklicherweise starb auch meine Frau im Traum. Später ließ dann auch noch mein Augenlicht nach, mein Gehör wurde schlechter und mein Gedächtnis ließ mich immer mehr im Stich.«

»Das kann einen wirklich traurig stimmen«, sagte die Unternehmerin. Sie klang verletzlich.

»Und als ich dann richtig alt war, vergaß ich, wo ich lebte, konnte mich nicht mehr an meinen Namen erinnern und verlor jede Vorstellung davon, wer ich eigentlich war in der Gesellschaft. Aber – und jetzt kommt's – ich begann mich wieder zu erinnern, wer ich *wirklich* war.«

»Ein Riese. Und ein Pirat. Richtig?«

»Genau!«, erwiderte der Künstler. »Durch diesen Traum habe ich begriffen, dass ich nicht länger damit warten kann, wirklich wertvolle Arbeit zu leisten. Dass ich es nicht länger hinausschieben kann, mich um meine Gesundheit zu kümmern, mein Glück, meine Zuversicht und auch um mein Liebesleben.«

»Tatsächlich?«, fragte die Unternehmerin wehmütig.

»Tatsächlich«, bestätigte der Künstler.

Er beugte sich nach vorn. Und gab ihr einen Kuss auf die Stirn.

Kapitel 9

Ein Rahmenkonzept für den Ausdruck von Grossartigkeit

»Also auch der Berufene: Er erkennt sich selbst, aber er will nicht scheinen. Er liebt sich selbst, aber er sucht nicht Ehre für sich. Er entfernt das andere und nimmt dieses.« – **Laotse**

»Hallo, Leute«, rief der Milliardär strahlend. »Ihr seid auf die Minute pünktlich. Sehr gut!«

Es war 5 Uhr früh, und während die verblassende Mondsichel noch am Himmel zu sehen war, begrüßten die Strahlen eines heraufziehenden neuen Morgens die drei Personen, die an diesem vollkommenen Strand standen.

Die Brise, die vom Meer heranwehte, trug den Duft von rotem Hibiskus, Nelken und Tuberose mit sich. Ein Mauritiusfalke, die seltenste Falkenart der Welt, flog am Himmel, und eine Mauritiustaube – ebenfalls die seltenste ihrer Art – ging in der Nähe einer kleinen Palmengruppe ihren Verrichtungen nach. Eine Gecko-Familie schoss vorüber auf ihrem Weg zu irgendwelchen wichtigen Tätigkeiten, und eine große Aldabra-Schildkröte kroch über einen Grasstreifen vor dem Strand. All diese natürliche Pracht erfreute und beflügelte die Herzen der drei Mitglieder des 5-Uhr-Clubs, die sich am Strand versammelt hatten.

Der Milliardär zeigte auf eine Flasche, die im Meer trieb. Als er mit dem Finger hin und her fuhr, bewegte sich auch die Flasche von einer zur anderen Seite. Als er eine kreisende Bewegung machte, vollzog die Flasche im Wasser ebenfalls eine Drehung. Und als er eine Hand langsam hob, schien auch die Flasche über die Wasseroberfläche zu steigen.

Nach kurzer Zeit wurde die Flasche auf den nassen Sand gespült, und es zeigte sich, dass ein Stück Seidenstoff darin zusammengerollt war. All dies musste den Betrachtern höchst rätselhaft und geheimnisvoll erscheinen.

»In der Flasche steckt eine Botschaft«, verkündete der Milliardär fröhlich. Er begann wie ein kleines Kind in die Hände zu klatschen. Er war zweifellos ein ungewöhnlicher und wunderbarer Mensch. »Das ist eine passende Einstimmung auf meine Mentoring-Sitzung mit Ihnen an diesem Morgen«, erklärte er.

Der Milliardär griff die Flasche, schraubte den Verschluss auf und zog den Stoff heraus, in den die nachfolgende Darstellung eingestickt war:

DIE ERFOLGSFORMEL DER DREI SCHRITTE

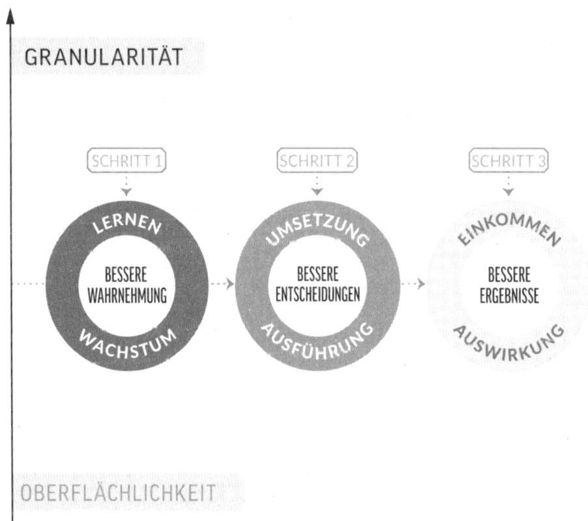

»Das ist eines der einfachsten, aber auch grundlegendsten Lernmodelle, mit denen mich der Redner bekannt gemacht hat, als er mich als jungen Mann zu coachen begonnen hat«, erläuterte der Milliardär. »Und es liefert die Grundlage für alle weiteren Lehrsätze, die folgen werden. Ich möchte also, dass Sie beide es wirklich verstehen. Auf den ersten Blick erscheint es tatsächlich wie ein simples Basismodell. Aber wenn man es sich im Laufe der Zeit aneignet, erkennt man, wie tief greifend es ist.«

Dann schloss Mr Riley die Augen, legte seine Hände an die Ohren und sprach folgende Sätze:

Der Beginn der Transformation ist die Steigerung der Wahrnehmung. Wenn Sie mehr sehen, können Sie auch mehr materialisieren. Und wenn Sie fundierteres Wissen haben, können Sie auch mehr erreichen. Die großen Männer und Frauen der Welt – jene Menschen, welche die großartigsten Symphonien hervorgebracht haben, die wunderbarsten Kunstwerke, die Fortschritte der Wissenschaft und der Technik – haben damit angefangen, dass sie ihr Denken verändert und ihre Wahrnehmung neu erfunden haben. Dadurch sind sie in ein geheimes Universum vorgedrungen, das die Mehrheit der Menschen nicht wahrnehmen konnte. Und dies wiederum hat es ihnen ermöglicht, täglich jene Entscheidungen zu treffen, die sonst nur wenige treffen. Was ganz automatisch täglich zu jenen Resultaten geführt hat, die nur wenige erzielen.

Der Wirtschaftsmagnat schlug die Augen wieder auf. Er führte einen Zeigefinger an die Lippen, als sei er gerade zu einer bedeutsamen Erkenntnis gelangt. »Alle Helden, Titanen und Ikonen besitzen einen persönlichen Wesenszug, der bei durchschnittlichen Menschen nicht sichtbar ist, müssen Sie wissen.«

»Und welcher ist das?«, fragte der Künstler, der in seinem Muskelshirt und der knappen Badehose etwas albern wirkte.

»Rigorosität«, erwiderte der Milliardär. »Die Besten der

Welt verfügen über Tiefe. Menschen, die zur Mehrheit gehören, bleiben in ihrer Arbeit häufig in einem Mindset der Oberflächlichkeit gefangen. Ihre gesamte *Herangehensweise* ist halbherzig. Keine echte Vorbereitung. Sehr wenig Kontemplation, und dann wird eine ehrgeizige Vision in Bezug auf das erwünschte Ergebnis entwickelt, verbunden mit einem geduldigen Durchspielen der Abfolge der Umsetzungsschritte, die zu einem eindrucksvollen Resultat führen sollen. Diese 95 Prozent der Leistungserbringer sind nicht imstande zu einer *gewissenhaften* Beschäftigung auch mit den winzigsten Details und schaffen es nicht, auch die kleinsten Kleinigkeiten vollendet auszuführen, wie es die großen Meister tun. Die meisten Menschen gehen schlicht den Weg des geringsten Widerstands. Schnell zu Ende bringen, was sie tun müssen, und sich dann davonmachen. *Eine Sache erledigen, statt sie voranzubringen.* Die Minderheit der außergewöhnlich kreativen Erfolgsmenschen arbeitet nach einer grundlegend anderen Philosophie.«

»Bitte erzählen Sie weiter«, bat der Künstler fasziniert.

»Sie entwickeln mehr Tiefe und somit eine Mentalität der Granularität anstatt ein Mindset der Oberflächlichkeit. Sie haben sich Tiefe als grundlegende, dauerhafte Qualität zu eigen gemacht und legen allem, was sie tun, den beharrlichen Anspruch auf Großartigkeit zugrunde. Erfolgsmenschen sind sich völlig im Klaren darüber, dass ihr kreativer Output – ganz gleich, ob sie Maurer oder Bäcker sind, hohe Manager oder Milchbauern – ihre Reputation begründet. Die Besten beherzigen bei allen ihren Unternehmungen die Tatsache, dass ihr guter Name in jedes Stück ihrer Arbeit eingebrannt ist, das sie abliefern. Und dass man lobende Worte, die andere Menschen über einen sagen, nicht mit einem Preisschild versehen kann.«

Der Milliardär rieb über die Flasche. Dann hielt er sie in die Höhe und betrachtete die letzten Konturen des verblassenden Mondes durch das Glas, bevor er seine Ausführungen fortsetzte.

»Doch es reicht tiefer und geht nicht nur um soziale Anerkennung«, erklärte der Industrielle. »Das qualitative Niveau der Arbeit, die man der Welt anbietet, spiegelt auch den Respekt wider, den man sich selbst entgegenbringt. Wer über ein hohes Maß an persönlicher Wertschätzung verfügt, wird es nicht wagen, lediglich Durchschnitt zu liefern. Dadurch würde er sich selbst zu sehr herabsetzen.«

»Wenn Sie in Ihrem Fach eine Spitzenposition erreichen wollen«, fuhr Mr Riley fort, »werden Sie ein Leistungsmensch und ein Mensch, der sich durch Tiefgang auszeichnet. Bekennen Sie sich dazu, ein höchst ungewöhnlicher Mensch zu sein anstatt eine jener ängstlichen Seelen, die sich wie alle anderen verhalten, ein unscheinbares Leben führen anstatt ein wundervolles, ein Leben aus zweiter Hand anstatt ein originelles.«

»Wirklich tiefgründige Erkenntnisse«, erklärte der Künstler beeindruckt und zog sein Muskelshirt aus, um Sonne an seinen Körper zu lassen.

»In ihrer Arbeit sind die Maestros der Meisterhaftigkeit außergewöhnlich sorgfältig. Sie denken genau darüber nach, was sie tun. Sie streben in ihrer Tätigkeit den höchsten Standard an und widmen sich auch den kleinsten Arbeitsschritten mit höchster Aufmerksamkeit, wie es beispielsweise der Meister-Bildhauer Gian Lorenzo Bernini tat, als er die *Fontana dei Quattro Fiumi,* den Vierströmebrunnen, entwarf, sein prachtvolles Meisterwerk, das in der Mitte der Piazza Navona in Rom steht. Solche Maestros sind akribisch und verrichten ihre Arbeit in einem Flow-ähnlichen Zustand. Und so offenkundig dies auch erscheinen mag, sie nehmen ihre Sache wirklich sehr, sehr ernst.«

»Aber die Menschen haben jeden Tag viel um die Ohren, jedenfalls heutzutage«, warf die Unternehmerin ein. »Wir leben nicht mehr im 15. Jahrhundert. Mein Posteingang ist voll. Mein Terminplan ist dicht gedrängt. An den meisten Tagen habe ich fortlaufend Meetings. Ich muss Verkaufsgespräche führen. Ich habe das Gefühl, dass ich all das, was auf mich einstürmt, nicht mehr bewältigen kann. Meisterhaftigkeit anzustreben ist nicht einfach.«

»Ich verstehe Sie«, erwiderte der Milliardär freundlich. »Weniger ist mehr, kennen Sie diesen Satz? Sie versuchen zu viel. Genies wissen, dass es klüger ist, ein einziges Meisterwerk hervorzubringen als tausend gewöhnliche Werke. Ein Grund, warum ich mich gern mit den besten Kunstwerken umgebe, besteht darin, dass die Glaubenssysteme, die emotionale Inspiration und die Arbeitsweise dieser großen Virtuosen auf mich abfärben. Und ich kann Ihnen mit absoluter Gewissheit sagen, dass diese außergewöhnlichen Leistungsmenschen in einer ganz anderen Welt lebten als die meisten Menschen, die heute im Geschäftsleben und in der Gesellschaft anzutreffen sind.«

In diesem Augenblick ließ sich ein farbenprächtiger Schmetterling auf dem linken Ohrläppchen von Mr Riley nieder. Mr Riley lächelte und sagte: »He, du kleiner Kerl – schön, dich wiederzusehen.« Dann fuhr der Milliardär fort: »Wenn man untersucht, wie die Superstars, die Virtuosen und die Genies ihre großen Erfolge erzielt haben, wird man feststellen, dass es ihre geschärfte Wahrnehmung der Chancen zur Erlangung tagtäglicher Großartigkeit war, die sie dazu angeregt hat, täglich bessere Entscheidungen zu treffen, die ihnen täglich bessere Ergebnisse brachten.«

Mr Riley deutete auf sein Lernmodell.

»Das ist die Macht der Selbsterziehung«, fuhr er fort. »Wenn Sie für neue Ideen sensibilisiert werden, wachsen Sie in Ihrem Berufsleben und als Mensch. Wenn Sie sich persönlich und beruflich weiterentwickeln, steigt auch das Niveau, auf dem Sie Ihre hochgesteckten Ambitionen umsetzen und verwirklichen. Und wenn Sie besser imstande sind, Ihre Träume und Visionen zu verwirklichen, werden Sie mit einem höheren Einkommen und größeren Wirkungsmöglichkeiten belohnt werden«, erklärte der Wirtschaftsmagnat und deutete auf den dritten Punkt in seinem Schema. »Deshalb war es eine sehr kluge Entscheidung, dass Sie sich zu diesem Training bei mir bereitgefunden haben. Und genau das soll Ihnen dieses Modell hier nahebringen.«

Der Milliardär kratzte sich an seinen straffen Bauchmuskeln. Und sog tief die Meeresluft ein.

»Und aufgrund ihrer Sicht auf die Welt und des Umgangs mit ihren Fähigkeiten und auch weil sie sich in ihrem Leben so ganz anders verhalten haben als die große Masse, hat man diese bemerkenswerten, herausragenden Menschen als Verrückte betrachtet. Als Außenseiter, als Spinner. Aber das waren sie nicht!«, rief der Milliardär emphatisch.

»Sie haben einfach nur auf einem wesentlich höheren Niveau agiert – in dünner Luft sozusagen. Sie haben das, was sie taten, mit Rigorosität, mit Stringenz betrieben. Sie haben Wochen, Monate, manchmal auch Jahre damit zugebracht, ihrer Arbeit den letzten Schliff zu verpassen. Sie haben sich gezwungen, sich auf ihre Arbeit zu konzentrieren, auch wenn sie sich einsam fühlten, gelangweilt waren oder Angst hatten. Sie bestanden darauf, ihre heroischen Visionen in die Wirklichkeit umzusetzen, auch als sie missverstanden, lächerlich gemacht oder gar angegriffen wurden. Mein Gott, wie sehr ich all die Genies der Welt bewundere. Ich bewundere sie wirklich.«

»›Je mehr sich eine Gesellschaft von der Wahrheit entfernt, umso stärker werden jene gehasst, die sie aussprechen‹«, bemerkte der Künstler lapidar.

Die Unternehmerin schaute ihn an, während sie einen ihrer Armreife am Handgelenk rieb.

»George Orwell hat das gesagt«, erläuterte der Künstler, »und ›Wann immer man Schönheit um sich herum erschafft, richtet man seine eigene Seele wieder auf‹«, fuhr er fort. »Das stammt von Alice Walker.«

»Meisterhafte Menschen sind auf eine Art produktiv, die gewöhnliche Leute als ›besessen‹ ansehen würden«, führte der Industrielle aus. »Doch die Wirklichkeit des Außergewöhnlichen ist das, was die 95 Prozent der Leistungserbringer als ›pingeliges, wählerisches Verhalten‹ im Zusammenhang mit einem wichtigen Projekt bezeichnen würden. Die oberen 5 Prozent der schöpferisch Tätigen wissen aber, dass dies schlicht der Preis ist, den man zu entrichten hat, wenn man Weltklasse werden will. Also, schauen Sie sich dieses Modell noch einmal an, damit Sie es noch besser verstehen«, wies der Milliardär seine Gäste an und berührte das Diagramm auf dem Stück Seide.

»Die Mehrheit der Menschen auf diesem Planeten ist heute in der Falle der Oberflächlichkeit gefangen«, erklärte er. »Sie haben nur ein oberflächliches Verständnis ihrer Fähigkeit, sich weiterzuentwickeln. Sie sind nur oberflächlich vertraut mit den Möglichkeiten ihres Potenzials. Sie haben nur eine oberflächliche Vorstellung von der Neurobiologie der Meisterhaftigkeit, den täglichen Routinen der Erbauer von Welten und von den Ambitionen, die sie in ihrem Leben zum Tragen bringen möchten. Die meisten Menschen sind stecken geblieben in einem unbestimmten, unpräzisen Denken. Ein kleines Beispiel: Wenn man durchschnittliche Menschen nach dem Weg fragt, wird man meistens feststellen, dass ihre Angaben ungenau sind. Das kommt daher, dass sie ungenau denken«, sagte der Milliardär. Er hob einen kleinen Stiel aus dem Sand auf und deutete damit auf das Wort »Granularität« in seinem Diagramm.

»Legendäre Erfolgsmenschen sind völlig anders. Sie haben begriffen, dass ein amateurhaftes Bewusstseinsniveau niemals ein Höchstmaß an professionellen Ergebnissen herbeiführen kann. Ein weiteres Beispiel, das Ihnen beiden helfen wird, zu dieser wichtigen Erkenntnis zu gelangen, wie ich hoffe. Ich bin ein großer Fan der Formel-1-Autorennen. Vor Kurzem hatte ich die Möglichkeit, mich eine Weile im Boxenbereich meines Lieblingsteams aufzuhalten. Dass sie dort auf die kleinsten Kleinigkeiten Wert legen, sich um höchstmögliche Exzellenz bemühen und bereit sind, alles zu tun, was erforderlich ist, um Spitzenleistungen zu erbringen, das war für mich nicht nur eine Bestätigung, sondern auch in hohem Maße inspirierend. Wie schon gesagt, gewöhnlichen Menschen mag es absonderlich erscheinen, dass man sich mit einer derartigen Verbissenheit auf winzigste Details konzentriert und sich im beruflichen und privaten Bereich einer derart rigorosen Herangehensweise verschreibt. Aber diese Formel-1-Crew! Die makellose Einstellung des Rennwagens, die übermenschliche Geschwindigkeit bei der Abwicklung der Boxenstopps und auch die Intensität, mit welcher der Boxenbereich mit einem Industriestaubsauger gereinigt wird, nachdem der Wagen vorbeigedonnert ist, sodass kein Staubkörnchen mehr zu sehen ist, das war faszinierend. Darauf möchte ich hinaus. Die Top-5-Prozent haben keine oberflächliche Einstellung, sondern verfolgen eine tiefgehendere Herangehensweise bei ihren alltäglichen Verhaltensweisen und Aktivitäten.«

»Sie sind wirklich so pingelig, dass sie den Boxenbereich blitzblank säubern, sobald der Wagen draußen ist?«, fragte der Künstler beeindruckt.

»Ja«, antwortete der Milliardär. »Sie haben die ganze Bucht ausgefegt und gestaubsaugt. Und als ich sie fragte, warum sie das tun, haben sie mir gesagt, dass schon das kleinste Staubkörnchen, das in den Motor gelangt, sie den Sieg kosten könnte. Oder noch schlimmer – zu einem tödlichen Unfall führen könnte. Jeder kleine Fehler eines Teammitarbeiters, der nicht präzise genug gearbeitet hat, könnte eine Tragödie nach sich ziehen. Eine Schraube, die von einem unachtsamen Mechaniker nicht ganz angezogen worden ist, könnte einen Unfall verursachen. Ein Checklistenpunkt, der übersehen worden ist, weil der zuständige Mann abgelenkt war, könnte eine Katastrophe heraufbeschwören. Oder eine fehlende Messung, die von einem Mitarbeiter übersehen worden ist, der sich auf sein Smartphone konzentriert hat, mit dem er vor dem Boxenstopp gespielt hat, kann den Sieg kosten.«

»Ich beginne allmählich zu begreifen, wie wichtig die Herangehensweise ist, von der Sie sprechen«, räumte die Unternehmerin ein. »Nur wenige Leute in der Geschäftswelt oder auch in anderen Bereichen wie der Kunst, der Wissenschaft oder dem Sport verhalten sich heute noch so. Dabei sollte das eigentlich normal sein. Sich hoch konzentriert mit den Dingen zu beschäftigen, mit denen man zu tun hat, und sich gewissenhaft darum zu bemühen, die Arbeit perfekt zu verrichten. Alle Details präzise auszuführen. Auch auf die kleinen Dinge größte Sorgfalt zu verwenden. Präzise arbeiten statt unprofessionell und nachlässig. Weniger versprechen, als man dann tatsächlich liefert. Stolz sein auf die eigene Tätigkeit. In die Tiefe gehen und – um Ihre Worte zu verwenden – Granularität statt Oberflächlichkeit anstreben.«

»Ehre, wem Ehre gebührt«, erklärte der Milliardär bescheiden. »Diese Sprache und dieses Modell habe ich von dem Redner übernommen. Ja. Kleine Dinge zählen, wenn es um Meisterhaftigkeit geht. Ich habe irgendwo gelesen, dass das Spaceshuttle-Unglück, das so viele Menschen erschüttert hat, durch das Versagen eines einzelnen O-Dichtrings verursacht wurde, der nach Angaben der Fachleute siebzig Cent kostet. Ein entsetzlicher Verlust von Menschenleben wurde durch die Fehlerhaftigkeit eines, wie sich herausstellte, klitzekleinen Details hervorgerufen.«

»In diesem Zusammenhang fällt mir der geniale holländische Maler Vermeer ein«, bemerkte der Künstler. »Er legte seiner Arbeit die höchsten Qualitätsmaßstäbe zugrunde. Er experimentierte mit den verschiedensten Techniken, die es ermöglichten, natürliches Licht in einer Weise einfallen zu lassen, durch die seine Werke dreidimensional wirkten. Dadurch bekamen sie eine ganz besondere Tiefe. Die Schönheit jedes einzelnen Pinselstrichs, die Vollendetheit jeder einzelnen Bewegung. Also, ich sehe es genauso: Der durchschnittliche Künstler hat eine einfache, schlichte, ungeduldige Herangehensweise an seine Arbeit. Er hat mehr das Geld im Blick als das Handwerk. Ihm geht es um Ruhm, weniger um Finesse. Aus diesem Grund, glaube ich, entwickelt er nie diese höhere

Bewusstheit und diese gedankliche Schärfe, die ihm helfen, bessere Entscheidungen zu treffen und bessere Ergebnisse zu erzielen, die ihn zu einer Legende in seinem Tätigkeitsfeld werden lassen. Ich beginne zu begreifen, wie machtvoll dieses einfache Modell ist.«

»Ich liebe Vermeers Bild *Briefleserin in Blau* und natürlich *Das Mädchen mit dem Perlenohrgehänge*«, bemerkte der Milliardär und bestätigte damit ein weiteres Mal, dass er große Kunst zu schätzen wusste.

»Ich finde diese Weisheiten ganz toll, die Sie mit uns teilen«, erklärte die Unternehmerin mit großen Augen. Dann griff sie nach der Hand des Künstlers. Mr Riley zwinkerte.

»Ich wusste, dass das geschehen würde«, murmelte er, offensichtlich erfreut darüber, dass sich hier eine romantische Beziehung anbahnte. Er schloss abermals die Augen. Der Schmetterling saß noch immer auf dem Ohr des exzentrischen Tycoons. Während er mit seinen exotisch gefärbten Flügeln schlug, zitierte Mr Riley folgende Worte des berühmten persischen Dichters Rumi:

> *Tausche alles ein für die Liebe, wenn du ein wahrer Mensch bist. Wenn nicht, dann unterlasse dies. Halbherzigkeit erreicht nicht die Majestät.*

»Darf ich Ihnen eine Frage stellen?«, sagte die Unternehmerin.

»Sehr gern«, erwiderte der Milliardär.

»Wie wirkt sich diese Philosophie von Rigorosität und Granularität auf persönliche Beziehungen aus?«

»Nicht gut«, lautete die freimütige Antwort des Magnaten. »Der Redner hat mich auch mit einem Konzept vertraut gemacht, das er ›Die dunkle Seite der Genialität‹ nannte. Der Grundgedanke besteht darin, dass jede menschliche Gabe auch mit einem Nachteil verbunden ist. Eine Eigenschaft, die dazu führt, dass man auf einem bestimmten Gebiet Außergewöhnliches leisten kann, hat auch zur Folge, dass man in einem anderen Bereich nicht zurande kommt. Viele der großen Virtuosen der Welt hatten ein ziemlich chaotisches Privatleben. Die Gabe, Dinge zu sehen, die anderen verborgen bleiben, den höchsten Standards genügen zu können, sich über längere Zeiträume monomanisch darauf zu konzentrieren, kleinste Kleinigkeiten bei einem Projekt auf detaillierteste Weise auszuarbeiten, unerbittlich die Arbeit an einem Meisterwerk voranzutreiben, eine seltene Selbstdisziplin aufzubringen, auf das eigene Herz zu hören und Kritiker zu ignorieren – all das wirkt sich nicht gerade positiv auf persönliche Beziehungen aus. Diese Menschen wurden oft missverstanden und als ›kompliziert‹ oder als ›anders‹ oder als ›unausgeglichen‹ betrachtet.«

Dann legte sich der Milliardär in den Sand und begann in flottem Tempo Liegestütze zu machen. Danach absolvierte er zwanzig Liegestützsprünge und beobachtete dabei eine weiße Taube, die über das Dach seines Strandhauses flog. Anschließend sprach er weiter.

»Und viele dieser legendären Kreativen, Schöpfer und Leistungsmenschen befanden sich tatsächlich nicht im Gleichgewicht«, erklärte der Magnat. »Sie waren Perfektionisten, Querdenker und Besessene. Das ist die dunkle Seite der Genialität. Gerade das, was dafür sorgt, dass jemand in seiner Arbeit glänzt, kann das Privatleben zerstören. Das muss ich Ihnen deutlich sagen«, erklärte der Milliardär und nahm einen Schluck aus einer Wasserflasche, die eine kleine Beschriftung trug. Wenn man genauer hinsah, konnte man lesen:

Philipp von Mazedonien in einer Botschaft an Sparta: »Ich möchte euch raten, euch unverzüglich zu ergeben, denn wenn ich meine Heere in euer Land führe, werde ich eure Höfe zerstören, eure Bürger versklaven und eure Stadt dem Erdboden gleichmachen.«

Spartas Erwiderung: »Wenn.«

»Aber dass die eigenen Begabungen auch Schattenseiten haben, bedeutet nicht, dass man sie nicht zum Ausdruck bringen sollte!«, stellte der Milliardär in energischem Ton fest. »Man muss nur ein Bewusstsein dafür entwickeln, dass es zu Schwierigkeiten im Privatleben führen kann, und dann versuchen, diese Fallen zu umgehen. Das bringt mich zurück zum Lernmodell dieses Morgens, das die Grundlage bereitet für alles, was Sie noch erfahren werden über die transformative Kraft des 5-Uhr-Clubs – und wie man sich dies zu einer dauerhaften Gewohnheit machen kann.«

Der Industrielle bückte sich, griff nach einem vom Meer angeschwemmten Stängel und drückte ihn auf den Seidenstoff.

»Beherzigen Sie stets die Hauptmaxime für das Erbringen von Spitzenleistungen, auf die sich dieses Konzept für persönliche Großartigkeit stützt: Mit besserer täglicher Aufmerksamkeit können Sie auch täglich bessere Entscheidungen treffen, und mit besseren täglichen Entscheidungen werden Sie auch täglich bessere Ergebnisse erzielen. Der Redner nennt dies *Die Erfolgsformel der drei Schritte.* Mit einem besseren Bewusstsein bezüglich Ihrer natürlichen Fähigkeiten, Großartiges zu vollbringen beispielsweise, oder darüber, wie sich die 5-Uhr-Methode in die Morgenroutine einbeziehen lässt, wird Ihre Produktivität steigen, Sie werden aus der Gemeinschaft der Oberflächlichkeit, die gegenwärtig die Erde beherrscht, aufsteigen in die Gesellschaft der Granularität und Tiefe. Dieses höhere Maß an Erkenntnis und Bewusstheit wird schließlich eine Optimierung Ihrer täglichen Entscheidungen ermöglichen. Und wenn Sie einmal Ihre täglichen Entscheidungen im Griff haben, werden sich logischerweise auch Ihre Führungsqualitäten, Ihr Leistungsvermögen und Ihre Wirksamkeit dramatisch verbessern. Denn es sind Ihre Entscheidungen, welche die Ergebnisse hervorbringen.«

»Für eine unserer Coaching-Sitzungen«, fuhr der Milliardär fort, »habe ich mich mit dem Redner in Luzern in der Schweiz getroffen. Das ist eine sehr hübsche Stadt an einem wunderschönen See, der von atemberaubenden Bergen umrahmt ist. Ein märchenhafter Ort. Nun, eines Morgens ließ er sich eine Kanne heißes Wasser bringen und dazu einige Zitronenscheiben, um sich den frischen Zitronentee zuzubereiten, den er morgens meistens trank. Und dann …«

»Klingt interessant«, unterbrach der Künstler, während er sich an einem Tattoo am Arm kratzte, das aus einem Spruch von Andy Warhol bestand: »Ich glaube nicht, dass die Leute sterben. Sie gehen einfach nur in Kaufhäuser.«

»Das Tablett wurde gebracht«, fuhr der Milliardär fort. »Reinstes Tafelsilber. Exzellentes Porzellan. Alles in höchster Qualität hergestellt. Und jetzt kommt's: Wer immer die Zitronen in der Küche in Scheiben geschnitten hatte, hatte dabei jene Gewissenhaftigkeit und Umsicht walten lassen, die permanente Meisterschaft auszeichnet, und zusätzlich auch die Kerne aus den Schnitzen entfernt. Erstaunlich, nicht wahr?«

Der Milliardär vollführte wieder jenen skurrilen Tanz, den er schon bei der Veranstaltung zum Besten gegeben hatte. Dann hielt er inne. Die Unternehmerin und der Künstler schüttelten den Kopf.

»Ein sehr ungewöhnliches Maß an Sorgfalt und Liebe zum Detail in einer Welt voller Oberflächlichkeit, in der Leistungsmenschen von Apathie ausgebremst werden«, sagte die Unternehmerin und tat, als hätte sie das Tanzen nicht irritiert.

»Der Redner bezeichnet das Phänomen, das heutzutage im Geschäfts- und Wirtschaftsleben herrscht, als ›kollektive Entprofessionalisierung‹«, erklärte der Milliardär. »Menschen, die arbeiten sollen, ihre Kunden zufriedenstellen sollen, außergewöhnliche Fähigkeiten an den Tag legen und sich mit allen Fasern für die Schaffung von Wert für ihre Unternehmen einsetzen sollen, damit sie selbst und ihre Firmen erfolgreich sind, schauen sich schwachsinnige Videos auf ihren Smartphones an, kaufen Schuhe im Internet oder blättern durch die Nachrichten in ihren Social-Media-Kanälen. Ich habe noch nie Leute gesehen, die so lustlos waren bei ihrer Arbeit, so gebremst und erschöpft. Und ich habe noch nie Leute gesehen, die so viele Fehler machten.«

Der Milliardär deutete mit dem Stängel wieder auf die *Erfolgsformel der drei Schritte.*

»Die Zitronenscheiben von den Kernen zu säubern ist eine schöne Metapher für die Herausforderung, von der Oberflächlichkeit zur Tiefe voranzuschreiten. Echte Rigorosität und Stringenz walten zu lassen nicht nur bei der Herangehensweise an die Arbeit, die man verrichtet, sondern auch im Privatleben. Sich um wahre Tiefe zu bemühen in Bezug auf das eigene Denken, Verhalten und Handeln. Gesunden Perfektionismus anzustreben – und unablässig daran zu arbeiten, so gut zu werden, wie es einem nur möglich ist –, das möchte ich Ihnen beiden hier an diesem wunderschönen Strand nahebringen. Das wird Ihnen, wie es der Redner nennt, einen GWV, einen ›gigantischen Wettbewerbsvorteil‹ verschaffen. Es war noch nie so einfach, im Geschäftsleben nachhaltige Wirkung zu erzielen, weil nur sehr wenige Teilnehmer das Erforderliche tun, um auf ihrem Gebiet eine dominierende Stellung zu erreichen. Meisterhaftigkeit ist etwas Seltenes, und Menschen, die auf höchstem Niveau agieren, sind ebenfalls selten. Der Boden ist bereitet für Sie! Wenn Sie sich so verhalten, wie ich es Ihnen empfehle. Beherzigen Sie folgende wichtige Erkenntnis: Es gab noch nie solch hervorragende Chancen, sich aus der Masse herauszuheben, weil in dieser Zeit der Unkonzentriertheit, der erodierten Werte und des geschwächten Glaubens an uns selbst und an die uns innewohnende Kraft nur sehr wenige Menschen die feste Entschlossenheit haben, Weltklasse zu werden. Wie oft begegnen Sie in einem Laden oder einem Restaurant jemandem, der voll präsent, außerordentlich höflich, ungewöhnlich kenntnisreich, voller Enthusiasmus, unglaublich arbeitsam, höchst einfallsreich, bemerkenswert erfinderisch und atemberaubend gut ist in dem, was er oder sie tut? Fast nie, stimmt's?«

»Ja«, erwiderte die Unternehmerin zustimmend. »Ich

würde tausend Leute befragen müssen, um einen solchen außergewöhnlichen Menschen zu finden.«

»Also haben Sie beide einen gigantischen Wettbewerbsvorteil! Sie sind Glückspilze!«, rief der Milliardär. »Sie können in Ihrer jeweiligen Branche eine führende Stellung erlangen, weil nur sehr wenige so sind wie Sie. Verstärken Sie Ihr Engagement. Schrauben Sie Ihre Standards nach oben. Und dann bemühen Sie sich, diese Art des Denkens und Verhaltens als Ihre Grundeinstellung zu verankern. Wichtig ist dabei vor allem: Sie müssen *täglich* an Ihrer Optimierung arbeiten. Beständigkeit ist die DNA der Meisterhaftigkeit. Und kleine, tägliche, scheinbar unbedeutende Verbesserungen, die stetig und dauerhaft durchgeführt werden, führen im Laufe der Zeit zu erstaunlichen Ergebnissen. Bedenken Sie, dass große Unternehmen oder ein schönes, glückliches Leben nicht durch eine plötzliche Revolution entstehen. Nein. Sie materialisieren sich im Zuge einer schrittweise erfolgenden Evolution. Winzige, tägliche Fortschritte, die sich wiederholen und verstärken, führen auf lange Sicht zu herausragenden Ergebnissen. Doch nur wenige von uns bringen heutzutage die Geduld auf, sich auf dieses langfristige Unterfangen einzulassen. Daher haben nur sehr wenige Menschen das Zeug, legendär zu werden.«

»Das sind alles wirklich faszinierende Informationen. Und sehr wertvoll für meine Kunst«, sagte der Künstler dankbar, während er sein Hemd wieder anzog.

»Das freut mich sehr«, erwiderte der Milliardär. »Sehen Sie, ich weiß, dass Sie beide in sehr kurzer Zeit eine ganze Menge gelernt haben. Mir ist klar, dass frühes Aufstehen eine neue Fertigkeit ist, die Sie sich erst aneignen müssen, und alles, was Sie darüber gehört haben, dass man nach Großartigkeit streben, die Masse hinter sich lassen, das Durchschnittliche aufgeben und das Gewöhnliche zurückweisen soll, das ist wahrscheinlich ziemlich überwältigend für Sie. Also holen Sie Luft – und entspannen Sie sich, bitte. Sie befinden sich am Anfang einer Reise. Virtuosität ist ein langer Weg. Rom wurde auch nicht an einem Tag erbaut, nicht wahr?«

»Stimmt«, bestätigte der Künstler.

»Genau«, pflichtete die Unternehmerin bei.

»Und ich weiß auch, dass es ein unbequemer und vielleicht auch Angst machender Prozess ist, sich die Sphären der eigenen überlegenen Kräfte und der höchsten menschlichen Gaben zu erschließen. Ich habe das alles durchgemacht, aber die Belohnungen, die auf Sie warten, wenn Sie entschlossen darangehen, die 5-Uhr-Methode zu erlernen, sind mehr wert als all das Geld, der Ruhm und die weltliche Macht, die Sie erlangen können. Was ich Ihnen heute gezeigt habe, ist ein notwendiger Bestandteil des Systems, das darauf zielt, jeden Tag im Morgengrauen aufzustehen und darauf hinzuarbeiten, ein Spitzenerfolgsmensch und ein leuchtendes Vorbild zu werden, und all dies werde ich in unseren künftigen Sitzungen noch weiter vertiefen. Bevor ich Sie beide nun in den Morgen entlasse, sodass Sie sich etwas entspannen und erholen können, möchte ich Ihnen noch sagen, dass Wachstum als tätiger, schaffender Mensch und als Persönlichkeit durchaus anspruchsvoll sein kann – aber es ist die schönste und erhabenste Tätigkeit, der sich ein Mensch widmen kann. Ich habe noch nicht vergessen, dass man dann am lebendigsten ist, wenn das Herz am schnellsten schlägt. Und wir sind am wachsten, wenn unsere Ängste am lautesten schreien.«

»Wir müssen also nur dranbleiben und weitermachen?«, fragte die Unternehmerin, während eine frische Brise vom Meer durch ihre Haare fuhr.

»Absolut«, erwiderte der Tycoon. »Alle Schatten der Unsicherheit verschwinden im warmen Schein der Beharrlichkeit.«

»Also gut«, fuhr Mr Riley fort. »Noch ein letztes Beispiel dafür, wie es ist, wenn man im beruflichen und im privaten Leben eine rigorose Herangehensweise wählt und sich einen Wettbewerbsvorteil verschafft, indem man bei wichtigen Projekten, in Bezug auf grundlegende Fertigkeiten und bei bedeutsamen Aktivitäten einen tiefgehenden Ansatz verfolgt. Anschließend können Sie beide schwimmen gehen, tauchen oder sich in die Sonne legen. Sie sollten das überwältigende Mittagessen sehen, das mein Team für Sie vorbereitet hat! Ich muss zu einem Treffen nach Port Louis fahren, aber ich hoffe, Sie beide fühlen sich hier wie zu Hause. Also …«

Mr Riley schwieg einen Moment, fuhr mit einer Hand nach unten und berührte viermal seine Zehen, während er folgendes Mantra vor sich hin murmelte: »Heute ist ein glorreicher Tag, und ich werde ihn auf hervorragende Weise verbringen, mit grenzenloser Begeisterung und vollkommener Integrität, gemäß meinen Visionen und mit einem von Liebe erfüllten Herzen.«

»Ich erinnere mich an einen Artikel, den ich einmal gelesen habe«, fuhr der Milliardär fort, »in dem der Vorstandschef von Moncler, einer italienischen Modefirma, danach gefragt wurde, was sein Lieblingsessen sei. Er antwortete, es seien Spaghetti Pomodoro. Dann führte der Firmenboss weiter aus, dass dieses Gericht zwar relativ leicht zuzubereiten sei, weil es nur aus Pasta, frischen Tomaten, Olivenöl und Basilikum besteht, doch die ›richtige Abstimmung der Zutaten‹ erfordere ausgeprägtes Fachwissen und außergewöhnliches Können. Das ist ein wichtiges Begriff für uns drei, wenn wir uns bemühen, in Bestform zu kommen, unsere Leistungsfähigkeit zu erhöhen und einen bedeutenderen Beitrag zur Welt zu leisten: *richtige Abstimmung, Feinjustierung.* Sich die edelste der Gesinnungen zu eigen zu machen und auch die kleinsten Details mit höchster Sorgfalt zu gestalten, das macht wahre Tiefe aus und ermöglicht uns den Aufstieg in die Sphäre der uns innewohnenden Genialität – und den Zauber unseres Lebens zur Geltung zu bringen.«

Der exzentrische Magnat steckte das Stück Seide aus der Flasche in eine der Taschen seiner Shorts. Dann verschwand er.

Kapitel 10

Die vier Fokussierungspunkte von Menschen, die Geschichte schreiben

»Das Leben, das uns geschenkt wird, ist kurz, doch die Erinnerung an ein gut gelebtes Leben währt ewig.« – Cicero

Die Sonne stieg rot am Firmament empor, als die Unternehmerin und der Künstler am nächsten Morgen Hand in Hand am Strand entlanggingen, um den Milliardär an der verabredeten Stelle zu ihrer zweiten Sitzung zu treffen.

Mr Riley war schon da, als die beiden ankamen. Er saß im Sand und hatte die Augen geschlossen.

Er hatte kein Hemd an, trug Shorts mit Camouflage-Muster, ähnlich wie jene, die der Redner an jenem Tag angehabt hatte, als er am Strand aufgetaucht war, und Taucherschuhe aus Gummi, die mit Smileys überzogen waren. Auf Außenstehende machte er darin bestimmt einen ziemlich komischen Eindruck.

Ein Assistent kam aus dem Strandhaus des Milliardärs herbeigeeilt, als dieser eine Hand zum Himmel ausstreckte und das universelle Victory-Zeichen machte. Der Assistent zog drei knisternde Blätter Papier aus einer glänzenden schwarzen Ledertasche und händigte sie dem Industrietitanen wortlos aus. Stone Riley verbeugte sich leicht zum Zeichen des Danks. Dann reichte er jedem seiner Schüler eines der Blätter.

Es war genau 5 Uhr.

Der Milliardär hob eine Muschel auf und ließ sie über das Wasser hüpfen. Anscheinend beschäftigte er sich an diesem Morgen im Geiste mit etwas besonders Bedeutsamem. Seine gewohnte Unbeschwertheit und Fröhlichkeit und seine kleinen Anflüge von Humor waren verschwunden.

»Geht's Ihnen gut?«, erkundigte sich die Unternehmerin und berührte kurz einen ihrer Armreife, auf dem die Worte standen: »Immer weitermachen. Aufstehen und sich plagen. Schlafen kann ich, wenn ich tot bin.«

Der Tycoon las die Worte auf ihrem Armreifen. Dann legte er einen Finger auf die Lippen.

»Wer wird weinen, wenn Sie sterben?«, fragte er.

»Was?«, rief der Künstler besorgt.

»Was werden die Menschen, die Sie kennen, einmal über Ihr Leben sagen, wenn Sie nicht mehr da sind?« Der Milliardär intonierte seine Frage in der Manier eines geübten Schauspielers. »Ihr lebt, als würdet ihr immer leben, nie kommt euch in den Sinn, wie karg ihr bedacht seid. Ihr beobachtet nicht, wie viel Zeit schon vorübergegangen ist; ihr geht mit ihr um, als ob ihr die Hülle und Fülle hättet, da inzwischen vielleicht gerade der Tag, den ihr einem Menschen oder einer Sache opfert, der letzte ist.«

»Sind das Ihre Gedanken? Brillant!«, rief der Künstler.

Der Milliardär wirkte etwas verlegen. »Leider nicht! Nein, sie stammen von dem stoischen Philosophen Seneca. Aus seiner Abhandlung *Von der Kürze des Lebens.*«

»Warum sprechen wir an diesem wunderschönen Morgen über das Sterben?«, fragte die Unternehmerin, die sich anscheinend ein wenig unbehaglich fühlte.

»Weil die meisten Menschen wünschen, sie hätten mehr Zeit. Doch wir vergeuden die Zeit, die wir haben. Das Denken an den Tod schärft das Bewusstsein für jene Dinge, um die es wirklich geht. Man widersetzt sich den digitalen Ablenkungen und lässt sich nicht mehr durch Cyber-Unterhaltung oder andere Belästigungen aus dem Internet jene unwiederbringlichen Stunden stehlen, die man Leben nennt. Man bekommt diese Tage nicht mehr zurück, verstehen Sie?«, sagte der Milliardär in freundlichem, aber festem Ton. »Ich habe das Buch *Auf der Jagd nach dem Tageslicht* gestern nach meinem Termin in der Stadt noch einmal gelesen. Es ist die wahre Geschichte des Vorstandsvorsitzenden Eugene O'Kelly, dem der Arzt mitgeteilt hatte, dass er nur noch wenige Monate zu leben haben würde, nachdem bei ihm drei Gehirntumore entdeckt worden waren.«

»Was hat er dann getan?«, erkundigte sich der Künstler vorsichtig.

»Er hat seine letzten Tage mit demselben Bemühen um Ordnung und Regelmäßigkeit organisiert wie sein Berufsleben. O'Kelly hat versucht, die Schulkonzerte zu besuchen, die er vorher versäumt hatte, die Familienausflüge nachzuholen, für die er vorher keine Zeit gehabt hatte, und die Freundschaften wieder aufleben zu lassen, die er vernachlässigt hatte. In einem Teil des Buches erzählt er, dass er einen Freund bat, mit ihm einen Spaziergang in der Natur zu unternehmen, und dass dies ›nicht nur das letzte Mal sein würde, dass wir einen solchen Spaziergang machten, sondern es tatsächlich auch das erste Mal war‹.«

»Traurig«, bemerkte die Unternehmerin, während sie nervös mit ihrem Armreif spielte. Die Sorgenfalten auf ihrer Stirn kamen wieder ganz zum Vorschein.

»Dann habe ich mir gestern Abend noch den Film *Schmetterling und Taucherglocke* angeschaut, einen meiner Lieblingsfilme«, fuhr der Milliardär fort. »Ebenfalls eine wahre Geschichte über einen Mann in einer Spitzenposition, Chefredakteur der französischen Zeitschrift *Elle.* Jean-Dominique Bauby hatte alles, was man sich nur wünschen konnte, und dann erlitt er einen Schlaganfall, durch den er am ganzen Körper gelähmt wurde – nur noch sein linkes Augenlid konnte er bewegen. Dieser Zustand wird als Locked-in-Syndrom bezeichnet. Sein Geist funktionierte nach wie vor uneingeschränkt. Doch es war, als wäre sein Körper in eine Taucherglocke eingeschlossen, vollkommen paralysiert.«

»Wie furchtbar«, sagte der Künstler.

»Wichtig ist Folgendes«, setzte Mr Riley hinzu. »Seine Logopädin hat ihm eine Kommunikationsmethode beigebracht, die man ›stilles Alphabet‹ nennt und die es ihm ermöglichte, die Buchstaben von Wörtern durch Blinzeln darzustellen. Mit ihrer Hilfe diktierte er schließlich ein Buch über seine Geschichte – und über die eigentliche Bedeutung des Lebens. Dazu musste er zweihunderttausendmal blinzeln, aber er hat das Buch fertiggestellt.«

»Ich habe wirklich keinen Grund, mich zu beklagen«, bemerkte die Unternehmerin ruhig.

»Er starb kurz nach Erscheinen des Buches«, fuhr der Milliardär fort. »Mit diesen Beispielen möchte ich Ihnen den Gedanken nahebringen, dass das Leben sehr, sehr zerbrechlich ist. Da gibt es Leute, die morgens aufwachen, unter die Dusche gehen, sich anziehen, ihren Kaffee trinken, frühstücken – und dann auf dem Weg zur Arbeit bei einem Autounfall sterben. So etwas passiert einfach. Also, mein Rat für Sie zwei besonderen Menschen lautet, dass man die Dinge nicht aufschieben sollte, die es ermöglichen, die eigene Genialität zum Ausdruck zu bringen. Leben Sie Ihr Leben auf eine Weise, die Ihnen wahrhaftig erscheint, und schenken Sie den kleinen Wundern Beachtung, die jeder Tag mit sich bringt.«

»Ich verstehe, was Sie meinen«, bemerkte der Künstler, zog an einer seiner Rastalocken und nestelte an seinem Panamahut, den er sich für diese Morgensitzung aufgesetzt hatte.

»Ich auch«, erklärte die Unternehmerin ernst.

»Man soll jedes Sandwich genießen«, setzte der Künstler hinzu.

»Eine sehr weise Erkenntnis«, bemerkte Mr Riley.

»Sie stammt nicht von mir«, entgegnete der Künstler verlegen. »Diese Worte stammen von dem Songwriter Warren Zevon. Er hat sie gesagt, nachdem er erfahren hatte, dass er todkrank war.«

»Seien Sie dankbar für jeden Augenblick. Seien Sie nicht zögerlich, wenn es um Ihre Ambitionen geht. Hören Sie auf, Zeit zu vergeuden mit irgendwelchen sinnlosen Dingen. Und machen Sie es sich zur vorrangigen Aufgabe, Ihre schöpferische Kraft, Ihr Feuer und Ihr Potenzial zurückzufordern, das in Ihnen schlummert. Warum, glauben Sie, hat Plato uns ermuntert, uns ›selbst zu erkennen‹? Er verstand sehr gut, dass wir über enorme Reservoirs an Fähigkeiten verfügen, die wir erschließen und dann auch *nutzen* müssen, um ein energiegeladenes, freudvolles, friedliches und bedeutsames Leben zu führen. Diese verborgene Kraft in uns zu missachten, bedeutet, dass wir einen Brutplatz für den Schmerz des ungenutzten Potenzials schaffen, für die Frustration darüber, dass wir uns die Furchtlosigkeit nicht zu eigen gemacht haben, und für die Lethargie der unerforschten Meisterhaftigkeit.«

Ein Kite-Surfer flitzte vorüber. Und ein Schwarm von Diadem-Husarenfischen schwamm durch das Wasser, das so rein war wie das Gewissen von Abraham Lincoln.

»Das bringt uns auf elegante Weise zu dem Thema, das ich heute Morgen mit Ihnen behandeln wollte. Bitte schauen Sie sich aufmerksam das Blatt Papier an, das ich Ihnen gegeben habe«, wies sie der Milliardär an.

Die Schüler erblickten darauf folgendes Lernmodell:

DIE VIER FOKUSSIERUNGSPUNKTE VON MENSCHEN, DIE GESCHICHTE SCHREIBEN

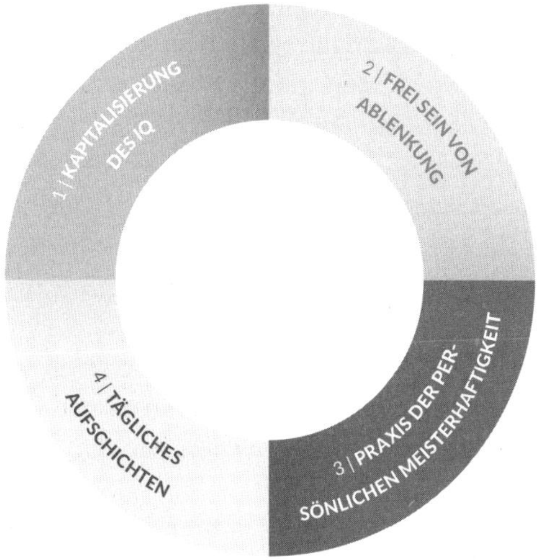

Fokus #1 von Menschen, die Geschichte schreiben: Kapitalisierung des IQ

Der Mogul erläuterte das Konzept der Kapitalisierung des IQ, das von dem emeritierten Psychologie-Professor James Flynn entwickelt wurde. Seine wichtigste Erkenntnis besagt, dass der Erfolg legendärer Leistungsmenschen nicht auf dem Maß der ererbten natürlichen Begabung beruht, sondern darauf, inwieweit sie dieses Potenzial zu erschließen – und zu kapitalisieren – vermögen. »Viele der besten Athleten der Welt«, erklärte Mr Riley, »waren von Natur aus weniger befähigt als ihre Konkurrenten. Doch ihre außergewöhnliche Entschlossenheit, ihre Hingabe und ihr Bemühen, ihre Stärken zu maximieren, brachten ihnen einen ikonenhaften Status ein.

Das ist die alte Erkenntnis ›Nicht auf die Größe des Hundes kommt es an im Kampf, sondern auf die Größe des Kampfes im Hund‹«, verkündete der Milliardär, während er nachdenklich seine makellosen Bauchmuskeln rieb, und setzte sich eine neue Sonnenbrille auf, die aussah wie jene, die gern von den Surfern in Südkalifornien getragen werden.

»Der Redner hat mir kurz nach meinem Beitritt zum 5-Uhr-Club erklärt, dass sich jeden Morgen eine wundervolle Gelegenheit bietet, um meine höchsten Güter zu kultivieren, mir ein wenig Zeit für mich selbst zu nehmen und meine notwendigen Vorbereitungen auf den Tag zu einem kleinen Juwel zu machen. Er hat mir die Erkenntnis vermittelt, dass erfolgreiche Menschen ihren Morgen sinnvoll nutzen und dass ich durch das Aufstehen vor Tagesanbruch schon einen ersten Sieg erringe, der mich auf einen erfolgreichen Tag einstimmt.«

»Ich hatte eigentlich nie ›Zeit für mich‹«, warf die Unternehmerin ein. »Mein Terminkalender war immer brechend voll«, fuhr sie fort. »Ich hätte gerne einen kurzen Zeitabschnitt am Morgen gehabt, um meine Batterien wieder aufzuladen – und etwas zu tun, das mich zu einem glücklicheren und besseren Menschen macht.«

»Genau«, erwiderte der Milliardär. »So viele von uns leben unter Zeitdruck und in Zeitknappheit. Wir brauchen zumindest eine Stunde am Morgen, um wieder aufzutanken, uns zu entwickeln und gesündere, friedvollere Menschen zu werden. Um 5 Uhr früh aufstehen und dann die *20/20/20-Formel* anwenden, die Sie bald kennenlernen werden, wird Ihnen einen tollen Start in den Tag ermöglichen. Sie werden imstande sein, sich auf die wirklich wichtigen Aktivitäten zu konzentrieren, anstatt zuzulassen, dass der Tag die Kontrolle über Sie übernimmt. Sie werden über ein Maß an Energie verfügen, das Sie bislang nicht für möglich hielten. Die Fröhlichkeit und Unbeschwertheit, die Sie wiedererlangen werden, wird Sie mit sich reißen. Und Sie werden auch ein viel stärkeres Gefühl persönlicher Freiheit empfinden.«

Dann drehte sich Mr Riley um und zeigte seinen Gästen ein nicht permanentes Tattoo auf seinem muskulösen Rücken. Es enthielt folgenden Satz des französischen Philosophen Albert Camus: »Die einzige Möglichkeit, mit einer unfreien Welt zurechtzukommen, besteht darin, so vollkommen frei zu werden, dass schon die bloße eigene Existenz ein Akt der Rebellion ist.«

Darunter war das Bild eines Phönix, der aus den Flammen emporsteigt. Folgendermaßen sah es aus:

»So was brauche ich«, sagte die Unternehmerin. »Ich weiß, dass sich meine Schaffenskraft, meine Dankbarkeit und meine Gelassenheit enorm verbessern würden, wenn ich jeden Morgen ein bisschen Zeit für mich hätte, bevor die Hektik des Tages beginnt.«

»Ich auch«, sagte der Künstler. »Jeden Morgen eine Stunde für mich selbst, um nachzudenken und mich vorzubereiten, das wäre wirklich ein ganz entscheidender Anstoß für meine Kunst. Und für mein Leben.«

»Der Redner hat mir schon sehr früh gezeigt, dass es die Art und Weise phänomenal verändern würde, wie sich der Rest meines Lebens in mentaler, emotionaler, physischer und spiritueller Hinsicht entfaltet, wenn ich jeden Morgen 60 Minuten investieren würde, um in der ›Stunde des Sieges‹, wie er es nannte, mein bestes Ich zum Tragen zu bringen und meine größten Begabungen zu fördern. Er hat mir versprochen, dass es mir jenen gigantischen Wettbewerbsvorteil verschaffen würde, von dem wir gestern gesprochen haben. Und dass es zur Entwicklung echter Imperien der Kreativität, von Geld und Freude und Hilfsbereitschaft für die Menschheit führen würde. Und ich muss sagen, er hatte vollkommen recht.

Nun«, erklärte der Milliardär, »zurück zum Konzept der Kapitalisierung und der Bedeutung einer intelligenten Nutzung jener ursprünglichen Gaben, die uns mitgegeben worden sind. Viele Leute erliegen der kollektiven Hypnose, dass Menschen mit außerordentlichen Fähigkeiten gewissermaßen aus einem anderen Holz geschnitzt und vom Gott des Außergewöhnlichen Talents gesegnet sind. Aber das stimmt nicht«, verkündete der Milliardär, wobei wieder der kleine Farmerjunge ein wenig in ihm durchschimmerte.

»*Hingabe und Disziplin stechen jeden Tag Brillanz und Begabung aus.* Die Spitzenspieler werden nicht glücklich. Sie machen andere glücklich. Jedes Mal, wenn man einer Versuchung widersteht und sich um eine Optimierung bemüht, belebt und fördert man die eigene Heldenhaftigkeit. Jedes Mal, wenn man das tut, von dem man weiß, dass es richtig ist, anstatt das, von dem man spürt, dass es leicht wäre, erleichtert man sich den Eintritt in die Ruhmeshalle der großen Erfolgsmenschen.«

Der Milliardär beobachtete eine riesige Seemöwe, die sich ihr glitschiges Frühstück holte. Dann gab er einen lauten Rülpser von sich. »Ups, tut mir leid«, sagte er entschuldigend.

»Wie ich schon erwähnte, haben jüngste Forschungsergebnisse über erfolgreiche Menschen bestätigt, dass unsere persönliche Erzählung über das uns innewohnende Potenzial der wichtigste Indikator dafür ist, inwieweit wir dieses Potenzial tatsächlich ausschöpfen.«

»Wie meinen Sie das?«, fragte die Unternehmerin, hielt mit ihren Notizen inne und schaute den Milliardär an, der nun ein enges T-Shirt anzog, auf dem stand: »Opfer haben große Fernseher. Leader haben große Bibliotheken.«

»Nun, wenn Sie ein mentales Narrativ pflegen, das besagt, dass Sie nicht über jene Dinge verfügen, die erforderlich sind, um eine hervorragende Führungsperson oder ein anerkannter Experte in Ihrem Fach zu werden, dann werden Sie sich auch gar nicht auf das Abenteuer einlassen, dorthin zu gelangen, nicht wahr? Und *Weltklasse zu werden ist ein Prozess, kein Ereignis.* Wenn Sie sich einem einschränkenden psychologischen Programm unterwerfen, das die Botschaft enthält ›Gewöhnliche Menschen können nicht großartig werden‹ oder ›Genies werden geboren, es ist keine Entwicklung‹, dann werden Sie zu der Auffassung gelangen, dass es völlige Zeitverschwendung wäre, all die Studien zu betreiben, die Übungsstunden zu absolvieren und sich jeden Tag auf dieses große Ziel auszurichten. Was hätte es für einen Sinn, all die Mühen, die Disziplin und die Zeit zu investieren und all diese Opfer zu bringen, wenn gemäß Ihrem Glaubenssystem Spitzenresultate für jemanden wie Sie unerreichbar sind? Und weil Ihr Alltagsverhalten stets eine Funktion Ihrer innersten Überzeugungen ist, würde diese Wahrnehmung, dass Sie unfähig sind, Siege zu erringen, zur Wirklichkeit werden«, erklärte der Milliardär. »Menschen sind darauf ausgelegt, in Übereinstimmung mit ihrer persönlichen Erzählung zu agieren. Sie werden niemals höher steigen, als es Ihnen Ihre persönliche Erzählung erlaubt. Das ist eine wichtige Erkenntnis.«

Er blickte aufs Meer hinaus zu einem kleinen Fischerboot mit einem ausgeworfenen Netz. Ein Fischer in einem roten Hemd rauchte eine Zigarette, während er das Boot von einigen gefährlichen Korallenriffen weglenkte. Der Milliardär sprach ein weiteres Mantra vor sich hin.

»Ich bin dankbar. Und ich vergebe. Ich gebe. Mein Leben ist wundervoll, schöpferisch, produktiv, nutzbringend und zauberhaft.«

Dann nahm er das Thema Kapitalisierung wieder auf.

»Psychologen, die das Konzept des positiven Denkens vertreten, sprechen von einer ›sich selbst erfüllenden Prophezeiung‹, wenn wir uns eine Erzählung darüber zu eigen machen, wer wir sind und was wir erreichen können, und dann in einer Weise handeln, die diese Vorstellung wahr werden lässt. Wir übernehmen unterbewusst ein Denkmuster, indem wir von Menschen lernen, die uns von klein auf am meisten beeinflusst haben. Unsere Eltern, unsere Lehrer und unsere Freunde. Dann handeln wir entsprechend. Und da unser Handeln die Ergebnisse hervorbringt, die wir sehen, wird diese generell mängelbehaftete persönliche Erzählung zu einer Wirklichkeit, die wir selbst erzeugt haben. Faszinierend, nicht wahr? Doch auf diese Weise agieren die meisten in den besten Jahren ihres Lebens. Die Welt ist ein Spiegel. Und wir bekommen vom Leben nicht das, was wir wollen, sondern das, was wir sind.«

»Ich vermute, je mehr wir den Grundgedanken akzeptieren, dass wir nicht imstande sind, herausragende Ergebnisse zu erzielen bei allem, was wir anstreben, umso mehr verfestigen wir ihn, sodass er zu einer tiefen Überzeugung wird. Und das damit verbundene Verhalten wird zu einer täglichen Gewohnheit«, verkündete der Künstler und klang damit in der kühlen Morgenluft eher professoral denn bohemienhaft.

»Wunderschön gesagt!«, erwiderte der Milliardär erfreut. »Mir gefällt die Idee einer ›tiefen Überzeugung‹. Das ist gut. Diesen Satz sollten Sie dem Redner mitbringen, wenn Sie ihn heute sehen. Ich glaube, er ist die meiste Zeit draußen beim Angeln, aber so, wie ich ihn kenne, wird er sich später am Vormittag hier am Strand in die Sonne legen.«

Der Milliardär fuhr fort. »Jeder Mensch hat einen Instinkt

für Großartigkeit, einen Hunger nach dem Heldenmütigen und ein inneres Verlangen danach, sich zu erheben in die Höhen seiner besten Möglichkeiten, ob es ihm nun bewusst ist oder nicht. Viele von uns sind kleingemacht und niedergedrückt worden durch die negativen und schädlichen Einflüsse um uns herum, sodass wir vergessen haben, wer wir wirklich sind. Wir sind Meister des Kompromisses geworden, lassen uns langsam, aber stetig in die Mittelmäßigkeit abgleiten, bis diese schließlich unser Standardbetriebssystem geworden ist. Echte Leader verhandeln niemals über ihre Standards. Sie wissen, dass es immer Verbesserungsmöglichkeiten gibt. Sie haben verstanden, dass wir dann am engsten mit unserer wahren Natur verbunden sind, wenn wir nach unserem Besten streben. Alexander der Große hat einmal gesagt: ›Ich habe keine Angst vor einem Heer von Löwen, das von einem Schaf angeführt wird; ich fürchte mich aber vor einem Heer von Schafen, das von einem Löwen geführt wird.‹«

Der Milliardär holte vernehmbar Luft. Ein Schmetterling flog vorüber. Ein Krebs huschte hinterher.

»Ich möchte Sie daran erinnern«, fuhr der Milliardär fort, »dass jedem von uns die Fähigkeit innewohnt, ein Leader zu werden. Und wie Sie mittlerweile wissen, meine ich damit nicht Leadership in Form eines Titels, einer hohen Position oder irgendeiner formalen Autorität. Ich beziehe mich auf etwas wesentlich Wichtigeres und Erleseneres. Es ist die *echte* Macht, die in einem menschlichen Herzen ruht, gegenüber der vergänglichen Macht, die durch ein großes Büro, ein schnelles Auto oder ein dickes Bankkonto verliehen wird. Ich spreche von der Fähigkeit, ein Werk zu erschaffen, das so großartig ist, dass wir nicht die Augen davon abwenden können. Der Fähigkeit, im eigenen Bereich, im eigenen Betrieb immense Werte zu schaffen. Der Fähigkeit, Wirksamkeit in einer Branche zu entfalten und sie umzugestalten. Und von der Kraft, ein ehrenvolles, nobles, wagemutiges und integres Leben zu führen. Damit Sie Ihre Chance nutzen können, Geschichte zu schreiben, auf Ihre eigene, unverwechselbare Weise. Es spielt keine Rolle, ob Sie Vorstandschef oder Hausmeister sind. Milliardär oder Baggerführer. Filmstar oder Student. Als lebender Mensch besitzen Sie die Fähigkeit, auch ohne formelle Titel in Führung zu gehen und der Welt ihren Stempel aufzudrücken, auch wenn Sie aufgrund der Begrenztheit Ihrer gegenwärtigen Wahrnehmung noch nicht glauben, dass Sie dies können. Ihre Wahrnehmung ist nicht die Wirklichkeit, sondern lediglich Ihre momentane Wahrnehmung der Wirklichkeit. Sie ist schlicht die Linse, durch welche Sie zufällig in diesem Augenblick Ihres Aufstiegs zur Erstklassigkeit die Wirklichkeit betrachten. Dazu fällt mir ein Satz des deutschen Philosophen Arthur Schopenhauer ein, der einmal geschrieben hat: ›Jeder sieht die Grenzen seines Gesichtsfeldes als die Grenzen der Welt an. Einige wenige nicht. Geselle dich zu diesen.‹«

»Es besteht also ein großer Unterschied zwischen der Wirklichkeit und der Wahrnehmung der Wirklichkeit, nicht wahr?«, fragte die Unternehmerin. »Ihren Worten nach scheint es mir fast, als würden wir die Welt durch einen Filter betrachten, der durch unsere gesamte persönliche Programmierung gebildet wird. Und wir unterwerfen uns diesem Programm so weitgehend, dass wir gewissermaßen eine Gehirnwäsche durchlaufen und die Art, wie wir die Welt sehen, für real halten, nicht? Sie bringen mich dazu, grundsätzlich darüber nachzudenken, wie ich die Dinge betrachte«, räumte sie ein, während sich ihre Stirn zusammenzog wie eine Rose, die sich in der Kälte schließt.

»Ich fange an, mir so viele Fragen zu stellen«, fuhr sie fort. »Als Erstes, warum ich überhaupt meine Firma gegründet habe. Warum sozialer Status für mich so wichtig ist. Warum mir so viel daran liegt, in den edelsten Restaurants zu essen, in der feinsten Wohngegend zu leben und die teuersten Autos zu fahren. Ich glaube, dass mir dieser feindliche Versuch, meine Firma zu übernehmen, so sehr zusetzt, hat auch damit zu tun, dass ich meine Identität als Mensch daraus beziehe, dass ich diese Firma gegründet habe. Ehrlich gesagt, war ich so damit beschäftigt, meine Karriere voranzutreiben, dass ich mir nicht die Zeit genommen habe, die Dinge wirklich ernsthaft zu durchdenken – und eine Absicht und ein Ziel in meinem Leben zu verfolgen. Es ist wie in der *Erfolgsformel der drei Schritte,* die Sie uns gestern vorgestellt haben. Wenn ich ein besseres tägliches Bewusstsein dafür entwickele, wer ich bin und warum ich tue, was ich tue, werde ich auch täglich bessere Entscheidungen treffen können, die zu besseren täglichen Resultaten führen werden.«

Die Unternehmerin war richtig in Fahrt.

»Ich habe keine Ahnung, was meine authentischen Werte sind, was ich als Führungsperson repräsentieren möchte, warum ich tue, was ich tue, was mich wirklich glücklich macht und wie man mich in Erinnerung behalten soll, wenn ich einmal tot bin. Die Geschichten über diesen Vorstandschef und den Schlaganfall dieses Chefredakteurs haben mich sehr berührt. Das Leben ist wirklich sehr zerbrechlich. Und – wenn ich jetzt schon so freimütig spreche – ich habe das Gefühl, dass ich viel Zeit mit der Jagd nach den falschen Dingen vertan habe. Dass ich stecken geblieben bin im Lärm der Komplexität, anstatt die Signale jener sinnvollen, hochwertigen Tätigkeiten in meiner beruflichen Karriere und in meinem Privatleben zu hören, die tatsächlich etwas bewegt hätten. Ich denke auch viel über die Vergangenheit nach. Darüber, was mir in der Kindheit widerfahren ist. Ich hatte auch nie Zeit für Freundschaften. Ich habe keine echten Leidenschaften. Ich habe bis jetzt noch nie einen Sonnenaufgang beobachtet. Und ich habe noch nie eine wahre Liebe gefunden«, sagte die Unternehmerin, während sie unruhig über ihren Armreif rieb.

Die Unternehmerin schaute hinüber zum Künstler. »Bis jetzt.«

Tränen traten in dessen Augen.

»Es gibt Billionen Planeten in diesem Universum«, erklärte

der Künstler, »und Milliarden Menschen auf unserem Planeten, und ich hatte das Glück, dich zu treffen.«

Die Unternehmerin lächelte und sprach dann in ruhigerem Ton weiter. »Ich hoffe, dass ich dich nie verliere.«

»Seien Sie nicht zu hart gegen sich selbst«, mischte sich der Milliardär ein. »Wir gehen alle unseren Weg, verstehen Sie? Wir stehen alle genau da, wo wir sein müssen, um jene Wachstumslektionen zu empfangen, die wir lernen müssen. Und ein Problem wird so lange bestehen bleiben, bis Sie jene Erkenntnisse erlangt haben, um derentwillen es aufgetaucht ist. Ich stimme Ihnen zu, dass die Menschen die tragische Angewohnheit haben, Dinge im Gedächtnis zu behalten, die man besser vergessen sollte, und jene schönen Dinge zu vergessen, an die man sich immer erinnern sollte. Nun, ich kann Sie verstehen. Vertrauen Sie einfach darauf, dass der höchste und der beste Teil von Ihnen Sie leitet. Es gibt keine Zufälle auf diesem Weg, dessen Ziel es ist, legendär zu werden und ein Leben zu führen, das wirklich zählt. Und wenn Sie mich fragen, es ist auch nichts verkehrt daran, ein schönes Heim zu besitzen, ein schnelles Auto und viel Geld. Ich möchte wirklich, dass Sie mir an dieser Stelle genau zuhören. Bitte. Wir sind spirituelle Wesen, die gerade dabei sind, eine menschliche Erfahrung zu machen, wie man früher gesagt hat. Viel Geld zu haben, das ist es, was das Leben Ihnen geben möchte. Überfluss ist das Wesen der Natur. Es gibt keinen Mangel an Blumen, an Zitronenbäumen und Sternen am Himmel. Geld ermöglicht es Ihnen, herrliche Dinge für sich selbst zu tun – und für die Menschen, die Ihnen besonders am Herzen liegen. Und es bietet Ihnen die Chance, jenen zu helfen, die in Not sind.«

Ein Tourist, der auf Wasserskiern hinter einem Schnellboot hergezogen wurde, glitt vorbei. Man hörte, wie er vor Vergnügen lachte.

»Ich möchte Ihnen ein kleines Geheimnis anvertrauen«, fuhr der Magnat fort. »Ich habe fast mein gesamtes riesiges liquides Vermögen weggegeben. Ja, ich besitze noch die Flugzeuge und die Wohnung in Zürich und dieses Strandhaus. Und obwohl ich nach dem Wert meiner Geschäftsanteile noch immer Milliardär bin, brauche ich nichts davon. Ich bin an nichts davon gebunden.«

»Ich habe einmal eine Geschichte gelesen, die Ihnen gefallen dürfte«, sagte der Künstler. »Kurt Vonnegut, der Schriftsteller, und Joseph Heller, der Autor von *Catch-22*, waren zusammen auf einer Party, die ein berühmter Investmentbanker auf Long Island veranstaltete. Vonnegut fragte seinen Begleiter, was er bei dem Gedanken daran empfinde, dass ihr Gastgeber am Tag vor der Gala mehr Geld verdient habe als er mit den gesamten Tantiemen aus seinem Bestseller. Heller erwiderte: ›Ich habe etwas, was er nie haben kann.‹ Vonnegut fragte: ›Was um alles in der Welt soll das sein, Joe?‹ Hellers Antwort war unschlagbar: ›Das Wissen, dass ich genug habe.‹«

»Sehr schön!«, rief der Milliardär begeistert. »Das gefällt mir!«, wiederholte er lauter als nötig, während er den Künstler abklatschte. Dann setzte er zu dem kleinen Tänzchen an, das er gern vollführte, wenn er sich freute, bevor er schließlich einige Jumping Jacks zum Besten gab. Seine Augen waren dabei geschlossen. Er war wirklich ein komischer Kauz.

Der Künstler sprach weiter. »Also, ich verstehe, was Sie uns in Bezug auf Kapitalisierung und sich selbst erfüllende Prophezeiungen beibringen wollen. Niemand wird uns zutrauen, dass wir große Dinge vollbringen können, wenn wir selbst nicht an unsere Großartigkeit glauben und uns nicht ernsthaft und diszipliniert bemühen, dies auch zu verwirklichen. Wissen Sie, was Pablo Picasso einmal gesagt hat?«

»Bitte sag es uns«, bat ihn die Unternehmerin, die nun anscheinend in hohem Maß aufnahmebereit war.

»Picasso erzählte einmal: ›Meine Mutter hat zu mir gesagt: Wenn du Soldat bist, wirst du General werden. Wenn du Mönch bist, wirst du Papst werden. Ich aber war Maler. Und ich bin Picasso geworden.‹«

»Klasse«, sagte der Milliardär. »Das ist Glaube und Zutrauen in das eigene Potenzial.«

Der Milliardär fuhr mit einer Faust über sein gebräuntes Kinn und schaute dann eine Weile hinab in den Sand.

»Und es sind nicht nur die Eltern, die dafür verantwortlich sind, dass sich so viele Menschen in den wichtigsten Stunden ihrer besten Jahre einem limitierten geistigen Programm unterwerfen. Wie ich schon erwähnte, verstärken viele gut meinende, aber gedankenlose Lehrer die Idee, dass heroische Genies der Künste, der Wissenschaft, des Sports und der Menschheit etwas ›Besonderes‹ seien und dass wir akzeptieren müssten, dass wir ›gewöhnlichen‹ Menschen nicht dazu imstande seien, herausragende Arbeit zu leisten und ein Leben zu führen, das seinesgleichen sucht. Dazu kommen die Ansichten unserer Freunde und die unbarmherzigen Botschaften der Medien, die dieselben ›Fakten‹ stützen. So entsteht jene beständige Hypnotisierung, die dazu führt, dass das einst lodernde Feuer der Genialität in uns immer schwächer wird, ohne dass uns dies bewusst ist. Und die einstmals leidenschaftlichen Stimmen der Möglichkeiten werden leiser. Wir stellen unsere Fähigkeiten unter den Scheffel und lassen uns einbinden in einen lebenslangen Prozess, der uns dazu veranlasst, unsere Kräfte herunterzuspielen und einen Kerker um sie herum zu errichten. Wir hören auf, uns als Leader mit vielen Möglichkeiten zu verhalten. Und wir beginnen, als Opfer zu agieren.«

»Es ist enttäuschend, was mit so vielen tollen Menschen geschieht. Und die meisten von uns erkennen diese Gehirnwäsche gar nicht, die uns von unserem eigentlichen Ich entfremdet«, bemerkte die Unternehmerin.

»Genau«, erwiderte der Milliardär. »Schlimmer noch, das Potenzial, das keinen Ausdruck findet, verwandelt sich in Schmerz.«

»Was meinen Sie damit?«, fragte der Künstler, wandte die Augen ab und rutschte nervös auf seinem Platz umher. »Vielleicht sabotiere ich meine Fähigkeit, so originelle und außergewöhnliche Kunstwerke zu schaffen, wie es die großen Meister taten, weil ich es so lange versäumt habe, mein Potenzial zu nutzen, dass ich mir tief im Inneren selbst wehgetan habe«, dachte er bei sich.

»Nun, unser bestes Selbst kennt die Antwort: Jeder von uns ist dafür geschaffen, staunenswerte Dinge zu verwirklichen kraft unserer menschlichen Gaben und erstaunliche Leistungen zu vollbringen mithilfe unserer schöpferischen Talente. Das Wort ›erstaunlich‹ ist vom lateinischen Wort *extonare* abgeleitet, was so viel bedeutet wie ›dafür sorgen, dass jemand wie vom Donner gerührt ist‹. Jeder lebende Mensch trägt die Fähigkeit dazu tief in seinem Herzen – und in seiner Seele. Je mehr wir die Lautstärke unserer ungesunden Erzählung herunterdrehen, die, neurobiologisch gesehen, eigentlich nur eine Schöpfung unseres limbischen Systems ist, umso deutlicher werden wir diesen sublimen Appell an uns selbst vernehmen, der uns auffordert, uns hinaufzuschwingen zum reinsten Ausdruck unserer größten Genialität. Das gilt unabhängig davon, ob jemand Abteilungsleiter in einem großen Unternehmen ist, Programmierer in einem kleinen Büro, Lehrer an einer Schule oder Chefkoch in einem Restaurant. Sie verfügen über die Fähigkeit, Ihre Arbeit auf ein künstlerisches Niveau zu heben und einen Beitrag zu leisten zur Verbesserung der Menschheit. Aber dennoch verbringen wir unser Leben in Gleichgültigkeit aufgrund dieser falschen Wahrnehmung dessen, wer wir wirklich sind und was wir tatsächlich erreichen können, und bleiben gefangen in einem Halb-Leben. Das ist der eigentliche Kerngedanke: Wenn wir unsere wahre Kraft verraten, beginnt ein Teil von uns zu sterben«, verkündete der Milliardär.

»Eine dramatische Erkenntnis«, räumte der Künstler ein. »Ich muss wirklich einige durchgreifende Änderungen in Angriff nehmen. Ich bin es leid, mich immer müde zu fühlen. Und meine schöpferischen Fähigkeiten zu missachten. Ich begreife allmählich, dass ich etwas Besonderes bin.«

»Das bist du auch«, bestätigte die Unternehmerin. »Das bist du auch«, wiederholte sie in zärtlichem Ton.

»Ich erkenne auch, dass ich mich viel zu sehr damit beschäftige, was andere sagen. Einige meiner Freunde spotten über meine Bilder. Sie sagen hinter meinem Rücken, ich wäre ein Spinner. Mir wird klar, dass sie mich nicht verstehen. Und meine Vorstellung von Kunst.«

»Viele der großen Genies der Welt wurden erst Jahrzehnte nach ihrem Tod anerkannt«, murmelte der Milliardär.

»Und was die Sache mit Ihren Freunden angeht, bin ich mir nicht sicher, ob Sie sich mit den richtigen Leuten umgeben. Vielleicht ist es jetzt an der Zeit, sich damit zu beschäftigen, statt weiterhin Ihr Talent und Ihre Lebendigkeit zu beschränken, weil Sie sich von den Meinungen anderer beeinflussen lassen. Kurt Cobain hat es besser ausgedrückt, als ich es jemals könnte: ›Ich hatte es satt, vorzugaukeln, dass ich ein anderer sei, nur um mit anderen Leuten auszukommen, nur um Freunde zu haben.‹«

»Hmmm«, machte der Künstler.

»Was ich mit anderen teile, wirkt prägend. Sie werden niemals einen positiven Einfluss auf Ihr Umfeld ausüben und ein gutes und schönes Leben haben, wenn Sie sich mit negativen Menschen umgeben«, fuhr der Milliardär fort. »Ach ja, und der Schmerz, von dem ich sprach – wenn man sich nicht darum kümmert und ihn herauslässt –, bildet dann ein Reservoir der Angst und des Selbsthasses in uns. Die meisten von uns haben nicht das Bewusstsein und verfügen auch nicht über die Mittel, um diesen unterdrückten Schmerz zu verarbeiten. Die meisten von uns sind sich dieser stillen Qualen gar nicht bewusst, die dadurch erzeugt werden, dass wir unser Versprechen missachten. Wir leugnen es, wenn man uns darauf hinweist. Wir fliehen davor, wenn wir eine Gelegenheit erhalten, es zu offenbaren. Und wir entwickeln unterbewusst eine ganze Reihe von seelenzersetzenden Ausweichrouten, um diesen Schmerz nicht spüren zu müssen, der dadurch hervorgerufen wird, dass uns die Entfaltung unserer Talente versagt bleibt.«

»Welche zum Beispiel?«, fragte die Unternehmerin.

»Abhängigkeiten. Wie zum Beispiel das ständige Schauen nach Nachrichten oder das Streben nach ›Likes‹. Oder indem wir einen großen Teil des Tages mit Fernsehen verbringen. Die TV-Sendungen sind heute so gut gemacht, dass man leicht süchtig danach werden kann. Wenn auf einem Sender eine Serie endet, fängt auf einem anderen die nächste an. Viele von uns weichen der Verwirklichung ihrer Großartigkeit aus, indem sie schier endlos chatten und tratschen und nicht begreifen, dass es einen *grundlegenden Unterschied gibt zwischen beschäftigt sein und produktiv sein.*

Leistungsmenschen, die wirklich etwas bewegen, und echte Erbauer von Welten sind eher zurückhaltend, wenn andere ihre Aufmerksamkeit erbitten oder ihre Zeit beanspruchen möchten. Sie sind schwer zu erreichen, vergeuden nur wenig Zeit und sind darauf fokussiert, echte Arbeit zu verrichten statt künstliche Arbeit – und daher erzielen sie jene atemberaubenden Ergebnisse, die unsere Welt voranbringen. Andere Taktiken, um sich dem Schmerz des nicht zum Ausdruck gelangenden Potenzials nicht stellen zu müssen, bestehen darin, stundenlang gedankenlos im Internet zu surfen, Online-Shopping zu betreiben, zu viel zu arbeiten, zu viel zu trinken, zu viel zu essen, sich zu viel zu beklagen oder zu viel zu schlafen.«

Der Tycoon nahm einen Schluck Wasser aus seiner Flasche. Abermals fuhr ein Fischerboot vorüber. Die Frau, die es steuerte, winkte Mr Riley zu, der sich im Gegenzug tief verbeugte.

»Der Redner nennt dieses Phänomen ›Erlernte Opferrolle‹«, fuhr der Milliardär enthusiastisch fort. »Wenn wir unsere Jugend hinter uns haben, entwickeln wir zunehmend einen Hang zur Selbstgefälligkeit. Wir beginnen vielleicht, uns treiben zu lassen, richten uns ein mit dem Wohlvertrauten und verlieren das prickelnde Verlangen, unsere Grenzen zu erweitern. Wir übernehmen das Opfer-Paradigma. Wir suchen nach Entschuldigungen und wiederholen diese so oft, bis unser Unterbewusstes uns sagt, dass sie wahr seien. Wir machen andere Menschen und äußere Umstände für unsere Schwierigkeiten verantwortlich, und wir schieben vergangenen Ereignissen die Schuld für unsere privaten Kriege zu. Wir werden zynisch und verlieren die Neugier, das Staunen, die Leidenschaft und die Unschuld, die wir als Kinder noch kannten. Wir werden apathisch. Kritisch. Verhärtet. In dem persönlichen Ökosystem, das die meisten Menschen für sich selbst erschaffen, wird die Mittelmäßigkeit akzeptabel. Und weil diese Denkhaltung uns jeden Tag beeinflusst und bestimmt, erscheint uns diese Sichtweise völlig real. Wir glauben tatsächlich, dass die Geschichte, die in uns abläuft, die Wahrheit zum Ausdruck bringt – weil wir ihr so nahestehen. Anstatt also Führungsstärke in unserem Umfeld zu zeigen, unsere Fähigkeiten zu nutzen, um herausragende Leistungen zu erzielen und uns ein wundervolles Leben zu erschaffen, begnügen wir uns mit Durchschnittlichkeit. Verstehen Sie, wie sich all dies entwickelt?«

»Ja. Es wird mir zumindest etwas klarer. Der entscheidende Ansatzpunkt ist also, dass wir unsere persönliche Erzählung neu schreiben?«, fragte die Unternehmerin.

»Absolut«, bestätigte der Milliardär. »Jedes Mal, wenn Ihnen bewusst wird, dass Sie in den Opfermodus abgleiten, und Sie stattdessen eine mutigere Entscheidung treffen, schreiben Sie diese Erzählung neu. Sie stärken Ihre Selbstidentität, steigern Ihren Selbstrespekt und verbessern Ihr Selbstvertrauen. Jedes Mal, wenn Sie sich für Ihr überlegenes Selbst entscheiden, drängen Sie Ihre schwächere Seite zurück – und stärken die Ihnen innewohnende Kraft. Und wenn Sie dies mit der Beständigkeit tun, die für Meisterschaft erforderlich ist, wird auch die ›Kapitalisierung‹ Ihrer Intelligenz zunehmen, also Ihre Fähigkeit, all die Talente und Begabungen, die Sie besitzen, zum Tragen zu bringen.«

Der Milliardär lud seine beiden Schüler ein, mit ihm auf der

Terrasse seines Strandhauses Platz zu nehmen, wo die Morgenlektion über die vier Fokussierungspunkte von Menschen, die Geschichte schreiben, fortgesetzt werden sollte.

Fokus #2 von Menschen, die Geschichte schreiben: Frei sein von Ablenkung

Der Milliardär zeigte mit einem kleinen Finger auf sein Modell.

»Erinnern Sie sich an diesen wichtigen Merksatz erfolgreicher Menschen: ›*Von Zerstreuungen abhängig zu sein ist der Tod der Produktivität.*‹ Er wird uns in der heutigen Mentoring-Sitzung leiten. Ich habe mich entschlossen, ausführlich darauf einzugehen, wie wichtig es ist, den Kampf gegen Ablenkungen und Cyber-Belästigungen zu gewinnen, denn das ist ein sehr ernstes Problem in unserer Kultur. In gewisser Weise führen die neuen Technologien und die sozialen Medien nicht nur zu einer Erosion unseres herrlichen schöpferischen Potenzials, sie bringen uns auch dazu, weniger menschlich zu sein. Wir führen weniger reale Unterhaltungen und haben weniger bedeutsame Interaktionen.«

»Ja, mir wird das immer klarer, hier an diesem Morgen an diesem Strand«, bestätigte die Unternehmerin.

»Kostbare Stunden mit sinnlosen Tätigkeiten zu verbringen ist heute die wichtigste Droge für viele Menschen«, fuhr der Milliardär fort. »Theoretisch ist uns bewusst, dass wir keine Zeit vergeuden sollten mit Aktivitäten, die keinerlei Wert haben, aber emotional können wir der Versuchung nicht widerstehen. Wir lassen uns an den Haken nehmen und kommen nicht dagegen an. Dieses Verhalten kostet die Unternehmen Milliarden in Form von entgangener Produktivität und unzureichender Qualität. Wie ich schon sagte, machen die Leute heute bei ihrer Arbeit mehr Fehler als jemals zuvor, weil sie nicht bei der Sache sind. Ihre wertvolle Konzentration wird von einer törichten Nutzung der Technologie in Beschlag genommen, und ihr unschätzbar wichtiger Fokus wird gekapert, was ihre Chance vereitelt, bestmögliche Leistungen zu erbringen und ihr Leben optimal zu gestalten.«

Die Ruhe und Stille, die nur in den frühen Morgenstunden möglich ist, war noch immer deutlich spürbar.

Der Industrielle schwieg einen Moment. Er ließ seine Blicke durch die Gegend schweifen, zu den Blumen, die säuberlich angeordnet rund um sein Haus wuchsen, und dann hinaus zu den Frachtschiffen am Horizont, die sich scheinbar überhaupt nicht bewegten, und schließlich hinaus aufs Meer.

»Wissen Sie«, sagte er dann. »Ich liebe die moderne Welt – ich liebe sie wirklich. Ohne die ganze Technik, die uns heute zur Verfügung steht, wäre das Leben viel unbequemer. Meine Firmen wären nicht so erfolgreich, wie sie es sind. Ich würde nicht so effizient arbeiten können, wie ich es tue, und ich würde wahrscheinlich auch nicht mit Ihnen beiden hier an diesem Strand sein.«

»Warum?«, fragte der Künstler, während ein Delfin elegant vorüberschwamm. Dann stieg er hoch aus dem Wasser empor und drehte sich viermal in der Luft, bevor er wieder mit einem lauten Platschen in das Wasser eintauchte.

Mr Riley wirkte fröhlich. »Ich hatte das Glück, zu entdecken, wie ich ein Magnet für Wunder werden kann«, sagte er zu sich selbst. »Und ich kann es kaum erwarten, diesen beiden aufrichtigen Leuten hier zu zeigen, wie sie das auch schaffen können.« Dann setzte er seine Ausführungen fort.

»Die Innovationen in der Medizintechnik haben mir das Leben gerettet, als ich schwer krank war«, sagte er leise. »Sinnvoll und gut eingesetzt, ist die Technik etwas Phänomenales. Nur die dumme Art, wie die Leute sie heute nutzen, bereitet mir Sorgen. So viele Menschen, die potenziell Herausragendes leisten könnten, leiden unter dem ›Syndrom des deformierten Fokus‹, weil ihr berufliches und privates Leben mit so vielen Geräten, Unterbrechungen und Cyber-Lärm angefüllt ist. Wer auf der Gewinnerstraße unterwegs sein will, muss sich die großen Meister der Vergangenheit zum Vorbild nehmen und im täglichen Leben alle überflüssigen Schichten der Komplexität abstreifen. Vereinfachen Sie Ihr Leben. Rationalisieren Sie alles. *Werden Sie ein Purist.* Weniger ist tatsächlich mehr. Konzentrieren Sie sich auf einige wenige Arbeitsprojekte, und machen Sie diese richtig gut, anstatt Ihre Aufmerksamkeit auf zu viele zu verzetteln. Und was Ihre sozialen Beziehungen betrifft, haben Sie lieber weniger Freunde, denen Sie sich aber intensiv zuwenden, sodass sich diese Beziehungen vertiefen können. Nehmen Sie weniger Einladungen an, engagieren Sie sich in weniger Freizeitaktivitäten, und lesen und studieren Sie eine kleinere Zahl von Büchern intensiv, anstatt eine Vielzahl nur flüchtig zu überfliegen. Eine intensive Konzentration auf das Wichtigste, auf das, was wirklich zählt, das ist der Weg, der die Profis zu ihren Siegen führt.

Und hören Sie auf, Ihre Zeit managen zu wollen«, setzte der Milliardär hinzu, »sondern managen Sie vielmehr Ihren Fokus. Das ist ein Grundprinzip für die Erlangung von Großartigkeit in dieser überstimulierten Gesellschaft, in der wir leben.«

»Vielen Dank für alles, was Sie uns bisher nahegebracht haben«, sagte der Künstler. »Ich begreife jetzt, dass geschäftig zu sein nicht bedeutet, dass man produktiv ist. Ich erkenne auch, dass irgendein dunklerer Teil von mir, wenn ich mich bei der Arbeit an einem neuen Bild allmählich großer Kunst nähere, mich ablenken und davon abhalten möchte, dass ich etwas Atemberaubendes schaffe. Das geschieht momentan ziemlich häufig, sodass ich darüber nachzudenken beginne. Ich komme immer näher an den großen Wurf heran, aber dann unterbreche ich meine Arbeitsroutine. Ich gehe online und surfe im Netz. Ich schlafe länger und schaue mir stundenlang meine Lieblingsserien im Fernsehen an oder verbringe den ganzen Abend mit Videospielen mit meinen virtuellen Freunden. Manchmal trinke ich auch zu viel billigen Rotwein.«

»Je mehr Sie sich Ihrer Genialität nähern, umso mehr werden Ihre Ängste Sie zu sabotieren versuchen«, bestätigte der Milliardär entschlossen. »Sie bekommen Angst davor, sich von der Mehrheit abzuheben und sich mit den Begleiterscheinungen der Meisterhaftigkeit auseinandersetzen zu müssen, wie etwa der Erkenntnis, dass Sie anders sind als die meisten Menschen, dem Neid der Konkurrenten und dem Druck, dass das nächste Projekt noch besser werden muss. Wenn Sie sich in Richtung Virtuosität entwickeln, bekommen Sie Angst, dass Sie versagen könnten, es beschleicht Sie die Sorge, dass Sie nicht gut genug sein könnten, und Sie werden unsicher, ob Sie neue Wege beschreiten sollten. Ihre Amygdala – eine mandelförmige Masse aus grauer Materie im Gehirn, die Angst oder Furcht erkennt – wird in vollem Umfang aktiviert. Dann beginnen Sie, all die produktiven Fähigkeiten wieder zu zerstören, die Sie vorher entwickelt haben. Wir besitzen einen unterbewussten Saboteur, der in unserem schwächsten Selbst lauert, verstehen Sie? Die gute Nachricht ist, dass Sie, sobald Sie sich dieses Zusammenhangs bewusst werden …«

»Dann kann ich täglich bessere Entscheidungen treffen, die zu täglich besseren Ergebnissen führen«, unterbrach ihn der Künstler mit der Energie eines jungen Hündchens, das nach einem langen Tag, den es allein hatte verbringen müssen, sein Herrchen wiedersieht.

»Genau«, bestätigte der Milliardär. »Sobald Sie sich der Tatsache bewusst werden, dass Ihre ängstliche Seite, wenn Sie sich der Verwirklichung Ihrer höchsten Talente und Ihrer glanzvollsten Begabungen nähern, ihr hässliches Haupt erhebt und die Meisterwerke zu zerstören versucht, die Sie erschaffen, indem sie jede Ablenkung und jede Ausweichroute nutzt, um Sie daran zu hindern, Ihr Werk zu vollenden, dann können Sie dieses selbstzerstörerische Verhalten in den Griff bekommen. Sie können es hinter sich lassen. Sie können ihm seine Macht nehmen, einfach indem Sie seine Versuche verfolgen, Ihnen Ihre Meisterhaftigkeit abzusprechen.«

»Das sind wirklich sehr grundlegende Erkenntnisse«, bemerkte die Unternehmerin. »Sie erklären sehr gut, warum ich selbst dazu beitrage, meine Produktivität, meine Leistungsfähigkeit und meinen Einfluss in meiner Firma zu beschränken. Ich setze mir ein wichtiges Ziel. Ich versammele das Team hinter diesem Ziel. Wir legen die zentralen Eckpunkte fest. Dann aber lasse ich mich ablenken. Ich sage ›Ja‹ zu einer anderen Chance, die sich bietet und die unserem Geschäft noch zusätzliche Komplexität verleiht. Ich fülle meine Tage mit sinnlosen Besprechungen mit Leuten, die sich gern selbst reden hören. Ich habe die Mitteilungen auf meinem Smartphone ständig im Blick und verfolge alle Eilmeldungen gewissermaßen mit religiösem Eifer. Heute Morgen ist mir schlagartig klar geworden, wie ich meine Effektivität selbst sabotiere. Es ist auch ziemlich offenkundig, dass ich abhängig bin von diesem ganzen digitalen Blödsinn, von dem Sie gesprochen haben. Um ehrlich zu sein, bin ich über einige meiner Verflossenen hinweggekommen, weil es so einfach ist, ihr Leben in den sozialen Medien zu verfolgen. Ich begreife jetzt, dass ich viele Stunden, in denen ich superkreativ sein könnte, mit Online-Unterhaltung vertrödele. Wie Sie gesagt haben, Mr Riley, ist das eine Art von Flucht. Ich kann anscheinend nicht aufhören, mittels meiner Geräte alle möglichen Dinge einzukaufen. Es ist alles so einfach. Und es gibt mir ein gutes Gefühl, zumindest für ein paar Minuten. Ich verstehe, warum Steve Jobs seinen Kindern die Dinge vorenthalten hat, die er der ganzen Welt verkaufte. Er hatte begriffen, wie sehr sie abhängig machen können, wenn man sie unsachgemäß verwendet. Und wie sie dazu beitragen können, dass wir weniger menschlich sind und weniger lebendig.«

Der Milliardär hob eine Hand. Ein weiterer Assistent eilte aus der Strandhütte zu der nun voll im Sonnenlicht liegenden Terrasse. Er trug ein strahlend weißes T-Shirt, anthrazitgraue Shorts und sauber polierte schwarze Ledersandalen.

»Bitte sehr, Sir«, sagte der junge Mann mit französischem

Akzent und reichte dem Mogul ein Tablett, auf dem einige rätselhafte Beschriftungen angebracht waren. In der Mitte befand sich ein Modell des menschlichen Gehirns.

Es sah folgendermaßen aus:

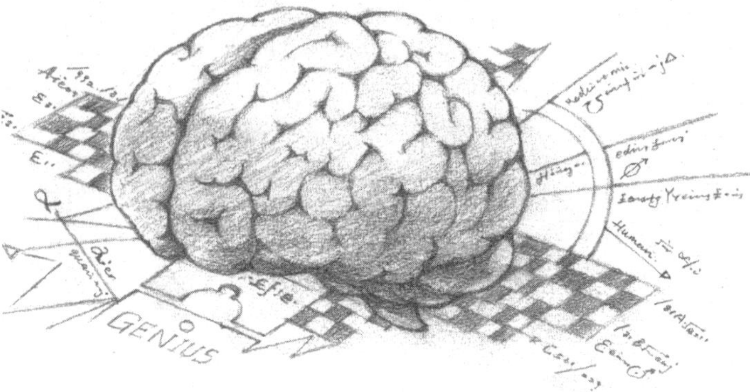

»Merci beaucoup, Pierre. Beschäftigen wir uns nun mit der Neurowissenschaft der Selbstsabotage, damit Sie beide dieses Problem besser verstehen – und es überwinden können. Erinnern Sie sich, jeder von uns besitzt das, was der Redner das ›alte Gehirn‹ nennt. Es besteht aus dem limbischen System – mehreren Gehirnstrukturen, die auf beiden Seiten des Thalamus angeordnet sind, im Inneren des Großhirns. Die Amygdala, die ich vorhin erwähnte, ist ein Teil davon. Dieses grundlegende und auf einfachere Weise funktionierende Gehirn hat uns jahrtausendelang dazu gedient, uns zu schützen in einer primitiven Welt voller unerbittlicher Bedrohungen wie zum Beispiel Hunger, extremen Temperaturen, feindlichen Stämmen und Säbelzahntigern. Seine Funktion besteht darin, einen stabilen Zustand aufrechtzuerhalten und uns vor Gefahren zu warnen, damit wir unser Überleben sichern und unsere Art erhalten können.

Können Sie mir bis hierher folgen?«, fragte der Milliardär höflich.

»Ja, verstanden«, erwiderten die Unternehmerin und der Künstler einmütig, während der Hausdiener frischen Zitronentee mit Ingwerscheiben servierte.

»Ausgezeichnet. Eine der faszinierenden Eigenschaften unseres alten Gehirns ist sein Negativitätsbias, seine Bevorzugung des Negativen. Um unsere Sicherheit zu gewährleisten, interessiert es sich wesentlich weniger für die positiven Elemente in unserer Umgebung, sondern konzentriert sich darauf, uns darüber zu informieren, was schlecht ist.

Die Aufgabe dieses Teils des Gehirns«, fuhr der Milliardär fort, »ist die Suche nach Gefahren. Dadurch konnten wir früher, als das Leben noch wesentlich grausamer und härter war, rasch reagieren und unsere Haut retten. Dieser Mechanismus hat unseren Vorfahren außerordentlich gute Dienste geleistet. In der heutigen Welt aber sind die meisten von uns nicht mehr mit tödlichen Gefahren konfrontiert. Gewöhnliche Menschen erfreuen sich heute einer wesentlich höheren Lebensqualität als die meisten Angehörigen der Herrscherfamilien noch vor wenigen Hundert Jahren. Vergessen Sie bitte nie, was für ein Segen dies ist.«

Der Tycoon nahm einen Schluck Tee.

»Doch aufgrund dieses eingebauten Negativitätsbias in unserem Althirn halten wir ständig Ausschau nach Bedrohungen oder Beeinträchtigungen unserer Sicherheit. Wir befinden uns in einem Zustand erhöhter Wachsamkeit, sind meistens angespannt und verkrampft, selbst wenn alles bestens läuft. Faszinierend, nicht wahr?«

»Das erklärt zum großen Teil, warum wir so denken, wie wir denken«, sagte die Geschäftsfrau und nahm ebenfalls einen Schluck Tee. »Ich verstehe jetzt, warum ich immer das Gefühl habe, dass ich nicht genug geschafft habe, obwohl ich mehr geleistet habe als alle, die ich kenne«, fuhr sie fort. »Ich habe eine sehr erfolgreiche Firma, ein beträchtliches Vermögen – und bis meine Investoren zu gierig wurden, hatte ich auch ein wunderbares Leben. Doch trotz allem, was ich habe, konzentriert sich mein Gehirn anscheinend immer darauf, was mir noch fehlt, wovon ich noch nicht genug habe und inwieweit ich meinen Erwartungen in Bezug auf den Erfolg nicht genügen kann. Das macht mich verrückt. Ich finde keine Ruhe und keinen inneren Frieden mehr. Niemals.«

Die Unternehmerin verschränkte die Arme. Der Künstler warf ihr ein Küsschen zu, wobei seine Rastalocken in der angenehmen Brise flatterten.

»Theodore Roosevelt hat einmal etwas gesagt, das in diesem Zusammenhang wichtig sein könnte«, erklärte der Milliardär.

»Und wie lautete dieser Satz?«, fragte die Unternehmerin mit verschränkten Armen.

»Vergleichen ist der Dieb der Freude«, antwortete der Milliardär. »Es wird immer jemanden geben, der mehr Geld hat oder berühmter ist als Sie. Denken Sie an das, was ich früher schon über das Abgeben von Dingen gesagt habe und darüber, dass es klug ist zu wissen, wann genug genug ist.«

»Ja, ich erinnere mich«, erwiderte die Unternehmerin.

»Der Hunger, den Sie empfinden, wird durch ein Gefühl des Mangels verursacht. Dieses wird zum großen Teil durch die Funktionsweise Ihres alten Gehirns hervorgerufen. Es überprüft Ihre Umgebung, aktiviert seinen Negativitätsbias und hindert Sie dadurch daran, sich an all den schönen Dingen zu erfreuen, die Sie haben«, sagte der Milliardär. »Gehen wir noch mehr ins Detail. Im Laufe der Zeit entwickelt sich unser Gehirn weiter. Und auch der präfrontale Cortex entwickelt sich. Das ist jener Teil unseres Gehirns, der für anspruchsvollere Denkprozesse zuständig ist. Die Neurowissenschaftler halten ihn gewissermaßen für das Kronjuwel fortgeschrittenen logischen Denkens. Der Redner nennt ihn das ›meisterhafte Gehirn‹. Aber das Wichtigste ist: Als wir anfingen, kühnere Träume zu entwickeln, schneller zu lernen und das Niveau unserer Kreativität, unserer Produktivität und Leistungsfähigkeit zu steigern, gerieten das alte und das meisterhafte Gehirn in einen Konflikt. Sie begannen sich zu bekämpfen. Das primitive Gehirn spürt, dass wir wachsen und uns entwickeln, es weiß, dass wir den sicheren Hafen des Vertrauten verlassen, und tritt in Aktion, weil wir uns von unserer herkömmlichen Lebensweise abwenden. Es spürt die Gefahr – wenngleich diese Gefahr von elementarer Bedeutung für unsere persönliche Weiterentwicklung und unser berufliches Vorankommen ist. Wir müssen uns in diese unerforschten Gefilde begeben, wo sich die Möglichkeit eröffnet, in engere Verbindung mit unserer ursprünglichen Genialität zu treten und all das zu werden, was uns bestimmt ist. Das Wissen, dass wir über weiterführende Talente verfügen und ein höheres Maß an Courage aufbringen können, versetzt ein menschliches Herz in ungeheure Aufregung. Dieses Wissen ist einer der großen Schätze, die das Leben lebenswert machen. Der berühmte Psychologe Abraham Maslow hat einmal gesagt: ›Wenn Sie sich damit begnügen, weniger zu sein, als Ihnen möglich wäre, werden Sie wahrscheinlich Ihr gesamtes Leben unglücklich sein.‹ Doch die Amygdala schaltet auf höhere Touren, wenn wir den Bereich des Vertrauten verlassen und etwas Neues probieren. Der Sympathikus wird gereizt, und das Stresshormon Cortisol wird freigesetzt. Und wir beginnen all die Absichten und Umsetzungsmaßnahmen zunichtezumachen, die unser meisterhaftes Gehirn für uns vorbereitet hat.«

»Das erklärt, warum so wenige Menschen hochkreativ und extrem produktiv sind«, bemerkte der Künstler. »Wenn wir unseren Wohlfühlbereich verlassen, wird das alte Hirn aktiv. Wenn wir unser Wissen erweitern und unsere Wirkungsmöglichkeiten verstärken, wird es durch diese Veränderung in Angst versetzt.«

»Genau«, erwiderte Mr Riley zustimmend. »Das Cortisol wird freigesetzt, unsere Wahrnehmung verengt sich, unser Atem wird flacher, und wir gleiten in den Kämpfen-oder-Flüchten-Modus. In der Praxis gibt es drei Optionen bei Angst, nämlich Kampf, Flucht oder Erstarren.«

Der Künstler setzte hinzu: »Unser fortgeschrittenes Denken möchte, dass wir wachsen, uns weiterentwickeln, vollkommenere Arbeit leisten, ein besseres Leben führen und die Welt inspirieren. Aber in unserem Gehirn tobt ein Kampf. Das alte – schlichtere – Gehirn möchte die Entwicklung verhindern.«

»Genau«, stellte der Milliardär fest und gab dem Maler einen Faustgruß.

»Und was den zweiten Fokus der Menschen, die Geschichte schreiben, betrifft, den Sie uns hier vorgestellt haben – das Freisein von Ablenkungen –, so glaube ich, dass wir uns aufgrund dieser Angst so gerne ablenken lassen, damit wir uns besser fühlen können, zumindest für kurze Zeit, oder?«, fragte die Unternehmerin.

»Stimmt«, bestätigte der Milliardär. »Und um dem Unbehagen zu entfliehen, das sich einstellt, wenn wir mit der uns innewohnenden Genialität näher in Kontakt kommen.«

»Das ist wirklich eine große Sache.« Der Künstler konnte seine Begeisterung kaum im Zaum halten. »Sie haben gezeigt, warum unsere Kultur so stark von Ablenkungen abhängig ist. Und warum die meisten Menschen ihre Großartigkeit nicht wahrnehmen oder erleben. Und ich glaube, dass deshalb kreative und produktive Menschen die wahren Krieger unserer Gesellschaft sind. Wir müssen uns nicht nur gegen die Anfeindungen der Neinsager behaupten und gegen die Pfeile jener Kritiker, die unsere Kunst nicht verstehen, wir müssen auch den Mut und die Kraft aufbringen, die Alarmglocken unseres alten Gehirns zum Verstummen zu bringen, die uns daran hindern wollen, unserer Brillanz zur Geltung zu verhelfen.«

»Sehr poetisch gesagt, mein Freund«, rief der Milliardär erfreut. Er vollführte abermals sein kleines Tänzchen. Die Haushälterin, die gerade die Veranda fegte, schüttelte den Kopf.

»Es erfordert beträchtliche Charakterstärke, den Schrecken des persönlichen und professionellen Wachstums auszuhalten – und weiterzumachen –, auch wenn man meint, es würde einen umbringen«, verkündete der Titan. »Aber weiterzumachen, wenn man Angst hat, das ist der Weg, der es einem ermöglicht, zur Legende zu werden. Sie beide sind Macher, Baumeister von großen Dingen. Und Baumeister überwinden jeden Tag ihre Ängste, um auf eine höhere Stufe ihres Könnens, ihrer Wirksamkeit und ihrer menschlichen Freiheit zu gelangen. Ach ja – und die fantastischen Belohnungen, die Sie erhalten, wenn Sie Ihre Stärken und Ihre Begabungen voll zum Tragen bringen, sind nicht nur das Ergebnis Ihrer heldenhaften Bemühungen. Sie zeigen auch, *wer Sie sein werden,* wenn Sie das Feuer Ihrer Angst bestanden haben und die Hitze Ihrer Prüfungen, die Sie auf dem Weg zur Meisterhaftigkeit zu absolvieren haben. Sie erfahren, wer Sie wirklich sind, Sie erkennen Ihre Fähigkeiten deutlicher, Ihre Zuversicht steigt, Sie brauchen die Zuwendungen der Masse nicht mehr so dringend, und Sie beginnen, ein authentisches Leben zu führen im Unterschied zu dem künstlichen Leben, das von einer Welt fabriziert wird, die nicht möchte, dass Sie frei sind.«

Der Milliardär nahm einen Schluck aus seiner Wasserflasche, dann begann er zu erläutern, weshalb es so wichtig ist, sich aus dem tödlichen Griff der Ablenkung durch alle möglichen Geräte und durch die digitale Welt zu befreien.

»Auch in dieser Hinsicht kann die Mitgliedschaft im 5-Uhr-Club Wunder wirken«, erklärte er seinen beiden Zuhörern. »Eine Möglichkeit, sich der Komplexität zu entziehen, die von großen Männern und Frauen der Welt praktiziert wird, besteht darin, Ruhe und Gelassenheit in den ersten Abschnitt jedes neuen Tages zu integrieren. Diese wundervolle Übung verschafft ihnen den unverzichtbaren Freiraum, der es ihnen ermöglicht, die Überstimulierung auszublenden, und sie befähigt, das Leben zu würdigen, ihre kreativen Reservoirs wieder aufzufüllen, ihr höchstes Selbst zu entwickeln, sich all ihrer

Segnungen bewusst zu werden und jene Tugenden zu verfestigen, die sie dann im Laufe des Tages zur Geltung bringen. Viele jener Menschen, die einen Beitrag geleistet haben zum Fortschritt unserer Zivilisation, haben sich das Frühaufstehen zur Gewohnheit gemacht.«

»Könnten Sie ein paar Namen nennen?«, bat die Unternehmerin.

»John Grisham, der berühmte Romanautor, zum Beispiel«, antwortete der Milliardär. »Andere berühmte Frühaufsteher waren Wolfgang Amadeus Mozart, Georgia O'Keeffe, Frank Lloyd Wright und Ernest Hemingway, der einmal gesagt hat, dass am frühen Morgen ›noch keiner da ist, der einen stören kann. Es ist kühl oder kalt, wenn man zur Arbeit kommt, und beim Schreiben wird einem dann warm.‹«

»Auch Beethoven ist im Morgengrauen aufgestanden«, ergänzte der Künstler.

»Alle Großen haben viel Zeit allein verbracht«, erklärte der Milliardär. »Das Alleinsein – jene Art von Alleinsein, die man vor Sonnenaufgang erleben kann – ist ein Multiplikator in Bezug auf die eigene Kraft, das Wissen und die Fähigkeit, Verbindung mit dem Menschsein aufzunehmen. Die *eigene Erhöhung erfordert die eigene Isolierung.* Sie können den ganzen Tag in der Welt draußen am Telefon über tausend sinnlose Dinge reden, oder Sie können die Welt verändern, indem Sie Ihr Talent nutzen, Ihre Fertigkeiten verfeinern und ein Licht der Vervollkommnung sind, das uns alle nach oben hebt. Aber Sie können nicht beides tun. Der Psychologe Eldar Shafir aus Princeton hat den Begriff ›kognitive Bandbreite‹ verwendet, um zu erklären, dass wir alle über ein bestimmtes Maß an mentaler Kapazität verfügen, wenn wir am Morgen aufstehen. Wenn wir unsere Aufmerksamkeit auf die unterschiedlichen Einflüsse richten – angefangen mit den Nachrichten, den Meldungen und Online-Plattformen über unsere Familien und unsere Arbeit bis zu unserer Fitness und unserem spirituellen Leben –, verbrauchen wir bei jeder dieser Aktivitäten, die wir betreiben, einen Teil unseres Fokus. Das ist eine enorm wichtige Erkenntnis. Es ist kein Wunder, dass es den meisten von uns schwerfällt, uns am Vormittag auf wichtige Aufgaben zu konzentrieren. Wir haben unsere Bandbreite bereits ausgeschöpft. Sophie Leroy, Wirtschaftsprofessorin an der Universität von Minnesota, bezeichnet die Konzentration, die wir für Zerstreuungen und andere Reize aufwenden, als ›Aufmerksamkeitsvergeudung‹. Sie hat herausgefunden, dass Menschen wesentlich weniger produktiv sind, wenn sie sich ständig selbst unterbrechen, indem sie während des Tages von einer Aufgabe zur anderen wechseln, weil sie dabei kostbare Teile ihrer Aufmerksamkeit auf zu viele unterschiedliche Zwecke verteilen. Die Lösung besteht genau darin, was auch ich vorschlage: Beschäftigen Sie sich jeweils nur mit einer wichtigen Aktivität, anstatt gnadenloses Multitasking zu betreiben – und tun Sie dies in einer ruhigen Umgebung. Albert Einstein hat diesen Zusammenhang sehr schön ausgedrückt mit den Worten ›Nur wer sich mit ganzer Kraft und ganzer Seele einer Aufgabe widmet, kann ein wahrer Meister werden. Aus diesem Grund fordert Meisterschaft den ganzen Menschen.‹ Das ist eines der bestgehüteten Geheimnisse von Virtuosen und von Menschen, die Geschichte schreiben. Sie verzetteln ihre kognitive Bandbreite nicht. Sie vergeuden ihre kreativen Gaben nicht, indem sie verlockenden Ablenkungen und jeder attraktiv erscheinenden Gelegenheit nachjagen, die sich auftut. Nein, sie üben vielmehr jene strenge Disziplin, die notwendig ist, um konzentriert einige wenige Dinge zu erledigen – dies jedoch auf absolutem Weltklasseniveau. Wie ich schon sagte: Die Großen haben begriffen, dass es wesentlich klüger ist, nur ein einziges Kunstwerk zu schaffen – ein echtes Meisterwerk –, das Generationen überdauert, anstatt Tausende Projekte zu verfolgen, die keinerlei Genialität zum Ausdruck bringen. Und bitte bedenken Sie auch: *Die Stunden, die von den 95 Prozent vergeudet werden, das sind die Kostbarkeiten der 5 Prozent.* 5 Uhr früh ist die Zeit der geringsten Ablenkung, der höchsten menschlichen Herrlichkeit und des größten Friedens. Nutzen Sie also diese Stunde des Sieges gut und wohlüberlegt. Sie werden Quantensprünge in Ihrer Produktivität erleben wie auch in Ihrer persönlichen Meisterhaftigkeit. Ich möchte nicht noch tiefer in die Neurowissenschaft einsteigen, von der ich heute Morgen gesprochen habe, und ich habe auch noch eine schöne Überraschung für Sie vorbereitet. Aber es gibt noch ein weiteres Konzept, das ich Ihnen erläutern möchte. Ich nenne es ›temporäre Hypofrontalität‹.«

»Temporäre was?«, fragte der Künstler und lachte.

Der Milliardär ging zu einer hoch aufragenden Palme, deren dicker Stamm auf ihr hohes Alter hinwies. Darunter stand ein großer, sonnengebleichter, runder Holztisch. In das Holz war sorgfältig ein Schaubild eingeschnitzt worden. Es wirkte sehr eindrucksvoll.

Der Magnat räusperte sich und nahm einen Schluck Zitronentee. Ein paar Sekunden später begann er zu gurgeln. Ja, zu gurgeln. Dann setzte er seine Ausführungen fort. »Wenn Sie früh aufstehen und ganz allein sind, fern von der Überstimulation und dem Lärm, wird Ihre Aufmerksamkeit nicht durch irgendwelche Technologien, Meetings oder andere Einflüsse in Anspruch genommen, die Ihre Produktivität einschränken«, erklärte der Milliardär. »Und daher schaltet der präfrontale Cortex, jener Teil des Gehirns, der für das rationale Denken zuständig ist – und auch dafür, dass man sich ständig Sorgen macht –, für kurze Zeit ab. Eine interessante Information, nicht wahr? Das ist der ›temporäre‹ Teil der temporären Hypofrontalität. Er ist zeitlich begrenzt. Das unablässige Analysieren, Grübeln und aufreibende übermäßige Denken hört auf. Man versucht für eine Weile nicht mehr, alles zu durchdenken und richtig einzuordnen und sich um Dinge Sorgen zu machen, die wahrscheinlich nie eintreten werden. Die Hirnwellen wechseln vom vorherrschenden Beta- in den Alpha-Bereich, vielleicht sogar in den Theta-Bereich. Das Alleinsein, die Ruhe und Stille des Tagesanbruchs regen die Ausschüttung von Neurotransmittern an, wie von Dopamin, jenes inspirativen Treibstoffs, der für superproduktive Menschen sehr hilfreich ist, und von Serotonin, der wundervollen Wohlfühldroge des Gehirns. Dadurch gelangt man auf automatische und natürliche Weise in den ›Flow-Zustand‹, den ich schon beschrieben habe.«

Mr Riley deutete mit der linken Hand zu dem Diagramm auf dem Tisch. Es sah folgendermaßen aus:

»Der Flow-Zustand ist der höchste geistige Zustand, in dem sich alle herausragenden Persönlichkeiten wie Spitzengeiger, berühmte Athleten, erfolgreiche Chefs, brillante Wissenschaftler, Errichter von Firmen-Imperien und legendäre Leader befinden, wenn sie ihre besten Werke hervorbringen«, erklärte der Industrielle enthusiastisch.

»Wenn Sie sich ein wenig morgendlichen Frieden gönnen, fern von Ihren geschäftlichen Angelegenheiten, wird die jedem Gehirn innewohnende Fähigkeit aktiviert, Zugang zu finden zum Bereich der wahren Genialität. Die tolle Nachricht für Sie beide lautet, dass Sie sich, wenn Sie die richtigen Maßnahmen ergreifen, diesen Zustand bewundernswürdiger Leistungsfähigkeit zur Gewohnheit machen können, sodass er sich mit absoluter Verlässlichkeit einstellt.«

»Temporäre Hypofrontalität. Das ist ein sehr hilfreiches Modell«, erklärte die Unternehmerin und schob behutsam ihr Mobiltelefon in ihre Shorts.

»Die ganze Welt würde sich verändern, wenn die Menschen dieses Konzept kennen würden«, meinte der Künstler.

»Man sollte es den Kindern in der Schule beibringen«, schlug die Unternehmerin vor.

»Ja, richtig«, bestätigte der Milliardär. »Aber auch was diese Philosophie betrifft, die ich Ihnen hier vermittle – und die Transformationsmethode, die ich Ihnen gleich zeigen werde, damit Sie diese machtvolle Information auch praktisch umsetzen können –, muss ich dem Redner meinen Dank aussprechen. Er war mein größter Lehrer. Und er ist zweifellos der feinste Mensch, den ich kenne. Scharfsinn ohne Rechtschaffenheit finde ich nicht besonders eindrucksvoll. Außergewöhnliche Leistungen ohne außergewöhnliche Leidenschaft sind sinnlos. Und tatsächlich, wenn allen Menschen auf diesem Planeten diese Erkenntnisse vermittelt würden und sie sich dann verpflichtet fühlen würden, sie umzusetzen, würde die ganze Welt einen großen Schritt nach vorn machen. Denn jeder von uns würde dann seine verborgene Kraft kennen und sie zum Tragen bringen, um außergewöhnliche Ergebnisse zu erzielen. Und aufzusteigen in den Kreis vollkommen wunderbarer Menschen.«

Fokus #3 von Menschen, die Geschichte schreiben: Die Praxis der persönlichen Meisterhaftigkeit

Der Milliardär führte seine beiden Schüler an der geräumigen Terrasse vorbei, von der aus man einen grandiosen Ausblick auf das Meer hatte, zur Vorderfront seines Hauses. Ein schwarzer SUV, der in der Morgensonne funkelte, stand in der Zufahrt.

»Wohin fahren wir?«, fragte die Unternehmerin.

»Nun, ich habe Ihnen beiden bei diesem dramatischen Treffen in dem Veranstaltungssaal versprochen, dass Sie mit Delfinen schwimmen würden, wenn Sie mich auf Mauritius besuchen. Und jetzt löse ich mein Versprechen ein. Wir fahren zum westlichen Ende der Insel, zu einem kleinen Dorf am Meer namens Flic-en-Flac. Dort erwarten uns zwei junge, reizende Burschen. Sie verstehen es hervorragend, die Delfine aufzuspüren. Machen Sie sich auf ein mitreißendes Erlebnis gefasst. Es wird unvergesslich sein für Sie.«

Bald glitt der SUV durch die schmucken, kleinen Städtchen, die das Gelände des Industriellen umgaben, und fuhr über eine perfekt instand gehaltene Schnellstraße. Der Milliardär saß vorn beim Fahrer und unterhielt sich mit ihm über dessen Kinder, seine jüngsten Erlebnisse und seine Zukunftspläne. Während der Fahrt stellte Mr Riley immer wieder eine wohlüberlegte Frage, dann lehnte er sich zurück und hörte aufmerksam zu. Man sah, dass er ein Mann von beeindruckender geistiger Tiefe war. Und ein Mensch mit einem großen Herzen.

Als der Wagen einen kleinen Hafen erreichte, der einen Sandstrand, einige weiße Häuschen und ein malerisches Fischrestaurant umfasste und an dessen Kai mehrere alte Boote im

Wasser dümpelten, gab gerade ein Hahn stolz seine Morgenhymne zum Besten. Das zauberhafte Bild eines doppelten Regenbogens entfaltete sich am strahlend blauen Himmel.

Zwei junge Fischer umarmten den Milliardär zur Begrüßung. Dann fuhr die ganze Gruppe hinaus auf den weiten Indischen Ozean und suchte nach einem Schwarm von Delfinen, mit denen sie zusammen schwimmen und spielen konnten. Der Song »Strength of a Woman« des jamaikanischen Sängers Shaggy dröhnte aus einem billigen Lautsprecher, der auf einer Seite des Bootes behelfsmäßig mit Klebeband befestigt worden war. Die Gischt, die von dem Motorboot aufgewirbelt wurde, als es durch das Wasser schoss, benetzte die Gesichter des Milliardärs, der Unternehmerin und des Künstlers. Sie kicherten wie durch Regenpfützen tanzende Kinder.

Nach einigen Versuchen entdeckten sie Delfine, die fröhlich in einer kleinen Bucht umherschwammen, welche von hoch aufragenden Klippen umgeben war, wie man sie oft entlang des Pacific Coast Highway in Kalifornien sieht. Angesichts der Ausgelassenheit, mit der diese Tiere umhertollten, hätte man meinen können, dass sich Tausende von ihnen in diesem kleinen Meeresarm aufhielten. Aber es waren nur elf.

Der Milliardär setzte sich eine Tauchermaske auf und ließ sich von einer Plattform im hinteren Teil des Motorboots ins Wasser fallen. »Kommen Sie«, rief er fröhlich. »Es geht los!«

Die Unternehmerin folgte ihm als Erste, ihre Augen sprühten, und ihr Herz klopfte in einem Hochgefühl, das sie seit ihrer Jugend nicht mehr erlebt hatte. Ihr Atem klang flach und schnell durch den Schnorchel. Es hörte sich an wie *hoosh, hoosh*.

Dann folgte der Künstler, der am Bootsende einen Bauchklatscher vollführte.

Geleitet von einem der jungen Fischer, der bunt bedruckte Surf-Shorts und Gummischuhe trug, tollten die drei Abenteurer mit den Delfinen umher, die nur knapp unter der Wasseroberfläche schwammen. Als die Delfine tiefer hinabgingen, folgten ihnen ihre drei euphorischen Begleiter. Als sie umherwirbelten, ahmten die Mitglieder des 5-Uhr-Clubs sie nach. Als sie miteinander flirteten, taten die Unternehmerin und der Künstler das auch.

Das Erlebnis dauerte nur ungefähr eine Viertelstunde. Aber es war fantastisch.

»Einfach unglaublich!«, rief der Künstler atemlos, als er aus dem Wasser stieg und von der kleinen Plattform in der Nähe des Motors in das Boot zu klettern begann.

»Das war eines der wundervollsten Erlebnisse meines Lebens«, stieß die Unternehmerin hervor und küsste den Künstler überschwänglich.

Kurz darauf tauchte auch der Milliardär auf. Er schüttelte sich vor Lachen. »Mensch, was für ein Wahnsinn!«

Nach der Rückkehr in den Hafen wurde der Morgenunterricht am Strand fortgesetzt, neben einem Haufen Steine, der von den Einheimischen zum Grillen von Fischen genutzt wurde. Der doppelte Regenbogen erstreckte sich noch immer über den weiten Himmel.

Der Milliardär deutete mit einer Hand nach oben. Dort tauchten plötzlich vier weiße Tauben auf wie aus dem Nichts. Dann flog eine Gruppe pinkfarbener und gelber Schmetterlinge vorüber.

»Sehr schön«, verkündete der Tycoon, während er ihnen nachschaute. Nachdem er ein kurzes, kehliges Husten von sich gegeben hatte, das ebenfalls aus dem Nichts zu kommen schien, deutete er auf den dritten Punkt des Modells der *vier Fokussierungspunkte von Menschen, die Geschichte schreiben,* das er mit seinen Schülern an diesem besonderen Tag durchnahm. Die Überschrift lautete »Die Praxis der persönlichen Meisterhaftigkeit«.

»Worum geht es hier?«, fragte der Künstler; seine Rastalocken baumelten hin und her, und er hatte seine tätowierten dicken Arme um die Unternehmerin gelegt, um sie zu wärmen. Sie fröstelte.

»Darum, dass man seine besten Seiten trainieren soll«, lautete die direkte Antwort. »Erinnern Sie sich an das Motto der Krieger von Sparta, das der Redner auf dem Seminar zitiert hat? ›Wer in der Ausbildung mehr schwitzt, muss im Krieg weniger bluten.‹ Nun, von der Qualität Ihres Morgenrituals hängt es ab, wie Ihre Tagesperformance sein wird. Schlachten werden im frühen Licht intensiven Trainings gewonnen – wenn niemand hinschaut. Siege werden errungen, *bevor* die Krieger auf das Schlachtfeld treten. Der Triumph fällt jenem zu, der sich am besten vorbereitet hat. Es ist offenkundig, dass man, wenn man der Beste auf der Welt sein will, im Geschäft, in der Kunst, im Schach oder als Designer, als Mechaniker oder als Manager, ein Höchstmaß an Übung aufwenden muss, um seine Fähigkeiten zu verbessern. Konkret gesagt: Wer Spitzenleistungen vollbringen will, muss zehn Jahre lang jeden Tag mindestens zwei Stunden und 44 Minuten seine Fähigkeiten und Fertigkeiten trainieren, wie der Psychologe Anders Ericsson von der Florida State University durch seine grundlegenden Forschungen festgestellt hat. Das ist das Minimum an Übung, das erforderlich ist, damit die *ersten* Anzeichen von Genialität sichtbar werden, egal in welchem Bereich. Doch nur sehr wenigen ist bewusst, dass mindestens zehntausend Stunden Training aufzuwenden sind, um *ein besserer, vollkommenerer Mensch* zu werden. Und daher können nur sehr wenige Menschen diesen Code entschlüsseln, der, sobald er geknackt ist, unser souveränes Selbst befreit und uns all die Weisheit, die Kreativität, die Tapferkeit, die Liebe und den inneren Frieden erschließt, die mit dieser Manifestation einhergehen. Nur wenn wir selbst uns verbessern, verbessert sich auch unser Leben. Sie müssen täglich üben, um zu Ihrer persönlichen Meisterhaftigkeit zu gelangen, ebenso wie wir jede andere Fertigkeit trainieren müssen, wenn wir sie meisterlich beherrschen wollen. Stärken, sichern und nähren Sie die Kerndimensionen Ihres Inneren, und Sie werden Ihr Leben um ein Vielfaches verbessern. Alles, was Sie in der Außenwelt tun, ist eine direkte

Folge dessen, was in Ihnen selbst geschieht. Hier müssen Sie mit Ihren morgendlichen Vorbereitungen ansetzen. Dann können Sie jeden Tag in die Welt hinausgehen mit dem Gefühl, dass Sie auf einem Niveau agieren und produktiv sind, das Sie unschlagbar macht. Sie sind es sich selbst schuldig, dass Sie sich dieses Geschenk machen.«

»Ich habe bis zu der Veranstaltung des Redners nicht viel von Selbstoptimierung gehalten«, sagte die Unternehmerin leise. »Es ist mir nie realistisch erschienen.«

»Haben Sie es jemals versucht?«, fragte der Milliardär mit fester Stimme. Abermals flog eine Taube über ihre Köpfe hinweg. Als der Mogul in die Sonne blinzelte, schien es fast, als würden sich die Wolken teilen.

»Eigentlich nicht«, räumte die Unternehmerin ein. »Bis jetzt jedenfalls. Bis ich dem 5-Uhr-Club beigetreten bin.«

»Gut. Also, lassen Sie uns fortfahren. Hier ist der Schlüssel«, sagte der Milliardär. »Konzentrieren Sie sich in Ihrer Stunde des Sieges, zwischen 5 und 6 Uhr morgens, darauf, *die vier inneren Reiche,* wie es der Redner nennt, auf den aktuellen Stand zu bringen. Das wird die wichtigste, aber auch die schwierigste Übung sein, die Sie in Ihrem Leben auszuführen haben. Sie erfordert es, intensiv an sich selbst zu arbeiten. Die vier zentralen inneren Bereiche zu kultivieren, die ich Ihnen gleich darstellen werde, ist der goldene Schlüssel zur Transformation. Es wird nicht leicht sein – das möchte ich betonen. Aber es ist aller Mühe wert.«

»Warum?«, fragte die Unternehmerin. Ihr war nun nicht mehr kalt, aber der Künstler hatte nach wie vor einen Arm um sie gelegt. Seine Rastalocken wippten hin und her. Und der Hahn krähte noch immer.

»Weil sich Ihre inneren Reiche in vollendeter Weise entfalten müssen, bevor Sie die äußeren Reiche erkennen können. Ihre Fortüne folgt stets Ihrer Furchtlosigkeit. Eine elementare Erkenntnis, meine Lieben: *Ihr Einfluss in der Welt spiegelt die Vollkommenheit, die Erhabenheit, die Vitalität und die Strahlkraft wider, die Sie in sich selbst erschlossen haben.* Nur sehr wenige sind sich dieser essenziellen Lebensweisheit bewusst in dieser Zeit der Oberflächlichkeit, in der sich viele Menschen wie Maschinen verhalten. Das Äußere spiegelt stets das Innere wider. Ihre Kreativität, Ihre Schöpferkraft, Ihr Wohlstand und Ihre Wirkungsmöglichkeiten auf diesem Planeten sind stets ein Ausdruck dessen, was in Ihrem Inneren vorgeht. Zum Beispiel, wenn es Ihnen an dem Glauben mangelt, dass Sie dazu imstande sind, Ihre Ziele zu verwirklichen, werden Sie diese niemals erreichen. Wenn Sie nicht der Überzeugung sind, dass Sie ein Leben im Überfluss verdienen, werden Sie niemals die erforderlichen Schritte unternehmen, um dies zu verwirklichen. Und wenn Ihr Bestreben, Ihre Genialität zum Tragen zu bringen, nur schwach ausgeprägt ist, Ihr Übungseifer zu wünschen übrig lässt und Ihr Durchhaltevermögen gering ist, dann ist klar, dass Sie niemals in die dünne Höhenluft wahrer Meisterhaftigkeit vorstoßen werden. Und niemals eine beherrschende Rolle in Ihrem Fach spielen werden. Das Äußere bringt immer das Innere zum Ausdruck. Um in Ihrem äußeren Leben Imperien zu erbauen, müssen Sie zuerst Ihre inneren Reiche entwickeln«, betonte der Milliardär.

Er nahm einen Schluck aus einer Flasche mit einer grünlichen Flüssigkeit, die ihm einer der Fischer gereicht hatte, als er aus dem Motorboot gestiegen war. Auf dem Etikett der Flasche konnte man bei genauem Hinsehen folgende Worte von Mahatma Gandhi lesen: »Die einzigen Teufel auf der Welt sind jene, die in unseren Herzen wüten. Hier muss der Kampf ausgefochten werden.«

»Wenn Sie beständig die Ihnen innewohnende Kraft stärken«, fuhr Mr Riley fort, »werden Sie eine andere Wirklichkeit aufblitzen sehen, die Ihnen grandiose Chancen und überwältigende Möglichkeiten eröffnet. Sie werden in einem Universum des Wundervollen agieren, das die meisten gar nicht wahrnehmen. Denn ihnen wurden die Augen verbunden durch Zweifel, Unglauben und Angst. Großartigkeit ist eine innere Angelegenheit«, bekräftigte der Milliardär, während er ein weiteres Lernmodell in den Sand zeichnete. Es sah folgendermaßen aus:

DIE VIER INNEREN REICHE

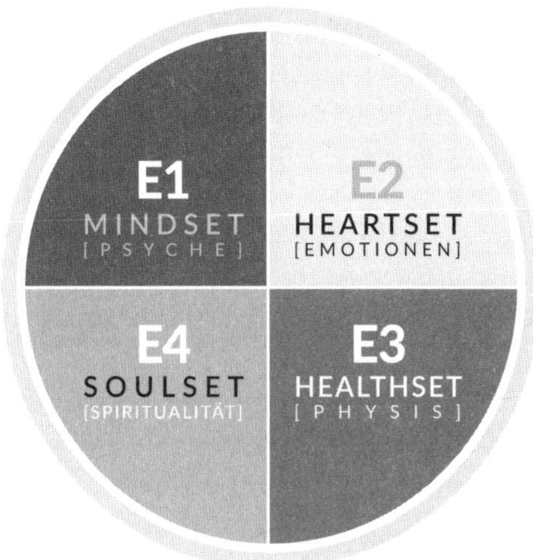

»Befassen wir uns jetzt detailliert mit diesem Modell, damit Sie beide eine klare *Vorstellung* davon bekommen, welche Aspekte Ihres inneren Lebens Sie während Ihrer Stunde des Sieges kultivieren müssen. Ich werde Ihnen die vollständige Morgenroutine in Kürze darstellen, wenn ich die *20/20/20-Formel* behandele. Fürs Erste sollen Sie verstehen, dass es vier innere Bereiche gibt, die vor Sonnenaufgang trainiert, kultiviert und gestärkt werden müssen: Mindset, Heartset, Healthset und Soulset. Diese vier persönlichen Arenen bilden die Grundlage der wahren Urkraft, die in jedem menschlichen Wesen schlummert. Die meisten von uns haben diese eindrucksvolle Kraft eingebüßt oder missachtet, als wir unsere Zeit damit verbrachten, äußerlichen Aktivitäten nachzugehen. Doch wir alle verfügen über diese grundlegende, fantastische Fähigkeit. Und die beste Zeit, um diese vier inneren Reiche zu optimieren, ist die Stunde zwischen 5 und 6 Uhr früh. Das ist eine ganz besondere Zeit des Tages. Gestalte deinen Morgen, und in deinem Leben wird alles möglich«, ermutigte sie der Tycoon.

»Eine Frage: Was ist, wenn ich das nur an fünf Tagen in der Woche praktiziere und mir am Wochenende freinehme? Wie strikt muss ich die 5-Uhr-Methode umsetzen?«, fragte die Unternehmerin. Ein alter Hund lief vorüber, und aus einem Fischrestaurant hörte man das Lied »Occhi« des berühmten italienischen Musikers Zucchero. Diese Szene hätte vielleicht auf Außenstehende etwas eigenartig gewirkt. Aber sie war real.

»Es ist Ihr Leben. Tun Sie, was Ihnen am meisten zusagt und Ihrem Gefühl nach am besten zu Ihnen passt. Ich präsentiere Ihnen hier nur die Erkenntnisse, die der Redner mir vermittelt hat. Sie haben mir dazu verholfen, mein Vermögen zu machen. Und sie haben mir geholfen, ein tiefes Empfinden zu entwickeln für die täglichen Freuden und für dauerhaften Frieden. All das hat mir persönliche Freiheit verschafft. Setzen Sie um, was Ihren Vorstellungen und Bestrebungen und Ihrer Lebensweise am zuträglichsten ist. Sie wissen ja mittlerweile, dass *ein begrenztes Engagement auch begrenzte Ergebnisse hervorbringt*«, erklärte der Milliardär und wandte sich ab, um mit der Faust eine Fliege zu fangen.

»Könnten Sie bitte die Lehre von den vier *inneren Reichen* etwas näher erläutern?«, bat die Unternehmerin. »Dieses Konzept kann mir wirklich helfen, stärker zu werden bei meiner Auseinandersetzung mit diesen Investoren, und ich könnte meine Hoffnung, mein Glück und mein Selbstvertrauen wenigstens zum Teil zurückgewinnen. Ich habe es Ihnen noch nicht erzählt, aber seit ich Sie kennengelernt habe, habe ich schon sehr viel von dem umgesetzt, was Sie uns großzügigerweise nahegebracht haben. Und sicherlich haben Sie gleich am Anfang bemerkt, dass ich mich gegen die Lehren des Redners gesträubt habe. Ich wollte eigentlich gar nicht zu diesem Seminar gehen. Aber ich war zumindest offen für seine – und Ihre – Erkenntnisse. Auf eine verzweifelte Weise offen. Ich liebe das Leben. Und ich habe jetzt die Absicht, noch lange zu leben.«

»Gut«, sagte der Künstler, hob eine herzförmige Muschel vom Boden auf und legte sie der Unternehmerin zärtlich auf die Handfläche. Dann schloss er ihre Finger darum. Und drückte ihre Hand an seine Brust.

»Ich bemerke bereits ein paar wesentliche Veränderungen«, fuhr die Unternehmerin fort. »Seit ich um 5 Uhr aufstehe, fühle ich mich fokussierter, weniger gestresst, sicherer und energiegeladener. Ich habe das Gefühl, dass ich die verschiedenen Aspekte meines Lebens besser im Blick habe. Ich werde dankbarer für das Positive in meiner Welt, mache mir weniger Sorgen wegen des Angriffs auf meine Firma und blicke neugieriger und aufgeschlossener in die Zukunft. Sehen Sie, diese Investoren sind schlechte Menschen. Und ich bin noch nicht so weit, dass ich angemessen mit ihnen umgehen kann. Doch das werde ich noch lernen. Aber die Angst, die ich im Zusammenhang mit dieser Sache empfunden habe, und das deprimierende Gefühl der Hoffnungslosigkeit, nun, die sind geschwunden.«

»Neato«, sagte der Milliardär in Anspielung auf den Slang der Hipster einer lange vergangenen Zeit. Dann wechselte er am Strand sein T-Shirt. Der SUV war wieder zurück, und der Fahrer stellte den Wagen direkt vor dem Fischrestaurant ab.

»Und Sie sind klug«, setzte der Milliardär hinzu. »All diese Informationen sind unbezahlbar. Aber – wie Sie noch feststellen werden – erst die dauerhafte Praxis und die tägliche Anwendung dieser Erkenntnisse wird Sie zu einem heldenmütigen Menschen machen und zu einem begeisternden Leader im Geschäftsleben, der auch vielen anderen Menschen dazu verhilft, sich höher zu entwickeln. Und ich beglückwünsche

Sie dazu, dass Sie Ihre Vergangenheit loslassen. Niemand empfiehlt Ihnen, verantwortungslos zu handeln und sich nicht mit den Dingen zu beschäftigen, die Ihnen in Ihrer Firma Probleme bereiten. *Doch Ihre Vergangenheit ist etwas, aus dem man lernen kann, nicht ein Heim, in dem man leben kann.*«

Die drei Freunde stiegen in das wartende Auto, das sogleich losfuhr, um sie zu dem Anwesen des Gastgebers zu bringen.

»Befassen wir uns jetzt noch etwas eingehender mit diesem Lernmodell, weil es von so elementarer Bedeutung ist für Ihren Erfolg und Ihr Wohlergehen«, erklärte der Milliardär während der Fahrt. »Viele Gurus sprechen vom Mindset. Sie lehren, dass es wichtig ist, sich die Psychologie der Möglichkeit anzueignen, um einen Begriff der Harvard-Psychologin Ellen Langer zu verwenden. Sie bringen ihren Schülern bei, jeden Tag optimistisch zu denken. Diese Lehrer erklären Ihnen, dass Ihr Denken Ihre Wirklichkeit formt und dass Sie durch die Verbesserung Ihres Denkens auch Ihr Leben verbessern werden. Zweifellos ist die richtige Einstellung Ihres Mindsets ein wichtiger Schritt, um zu persönlicher Meisterhaftigkeit zu gelangen, die anschließend zu einer fantastischen äußeren Wirklichkeit führen wird.

Doch es ist ungeheuer wichtig«, fuhr der Milliardär fort, »dass Sie beide dies verstehen, denn die meisten Menschen verstehen es nicht: Der Redner hat mich gelehrt, dass eine Verbesserung des Mindsets – des ersten unserer vier inneren Reiche – nur 25 Prozent zur Erlangung persönlicher Meisterhaftigkeit beiträgt.«

»Tatsächlich?«, fragte der Künstler. »Ich habe immer geglaubt, dass unser Denken alles bestimmt. Dass man vor allem hier ansetzen muss. Also diese ganze Theorie: ›Verändere dein Denken, dann verändert sich dein Leben‹ oder ›Die Einstellung bestimmt, wie hoch du steigst‹.«

»Sehen Sie«, erwiderte der Milliardär, »es ist durchaus zutreffend, dass unsere tief verwurzelten Überzeugungen unser tägliches Verhalten bestimmen. Sie wissen, dass ich daran glaube. Und Sie wissen auch, dass ich darüber hinaus glaube, dass die Art und Weise, wie man die Welt sieht, das eigene Verhalten in der Welt bestimmt. Ja, ein hervorragend entwickeltes Mindset ohne ein wundervoll geläutertes Heartset ist ein hohler Triumph. Wenn Sie nur an Ihrem Mindset arbeiten, werden Sie niemals die Fülle Ihrer Souveränität erfahren und dem Ihnen innewohnenden Genius zu vollständigem Ausdruck verhelfen können«, erklärte der Industrielle mit großer Bestimmtheit.

»Ich glaube, ich begreife, was Sie meinen«, sagte der Künstler mit breitem Grinsen. »Charles Bukowski hat einmal gesagt: ›Höre auf, deinen Kopf frei zu bekommen ... Versuche lieber, dein Herz frei zu kriegen.‹«

»Damit hatte er recht«, pflichtete der Milliardär bei, während er sich tiefer im Ledersitz des SUV entspannte.

»Helfen Sie mir bitte zu verstehen, was ein ›Heartset‹ eigentlich ist«, bat die Unternehmerin. Sie beobachtete eine Gruppe von Schülern, die ausgelassen auf einem Spielplatz umherrannten. Ihre Gedanken schweiften zurück in ihre Kindheit.

»Das Heartset ist Ihr Gefühlsleben. Auch mit kampferprobten Überzeugungen und dem ausgezeichneten Denkvermögen eines Weltklasse-Mindsets können Sie nicht gewinnen, wenn Ihr Herz erfüllt ist von Zorn, Trauer, Enttäuschung, Feindseligkeit oder Furcht. Denken Sie einmal über Folgendes nach: Wie können Sie bewundernswerte Arbeit leisten und erstaunliche Ergebnisse erzielen, wenn toxische Gefühle auf Ihnen lasten? Jeder redet heute davon, dass man ein gesundes und unbezwingbares Mindset aufbauen muss. Überall hört man davon. Aber niemand spricht vom Heartset – oder von einem Healthset oder einem Soulset. All diese vier inneren Sphären müssen während der Morgenroutine gehegt und gepflegt werden, damit Sie die großartige Kraft kennenlernen können, die in Ihnen schlummert. Und nur wenn man sich weiterentwickelt und die Beziehung zu dieser natürlichen Autorität vertieft, die im eigenen Inneren liegt, kann man aufsteigen in die Gemeinschaft der Virtuosen. Und der Götter. Wenn Sie Ihre inneren Reiche fördern, werden Sie auch in der äußeren Welt erfolgreich zu sein beginnen auf einem Niveau, das Sie niemals für möglich gehalten haben. Und auf eine wesentlich elegantere Weise, als Sie sich jemals vorgestellt haben. Es ist, als würden Sie die Fähigkeiten eines Zauberers hervorbringen. Sie beginnen, die Kraft anderer zu fördern durch Ihre reine Anwesenheit. Und ein ungeahnter, aber stetiger und verlässlicher Strom von Mirakeln wird Ihre Tage durchfluten. Und eine überschwängliche Freude, die aus herausragenden Leistungen in der Welt erwächst, wird über Sie kommen, weil das Leben Sie belohnt für Ihr bewundernswürdiges Verhalten.« Mr Riley schaute aus dem Autofenster. Dann setzte er seine Ausführungen fort.

»So viele von uns wissen, was wir in mentaler Hinsicht eigentlich tun müssten, aber es ereignet sich nichts Außergewöhnliches, weil unser emotionales Leben im Chaos gefangen bleibt. Wir stecken in der Vergangenheit fest. Wir haben das Unverziehene noch nicht verziehen. Wir haben all diese ungesunden Emotionen aus den Verletzungen, die wir erlitten haben, unterdrückt. Sigmund Freud hat geschrieben: ›Nicht ausgedrückte Gefühle sterben nicht, sie werden lebendig begraben und kommen irgendwann auf unschöne Weise wieder hervor.‹ Und wir fragen uns, warum unsere Versuche, positiv zu denken, nicht funktionieren! Was ich Ihnen hier vermittle, erklärt, warum so viele Bücher über Selbstoptimierung nicht zu einer dauerhaften Weiterentwicklung führen. Und warum nur so wenige Veranstaltungen dauerhaft etwas bewirken. Unsere intellektuellen Absichten sind gut. Wir möchten wirklich erfolgreichere und bessere Menschen werden. Doch die Informationen erreichen uns nur auf der Ebene des Denkens. Und dann sabotieren wir unsere hehren Bestrebungen durch die Rückstände unseres gebrochenen Herzens. Und somit verändert sich nichts. Es verbessert sich nichts. Es *transformiert* sich nichts. Wenn Sie exponentielles Wachstum und beispiellose Leistungsfähigkeit erreichen wollen, müssen Sie auf ein meisterhaftes Mindset zurückgreifen können, aber auch ein gewinnendes Heartset ausbessern oder neu aufbauen und stärken. Damit all die dunklen und toxischen Emotionen aus Ihrer Vergangenheit ausgeschieden werden. Gereinigt und gesäubert. Für immer. Und dann kann sich Ihr Herz, gestärkt durch die Prüfungen des Lebens, in all seiner edlen Größe neu öffnen.«

»Überwältigende Einsichten«, bemerkte die Unternehmerin. »Aber wie kann ich das in meiner Stunde des Sieges zwischen 5 und 6 Uhr praktisch umsetzen?«

»Sie werden in Kürze erfahren, wie man die 5-Uhr-Methode anwendet«, antwortete der Milliardär. »Sie beide werden bald offen und stark genug sein, um sich die *20/20/20-Formel* anzueignen. Und wie ich schon häufig erwähnt habe, seit wir hier zusammen sind, Ihr Leben wird nie wieder so sein wie vorher, wenn Sie dieses Wissen erworben haben und umsetzen. Die *20/20/20-Formel* verändert alles. Fürs Erste aber sollten Sie verstehen, dass ein großartiges Mindset mit einem schlechten Heartset der wichtigste Grund dafür ist, warum so viele aufrechte Menschen mit ihren Versuchen scheitern, Großartigkeit zu erlangen.

Ach ja«, setzte der Milliardär hinzu, »ich muss noch erwähnen, dass es bei der Arbeit am eigenen Heartset nicht nur darum geht, negative Emotionen auszuschalten, die durch die im Laufe des Lebens erfahrenen Frustrationen, Enttäuschungen und Belastungen entstanden sind. Genauso wichtig ist es, die gesunden Emotionen zu verstärken. Deshalb muss Ihre Morgenroutine auch eine Dankbarkeitsübung umfassen. Um Ihr Gefühl von Ehrfurcht zu fördern und Ihre Reservoirs des Überschwangs aufzufüllen.«

»Das gefällt mir«, meinte der Künstler. »Sehr grundlegend, was Sie uns hier vermitteln. Um nicht zu sagen revolutionär«, betonte er.

»Ja. Tatsächlich. Und daher hat mir der Redner beigebracht,

jeden Morgen, in meiner Stunde des Sieges, ein paar grundlegende Übungen für mein Heartset durchzuführen. Aber dabei ist Folgendes zu beachten: Auch wenn Sie Ihr Heartset zusammen mit Ihrem Mindset auf eine höhere Stufe bringen, bevor sich die ersten Strahlen der Morgensonne zeigen, haben Sie erst 50 Prozent der Arbeit an Ihrer persönlichen Meisterhaftigkeit geleistet, die erforderlich ist, damit sich Ihre inneren Reiche materialisieren können, die Ihren höchsten Wünschen in den äußeren Reichen Ausdruck verleihen werden. Nach Mindset und Heartset müssen Sie auch Ihr Healthset und Ihr Soulset jeden Morgen stärken.«

»Das ist ein neues Wort für mich«, sagte die Unternehmerin. »Healthset. Aber es gefällt mir.«

»Nun, das bezieht sich auf Ihre physische Dimension«, erläuterte der Milliardär, während der SUV an einer der zahlreichen Teeplantagen auf Mauritius vorüberfuhr. »Eines der wichtigsten Elemente Ihres Aufstiegs zur Legende ist Langlebigkeit. Hier ein kleiner Tipp, wenn Sie in Ihrem Bereich eine führende Stellung erringen und eine ständige Verbesserung Ihres Ansehens erreichen wollen: *Sterben Sie nicht.* Sie werden niemals zu einem Titanen Ihrer Branche oder zu einer Ikone werden, die Geschichte schreibt, wenn Sie tot sind.«

Die Unternehmerin und der Künstler grinsten, als der Milliardär heftig zu klatschen begann, ausgelassen wie eine Gruppe von Eichhörnchen, die in einem Wald umhertollt.

»Aber Spaß beiseite. Wunderbare Dinge geschehen, wenn Sie sich einmal fest vorgenommen haben, eine Spitzenfitness zu erreichen und dem Altern ein Schnippchen zu schlagen. Stellen Sie sich vor, Sie würden ein paar Jahrzehnte länger leben, als zu erwarten ist – und dabei bei bester Gesundheit bleiben. Das wären ein paar weitere Jahrzehnte, um Ihre Fertigkeiten zu verfeinern, zu einem noch einflussreicheren Leader zu werden, Arbeit abzuliefern, die reine Kunst ist, Ihr Wohlergehen weiter zu steigern und ein glanzvolles Erbe zu hinterlassen, das die ganze Menschheit bereichern wird. Erfolgreiche

Leistungsmenschen und große Führungspersönlichkeiten wissen, dass man nicht zu Meisterhaftigkeit gelangen kann, ohne die eigene Vitalität gewissermaßen als Hebel zu nutzen – und sie dann zu panzern. Jeder Tag wird auf herausragende Weise besser, wenn man bestimmte Übungen in ihn integriert. Ich wiederhole das noch einmal, denn es ist von elementarer Bedeutung für ein wundervolles Leben: *Jeder Tag wird auf herausragende Weise besser, wenn man bestimmte Übungen in ihn integriert.* Und kaum etwas gibt einem ein schöneres Gefühl, als extrem fit zu sein. Ich möchte Ihnen vermitteln, dass es beim Healthset darum geht, sich Ihrer physischen Dimension anzunehmen, damit Ihr Gehirn auf seinem höchsten Kognitionslevel arbeiten kann, damit Ihre Energie beflügelt wird und Ihr Wohlgefühl wächst. Wirklich gesund und extrem fit zu werden, hat in meinem Geschäft Wunder bewirkt, müssen Sie wissen.«

Der Milliardär schwieg einen Moment. Er legte seine Hände zusammen, wie es in Indien üblich ist, wo die Menschen »Namaste« sagen, ein Sanskrit-Wort, das so viel bedeutet wie »Ich verbeuge mich vor dem Göttlichen in dir«.

»Und damit komme ich zum Soulset. Ich habe gelernt, dass jeder von uns einen unbefleckten Geist besitzt und eine makellose Beseeltheit, die tief in unserem Inneren ruht. Die meisten Menschen interessieren sich nicht für Einflüsterungen aus der Seele und für deren Erfordernisse. Die menschliche Spezies hat diesen Teil ihrer selbst unbeachtet gelassen, der in höchstem Maße weise, wunderbar und ewig ist. Den meisten Menschen, die von der Gesellschaft programmiert sind, geht es allein darum, ihr Ansehen steigernde Güter zu erlangen, soziale Anerkennung durch ihre Selfies zu erhalten und Ergebnisse zu erzielen, die ihnen Legitimität verleihen. Doch den Geist und die Seele zu hegen und zu pflegen – und zwar jeden Tag –, das ist eine Aktivität echt königlicher Leadership.«

»Sagen Sie mir bitte, Mr Riley, was meinen Sie eigentlich genau mit Soulset?«, fragte die Unternehmerin, die unbezweifelbar Fortschritte machte beim Studium der Lehren des Redners. Sie wirkte nun auch präsenter, stärker und befreiter als zu dem Zeitpunkt, als der Künstler sie kennengelernt hatte.

»Ja, mir ist das auch unklar«, sagte der Künstler und lehnte sich in seinem Sitz zurück, während der Chauffeur den Wagen in die gewundene Auffahrt zum Haus des Tycoons lenkte.

Wieder flatterten Schmetterlinge vorüber. Der doppelte Regenbogen stand noch immer am Himmel. Der Milliardär betrachtete ihn und sprach dann weiter.

»Es gibt nichts Schöneres, das eine gewisse Eigenartigkeit in seinen Proportionen aufweist«, bemerkte der Milliardär, winkte seinen Gärtnern zu und streckte einem Frosch die Zunge heraus. »Der englische Dichter Christopher Marlowe hat das gesagt. Und, Leute, damit hat er wirklich etwas Wahres gesagt. Nun, um Ihnen zu helfen, den vierten inneren Bereich zu verstehen, erlauben Sie mir bitte, all diese Erkenntnisse dahin gehend zusammenzufassen, dass Mindset mit Ihrer Psyche zu tun hat, Heartset mit Ihren Emotionen und Healthset mit Ihrer Physis, und Soulset bezieht sich auf Ihre Spiritualität. Das ist es, kurz gesagt. Das hat nichts Mystisches. Nichts Religiöses. Nichts Voodoo-mäßiges oder Verrücktes.«

»Erläutern Sie es bitte näher«, drängte die Unternehmerin. »Sie krempeln meine ganze Wahrnehmung um mit diesen Konzepten.«

»Nun, das ist alles das Werk des Redners, nicht meines, wenn ich Sie daran erinnern darf. Aber ich möchte Sie ermutigen, ein gläubiger Spiritualist zu werden. Doch damit dieser Begriff Sie nicht erschreckt – und davon abhält, sich damit zu beschäftigen –, sollten Sie einige Zeit in der Stille des frühen Morgens verbringen, um den Weg zurückzufinden zu der Couragiertheit, der Überzeugungskraft und dem Mitgefühl, die in Ihnen schlummern. Ich möchte Sie ermutigen, für eine kurze Zeit vor Sonnenaufgang mit den Engeln Ihrer höchsten Natur zu fliegen und mit den Göttern Ihrer kostbarsten Talente zu tanzen, gewissermaßen als Anerkennung des Weisen und Wahren in Ihnen. Erst dann werden Sie beginnen, die Shangri-Las der Großartigkeit und die Nirwanas des Lichts kennenzulernen – und zu verstehen –, die in Ihrem souveränen Selbst wohnen. Beim Soulset geht es darum, sich zu erinnern, wer Sie wirklich sind. Die Weisen, die Heiligen und die Seher der Geschichte, sie alle sind im Morgengrauen aufgestanden, um engere Bande zu jenem Helden zu schmieden, der in unser aller Innerstem lebt. Unsicherheit, Knauserigkeit, Selbstbezogenheit und Verdrossenheit sind Kinder der Furcht. Diese Eigenschaften sind Ihnen beigebracht worden. Sie entsprechen gewiss nicht Ihrem natürlichen Zustand. Nach unserer Geburt beginnen wir, uns von unserer spirituellen Kraft abzukehren, und werden immer mehr zu den Menschen, als die eine deformierte Welt uns haben möchte. Wir richten unser Augenmerk mehr auf das Erwerben, das Anhäufen und das Vergleichen anstatt auf das Schaffen, das Helfen und das Eingehen von Wagnissen. Wache Menschen arbeiten daran, ihr Soulset auf eine höhere Stufe zu heben in den entspannten Stunden vor Sonnenaufgang, im Schutzraum des Alleinseins, der Stille und des Friedens. Durch eine hoffnungserfüllte Kontemplation der vollkommensten Version des eigenen Selbst, in einem fehlerlosen Charakter. Durch eine wundervolle Meditation darüber, wie man an dem bevorstehenden neuen Tag auftreten und sich zeigen möchte. Durch sorgfältige Beschäftigung damit, wie schnell das Leben verstreicht und wie plötzlich das Ende kommen kann. Und durch gewissenhaftes Reflektieren darüber, welche Gaben und Fähigkeiten man zum Tragen bringen möchte, damit man die Welt in einem besseren Zustand verlassen kann, als man sie vorgefunden hat. Dies sind einige der Möglichkeiten, die dabei helfen können, das eigene Soulset zu verbessern.

Ja«, fuhr der Milliardär fort, wobei die Verletzlichkeit seiner offenherzigen Art durch seine sanfte Stimme besonders eindrucksvoll zum Ausdruck kam. »Sie beide haben auf dem

Grund Ihrer Seele einen tapferen, liebevollen und energiegeladenen Helden. Ich weiß, für die meisten Menschen klingt dies verrückt. Aber es ist die Wahrheit. Und wenn Sie in Ihrer Stunde des Sieges eine wenig Zeit auf Ihr Soulset verwenden, werden Sie sich dieses großartigsten Teils Ihres Selbst bewusster werden – und auch Ihre Beziehung zu ihm verbessern. Sie dienen also beständig der Gesellschaft, statt den Ego-Hunger Ihres kleineren Selbst immer wieder neu zu stillen.«

»Und mit einem verbesserten täglichen Bewusstsein für unser Mindset, Heartset, Healthset und Soulset werden wir auch bessere tägliche Entscheidungen treffen, die zu besseren täglichen Ergebnissen führen, nicht wahr?«, verkündete die Unternehmerin und griff damit die *Erfolgsformel der drei Schritte* auf, die sie in einer der vorhergehenden Mentoring-Sitzungen kennengelernt hatte.

»Genau«, lobte der Milliardär. »Ganz richtig«, setzte er hinzu und nickte.

»Und seien Sie sich bitte immer dessen bewusst, was das Wichtigste ist in einem Leben, das auf großartige Weise gelebt wird«, bat der Milliardär. »Lassen Sie sich nicht durch Oberflächlichkeiten verführen, die den menschlichen Geist ersticken und uns von dem Besten in uns abtrennen.«

Dann zog er eine dünne Brieftasche aus der Hemdtasche und las von einem zerknitterten Blatt Papier, das zusammengefaltet in einem Umschlag gesteckt hatte, einen Satz von Tolstoi vor. Mit seiner kratzenden, aber dennoch würdevollen Stimme rezitierte er folgende Worte:

> *Ein stilles, zurückgezogenes Leben in ländlicher Einsamkeit, mit der Möglichkeit, den Menschen Gutes zu tun, denen man so leicht Gutes tun kann, da sie nicht daran gewöhnt sind; ferner die Arbeit – solche Arbeit, die Nutzen zu bringen scheint; dann die Erholung, die Natur, die Bücher, die Musik, die Liebe zu einigen Menschen, die uns teuer sind – das ist mein Traum vom Glück.*

Die drei standen nun vor dem Haus des Magnaten. Auf einem Zitronenbaum saß eine Eule. Sie schrie laut, als sie den Milliardär erblickte. Er reagierte darauf mit einem einfachen Winken.

»Schön, dich wiederzusehen, kleiner Kerl«, sagte der Milliardär. »Wo warst du denn so lange?«

Fokus #4 der Menschen, die Geschichte schreiben: Tägliches Aufschichten

»Bedenken Sie, dass Ihre wertvollen Tage Ihr kostbares Leben im Kleinen repräsentieren«, erklärte der Milliardär. »Mit jedem einzelnen Tag gestalten Sie Ihr Leben. Wir konzentrieren uns alle so sehr auf unsere Zukunft, dass wir die Bedeutung eines einzelnen Tages zunehmend vernachlässigen. *Aber was wir heute tun, das erschafft unsere Zukunft.* Das ist wie bei diesem Segelboot da drüben«, erläuterte Mr Riley und deutete zu einem Boot, das in der Ferne vorüberzog.

»Einige wenige kleine Kursänderungen, die auf einer längeren Reise winzig und unbedeutend erscheinen, entscheiden letztlich darüber, ob man im atemberaubenden Brasilien landet oder im fantastischen Japan. Um sicherzustellen, dass Sie ein erfolgreiches und bedeutsames Leben führen können, müssen Sie nur Ihren Tag in Besitz nehmen. Führen Sie dieses 1 Prozent an Kurskorrekturen und Verbesserungen in jeder 24-Stunden-Einheit durch, die Ihnen zugewiesen wird, dann werden diese Tage zu Wochen werden und die Wochen zu Monaten und die Monate zu Jahren. Der Redner bezeichnet diese täglichen persönlichen und beruflichen Optimierungen als ›Mikro-Gewinne‹. Wenn Sie alles, was Sie an einem Tag beschäftigt, angefangen mit Ihrer Morgenroutine über Ihre Gedankenmuster bis hin zu Ihren geschäftlichen Fertigkeiten und Ihren persönlichen Beziehungen, täglich nur um 1 Prozent verbessern, werden daraus 30 Prozent – ja, 30 Prozent – Verbesserung in einem Monat. Halten Sie an diesem Programm konsequent fest, und in nur einem Jahr werden sich die

Dinge, auf die Sie sich konzentriert haben, um 365 Prozent verbessert haben. Ich will damit sagen, dass man sich gewissermaßen monomanisch darauf konzentrieren muss, sich großartige Tage zu schaffen – und diese werden letzten Endes zu einem großartigen Leben führen.«

»Kleine tägliche, unscheinbare Verbesserungen führen im Laufe der Zeit, wenn man sie dauerhaft und konsequent durchführt, zu erstaunlichen Ergebnissen«, bekräftigte die Unternehmerin und zitierte einen jener Merksätze, die sie während dieses magischen Abenteuers kennengelernt hatte.

»Ja«, bekräftigte der Milliardär fröhlich, streckte sich, berührte seine Zehen und sagte dann leise zu sich selbst: »Das Leben ist schön, und ich muss diesen zwei guten Seelen dabei helfen, großartig zu werden – bevor es zu spät ist.«

»Das ist die wichtigste Erkenntnis«, fuhr der Milliardär fort. »Erfolgreiche Leistungsmenschen und tagtägliche Helden wissen, dass das, was man jeden Tag tut, wesentlich mehr zählt als das, was man nur hin und wieder tut. Konsequenz ist ein Schlüsselelement der Meisterhaftigkeit. Und *Regelmäßigkeit ist eine Notwendigkeit, wenn man darauf aus ist, Geschichte zu schreiben.*«

In diesem Augenblick wurde die Aufmerksamkeit der Unternehmerin durch das Aufleuchten ihres Smartphone-Displays abgelenkt. Darauf erschienen folgende Worte in einer Schrift, die tropfendem Blut ähnelte und die sie erzittern ließ:

Ein Killer IST unterwegs

»Schatz, was ist los?«, fragte der Künstler besorgt und ließ damit erkennen, wie eng ihre Beziehung schon geworden war.

»Ja, was ist passiert?«, erkundigte sich der Milliardär, als er sah, dass die Unternehmerin kreidebleich geworden war.

»Es … äh … Es … ist … nun … es …«, stotterte sie.

Sie sank auf die Knie in ein Blumenbeet, nicht weit von dem

Platz entfernt, wo der Chauffeur den Wagen geparkt hatte. Aber fast so schnell stand sie wieder auf.

»Eine weitere Morddrohung. Jemand ist unterwegs, um mich umzubringen. Die Investoren wollen mich aus der Firma drängen. Wisst ihr, was?«, sagte die Unternehmerin und nahm eine Haltung ein, die starke Zuversicht und trotzige Entschlossenheit ausstrahlte. »*Ich werde nicht ausscheiden.* Ich habe diese Firma aufgebaut. Ich liebe meine Arbeit. Ich würde alles für mein Team tun. Unsere Produkte sind erstklassig. Und diese Firma voranzubringen hat mir so große persönliche Erfüllung gegeben. Ich bin bereit, es mit ihnen aufzunehmen. Jetzt erst recht! Auf in den Kampf!«

»Es wird alles geregelt werden«, murmelte der Milliardär und wiederholte damit, was er bereits am Strand gesagt hatte, als er von dieser Situation erfahren hatte. »Konzentrieren Sie sich einfach ganz auf das, was Sie lernen, und nutzen Sie diese einmalige Chance, ein neues Mitglied des 5-Uhr-Clubs zu werden. Verbringen Sie eine schöne Zeit hier bei mir auf Mauritius. Setzen Sie diese kleine Lovestory fort, die sich entwickelt hat zwischen Ihnen und meinem tätowierten Freund hier«, sagte der Milliardär lächelnd. »Und stärken Sie das Bewusstsein für Ihre natürliche Kraft, als Führungsperson, als Leistungsträger und als Mensch. Ich freue mich wirklich sehr über Ihre Fortschritte. Sie wirken bereits jetzt tapferer, entspannter und gelassener. Das ist sehr gut für Sie.«

»Um 5 Uhr aufzustehen wird mit jedem Tag leichter«, sagte die Unternehmerin, die sich getröstet fühlte und nun wieder gefasster klang. »Die Erkenntnisse, die Sie uns vermitteln, sind von unschätzbarem Wert. Ich entwickele mich enorm weiter. Ich kann es kaum erwarten, zu erfahren, was ich konkret tun muss, um diese Gewohnheit zu verankern, und die *20/20/20-Formel* zu lernen, damit ich genau weiß, was ich in meiner Stunde des Sieges zu tun habe. Ich habe schon ein bisschen Yoga praktiziert und bin am Strand spazieren gegangen in der Dunkelheit, bevor die Sonne aufgeht, aber ich kann noch Anleitung brauchen, um ein konkretes Ritual zu entwickeln. Ich weiß, dass Sie eines haben. Aber auch die Philosophie an sich ist schon äußerst hilfreich.«

»Die genaue Methode werde ich Ihnen bald vorstellen. Fürs Erste sollten Sie wissen, dass das Konzept, das ich Ihnen vermittle, das *Fundament des täglichen Aufschichtens* heißt. Das Gewinnen fängt an mit dem Beginnen. Machen Sie sich Ihren Morgen zu eigen, und die Qualität Ihres Tages wird sich enorm verbessern, was letztlich auch die Qualität Ihres Lebens außergewöhnlich steigern wird. Sie werden so viel energiegeladener, produktiver, zuversichtlicher, glücklicher und gelassener werden – auch an sehr schwierigen Tagen –, wenn Sie den Tag richtig beginnen. Okay, geht jetzt, ihr beiden, und verbringt eine wundervolle Zeit zusammen. Der Dichter John Keats hat einmal einen sehr schönen Satz geschrieben: ›Ich wünschte fast, wir wären Schmetterlinge und lebten nur drei Sommertage – drei solche Tage mir dir könnte ich mit mehr Freude erfüllen, als fünfzig gemeinsame Jahre jemals enthalten könnten.‹ Wundervoll, nicht wahr?«

»Absolut«, bestätigte der Künstler. Er zupfte an seinen Rastalocken, strich sich über den Bauch und schnürte dann einen seiner schwarzen Springerstiefel. »Das sehe ich genauso.«

»Um welche Zeit sollen wir uns morgen wiedertreffen?«, fragte der Milliardär mit einem Gesichtsausdruck, der zeigte, dass er sich über die Antwort völlig sicher war.

»Um 5 Uhr früh«, antworteten die Unternehmerin und der Künstler wie aus einem Mund.

Kapitel 11

Navigieren in den Gezeiten des Lebens

»Die besten und die schönsten Dinge auf der Welt kann man nicht sehen und auch nicht hören, man muss sie mit dem Herzen erfühlen.« – **Helen Keller**

Die Unternehmerin hatte als Kind segeln gelernt. Sie liebte es, das Salzwasser auf ihrem jungen Gesicht zu spüren, und genoss das Gefühl von Freiheit, das ihr die Weite des Meeres vermittelte. Sie fragte sich, warum sie eigentlich mit dem Segeln aufgehört hatte. Dabei begann sie auch darüber nachzudenken, warum sie so viele andere Dinge aufgegeben hatte, die ihr früher so viel Freude bereitet hatten. Und sie wusste es wohl zu schätzen, dass sie in diesem Augenblick, da sie auf einem kleinen Boot über den endlosen Indischen Ozean glitt, vollkommen offen war. Und in höchstem Maße lebendig.

»Unsere Kultur misst Erfolg daran, wie viel Geld wir haben, welche Leistungen wir vollbringen und wie groß unser Einfluss ist. Aber«, überlegte die Unternehmerin, »obwohl auch der Redner und Mr Riley glauben, dass diese Dinge wichtig sind, haben sie mich ermutigt, darüber nachzudenken, wie gut ich mein Leben anhand anderer Messgrößen meistere. Durch meine Verbindung zu meiner natürlichen Kraft, den engen Kontakt zu meiner Authentizität, die Vitalität meines Körpers und durch das Maß meiner Freude. Dieser Ansatz erscheint mir wesentlich sinnvoller, um meinen Erfolg zu messen, sowohl in der Welt draußen Erfolge zu erzielen als auch inneren Frieden zu finden.«

Die Zeit auf der Veranstaltung mit dem Redner und die wunderbaren Tage, die sie auf dieser unverfälschten Insel verbrachte mit Menschen, die sich noch die Zeit nahmen, anderen einen »Guten Morgen« zu wünschen und Fremden ein Lächeln zu schenken, und die echte Wärme ausstrahlten, all dies inspirierte sie und veranlasste sie dazu, ihre Vorstellung von einem produktiven, reichen und erfüllenden Lebens in vielfacher Hinsicht zu verändern.

Die Unternehmerin bemerkte, dass sie jetzt weniger wie eine Maschine, sondern menschlicher agierte. Sie überprüfte nicht mehr regelmäßig und zwanghaft ihre Technik. Sie konnte sich nicht erinnern, dass sie sich schon einmal so kreativ gefühlt hatte und so aufgeschlossen für die Wunder des Lebens. Sie war noch nie so aufnahmebereit gewesen für die Segnungen, die ein neuer Tag auf Erden mit sich bringt. Und sie hatte noch nie so viel Dankbarkeit empfunden oder konnte sich zumindest nicht daran erinnern. Ja, sie war dankbar – für alles, was sie erlebte. Sie erkannte, dass die unangenehmen Erfahrungen in ihrem Leben sie gestärkt und verständnisvoller, interessierter und klüger gemacht hatten. Ein faszinierendes und farbenprächtiges Leben ist mit vielen Narben versehen, begann sie zu begreifen.

Sie fasste den Entschluss, sich der Auseinandersetzung mit ihren Investoren zu stellen, um ihre Couragiertheit zu stärken. Der Übernahmeversuch durch ihre Geschäftspartner festigte nur ihre Entschlossenheit, ihre natürliche Heldenhaftigkeit zu verteidigen, die, wie sie gelernt hatte, wir alle in unserer Mitte tragen, unter den Schichten der Furcht, der Unsicherheit und der Begrenztheit, die wir uns auf unserem Lebensweg zulegen. Das Verhalten ihrer hinterhältigen Partner würde nur dazu führen, dass sie ein mutigerer, besserer und aufrechterer Mensch wurde. Häufig lehrt uns ein schlechtes Beispiel mehr darüber, wer wir eigentlich sein wollen, als eine gute Erfahrung es vermag. Und in dieser Welt, in der so viele verhärtete Menschen den Zugang zu ihrem wahren Wesen verloren haben, würde sie sich, so gelobte sie sich, in ihrer verbleibenden Lebenszeit darum bemühen, in ihrem Leben Vortrefflichkeit, Resilienz und ein Höchstmaß an Güte zum Tragen zu bringen.

Als der Künstler und die Unternehmerin ihr kleines Holzboot durch das kristallklare Wasser steuerten, um Korallenriffe herum, die bei einer Kollision höchst gefährlich werden konnten, und sich immer weiter vom Strand entfernten, wo der Milliardär seine Morgenlektion abgehalten hatte, erspähte die Unternehmerin in der Ferne jenes Stück Land, wo sie und ihre neue Liebe auf Empfehlung von Mr Riley ein Picknick machen sollten.

Sie entdeckte auch eine noch immer wachsende Zuneigung zu jenem groß gewachsenen Mann, der neben ihr saß. Auch wenn sie aus völlig verschiedenen Welten kamen, gab es eine unbezweifelbare Anziehung zwischen ihnen. Es war, als wären verschiedene Galaxien aufeinandergeprallt. Und obgleich sich ihre Verhaltens- und Lebensweisen unterschieden, waren sie auf eine Art miteinander kompatibel, wie sie es noch nie zuvor erlebt hatte. Ihre Mutter hatte ihr einmal gesagt, wenn man das Glück habe, sich zwei- oder dreimal im Leben zu verlieben, dann solle man jede dieser Romanzen voll auskosten.

Die künstlerischen Fähigkeiten ihres Begleiters faszinierten sie. Seinen Wunsch, auf seine Art ein Großer zu werden, bewunderte sie. Seine Ecken und Kanten, die gelegentlich zum Vorschein kamen, nahm sie als eine Herausforderung. Sein Sinn für Humor amüsierte sie. Sein offenkundiges Mitgefühl bewegte sie. Und seine dunklen Augen ließen sie dahinschmelzen.

»Das war eine gute Idee«, sagte der Künstler, als die Unternehmerin die Segelstellung änderte und das Boot geschickt um einige Bojen herumlenkte, die von den Fischern am Morgen ausgesetzt worden waren. »Hier herauszufahren – weg von allem. Ich brauchte einfach eine Pause vom Unterricht.

Ich liebe alle diese Informationen. Ich lerne so viel von Mr Riley. Er hat wirklich was auf dem Kasten. Aber mein Kopf ist voll. Ich brauche Zeit zum Nachdenken. Ich will ein bisschen Spaß haben und das Leben genießen. Hier draußen zu sein, zusammen mit dir, das ist etwas Besonderes.«

»Danke«, erwiderte die Unternehmerin knapp, während ihre Haare im Wind wehten und ihre dunklen Augen auf die Wasserfläche vor ihr gerichtet waren.

»So glücklich habe ich sie noch nie gesehen, seit ich sie bei der Veranstaltung kennengelernt habe«, dachte der Künstler. Er legte einen Arm um die Unternehmerin. Sie zog sich in keiner Weise zurück, sondern blieb völlig entspannt, während ihr bunt angestrichenes Boot weiter auf das Meer hinausfuhr.

Nach einer Weile wurde die kleine Insel, die sie ansteuerten, deutlicher sichtbar.

»Das Team des Milliardärs hat für uns ein nettes Picknick vorbereitet«, bemerkte die Unternehmerin. »Lass uns in dem seichten Bereich da drüben vor Anker gehen und auf dem weißen Sandstrand unser Mittagessen zu uns nehmen.«

Die Insel wirkte verlassen, abgesehen von ein paar gut genährten Seemöwen, die über ihren Köpfen umherflogen und von denen einige Fische in ihren schmalen Schnäbeln trugen. Eine Riesenschildkröte kroch über die feuchte Strandlinie, als wäre sie die Herrscherin darüber.

»Coole Idee«, erwiderte der Künstler. »Damit bin ich sehr einverstanden«, setzte er hinzu, während er völlig unbefangen sein Hemd auszog und mit einem lauten Platschen ins Wasser sprang.

Das wohlschmeckende Mahl der beiden bestand aus gegrillten pikanten Garnelen und frischem Mangosalat, und dazu gab es ein riesiges Stück Pecorino-Käse, der am Morgen aus Italien eingeflogen worden war. Wassermelone, gemischt mit Ananas und Kiwi, war der Nachtisch.

Die Geschäftsfrau erzählte von ihrem Ziel, eines der besten Unternehmen der Welt aufzubauen, während sie ihre Mahlzeit zu sich nahmen und in dieser friedvollen Umgebung die Seele baumeln ließen. Sie sprach von ihrem Wunsch, ein richtiges Imperium zu errichten und sich später nach Ibiza aufs Land zurückzuziehen. Sie erzählte ihrem Begleiter noch mehr von ihrer wenig glücklichen Kindheit, von der schrecklichen Scheidung ihrer Eltern bis hin zu dem tiefen Trauma, das der Selbstmord ihres geliebten Vaters bei ihr hervorgerufen hatte. Sie sprach ausführlich über ihre gescheiterten Beziehungen, die sie dazu veranlasst hatten, sich hauptsächlich auf ihre Arbeit zu konzentrieren, und davon, wie einsam sie sich fühlte, wenn sie sich nicht mit der Weiterentwicklung ihrer Firma beschäftigen konnte.

»Das waren keine gescheiterten Beziehungen«, warf der Künstler ein, während er an einem Stück Wassermelone kaute. »Sie haben dich zu der Frau gemacht, die du heute bist, nicht wahr? Und ich mag dich so, wie du bist. Wirklich«, erklärte der Künstler freimütig. »Ich *liebe* dich so, wie du bist.«

Er beugte sich hinüber und küsste die Unternehmerin.

»Warum hast du so lange gebraucht, bis du das endlich gesagt hast?«, fragte sie.

»Ich weiß nicht. Mein Selbstvertrauen war lange Zeit etwas angeknackst«, räumte der Künstler ein. »Aber als ich den Redner auf dem Seminar hörte und dich kennenlernte und spürte, dass wir auf einer gemeinsamen Wellenlänge sind, und mich dann in dieses unglaubliche Abenteuer gestürzt habe, da … Ich weiß nicht. Ich glaube jetzt wieder mehr an mich selbst. Das ist eine große Hilfe für mich, um wieder Vertrauen zum Leben zu gewinnen, glaube ich. Mich wieder jemandem zu öffnen ist einfach großartig. Eigentlich sollte ich heute noch malen. Da wird etwas Besonderes entstehen. Ich spüre das.«

»Ja, tu das«, ermutigte ihn die Unternehmerin. »Ich spüre es auch. Du wirst ein ungemein erfolgreicher und wahrhaft legendärer Maler werden.«

Nach einer langen Pause setzte sie hinzu: »Übrigens, ich liebe dich auch.«

Die romantische Stimmung dieses Augenblicks, die sich zwischen den beiden neuen Mitgliedern des 5-Uhr-Clubs entwickelt hatte, wurde jäh zunichtegemacht durch das Dröhnen lauter Hip-Hop-Musik. Auf dem Meer sah man eine Gestalt, die mit atemberaubender Geschwindigkeit über das Wasser schoss – zuerst im Zickzackkurs, dann geradeaus. Bald zeigte sich, wer dieser lärmende, uneingeladene Eindringling war: Stone Riley, der auf einem aufgemotzten Jetski fuhr und einen Zylinder trug, der an seinem Kinn festgebunden war. Ja, einen Zylinder. Wenn man genauer hinschaute, konnte man darauf einen Totenkopf und eine Armbrust erkennen – eine Art von Symbol, wie es auf Piratenflaggen zu sehen ist.

Wenig später erschien er an dem unberührten Strand, wo sich die beiden Liebenden niedergelassen hatten. Kurz darauf aß auch er Garnelen und Mangosalat und schnitt sich große Stücke des frischen Obstdesserts ab. Und dann ergriff auch er die Hände der Unternehmerin und des Künstlers.

Dieser Mann war wirklich ein komischer Kauz. Und ein höchst menschlicher Held. Die Unternehmerin und der Künstler schauten sich an, als der Milliardär seine Show abzog. Beide schüttelten den Kopf, klatschten in die Hände und lachten.

»Leute!«, rief der Milliardär so laut, dass er die Musik übertönte, während sein Jetski im seichten Wasser schaukelte. »Ich habe euch vermisst. Ich hoffe, ich vermassele euch nicht euer Picknick«, rief er. Ohne eine Antwort abzuwarten, drehte er die Lautstärke der Musik höher und sang das Lied mit.

»Ein krasser Sound, nicht wahr?«, fragte er, energiegeladen wie ein Kraftwerk.

»Definitiv«, erwiderte der Künstler instinktiv. »Ich meine, tatsächlich«, korrigierte er sich.

Die drei Gefährten verbrachten den Rest dieses unvergesslichen Nachmittags mit Schwimmen, Singen, Tanzen und Reden. Am Abend veranstaltete der Milliardär ein zauberhaftes

Abendessen an seinem Strand, der von Petroleumfackeln, cremefarbenen Laternen und, wie es den Anschein hatte, Tausenden Kerzen erhellt wurde.

Auf einem langen Holztisch, der ausgelegt war mit feinstem Leinen, standen Tabletts mit köstlichen Speisen. Auch der Redner erschien zum Bankett und tauschte mit dem Milliardär Geschichten aus, während später einige weitere Freunde von Mr Riley erschienen, um Bongotrommeln zu spielen, ebenfalls von den vorzüglichen Speisen zu kosten und besten Wein zu genießen. Auch die höchst professionellen und außergewöhnlich aufmerksamen Bediensteten wurden eingeladen, an dem Fest teilzunehmen. Es wirkte alles surreal. Und es war etwas ganz Besonderes.

Einen Augenblick lang dachte die Unternehmerin darüber nach, wie kostbar dieser Abend war, und erinnerte sich an einen Satz, den ihr Vater damals am Kühlschrank angebracht hatte. Er stammte von Dale Carnegie, dem Autor zahlreicher Selbsthilfebücher, und lautete: »Zu meinen tragischsten Erkenntnissen über das menschliche Leben gehört, dass wir alle dazu neigen, das Leben aufzuschieben. Wir alle träumen von einem magischen Rosengarten jenseits des Horizonts, anstatt uns an jenen Rosen zu erfreuen, die vor unserem Fenster blühen.«

Die Unternehmerin lächelte. Ihr wurde klar, dass sie ihr Leben nicht länger aufschieben wollte. Sie hatte sich nicht nur in einen herzensguten Mann verliebt. Auch ihre Lebensfreude kehrte wieder zurück.

Am nächsten Morgen um 5 Uhr durchschnitt Hubschrauberlärm die Stille, die nur zu dieser Zeit des Tages zu erleben ist. Die Unternehmerin und der Künstler warteten am Strand, wie sie es dem Milliardär versprochen hatten. Sie hielten sich fest an den Händen und freuten sich auf die nächste Lektion, die heute auf dem Programm stand. Doch der Milliardär war nirgends zu sehen.

Eine Bedienstete, die ein frisches Hemd in der Farbe des Himmels, tomatenfarbene Bermudashorts und rote Ledersandalen trug, kam aus dem Strandhaus des Titanen geeilt.

»Bonjour«, sagte sie in akzentfreiem Französisch. »Mr Riley hat mich gebeten, Sie zum Hubschrauberlandeplatz zu geleiten. Er hat ein großes Geschenk für Sie beide. Aber Sie müssen sich beeilen, bitte. Wir haben einen straffen Zeitplan.«

Die drei gingen über den Strand, kamen auf einen gut instand gehaltenen Weg zwischen saftig grünen Bäumen und passierten einen Kräutergarten, an dem Holztafeln mit Zitaten berühmter Personen angebracht waren sowie eine Tafel, auf der stand: »Unbefugte werden zu Kompost verarbeitet«. Schließlich erreichten sie eine sorgfältig gemähte Wiese. In der Mitte der Grasfläche stand ein glänzender Helikopter, dessen Rotorblätter sich im Licht der Morgensonne drehten.

Im Helikopter saß der Pilot. Er trug eine Fliegerbrille, eine schwarze, schmalkrempige Baseballkappe und eine schwarze Uniform. Als seine Passagiere einstiegen, blieb der Pilot still, hantierte an seinen Kontrollanzeigen und machte Eintragungen in eine, wie es schien, ausführliche Checkliste, die an einem verkratzten Klemmbrett befestigt war, auf dem oben in roter Schrift der Satz »Erhebe dich und glänze, damit du dem Elend der Mittelmäßigkeit entrinnen kannst« stand. Darunter befand sich ein lachendes Smiley-Symbol.

»Guten Morgen«, sagte die Unternehmerin aufgeweckt zum Piloten. »Wo ist Mr Riley?«

Der Pilot antwortete nicht. Er drehte an einer Skala, stellte einen Knopf genauer ein und hakte einen weiteren Punkt auf seiner weißen Liste ab.

»Viel Glück und einen sicheren Flug wünsche ich Ihnen beiden«, sagte die Bedienstete, während sie die Sitzgurte zurechtlegte und ihren VIP-Gästen behutsam Kopfhörer mit einem Mikrofon aufsetzte.

»Wohin zum Teufel fliegen wir eigentlich?«, fragte der Künstler und kehrte wieder den wilden, zornigen Mann heraus.

Keine Antwort. Die Tür schloss sich dröhnend. Dann wurde sie mit einem Klacken versperrt.

Der Motorlärm schwoll an, und der Propeller drehte sich schnell. *Whoosh, whoosh,* tönte es. Der Pilot, der sich in einem Zustand unerschütterlicher Trance zu befinden schien und alles andere als freundlich war, schob den Steuerknüppel nach vorn. Der Helikopter begann sich langsam von der grasbewachsenen Fläche abzuheben. Dann aber neigte er sich plötzlich stark nach links. Anschließend trudelte er rasant nach unten in Richtung Boden, bevor er wieder hochgezogen wurde.

»Ein völliges Desaster!«, schrie der Künstler. »Dieser Pilot ist unfähig. Zum Teufel mit ihm.«

»Ruhig Blut. Alles wird gut«, beruhigte ihn die Unternehmerin. Sie wirkte entspannt und schien sich vollkommen unter Kontrolle zu haben. Ihr Morgentraining wirkte bereits. Sie zog den Künstler zu sich heran. »Ich bin hier. Wir sind in Sicherheit. Es wird alles gut ausgehen.«

Nach kurzer Zeit war der Hubschrauber hoch oben am Himmel und bewegte sich stetig, gleichmäßig und elegant. Der ruhige Pilot hantierte mit den Kontrollanzeigen und den Knöpfen und schien sich gar nicht bewusst zu sein, dass er zwei Passagiere an Bord hatte.

»Diese Uhr habe ich schon einmal gesehen«, bemerkte der Künstler, als er den großen Zeitmesser am schmalen Handgelenk des Piloten entdeckte.

»Es ist die gleiche Uhr, die Stone Riley auf der Veranstaltung des Redners trug. Das ist wirklich verrückt«, sagte er mit bebender Stimme. Der Maler schwitzte wie ein Eisbär während einer Hitzewelle.

»Gestalte deinen Morgen, und in deinem Leben wird alles möglich«, ertönte es aus dem vorderen Teil des Helikopters.

»Hallo, Sie beiden, Bonzour. Genießen Sie es heute Morgen, Mitglieder im 5-Uhr-Club zu sein?«, fragte er mit kratzender Stimme. »Junge, Junge, die Überraschung, die auf Sie wartet, wird Ihnen gefallen. Ein weiteres Land mit einer weiteren Lektion über die Morgenroutine legendärer Leader, kreativer Genies und großer Männer und Frauen der Welt.«

Der Pilot drehte sich ruckartig um und setzte seine Sonnenbrille ab. Dann ließ er einen gewaltigen Furz entweichen.

Es war der Milliardär.

»He, Leute. Ich wollte Sie zwei wundervolle Menschen nicht erschrecken. Ich habe einen Pilotenschein für den Helikopter, müssen Sie wissen«, sagte Mr Riley in einem beinahe entschuldigenden Ton.

»Sicher«, bemerkte der Künstler, der sich noch immer an die Unternehmerin drückte wie ein Spieler, der seinen letzten Chip in der Hand hält.

»Ich habe ihn schon vor Jahren erworben«, fuhr der Milliardär fort. »Helikopter sind obercool. Aber aufgrund meiner vielen geschäftlichen Verpflichtungen finde ich kaum noch Zeit zum Fliegen. Tut mir leid wegen des unsanften Starts. Anscheinend brauche ich wieder etwas mehr Übung.«

»Wohin fliegen wir?«, erkundigte sich die Unternehmerin, während sie es sich in ihrem Ledersitz bequem machte.

»Agra«, lautete die knappe Antwort des Milliardärs.

»Was heißt das?«, fragte der Künstler. »Wo liegt Agra?«

»Ich bringe Sie beide zum Flughafen«, erwiderte der Milliardär. »Wir setzen unser einmaliges Abenteuer fort.«

»Verlassen wir Mauritius?«, fragte die Unternehmerin enttäuscht. Ihre Armreife klirrten und rieben aneinander.

»Was ist mit den weiteren Lektionen, die Sie uns noch geben wollten?«, fragte der Künstler. »Wir haben die *20/20/20-Formel* noch nicht kennengelernt, die unser Leben revolutionieren soll, wie Sie sagten. Sie haben uns erklärt, dass sie gewissermaßen die Grundlage der 5-Uhr-Methode bildet. Ich kann es kaum erwarten, sie kennenzulernen«, sagte der Künstler und schlug wieder mit der Faust in die Innenfläche seiner anderen Hand. »Und mir gefällt Mauritius wirklich sehr. Ich wollte eigentlich noch gar nicht weg.«

»Ich auch nicht«, pflichtete ihm die Unternehmerin bei. »Ich dachte, Sie wollten uns detailliert erläutern, was man tun soll, nachdem man um 5 Uhr aufgestanden ist. Auf der Veranstaltung des Redners haben Sie uns versprochen, uns praktische Tipps zur Steigerung der Produktivität zu geben, damit ich mein Geschäft ausbauen kann, und uns mit einigen Schlüsseltechniken bekannt zu machen, die es mir ermöglichen, mein Glück zu finden. Ich und mein Freund haben nur ein einziges gemeinsames Picknick gehabt. Und das haben Sie uns mit Ihrer lauten Musik und Ihrem aufgemotzten Jetski vermasselt!«

Eine Weile herrschte Schweigen. Dann begannen alle Insassen des Helikopters zu kichern.

»Entspannen Sie sich!«, rief der Milliardär. »Mein Heim ist Ihr Heim. Sie können, wann immer Sie wollen, nach Mauritius zurückkehren. Ich schicke Ihnen wieder dieselben Fahrer und dasselbe Flugzeug, und ich werde dafür sorgen, dass Sie wieder dieselbe Liebe und Zuneigung zu mir und meinem fabelhaften Team empfinden. Kein Problem. Ich freue mich, Ihnen helfen zu können. Immer.«

Er betätigte einen weiteren Schalter, dann sagte er: »Auf der Rollbahn wartet ein Flugzeug auf uns. Sie beiden Turteltauben waren wundervolle Schüler. Absolut erstklassig. Sie haben die Lehren des Redners mit großer Wissbegier angenommen. Sie sind jeden Morgen mit der Sonne aufgestanden. Ich habe Ihre Fortschritte gesehen. Daher möchte ich Ihnen heute ein großartiges Geschenk machen.«

»Ein Geschenk?«, fragte der Künstler. »Ich muss bald wieder zurück nach Hause in mein Studio. Nach diesem Erlebnis muss ich einiges verändern in meiner Arbeit und in meinem Leben.«

»Und ich muss bald wieder in meine Firma«, sagte die Unternehmerin. Auf ihrer Stirn zeigten sich wieder einige Sorgenfalten, als sie diese Worte aussprach, wenngleich es deutlich weniger waren als vor ihrem Beitritt zum 5-Uhr-Club.

»Nun, jetzt noch nicht, Leute. Noch nicht – bitte«, bat der Milliardär. »Wir müssen nach Agra.«

»Ich habe keine Ahnung, wo das ist«, gab die Unternehmerin zu.

»Agra ist in Indien«, erläuterte der Milliardär. »Ich werde Ihnen beiden eines der sieben Weltwunder zeigen. Und Sie dazu anleiten, sich den nächsten Teil der 5-Uhr-Methode anzueignen. Alles, was Sie bisher gelernt haben, war nur die Vorbereitung für das, was jetzt kommt. Sichern und Laden, sozusagen. Wir sind jetzt so weit, dass wir uns den fortgeschrittenen Informationen zuwenden können, die Ihnen helfen werden, außerordentliche Produktivität, legendäre Leadership und ein herausragendes Leben zu erreichen und die Welt voranzubringen. Bereiten Sie sich darauf vor, die Morgenroutine der Erbauer von Welten und der Menschen, die Geschichte schreiben, in allen praktischen Einzelheiten kennenzulernen. Das Beste kommt erst noch.«

Der Milliardär setzte den Helikopter gekonnt neben einem blitzenden Privatjet auf, dessen Turbinen bereits liefen. Anders als das erste Flugzeug war dieses komplett schwarz. Doch wie bei dem Flieger, der die beiden Schüler nach Mauritius gebracht hatte, war auch an seinem Heck die Beschriftung *5UC* angebracht, ebenfalls in Orange.

»Auf nach Indien, in dieses unglaubliche Land!«, rief der Milliardär energiegeladen.

»Ja, los geht's!«, erwiderten die Unternehmerin und der Künstler.

Nun sollte eine der wertvollsten Erfahrungen auf ihrer außergewöhnlichen Reise mit dem exzentrischen Magnaten Stone Riley beginnen.

Kapitel 12

Der 5-Uhr-Club lernt das Gewohnheits-Installierungs-Protokoll kennen

»Ich habe jede Minute des Trainings gehasst. Aber ich sagte mir: ›Gib nicht auf. Leide jetzt, und verbringe den Rest deines Lebens als Champion.‹« – Muhammad Ali

In der Unterrichtseinheit am nächsten Morgen sollte es darum gehen, wie die produktivsten Leader und Leistungsmenschen des Planeten sich jene Gewohnheiten aneignen, die sie zu Superstars werden lassen. Und die es ihnen ermöglichen, ein faszinierendes, abenteuerreiches und sinnvolles Leben zu führen. Entsprechend der Bitte von Mr Riley hatten sowohl die Unternehmerin als auch der Künstler ihren Aufenthalt verlängert. Sie hatten begriffen, wie grundlegend das Training war, an dem sie teilnahmen. Und sie wussten, dass es das Klügste war, sich voll darin zu engagieren.

»Hallo, Leute!«, rief der Milliardär, während er auf seine Begleiter zulief. Die indische Sonne stieg zaghaft an einem Horizont nach oben, der karg und elektrisierend zugleich war.

Es war genau 5 Uhr früh.

Der Tycoon trug ein schwarzes Hemd mit Nehru-Kragen, Cargo-Shorts und schwarze Sandalen. Zudem hatte er heute einen Turban auf. Er grinste breit. Die Sonne von Mauritius strahlte noch immer aus ihm.

»Am heutigen Morgen werde ich Sie bekannt machen mit den Erkenntnissen des Redners über das Installieren jener Techniken, die Ihnen helfen, Ihre Großartigkeit im geschäftlichen Bereich und im Leben zum Tragen zu bringen. Wie ich Ihnen bereits in einer früheren Lektion vermittelt habe, sind es nicht die Erbanlagen, welche die Besten zu den Besten machen, sondern vielmehr ihre Gewohnheiten. Und auch nicht das Ausmaß ihrer Gaben, sondern ihr Durchhaltevermögen. Heute werde ich Ihnen die Erkenntnisse aus Wissenschaft und Forschung darüber nahebringen, wie wir die Verhaltensweisen ablegen können, die uns schwächen, und neue Verhaltensweisen einüben können, die uns nützlich sind.«

»Was ist mit Durchhaltevermögen gemeint?«, fragte die Unternehmerin, die den Worten des Milliardärs aufmerksam lauschte. Sie hatte ihre Haare zu einem Pferdeschwanz zusammengebunden und trug schlichte Schuhe.

»Dieser Begriff stammt von der Sozialpsychologin Angela Duckworth, die Leistungseliten in der Wirtschaft, der Bildung, im Militär und im Sport untersuchte. Sie fand heraus, dass für deren Erfolg nicht ihr angeborenes Talent, sondern die Intensität ihres Engagements, ihre Disziplin, ihre Resilienz und ihre Ausdauer verantwortlich waren. Diese Eigenschaften fasste sie unter der Bezeichnung ›Durchhaltevermögen‹ zusammen.«

»Cool«, sagte der Künstler. »Das ermutigt mich, nicht gleich aufzugeben, wenn ich beim Malen an eine Mauer des Selbstzweifels stoße. Oder wenn ich frustriert bin, weil ich nicht vorankomme. Oder wenn ich fürchte, dass Kollegen mich auslachen könnten, weil ich Kunst mache, die frisch und originell ist, anstatt kopiert und aus zweiter Hand.«

»Schön«, erwiderte der Milliardär, während er sich seine Bauchmuskeln rieb. »Große Geister hatten schon immer mit dem Widerstand der Mittelmäßigen zu kämpfen. Der mittelmäßige Geist kann einen Menschen nicht verstehen, der sich weigert, sich blind den herkömmlichen Vorurteilen zu unterwerfen, und der stattdessen mutig und aufrichtig seine Ansichten verkündet.«

»Das gefällt mir«, rief der Künstler überschwänglich und zeigte damit, dass er zunehmend Stolz empfand auf seine persönliche, unverwechselbare Herangehensweise an seine Kunst.

»Nun, kehren wir zum Wesentlichen zurück, und beschäftigen wir uns mit den Techniken, die es ermöglichen, sich Weltklasse-Gewohnheiten anzueignen, die dauerhaft sind und sich nicht schon nach wenigen Wochen wieder verflüchtigen. Die heutige Mentoring-Sitzung ist von entscheidender Bedeutung für Sie beide, denn Sie stehen zwar jetzt schon jeden Tag um 5 Uhr auf, aber wir möchten, dass diese Übung zu einer lebenslangen Routine für Sie wird. Und zur dauerhaften Aneignung einer Weltklasse-Gewohnheit gehört auch, dass man lernt, wie die Profis Selbstkontrolle zu entwickeln und sich beispiellose Willenskraft zu erschließen. Also, dann wollen wir jetzt loslegen.«

Die drei Gefährten standen vor dem Tadsch Mahal. Sie waren allein. Das Bauwerk wirkte unglaublich erhaben, als sie es betrachteten, ein echtes Zeugnis architektonischer und ingenieurtechnischer Meisterhaftigkeit.

»Ich liebe Indien sehr«, verkündete der Milliardär. »Es ist eines der größten Länder der Welt. Und dieser Ort hier gehört zu Recht zu den sieben Weltwundern. Atemberaubend schön, nicht wahr?«

»Ja, wirklich«, bestätigte die Unternehmerin und nahm einen Schluck Kaffee.

Der Milliardär hielt eine große Flasche Wasser in der linken Hand. Auf der Flasche stand ein längerer Text, den er seinen beiden Schülern vorlas:

Der Held wird nicht groß in Zeiten der Bequemlichkeit. Die berühmten und edlen Seelen der Welt werden stark, tapfer und tugendhaft, wenn sie entschlossen den Stürmen der Gegnerschaft, der Schwierigkeiten und des Zweifels trotzen. In jenem Augenblick, in dem du dir deiner ärgsten Schwäche bewusst wirst, bietet sich dir die Chance, deine größten Stärken zu entwickeln. Echte Kraft erwächst nicht aus einem leichten, unbeschwerten Leben, sondern aus intensivem Bemühen, hingebungsvoller Disziplin und entschlossenem Handeln zur Verwirklichung dessen, was dein eigenes höheres Selbst als richtig erkannt hat. Weiterzumachen, wenn man sich wünscht, aufhören zu können. Voranzuschreiten, wenn man sich danach sehnt, abzubrechen. Auszuharren in jenem Augenblick, wenn einem nach Aufgeben zumute ist – dadurch erwirbt man sich den Anspruch darauf, sich einzugliedern in die Reihen der großen Krieger und ehrbaren Charaktere, welche die Menschheit durch ihre wohlverdiente Unbezwingbarkeit voranbringen.

»Toll«, murmelte der Künstler. »Stammt das von einem berühmten Dichter?«

»Nein«, erwiderte der Milliardär. »Diese Worte sind von mir.«

Dann streckte Mr Riley eine Hand in die Höhe – und es war klar, was daraufhin geschah.

Aus dem frühmorgendlichen Nebel tauchte eine makellos gekleidete und sehr attraktive Mitarbeiterin auf. »Wir freuen uns sehr, Sie wieder in Indien willkommen zu heißen, Sir. Wir haben Sie sehr vermisst«, sagte sie leise. »Hier ist das, was Sie verlangt haben.«

Der Milliardär verbeugte sich leicht und schenkte seiner Assistentin ein freundliches Lächeln.

Ein wundervoll verzierter Paschminaschal wurde dem Tycoon überreicht, der ihn im Licht auseinanderfaltete. Paschmina ist eine fein gesponnene Wolle aus Kaschmir. Der Begriff bedeutet so viel wie »weiches Gold« – ein Eindruck, der sich beim Anblick dieses Tuches unwillkürlich aufdrängt.

Der Stoff war mit kleinen Ziernähereien durchsetzt, die bei näherem Hinsehen die Worte *Das 5-3-1-Glaubensbekenntnis des willensstarken Kriegers* ergaben.

Die gesamte Zierstickerei lautete:

Die 5 wissenschaftlichen Wahrheiten, die erstklassigen Gewohnheiten zugrunde liegen

Wahrheit #1: *Weltklasse-Willensstärke ist keine angeborene Stärke, sondern eine Fertigkeit, die durch unermüdliche Übung erworben wird. Im Morgengrauen aufzustehen ist ein perfektes Training zur Erlangung von Selbstkontrolle.*
Wahrheit #2: *Persönliche Disziplin ist wie ein Muskel. Je mehr man ihn streckt, umso stärker wird er. Daher schaffen sich die Samurais der Selbstbeherrschung harte und schwierige Bedingungen, um ihre natürlichen Kräfte aufzubauen.*
Wahrheit #3: *Wie andere Muskeln wird auch die Willensstärke schwächer, wenn sie ermüdet. Erholung ist daher eine unverzichtbare Voraussetzung für den Ausdruck von Meisterhaftigkeit. Und für die Bekämpfung von Entscheidungsschwäche.*
Wahrheit #4: *Die Aneignung großartiger Gewohnheiten folgt einem vierteiligen Muster der Automatisierung von Routinen. Befolge es genau, damit du dauerhafte Ergebnisse erzielen kannst.*
Wahrheit #5: *Zunehmende Selbstkontrolle auf einem bestimmten Gebiet deines Lebens fördert die Selbstkontrolle in allen anderen Bereichen deines Lebens. Deshalb ist der Beitritt zum 5-Uhr-Club eine grundlegende Entscheidung, die auch alles andere in deinem Leben verändert.*

Die 3 Werte heldenmütiger Veränderer von Gewohnheiten

Wert #1: *Siegen erfordert Beständigkeit und Ausdauer.*
Wert #2: *Etwas zu Ende zu bringen, was man angefangen hat, bestimmt das Ausmaß des persönlichen Respekts, den man sich erwirbt.*
Wert #3: *Davon, wie du im Privaten übst, hängt ab, was du in der Öffentlichkeit schaffst.*

Die eine grundlegende Theorie selbstdisziplinierter Spartaner

Regelmäßig zu tun, was mühsam, aber wichtig ist, auch wenn man sich dabei höchst unwohl fühlt – auf diese Weise werden Krieger geboren.

Der Milliardär schloss die Augen und wiederholte den Satz: »Ich wünsche mir kein leichtes Leben, denn dabei findet kein Wachstum meiner Kräfte statt. Gebt mir ein herausforderndes Leben – ein Leben, welches das Beste in mir zum Vorschein bringt. Denn dadurch bildet sich ein eiserner Wille. Und ein unbezwingbarer Charakter.

Das ist mein Geschenk für Sie beide«, fuhr der Industrielle fort. »Bitte studieren Sie diese fünf wissenschaftlich fundierten Weisheiten und die drei Werte sowie die eine grundlegende Theorie, die zusammen das *5-3-1-Glaubensbekenntnis des willensstarken Kriegers* ausmachen. Es wird Ihnen hervorragende Dienste leisten, wenn Sie damit beginnen, sich Gewohnheiten anzueignen, die dauerhaft sind.«

Wenige Augenblicke später erschien eine Autorikscha, die auf einem etwas entfernten Parkplatz gestanden hatte. Ein lächelnder junger Mann stieg aus, der ein schickes dunkelgraues Jackett, eine perfekt gebügelte Hose und polierte braune Schuhe trug.

»Namaste, Arjun«, sagte der Milliardär und klatschte in die Hände.

»Hallo, Boss«, lautete die herzliche Erwiderung seines Assistenten. Auch wenn diese Worte eher beiläufig dahingesprochen waren, brachte die Art ihrer Artikulation den enormen Respekt des jungen Mannes für seinen Arbeitgeber zum Ausdruck.

»Sie kennen beide die Geschichte hinter dem Tadsch Mahal?«, erkundigte sich der Milliardär, während der Assistent danebenstand und seine Bereitschaft signalisierte, jegliche Hilfe zu leisten, die Mr Riley von ihm verlangte.

»Bitte erzählen Sie sie uns«, bat die Unternehmerin. Sie hatte einen schlichten Notizblock und einen gewöhnlichen Kugelschreiber bei sich. Die früheren Ausführungen des Milliardärs darüber, wie eine missbräuchliche Nutzung der Technologie zur Zerstörung der Kreativität und zu einer drastischen Verminderung der Produktivität führen könne, hatten sie sehr beeindruckt. Heute trug sie einen Armreif, in den die Worte »Träume werden nicht wahr, wenn du schläfst« eingraviert waren.

»Gern – es ist eine wirklich krasse Geschichte«, erwiderte der Milliardär und fiel wieder in seinen kalifornischen Surfer-Slang.

»Genauso wie Sie zwei Turteltauben war auch der Mogulkaiser Shah Jahan, der dieses Wunderwerk ersonnen hat, schwer verliebt. Nach dem Tod seiner Frau Mumtaz im Jahr 1631 gab er ein Monument in Auftrag, das ein Symbol sein sollte für die Liebe und die Bewunderung, die er für seine Gemahlin empfand, und das ein Meisterwerk werden sollte, wie es die Welt noch nie gesehen hatte. Ein derart sensationelles, beeindruckendes und außergewöhnliches Bauwerk, das durch seine Pracht jedem, der es anschaute, die tiefe Zuneigung dieses Mannes vor Augen führen sollte.«

»Beim Betrachten spricht es irgendwie mein Herz an«, murmelte der Künstler und blickte auf die schimmernde Marmorfassade. Er blinzelte, als ihm die Strahlen der Morgensonne in die Augen fielen. Er wirkte jetzt ruhiger, fitter, zuversichtlicher und gefasster, als ihn die Unternehmerin jemals zuvor gesehen hatte.

»Meins auch«, pflichtete ihm der Milliardär bei, in dessen Stimme eine leichte Melancholie mitschwang. »Den Tadsch Mahal zu betrachten ist nicht einfach nur eine Sache des Intellekts. Es ist auch eine Wiedererweckung der Seele. Es erinnert auch den abgestumpftesten Menschen daran, was wir menschlichen Wesen hervorbringen können. Doch zurück zur Geschichte. Als sich der Maharadscha anschickte, seine Absicht zu verwirklichen, begannen die Arbeiter seine erhabene Vision in eine konkrete Wirklichkeit umzusetzen. Denn wie Sie beide mittlerweile wissen, *ist Ehrgeiz ohne praktische Umsetzung nur eine lächerliche Einbildung.* Und Ihnen beiden ist jetzt auch bewusst, dass alles Legendäre ein beträchtliches Maß an Fleiß, an Kunstfertigkeit und Ausdauer erfordert. Meisterhaftigkeit ist kein plötzliches Ereignis. Sie ist vielmehr ein unablässiger *Prozess,* der Jahre sorgfältiger Handwerkskunst, Übung, Opfer und Leiden erfordert, bis das fertige Projekt ein Niveau erreicht hat, das die Welt beeindruckt.

Das ist ein weiterer gigantischer Wettbewerbsvorteil«, fuhr Mr Riley fort. »Unerschütterlich an der hehren Idee festzuhalten, nicht nur in den Wochen, nachdem einen der Traum gepackt hat, sondern in den langen Monaten und vielleicht auch Jahren in der ausgedörrten Wüste der kreativen Umsetzung, in denen man vielleicht Ablehnung erfährt, unter Erschöpfung leidet, andere einem Steine in den Weg legen, die Liebsten sich skeptisch zeigen, man durch andere Chancen abgelenkt wird und den Weg durch den kalten Winter des Selbstzweifels finden muss. Das ist es, was den Unterschied ausmacht zwischen den Mitläufern und den Ikonen. Jeder kann für einen kurzen Augenblick großartig sein. Die Kunst der Ikonen besteht darin, ein ganzes Leben lang Leistungsfähigkeit auf Spitzenniveau unter Beweis zu stellen. Und das erfordert ein außergewöhnliches Maß an Durchhaltevermögen und Geduld, das in diesen oberflächlichen Zeiten sehr selten ist. Eine Einstellung, die der Großteil der heutigen Gesellschaft leider nicht hervorgebracht hat. Verstehen Sie, was ich meine?«

Der Milliardär war energiegeladen und völlig aufgedreht. Er stieß einen Arm in die Luft und machte mit zwei Fingern das universelle Siegeszeichen. Es diente anscheinend dazu, seine Inspiration zu schützen. Und das Feuer abzuschirmen, das in seinem Herzen aufgelodert war.

»Vor vielen Jahrzehnten hat Albert E. N. Gray eine Rede

vor Versicherungsvertretern gehalten. Er gab ihr den Titel *Der gemeinsame Nenner des Erfolgs* und stellte darin dar, was er im Laufe seiner dreißigjährigen Forschungen über die Schlüssel des Erfolgs im Geschäftsleben, in der Familie sowie in Bezug auf Gesundheit, Finanzen und geistiges Leben herausgefunden hatte.«

»Und welche waren das?«, erkundigte sich die Unternehmerin interessiert nach einem Schluck von ihrem mittlerweile nur noch lauwarmen Kaffee.

»Nun«, erläuterte der Milliardär, »soweit ich mich an die kleine Schrift erinnere, die von dem Vortrag angefertigt wurde und unter Vertriebsleuten weite Verbreitung fand, erklärte er: ›Ich bin mit der allgemeinen Auffassung groß geworden, dass das Geheimnis des Erfolgs in harter Arbeit besteht, aber ich habe so viele Menschen gesehen, die hart arbeiteten, aber nicht erfolgreich wurden, und gelangte daher zu der Überzeugung, dass harte Arbeit nicht das eigentliche Geheimnis ist.‹«

»Und was dann?«, fragte der Künstler ungeduldig.

»Dazu komme ich gleich«, antwortete der Magnat. »Also, Albert Gray hat gesagt: ›Der gemeinsame Nenner des Erfolgs ist so groß, so machtvoll …«

»Wirklich?«, unterbrach ihn die Unternehmerin, die ebenfalls die Antwort kaum abwarten konnte.

»Gray erklärte, dass ›der gemeinsame Nenner des Erfolgs – das Geheimnis des Erfolgs aller Männer und Frauen, die jemals erfolgreich waren – in der Tatsache besteht, dass sie sich *die Gewohnheit angeeignet haben, Dinge zu tun, die Menschen, die scheitern, nicht tun.*«

»Sehr einfach. Aber grundlegend«, meinte der Künstler, während er mit einer seiner Rastalocken spielte. Auch er nahm nun einen Schluck Kaffee.

»Herausragende Leistungsmenschen machen es sich zur Gewohnheit, jene hochwertigen und anspruchsvollen Tätigkeiten zu verrichten, zu denen durchschnittliche Menschen keine Lust haben – auch wenn sie manchmal dazu gar nicht aufgelegt sind«, fuhr der Milliardär fort. »Und indem sie dieses Verhalten immer und immer wieder praktizieren, wachsen ihre Selbstmeisterschaft und ihre persönliche Disziplin. Und im Laufe der Zeit automatisiert sich die neue Routine.«

Der Künstler nickte und strich sich über seinen Spitzbart.

»Ich begrenze mich immer wieder selbst aufgrund meiner Unsicherheit«, dachte er. »Ich beschäftige mich so sehr damit, was andere über meine Arbeit sagen könnten, dass meine schöpferische Kraft leidet. Und Mr Riley hat recht. Mir fehlt die Geduld, und ich kann nicht die Selbstkontrolle entwickeln, die sich einstellt, wenn man schwierige, aber wertvolle Dinge tut. Ich tue sozusagen, was ich will, wann immer ich es will. An manchen Tagen habe ich einen gewissen Antrieb, an anderen schlafe ich den ganzen Tag. Manchmal bin ich faul. Manchmal arbeite ich hart. Ich bin wie ein Korken, der auf dem Wasser schwimmt, ohne eine klare Richtung. Keine wirkliche Struktur. Keine echte Disziplin. Ich beschäftige mich viel mit Videospielen, manchmal stundenlang. Und wenn ich Geld brauche, male ich auf die Schnelle Bilder, die sich gut verkaufen, anstatt mich zu sammeln und meine Fähigkeiten auf ein einziges Werk zu konzentrieren, in dem mein ganzes Können zum Ausdruck kommt. Und das durch seine Genialität die Kunstwelt auf den Kopf stellt.«

»Also«, fuhr der Milliardär fort und griff die Geschichte des Tadsch Mahal wieder auf. »Über einen Zeitraum von 22 Jahren – nicht 22 Tagen oder 22 Monaten, sondern 22 Jahren – haben mehr als 20 000 Arbeiter in der gleißenden indischen Sonne gearbeitet. Mit mehr als tausend Elefanten wurden Marmorblöcke zuhauf über gewaltige Entfernungen herbeitransportiert, und ein Heer von Handwerkern errichtete in stetiger Arbeit das Bauwerk, das wir hier vor uns sehen. Sie hatten mit architektonischen Problemen zu kämpfen, mit extremen Umweltbedingungen und unerwarteten Tragödien, die sich ereigneten. Doch sie arbeiteten fokussiert, furchtlos und unerschütterlich. Sie waren auf beeindruckende Weise entschlossen, alles zu tun, was erforderlich war, um den kühnen Traum des Herrschers Wirklichkeit werden zu lassen.«

»Einfach unglaublich«, bemerkte der Künstler, während er das Bauwerk betrachtete. Ein Schmetterling flatterte vorüber, er war von Regentropfen benetzt. Und ob man es glaubt oder nicht, abermals flogen Tauben über den Kopf des Milliardärs.

»Was hat das auf sich mit all diesen Tauben, Regenbogen und Schmetterlingen, die Sie ständig umgeben?«, fragte die Unternehmerin und zog dabei ihr T-Shirt zurecht. Darauf stand ein Satz von Oscar Wilde, der zum neu erwachten Bewusstsein der Geschäftsfrau zu passen schien. »Sei du selbst. Alle anderen sind schon vergeben.«

»Wir alle strahlen einen Zauber aus. Die meisten von uns wissen aber nicht, wie sie ihn einsetzen sollen«, lautete die kurze und geheimnisvolle Antwort des Tycoons.

»Aber zurück zum Tadsch Mahal. Nach zwei Jahrzehnten war das Mausoleum schließlich fertig«, sagte der Milliardär leise. »Und der Menschheit wurde damit eines der größten Zeugnisse poetischer Kühnheit geschenkt, die sie jemals erhalten hat.«

»Ich bin völlig hin und weg«, bekannte die Unternehmerin. »Vielen Dank, dass Sie uns nach Agra geführt haben.«

»Der Kaiser muss seine Frau wirklich sehr geliebt haben«, sagte der Künstler tief beeindruckt. Dann betrachtete er die Unternehmerin aufmerksam. Ihre Ausstrahlung ging weit hinaus über die simple Schönheit von Filmstars, Models oder glamourösen Frauen. Sie war ruhiger, von einer eher tiefgründigen Anmut, die Sonnenaufgänge als etwas Besonderes und das Mondlicht als bezaubernd erscheinen lässt. Er dachte bei sich, dass die Anziehungskraft dieser Frau auf einem tieferen Ursprung beruhte und nicht nur auf einem attraktiven Gesicht. Es war ein Charme, der aus dem Kampf geboren wurde, eine Elektrizität, die aus Verletzungen erwuchs, eine Energie, die durch einen Respekt einflößenden Intellekt erzeugt wurde, und eine Schönheit, die durch ihre feste Entschlossenheit geformt wurde, zu einem Menschen mit wahrhafter Kraft, Weisheit und Liebe zu werden.

»Der Tadsch Mahal ist eine direkte Metapher für Sie beide, die Ihnen vor Augen führen soll, wie wichtig es ist, entschlossen an einer neu erworbenen Gewohnheit festzuhalten, welche Bedrängnisse auch auftauchen mögen. Und zu seinen Idealen zu stehen, nicht nur in Zeiten des Wohlergehens, sondern vor allem dann, wenn es richtig schwierig wird. Deshalb ist die heutige Sitzung so elementar wichtig. Was Sie heute lernen, wird Ihnen sehr dabei helfen, all die Lehren umzusetzen, die ich Ihnen bisher vermittelt habe. Der Redner hat das Modell, mit dem ich Sie heute bekannt machen möchte, im Laufe vieler Jahre in der Arbeit mit den Erbauern von Unternehmen, meisterhaften Erfolgsmenschen und Umgestaltern wie mich selbst entwickelt. Heute geht es nicht so sehr darum, warum Sie das Morgenritual vor Sonnenaufgang durchführen sollen. Es geht mehr darum, wie Sie diese Routine konkret durchführen können. Als eine *lebenslange* Angewohnheit«, erklärte der Industrielle und rieb sich ein Ohrläppchen wie ein Kind eine Zauberlampe.

»Sehr eindrucksvoll«, bemerkte der Künstler. »Genau so was brauche ich. Wie ich auf praktische Weise sicherstellen kann, dass ich nach dem Ende dieses Abenteuers weiterhin um 5 Uhr aufstehe.«

»Cool«, verkündete der Milliardär. »Dann wollen wir anfangen!«

Zwei stämmige Sicherheitsleute geleiteten den Milliardär, die Unternehmerin und den Künstler durch einen speziellen Eingang in den Gebäudekomplex, der gewöhnlich Staatsoberhäuptern, Angehörigen von Königshäusern und anderen globalen Führungspersönlichkeiten vorbehalten war. Sobald sie sich in dem Monument befanden, begann der Milliardär mit seinem Vortrag.

»Das ist eine faszinierende, fesselnde, verwirrende und aufregende Phase in der Geschichte der Welt. Für jene, die jeden

Morgen, jeden Tag als Opfer auftreten, wird die Zukunft sehr schwierig, gefährlich und Furcht einflößend werden, denn sie werden nicht wissen, wie ihnen geschieht. Und sie werden völlig ungeschützt und unvorbereitet den umweltbezogenen, wirtschaftlichen und gesellschaftlichen Umwälzungen ausgesetzt sein, die kommen werden. Doch für jene entschlossene Minderheit, die sich eine praxiserprobte Morgenroutine angeeignet hat, welche es ihr ermöglicht, ihre Gaben zu verteidigen, die heldenmütige persönliche Zurückhaltung ausgebildet und durch hartes Training der Muskeln der Selbstdisziplin einen unangreifbaren Charakter entwickelt hat, für sie wird sich die Zukunft reich, harmonisch und höchst produktiv darstellen. Jene, die sich gegen die ihnen bevorstehenden Turbulenzen gewappnet haben, indem sie sich ein erstklassiges und sorgfältig justiertes Morgenritual angeeignet haben, werden in der Lage sein, die ausbrechende Unordnung als eine gigantische Chance zu erkennen und zu nutzen. Und die Verwirrung in ein überlegenes Gefühl von Klarheit, Genialität und Gelassenheit zu transformieren, das es ihnen ermöglicht zu gewinnen.«

Der Milliardär strich über seinen Turban und senkte dann plötzlich seine Stimme zu einem Flüstern.

»Die erste Erkenntnis, die ich Ihnen heute nahebringen möchte, lautet, dass Ihr Gehirn auf Expansion ausgelegt ist. Ja, ich verstehe, dass jene, die in ihrem beruflichen und privaten Leben feststecken, und jene, die von einer Mentalität des ›Ich kann nicht‹ statt von der Psychologie der Möglichkeiten geleitet werden, die Auffassung vertreten, dass es für sie nicht möglich sei, die notwendigen Verbesserungen herbeizuführen, indem sie sich jene Gewohnheiten aneignen, welche die Mitglieder des 5-Uhr-Clubs auszeichnen. Sie glauben felsenfest daran, dass es ihnen nicht möglich sei, ihre Kreativität, ihre Produktivität, ihre Leistungsfähigkeit und ihre Wirkungsmächtigkeit zu verbessern. Sie wollen auch andere dazu veranlassen, an ihre Erklärungen zu glauben, warum sie nicht in der Lage seien, eine bewundernswerte Karriere anzustreben und ein herausragendes persönliches Leben zu führen. Sie haben sich schon so lange damit abgefunden, keine Veränderungen zu erzielen, dass sie ihre Machtlosigkeit für die Wahrheit nehmen. Wenn man seine Macht lange genug ignoriert, wird man am Ende glauben, dass man gar keine Macht besitzt. Doch die Realität erzählt eine ganz andere Geschichte. In Wirklichkeit haben diese Menschen – gute, talentierte Menschen mit besten Absichten – es zugelassen, dass die Kräfte ihres souveränen Selbst so häufig korrumpiert wurden, dass sie sich in einen Zustand völliger Passivität haben drängen lassen. Die meisten Menschen sind passiv, anstatt die ihnen innewohnenden Ambitionen aktiv zu entwickeln. Und dann finden sie für sich selbst unbewusst eine Vielzahl von Entschuldigungen und Ausflüchten, um zu erklären, warum sie in ihrer Arbeit nicht als Leader auftreten und nicht Schöpfer ihres eigenen Lebens sein können, weil sie Angst davor haben, die Sicherheit ihrer Sackgasse zu verlassen und jene Veränderungen durchzuführen, die ihnen Erfolg und Ruhm einbringen.«

Der Milliardär machte eine Pause und holte tief Luft. Ein goldener Sonnenstrahl drang in den Tadsch Mahal. Dann sprach er weiter.

»Die Wissenschaft hat mittlerweile bestätigt, dass unser Gehirn unser ganzes Leben lang wachsen kann. Dieses wunderbare Phänomen heißt neuronale Plastizität. Es beruht auf der Tatsache, dass das menschliche Gehirn, wie auch die persönliche Willenskraft, weit mehr, als man früher dachte, einer Art Muskel gleicht. Es ist in gewisser Weise plastisch. Wenn man es drückt, dehnt es sich aus. Wenn man es biegt, dehnt es sich aus – und wird wirkmächtiger in Bezug auch auf den kleinsten Ausdruck unserer kostbarsten Geistesgaben. Üben Sie also konsequent und intensiv, um dafür zu sorgen, dass Ihr Gehirn neue Gewohnheiten wie zum Beispiel das Frühaufstehen zur neuen Normalität macht. *Neuronen, die zusammenwirken, verbinden sich auch miteinander,* verstehen Sie? Wenn Sie die Routine, die Sie in Ihre Lebensweise einbauen wollen, stetig wiederholen, wird sie einfacher werden – und vertrauter. Das ist ein wirklich wichtiger Punkt, mit dem Sie sich beschäftigen und dann entsprechend handeln sollten.«

»Mir war bisher nicht bewusst, dass wir die Fähigkeit besitzen, unser Gehirn wachsen zu lassen«, bemerkte die Unternehmerin aufgeregt. »Und ich vermute, Sie wollen damit sagen, je stärker wir eine neue Praxis einüben, umso mehr wird unser Gehirn mit uns arbeiten und sich weiterentwickeln, damit es zu einem Teil dessen wird, was wir sind, richtig?«

»Ja«, antwortete der Milliardär. Es gefiel ihm, dass die beiden Menschen, die er unter seine Fittiche genommen hatte, dank seiner Unterweisungen so gute Fortschritte machten. Echte Leader empfinden stets große Freude, wenn sie die Talente anderer ins Licht rücken können.

»Eine machtvolle Idee«, fuhr er fort und zeigte mit dem Finger auf die Mauer des Weltwunders. »Sie haben nicht das Gehirn, das Sie wollen, sondern das Gehirn, das Sie erworben haben. Oder um es anders auszudrücken, Sie haben nicht das Gehirn, das Sie ersehnen, Sie haben das Gehirn, das Sie verdienen – aufgrund dessen, wie Sie mit ihm umgegangen sind. Wenn Sie Ihre Tage damit zubringen, sich von Ihren technischen Geräten ablenken zu lassen, vor dem Fernseher zu hängen oder sich mit sinnlosen Tätigkeiten zu beschäftigen, dann wird Ihr Gehirn schwach und schlapp werden, weil Sie es misshandeln. Wie die anderen Muskeln wird es verkümmern. Und das wird zu einer schwächeren geistigen Leistung führen, zu mühevollerem Lernen und einer geringeren Verarbeitungsfähigkeit. Ihre Konkurrenten werden Sie überrunden, und Ihre Ziele werden Ihnen entgleiten. Wenn Sie jedoch Ihr Gehirn intelligent nutzen, indem Sie seine Grenzen erweitern und es wie einen Titanen arbeiten lassen, wird es expandieren und seinen Vernetzungsgrad erhöhen, was zu einer enormen Verbesserung Ihrer Produktivität, Ihrer Leistungsfähigkeit und Ihres Einflusses führen wird. Als man einmal das Gehirn von Londoner Taxifahrern untersuchte, wurde festgestellt, dass jener Bereich, der für logisches Denken zuständig ist, der Hippocampus, deutlich größer war als bei durchschnittlichen Menschen. Und wissen Sie auch, warum?«

»Wegen des komplexen Londoner Straßensystems«, antwortete der Künstler zuversichtlich.

»Richtig«, lobte der Milliardär. »So wie Sie Ihren Bizeps im Fitnessstudio stählen, indem Sie Hanteln stemmen oder Liegestütze machen, trainieren die Londoner Taxifahrer jeden Tag, wenn sie in der Stadt unterwegs sind, ihren Hippocampus. Und da, wie ich schon sagte, das Gehirn viel mehr einem Muskel ähnelt, als die Neuroanatomen früher glaubten, wird dieser Teil von ihm stärker. Verstehen Sie jetzt, wie machtvoll wir Menschen sind? Das ist ein ausgezeichnetes Beispiel für die neuronale Plastizität, die uns allen zur Verfügung steht. Das Gehirn kann gestärkt, geformt und optimiert werden – wenn wir uns dazu entscheiden. Wenn Sie beide wieder zu Hause sind, sollten Sie sich eingehender mit diesem Phänomen und dem beeindruckenden Prozess der Neurogenese, der die Fähigkeit des Gehirns beschreibt, neue Neuronen zu erzeugen, befassen. Die aufstrebende Neurowissenschaft zeigt, wie jedem Menschen täglich der Weg zur Meisterschaft offensteht, ganz gleich, wo er lebt, wie alt er ist, was er tut oder wie schwierig seine Vergangenheit war. Das ist unglaublich faszinierend«, erklärte der Tycoon.

»Nun«, setzte er nach einer kurzen Pause hinzu, »als Erstes sollten Sie verstehen, dass sich das Gehirn durch eine gewisse Formbarkeit und eine Art Muskulosität auszeichnet. Und das kennzeichnende Merkmal der Großen ist es, dass sie in vollem Umfang begreifen, dass tägliche Unbequemlichkeiten der Preis für dauerhaften Erfolg sind. Und dass Strenge gegenüber sich selbst jene Art von Gehirn hervorbringt, das sich durch militärische Disziplin auszeichnet. Es ist ein völliger Mythos, dass Menschen, die Spitzenleistungen erbringen, ein einfaches Leben hatten!«

Der Milliardär griff in seine Tasche, holte einen verschlossenen Umschlag heraus und reichte ihn der Unternehmerin.

»Machen Sie bitte den Umschlag auf. Und lesen Sie uns den Text vor – mit all Ihrer Überzeugungskraft und Leidenschaft«, bat er höflich.

In dem Umschlag befand sich ein säuberlich zusammengefaltetes Blatt edlen Briefpapiers, auf dem die Unternehmerin folgende Sätze des berühmten deutschen Philosophen Friedrich Nietzsche vorfand:

Redet nicht von Begabung, angeborenen Talenten! Es sind grosse Männer aller Art zu nennen, welche wenig begabt waren. Aber sie bekamen Grösse, wurden »Genie's« (wie man sagt), durch Eigenschaften, von deren Mangel niemand gern redet, der sich ihrer bewusst ist: sie hatten Alle jenen tüchtigen Handwerker-Ernst, welcher erst lernt, die Theile vollkommen zu bilden, bis er es wagt, ein grosses Ganzes zu machen; sie gaben sich Zeit dazu, weil sie mehr Lust am Gutmachen des Kleinen, Nebensächlichen hatten, als an dem Effecte eines blendenden Ganzen. [sic]

»Bitte drehen Sie das Blatt um«, sagte der Milliardär, während seine Augen in dem morgendlichen Licht glänzten, das in den Tadsch Mahal fiel.

Die Unternehmerin entdeckte ein weiteres Zitat, das sorgfältig mit einem Füllfederhalter in indigofarbener Tinte geschrieben worden war. Der Satz stammte von dem englischen Dichter William Ernest Henley. Seine Worte rührten an den tiefsten und edelsten Teil der menschlichen Seele:

Es spielt keine Rolle, wie schmal das Tor ist,
Wie mit Strafen beladen die Schriftrolle,
Ich bin der Herr meines Schicksals,
Ich bin der Kapitän meiner Seele.

»Die Meister, die Genies und die Heroen der Zivilisation, sie alle haben ein anstrengendes Leben geführt«, erklärte der Milliardär. »Sie haben hart trainiert. Sie wussten, dass man Schmerzen in Kauf nehmen muss, dass man sich schinden muss, wenn man vorankommen will, *playing through pain,* wie die Superathleten sagen. Sie haben ihr Potenzial entschlossen genutzt. Sie waren ehrgeizig, rastlos und fest entschlossen im Hinblick darauf, sich ihr Potenzial in seiner Gesamtheit zu erschließen. Die lateinische Wurzel des Wortes ›Passion‹ bedeutet ›leiden‹. Diese Frauen und Männer haben gelitten für ihre Visionen, Ideale und Ziele. Sie haben gelitten für eine Verbesserung ihrer Fähigkeiten und haben Opfer gebracht für die Verwirklichung ihrer Talente. Sie haben große Qualen ertragen für die Vervollkommnung ihrer Fertigkeiten, und sie haben allen Versuchungen widerstanden. Und ich muss Ihnen sagen, diese berühmten Leistungsmenschen haben auch gelitten unter dem Zustand der Welt. Mit den eigenen Möglichkeiten hinter dem Berg zu halten, schadet der Welt, müssen Sie wissen. Denn der Planet wird ein ärmerer Ort, wenn Sie Ihre Großartigkeit nicht zur Geltung bringen.«

Plötzlich sank der Milliardär auf die Knie. Er legte sich flach auf den Boden, schloss die Augen und verschränkte die Arme über der Brust. Dann begann der Tycoon laut zu schnarchen.

»Was zum Teufel machen Sie da?«, fragte der Künstler, der verwirrt, aber auch amüsiert wirkte.

»Freiwillige Unbequemlichkeit«, lautete die knappe Antwort.

Er schnarchte weiter.

»Ich will meinen Teddybären«, rief er. »Und meine Glücksbringer.«

Stone Riley begann am Daumen zu lutschen.

»Er ist wirklich urkomisch«, rief die Unternehmerin und lachte, sichtlich belustigt über die neueste Vorführung des kauzigen Industriellen.

Man sah, dass der Milliardär grinste; anscheinend war er

selbst begeistert von seinen komödiantischen Fähigkeiten wie auch von dieser ungewöhnlichen Technik, Wissen zu vermitteln.

Auf dem Boden liegend, sagte er: »Die beste Möglichkeit, Ihre Willenskraft zu stärken, besteht darin, sich selbst in Umstände zu versetzen, die Ihnen Unbehagen bereiten. Der Redner bezeichnet dies als ›Szenarien der Stärkung‹. Als ich noch um einiges jünger war und mich noch nicht so gut dazu bringen konnte, auch wenn ich gar keine Lust dazu hatte, das zu tun, was ich zu tun hatte, gab ich viel schneller weniger wichtigen Wünschen und Trieben nach. Meine Muskeln der Selbstdisziplin waren noch sehr schlaff, weil ich sie nicht trainierte. Der Redner wusste, dass ich viel stärker werden musste, damit ich mir die 5-Uhr-Methode aneignen konnte – und zwar auf eine Weise, dass sie während meiner gesamten Karriere dauerhaft Bestand haben würde. Daher brachte er mich dazu, mich gezielt unbequemen und unbehaglichen Situationen auszusetzen. Und das hat Wunder gewirkt.«

»Welche Art von Situationen waren das?«, wollte der Künstler wissen.

»Einmal in der Woche habe ich auf dem Fußboden geschlafen.«

»Tatsächlich?«, fragte die Unternehmerin.

»Ja«, bekräftigte der Milliardär. »Und ich habe angefangen, jeden Morgen kalt zu duschen. Zwei Tage in der Woche faste ich, wie es so viele erfolgreiche Frauen und Männer auf der Welt getan haben, um ihre Urkraft zu erschließen und zur Geltung zu bringen. Es ist bemerkenswert, wie viel Zeit ich an diesen Fastentagen spare. Und wie klar mein Denken wird und wie viel Energie ich habe. Ach, und wenn ich mich in meiner Wohnung in Zürich aufhalte, dann laufe ich, um meine Zähigkeit und mein Durchhaltevermögen zu fördern, im Winter nur mit einem T-Shirt und mit Shorts bekleidet durch den Schnee.«

Der Milliardär stand auf.

»Das ist genau das, was ich sage, seit wir hier am Tadsch Mahal angekommen sind: Sie besitzen die Fähigkeit zu erstklassiger Selbstkontrolle. Die Wissenschaft bestätigt es. Die wichtigste Voraussetzung ist, dass Sie Ihr Gehirn dazu anregen, neue neuronale Pfade zu entwickeln, und die Muskeln Ihrer Willenskraft dazu zwingen, sich zu biegen und zu strecken, und dass Sie daran arbeiten, diese natürlichen Ressourcen auf höchstem Niveau zu nutzen. Auf diese Weise kann jeder so stark, mutig und unbezwingbar werden, dass er ungeachtet aller Hindernisse, die sich ihm in den Weg stellen, und aller Schwierigkeiten, mit denen er konfrontiert ist, voranschreiten kann auf dem Weg der Verwirklichung seiner höchsten Ziele. Warum, glauben Sie, setzen sich Navy SEALs oder Angehörige der SAS – echte Krieger der Willensstärke – freiwillig solchen möglicherweise geistig extrem zermürbenden Situationen aus? Lange Märsche im Regen mit schweren Rucksäcken auf dem Buckel. Durch den Schlamm zu robben mitten in der Nacht. Ekelerregende Nahrung zu sich zu nehmen und unter spartanischen Bedingungen zu leben. Sich ihren Ängsten zu stellen, indem sie Mutproben absolvieren wie zum Beispiel von Klippen ins Meer zu springen, rückwärts, mit verbundenen Augen, oder Ausdauerübungen durchzuführen, die mit psychischen Erniedrigungen verbunden sind, wodurch sie lernen, gerade jene Grenzen zu überwinden, die sie am meisten behindern. Sehen Sie, Tapferkeit – und die Fähigkeit, die schwierigen Dinge zu tun, die erforderlich sind für den höchsten Ausdruck Ihrer Großartigkeit – ist keine göttliche Gabe. Es ist eine freiwillige Übung. Zähigkeit und ein eiserner Wille erfordern Hingabe. Ich empfehle Ihnen also, Ihre Dämonen zu ersticken, Ihre Drachen zu erschlagen und Ihre Ungeheuer zu umarmen, indem Sie sich vermehrt Herausforderungen stellen. Das ist einer der sichersten Wege zu meisterhafter Leistungsfähigkeit und zu einem Privatleben, auf das Sie am Ende stolz sein können. Dabei fällt mir immer der irische Dramatiker George Bernard Shaw ein.

Mensch, hatte der Junge einen coolen Bart«, bemerkte der Milliardär bewundernd.

»Haben Sie mal ein Bild von ihm gesehen?«, fuhr er fort.

»Nein«, antwortete der Künstler.

»Das sollten Sie sich anschauen, echt krass«, erwiderte der Mogul.

Dann schnippte er achtmal mit den Fingern. Daraufhin erklang eine unbekannte Stimme von irgendwoher aus dem Mausoleum. »Der Vernünftige passt sich an die Welt an; der Unvernünftige versucht unablässig die Welt an sich anzupassen. Daher ist jeglicher Fortschritt vom Unvernünftigen abhängig.«

Die Stimme verstummte.

»George Bernard Shaw schrieb diese Sätze in seinem Stück *Mensch und Übermensch*, einem Drama in vier Akten, das er 1903 herausbrachte. Ich möchte damit Folgendes sagen: Wenn es darum geht, Ihre Gaben, Ihre Talente, Ihre bewundernswürdigen Ambitionen und Instinkte zum Tragen zu bringen, um die Welt in der Ihnen wünschenswert erscheinenden Weise zu verändern, dann seien Sie niemals vernünftig gegenüber sich selbst.«

Der Milliardär machte eine Pause. Und dann tat er etwas, was seine beiden Schüler noch nie bei einem Menschen gesehen hatten. Er drückte einen Kuss auf den Bereich zwischen dem Zeigefinger und dem Daumen seiner linken Hand. »Man muss sich selbst lieben, bevor man die Welt verbessern kann«, murmelte er, grinste und kehrte dann wieder zu seinem Thema zurück.

»Sehr inspirierend«, erklärte der Künstler, »was George Bernard Shaw gesagt hat.«

»Forschungen haben ergeben, dass es eine der krönenden Leistungen eines gelungenen Lebens ist, die eigene Willensstärke durch stetiges Training zu ihrer maximalen Ausprägung zu bringen«, fuhr der Milliardär fort. »Der walisische Entdeckungsreisende Henry Morton Stanley behauptete einmal, dass Selbstkontrolle unverzichtbarer sei als Schießpulver.«

»Wirklich sehr eindrucksvoll«, bestätigte die Unternehmerin. »Sehen Sie«, sagte der Milliardär, »es ist ein Mythos, dass berühmte Athleten, legendäre Künstler und angesehene Staatenlenker über mehr natürliche Willenskraft verfügt hätten als die übrige Menschheit. Das ist eine große Lüge. In Wirklichkeit«, setzte er hinzu, »haben diese außerordentlichen Persönlichkeiten als ganz gewöhnliche Menschen angefangen. Aber durch unermüdliche Übung und stetiges Training, um neue tägliche Verhaltensweisen zu verankern, wuchs ihre Fähigkeit, sich gegen die Begierden und Versuchungen zu behaupten, bis die Gesellschaft sie schließlich als Übermenschen ansah.«

»Kleine tägliche, scheinbar unwichtige Verbesserungen führen im Laufe der Zeit, wenn man sie beständig durchführt, zu erstaunlichen Ergebnissen«, erklärte der Künstler und zitierte damit jenen wertvollen Merksatz, den er sich auf dieser wundersamen Reise bereits angeeignet hatte.

Er griff nach der Hand der Unternehmerin.

»Stimmt«, bestätigte der Milliardär. »Für das menschliche Auge fast unsichtbare und winzig erscheinende Verbesserungen der Willenskraft verwandeln Sie – sofern sie täglich praktiziert werden – im Laufe eines langen, stetigen Trainings in einen Michelangelo oder einen da Vinci oder einen Disney oder einen Chopin oder eine Coco Chanel oder einen Roger Bannister oder einen Pelé oder einen Mark Aurel oder einen Kopernikus. Die großen Genies haben alle als gewöhnliche Menschen angefangen. Aber sie haben so intensiv und so ausdauernd daran gearbeitet, ihre Stärke auszubilden, dass sich ihr spitzenmäßiges Handeln gewissermaßen automatisiert hat. Hier ein weiterer Merksatz, den mir der Redner mit auf den Weg gegeben hat: *Legendäre Leistungsmenschen arbeiten so lange daran, eindrucksvoll und überzeugend zu handeln, dass sie gar nicht mehr wissen, wie sie anders handeln könnten.*«

»Und wo sollen wir in der Praxis anfangen?«, fragte die Unternehmerin. »Ich weiß, dass wir beide uns mehr Selbstdisziplin wünschen und uns herausragende Gewohnheiten aneignen wollen, die dauerhaft Bestand haben. Vor allem das Aufstehen um 5 Uhr.«

»Folgen Sie mir«, wies der Industrielle sie an.

Mr Riley führte die beiden über einen Korridor im Monument, vorbei an mehreren halbdunklen Räumen, bis sie in eine kleine Kammer gelangten. In einer Ecke stand eine Tafel. Der Milliardär nahm ein Stück Kreide und malte folgendes Diagramm an die Tafel:

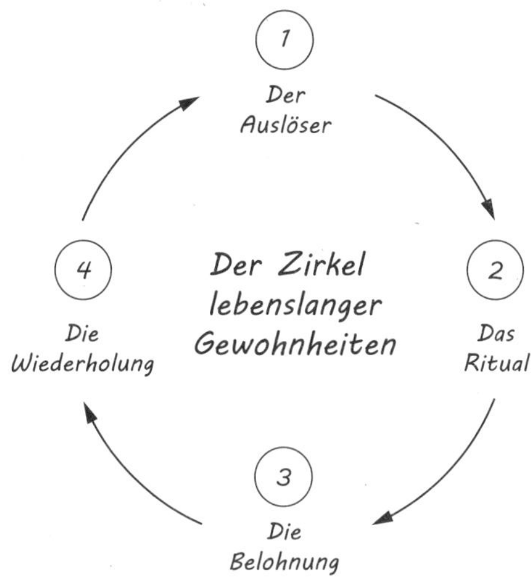

»Dieses schlichte Modell beruht auf den neuesten Studien darüber, wie sich Gewohnheiten ausbilden«, hob er an. »Als Erstes müssen Sie eine Art von Auslöser finden. Um das Frühaufstehen in Ihr Morgenritual einzubetten, könnten Sie zum Beispiel einfach einen herkömmlichen Wecker neben Ihr Bett stellen, der um 5 Uhr läutet. Wenn wir nach Rom kommen, werde ich Ihnen erklären, warum Sie keinerlei technische Geräte in Ihrem Schlafzimmer haben sollten.«

»Nach Rom?«, fragten die Unternehmerin und der Künstler gleichzeitig.

Der Milliardär reagierte nicht darauf.

»Wenn Sie den Wecker auf die richtige Zeit eingestellt haben, besteht der nächste Schritt – wie Sie in meinem Diagramm sehen – darin, jene Routine durchzuführen, die Sie als feste Verhaltensweise verankern wollen.«

»Also, wir stehen einfach auf, oder?«, fragte die Unternehmerin.

»Genau«, antwortete der Milliardär. »Es erscheint banal, aber hüpfen Sie einfach aus dem Bett, bevor Ihnen Ihr logischer Verstand – der präfrontale Cortex – ein ganzes Bündel von Ausreden präsentieren kann, warum Sie doch besser weiterschlafen sollten. In diesem Augenblick, durch das Aufstehen, verankern Sie den neuronalen Schaltkreis des Frühaufstehens in Ihrem Gehirn mittels der Macht der neuronalen Plastizität. Und bedenken Sie: Leitungsbahnen im Gehirn, die zusammenwirken, verketten sich im Laufe der Zeit zu einem machtvollen neuronalen Pfad. In diesem Augenblick, wenn Sie vor der Frage stehen, ob Sie im Bett liegen bleiben oder aufstehen und Ihren Morgen auf großartige Weise beginnen sollen, haben Sie die Chance, Ihre Willenskraft zu stärken. Das ist am Anfang ziemlich unbequem, ich weiß.«

»Alle Veränderungen sind am Anfang mühsam, in ihrem Verlauf chaotisch und am Ende großartig«, unterbrach ihn der Künstler und zitierte einen weiteren Merksatz des Redners.

»Ja«, stimmte ihm der Milliardär zu. »Der nächste Schritt in diesem vierteiligen Programm zur Installierung einer neuen Routine besteht darin, sicherzustellen, dass Sie eine vorbereitete Belohnung erwartet. Diese Belohnung sorgt für einen Kickstart und unterstützt Ihr Bemühen, sich die neue Gewohnheit anzueignen. Arbeiten Sie stets mit der Macht von Belohnungen, um Triumphe einzufahren. Nehmen wir also an, Sie tun, was Sie für richtig halten, anstatt den einfachen Weg zu gehen, und springen schnell aus dem Bett – sobald der Wecker klingelt. Ich werde Ihnen genauer erläutern, was Sie während Ihrer Stunde des Sieges von 5 bis 6 Uhr tun sollen, wenn ich die *20/20/20-Formel* behandele.«

»Werden wir die irgendwann also doch noch kennenlernen?«, unterbrach ihn der Künstler abermals. Er wollte nicht unhöflich sein. Wäre man bei den dreien in der Kammer gewesen, hätte man gespürt, dass er nur so redete, weil er unbedingt Genaueres erfahren wollte über die 5-Uhr-Methode. Das war alles.

»Die *20/20/20-Formel* ist Gegenstand der morgigen Coaching-Sitzung«, verkündete der Milliardär ruhig. »Konzentrieren wir uns jetzt auf den dritten Schritt. Sie müssen eine Belohnung bereitstellen. Das ist nach Ansicht der Forscher, die sich mit der Willenskraft beschäftigen, entscheidend, um Verhaltensweisen dauerhaft zu verankern. Ihre Belohnung für das Aufstehen mit der Sonne könnte zum Beispiel ein schönes Stück dunkle Schokolade als Nachtisch beim Mittagessen sein. Es könnte ein kurzes Nickerchen sein, das Sie später im Laufe des Tages machen, dies ist ebenfalls ein beliebtes Ritual bei den schöpferischsten Menschen des Planeten. Es könnte ein Buch sein, das Sie schon immer lesen wollten. Suchen Sie sich aus, was Ihnen am meisten zusagt.«

»Ich hab's verstanden«, bemerkte die Unternehmerin. Sie war mittlerweile überzeugt davon, dass all diese Informationen ihr dabei helfen würden, ihr Geschäft deutlich voranzubringen und ihr Mindset, Heartset, Healthset und Soulset auf eine höhere Stufe zu heben – was letztlich dazu führen würde, dass sich ihr Leben auf großartige Weise verbessern würde.

»Gut. Damit kommen wir zum letzten Punkt des Schaubildes«, sagte der Milliardär und deutete mit der Kreide auf das Wort »Wiederholung« auf der Tafel.

»Um die schwächsten Impulse Ihres niederen Selbst auszulöschen und sich von den Sehnsüchten und Verlockungen zu befreien, die Ihr Bestes blockieren, bedarf es unablässiger Wiederholung der neuen Verhaltensweise, an deren Einübung und Installierung Sie hart arbeiten müssen. Das Wort, das mir dabei in den Sinn kommt, lautet *unerschütterlich.* Seien Sie unerschütterlich in Ihrem Bekenntnis, lebenslang Mitglied im 5-Uhr-Club zu bleiben. Bleiben Sie in höchstem Maße engagiert, und setzen Sie dieses lebensverändernde Selbstversprechen, ohne zu zaudern und nach Ausflüchten zu suchen, konsequent um. Jedes Mal, wenn Sie diese Übung praktizieren, verstärken Sie die Beziehung zu Ihrem souveränen Selbst. Jedes Mal, wenn Sie im Morgengrauen aufstehen, reinigen Sie Ihren Charakter, festigen Sie Ihre Willenskraft und fachen Sie das Feuer Ihrer Seele weiter an. Ich möchte Ihnen beiden wundervollen Menschen helfen, zu erkennen, dass der wahre Maßstab Ihrer Königlichkeit nicht nur in Ihren äußeren Momenten vor einem Publikum aufscheint, sondern im weichen und milden Licht der einsamen Praxis. Sie werden unbesiegbar werden in der Welt durch das, was Sie tun, wenn niemand zusieht.«

»Ich habe schon einiges gelesen über Spitzensportmannschaften«, sagte die Unternehmerin. »Das hat mir geholfen, in meiner Firma exzellente Teams aufzubauen. Außerdem habe ich gelernt: Der Sieg einer Mannschaft hängt weniger davon ab, wie sie in den letzten Sekunden eines Endspiels spielt, sondern mehr davon, wie diszipliniert sie im Training war.«

»Genau«, bestätigte der Milliardär. »Die brillanten Spielzüge in der letzten Phase eines Endspiels erfolgen quasi automatisch – sie sind das Ergebnis unzähliger Stunden der Wiederholung dieser Spielzüge im Training.«

»Ein wichtiger Punkt«, dachte der Künstler bei sich.

»Ein letztes Lernmodell möchte ich heute Morgen noch besprechen, bevor ich Sie entlasse, ein Modell, das Ihnen sehr anschaulich zeigen wird, dass der Installierung einer Gewohnheit ein 60 Tage dauernder Prozess zugrunde liegt. Doch vorher möchte ich noch ein paar praktische Aspekte der Selbstdisziplin ansprechen.«

»Toll«, erwiderte der Künstler. »Die heutige Lektion war eine Menge Stoff für mich. Ich weiß, sie wird mir helfen, das ewige Zaudern und Zögern zu besiegen, und ich bin sicher, ich werde die Qualität meiner Kunst steigern können. Ich habe bereits Fortschritte gemacht bei der Verbesserung meiner körperlichen Fitness.«

»Ja, das stimmt«, bemerkte die Unternehmerin augenzwinkernd.

»Nun, erinnern Sie sich daran, dass die Willenskraft schwächer wird, wenn sie ermüdet. Wissenschaftler nennen dieses Phänomen ›Ego-Erschöpfung‹. Sehen Sie, Sie wachen jeden Morgen mit einer vollen Batterie der Selbstkontrolle auf. Aus diesem Grunde möchte ich, dass Sie die Tätigkeiten, die für die Entwicklung Ihrer inneren Reiche am wichtigsten sind, in einer Zeit erledigen, in der Sie über die höchsten Kapazitäten verfügen – um 5 Uhr früh. Und zwar deswegen: Wenn Sie Ihren täglichen Aktivitäten nachgehen, an Meetings teilnehmen, Nachrichten checken und Aufgaben ausführen, nimmt Ihre Fähigkeit zur Selbstregulierung ab – und ebenso Ihre Fähigkeit, Versuchungen zu widerstehen und mit schwachen Impulsen umzugehen. Die Tatsache, dass die Muskeln der menschlichen Disziplin infolge von Entscheidungsschwäche ermüden, erklärt, weshalb so viele erfolgreiche Menschen am Ende etwas tun, das ihre Karriere zerstört. Sie geben einem Drang nach, der ihren Ruin verursacht, denn sie haben den ganzen Tag wichtige Entscheidungen getroffen. Am Abend haben sie dann keine Willenskraft mehr in ihrer Batterie und können mit Wünschen und Begierden nicht mehr richtig umgehen.«

»Superfaszinierend«, bemerkte die Unternehmerin. »Das erklärt vieles.«

»Das Wichtigste ist also, dem Selbstkontrollmuskel Ruhe und Erholung zu ermöglichen«, erläuterte der Milliardär. »Lassen Sie niemals zu, dass er zu sehr ermüdet. Ihre Willenskraft ist dann am schwächsten, wenn Sie am müdesten sind. Das ist der entscheidende Punkt. Wir treffen unsere schlechtesten Entscheidungen, wenn wir erschöpft sind. Lassen Sie sich also nicht in einen Zustand der Erschöpfung treiben. Ganz einfach. Ich habe für später eine wichtige Mentoring-Sitzung vorbereitet, in der es darum geht, wie die Besten der Welt ihre kostbarsten Güter, insbesondere ihre Willenskraft, durch die verloren gegangene Kunst der persönlichen Regeneration schützen.«

Mr Riley begann zu husten. Es war ein besorgniserregender, rauer Husten. Den man offenkundig nicht auf die leichte Schulter nehmen durfte.

»Ach«, setzte er hinzu, nachdem er sich wieder gefangen hatte, »Sie sollten auch noch wissen, dass die Forschung die Annahme für zutreffend hält, dass äußere Ordnung die Disziplin stärkt. Deshalb hat Steve Jobs dafür Sorge getragen, dass die Arbeitsplätze in seiner Firma NeXT minimalistisch schlicht gehalten und die Büros alle weiß gestrichen waren. Unordnung beeinträchtigt die Selbstkontrolle und schränkt die kognitive Bandbreite des Menschen ein.«

»Vielleicht tragen deswegen so viele sogenannte Genies jeden Tag die gleiche Uniform«, bemerkte der Künstler. »Sie wollen die Ordnung und die Struktur in ihrem Leben aufrechterhalten. Und sie wissen, dass wir jeden Morgen mit einem begrenzten Maß an Willenskraft und mentalem Fokus aufwachen. Anstatt also die kostbaren Gaben zu vergeuden, indem man sie auf eine Vielzahl trivialer Entscheidungen verteilt, wie etwa die Frage, was man anziehen und was man essen soll, automatisieren sie möglichst viele grundlegende Dinge, damit sie ihre besten Kräfte auf einige wenige wichtige Aktivitäten konzentrieren können. Jetzt verstehe ich auch besser, warum Genies zu Genies geworden sind. Wenn ich mich jeden Tag nur mit meiner Kunst und wenigen anderen Dingen beschäftigen würde, würde ich nicht unter ›Entscheidungsschwäche‹ leiden, wie Sie es nennen. Und das würde bedeuten, ich würde am Abend nicht so viel Zeit verschwenden – und so viele schlechte Entscheidungen treffen, wie zum Beispiel schwachsinnige Fernsehsendungen anzuschauen, zu viel Junkfood zu essen und zu viel Tequila zu trinken.«

»Sehr gut«, stellte der Milliardär fest. »Sie beide wissen jetzt, dass ›alle Veränderungen am Anfang mühsam, in ihrem

Verlauf chaotisch und am Ende großartig sind‹. Diese Erkenntnis sollte sich also bald als eine Grundüberzeugung in Ihrem Mindset verankern. Befassen wir uns jetzt mit diesem machtvollen Merksatz, den der Redner in ein anschauliches Modell umgesetzt hat, das die drei Phasen erklärt, die der Prozess der Installierung einer neuen Gewohnheit durchläuft, sodass Sie über noch mehr Energie verfügen, um das neue Morgenritual des Aufstehens bei Tagesanbruch fest zu verankern. Versprechen Sie mir, dass Sie ganz genau zuhören, wenn wir dieses Modell behandeln? Dann können wir wirklich von einem guten Morgen reden.«

»Wir versprechen es«, antworteten die Unternehmerin und der Künstler einmütig.

»Fantastisch«, entgegnete der Milliardär.

Einer der Sicherheitsmänner, die die drei Besucher in das Gebäude eingelassen hatten, kam herein und zog ein Diagramm aus einem Rucksack. Er leuchtete mit seiner Taschenlampe darauf, damit alle sehen konnten, was darauf geschrieben stand. Das Lernmodell, das die drei zu sehen bekamen, sah folgendermaßen aus:

DAS GEWOHNHEITS-INSTALLIERUNGS-PROTOKOLL

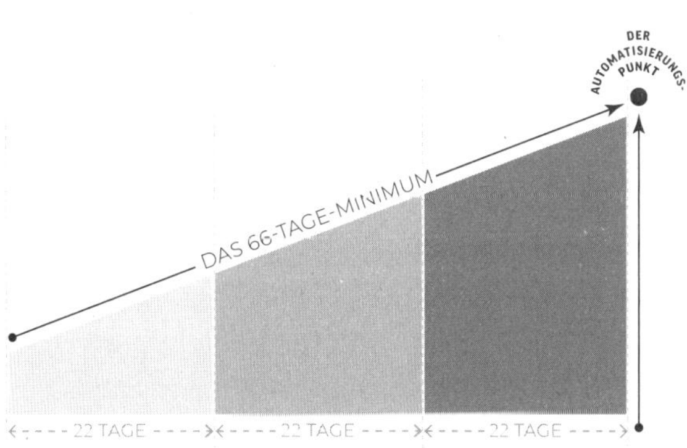

»Bei der Installierung einer neuen Gewohnheit durchläuft man am Anfang eine Phase der Destruktion«, erklärte Mr Riley und deutete auf den ersten Abschnitt des Diagramms. »Wenn dies erledigt ist, erfolgt der Übergang in die zweite Phase dieses Prozesses, in der neue neuronale Pfade gebildet werden und die eigentliche Installation beginnt. Das ist der chaotische Mittelabschnitt. Wenn Sie dabeibleiben und weiter daran arbeiten, eine neue Routine zu Ihrer normalen Verhaltensweise zu machen, gelangen Sie in die letzte – und wundervolle – Phase: die Integration. Die gesamte Übung nimmt ungefähr 66 Tage in Anspruch, laut den Forschungsdaten des University College London. Der Redner bezeichnet diese Tatsache als das *66-Tage-Minimum.* 66 Tage Training, um sich eine neue Gewohnheit anzueignen. Hören Sie also nicht schon nach ein paar Tagen oder einer Woche auf und auch nicht nach zwei Monaten. *Wenn Sie Mitglied im 5-Uhr-Club werden wollen, müssen Sie mindestens 66 Tage an dem Versprechen festhalten, das Sie sich selbst gegeben haben. Ganz gleich, was geschieht.* Bleiben Sie bei der Sache, und der Rest Ihres Lebens wird sich in außerordentlicher Weise verbessern. Das verspreche ich Ihnen von ganzem Herzen«, erklärte der Milliardär.

»Sehen Sie, jede Veränderung ist am Anfang mühsam und schwierig. Deshalb bezeichnet der Redner die erste Phase als ›Destruktion‹. Wenn es am Anfang nicht schwierig wäre, dann wäre es keine echte Veränderung. Es muss schwierig sein, weil Sie alte Denkmuster umschreiben und alte Verhaltensweisen zerstören. Und alte Programme Ihres Herzens und Ihrer Emotionalität neu verdrahten. Wissen Sie, warum ein Spaceshuttle in den ersten 60 Sekunden nach dem Start mehr Treibstoff verbraucht als während seiner gesamten Erdumrundung?«

»Es muss nach dem Start die Schwerkraft überwinden«, antwortete der Künstler überzeugt.

»Genau«, bestätigte der Milliardär. »Es erfordert eine große Menge an Treibstoff, um diese am Anfang wirkenden Kräfte zu überwinden und die Fluchtgeschwindigkeit zu erreichen. Aber wenn dies gelungen ist, fliegt das Raumfahrzeug einfach. Die erste Phase der Aneignung einer neuen Gewohnheit – die Phase der Destruktion – verläuft genauso. Sie müssen Ihre tief verwurzelten Gewohnheiten, Ihre dominanten Rituale und Ihr hergebrachtes Leistungsverhalten überwinden. Sie müssen sich über Ihre eigene Schwerkraft erheben – bis Sie Ihre Fluchtgeschwindigkeit erreichen. Das ist am Anfang eine große Herausforderung. Ich möchte Ihnen nichts vormachen – Sie beide schaffen es schon sehr gut, um 5 Uhr aufzustehen, seit Sie hier mit mir zusammen sind. Aber Sie werden im Laufe dieser ersten 22 Tage, in der ersten Phase, irgendwann an eine Mauer stoßen. Das ist nicht schlimm – es ist ein Bestandteil des Prozesses der Installierung einer neuen Gewohnheit, den jeder durchmachen muss, der nach Spitzenproduktivität und einem reicheren Leben strebt. Für die meisten Menschen, die bereit sind, vor Tagesanbruch aufzustehen, ist jeder Tag in dieser ersten Phase eine Qual. Sie spielen oft mit dem Gedanken ans Aufgeben. Sie klagen, dass Frühaufstehen einfach nicht das Richtige für sie sei. Dass sie nicht geschaffen seien für diese Art von Übung und dass es die Qualen nicht wert sei. Mein Rat lautet schlicht: *Machen Sie um jeden Preis weiter. Beharrlichkeit steht an der Schwelle zur Meisterhaftigkeit.* Jene Dinge, die einem am mühsamsten erscheinen, sind auch die wertvollsten. Denken Sie immer daran, dass sich die berühmtesten Leistungsmenschen und die größten Helden unserer Zivilisation ihre Kraft dadurch erschlossen haben, dass sie jene schwierigen Dinge taten, die für sie am wichtigsten waren. Beherzigen Sie immer folgende Regel: *Wenn Sie vor einer Wahl stehen, entscheiden Sie sich stets für jene Möglichkeit, die Ihr Wachstum voranbringt und die Entfaltung Ihrer Gaben, Ihrer Talente und Ihres persönlichen Könnens fördert.* Wenn Ihnen also nach Aufgeben zumute ist, halten Sie durch. Sie kommen bald in die nächste Phase. Und lernen Sie, dass es ein normaler Bestandteil der Aneignung einer neuen Verhaltensweise ist, sich negativen

Gedanken, gereizter Stimmung und starken Sehnsüchten zu widersetzen. Die ersten 22 Tage werden Sie wahrscheinlich wie eine milde Form von Folter empfinden.«

»Weil es in der ersten Stufe um die Zerstörung alter Verhaltensweisen geht, damit man sich neue aneignen kann, richtig?«, fragte die Unternehmerin.

»Genau«, bestätigte der Milliardär. »Und dass Sie etwas vorher nicht konnten, heißt nicht, dass Sie es nicht jetzt machen könnten«, setzte er hinzu und nickte aufmunternd. »Ich möchte wiederholen, was ich gesagt habe, damit Sie es sich fest einprägen können: Wenn es am Anfang nicht schwierig und hart wäre, dann wäre es keine echte – und wertvolle – Veränderung. Die Gesellschaft hat uns dahin gehend programmiert, dass wir denken, wenn es am Anfang schwierig ist, dann kann etwas nicht stimmen. Dass wir aufhören sollten mit dem, was wir tun. Und zurückkehren sollten in unser sicheres Heim oder unsere vorige Normalität. Aber bei einer solchen Herangehensweise gibt es keinerlei Wachstum und keine Entwicklung hin zum Legendären.«

»Das stimmt«, pflichtete ihm die Unternehmerin bei. »Alle Leute, die ich kenne, sagen und tun jeden Tag dasselbe. Gut, vielleicht nicht alle, aber zumindest die meisten. Dieselben Gedanken, dasselbe Verhalten und dieselben Handlungen.«

»Es ist nicht so, dass sie nicht imstande wären, sich zu verändern«, entgegnete Mr Riley. »Sie sind vielmehr gar nicht wirklich entschlossen, sich zu verbessern und dann auch lange genug an diesem Prozess festzuhalten, damit ihre neurobiologischen Prozesse, ihre Psyche, ihre Physis, ihre Emotionen und ihre Spiritualität ihre wunderbare Kraft entfalten können. Alles, was einem heute leicht vorkommt, das hat man früher als hart empfunden, verstehen Sie?«

Dann bat der Milliardär den Sicherheitsmann um seine Taschenlampe und richtete sie auf jenen Teil des Lernmodells, der sich auf die zweite Phase einer Routinisierung von Verhaltensweisen bezog. »Danke, Krishna«, sagte er.

»Sehen Sie hier – jede Veränderung ist in der Mitte chaotisch. Phase zwei heißt ›Installation‹, weil Sie hier gewissermaßen eine innere Renovierung durchlaufen. Frühere Fundamente müssen eingerissen werden, damit sie durch bessere ersetzt werden können. In diesem Stadium werden Sie verunsichert sein, sich gestresst und frustriert fühlen. Sie werden noch stärker den Drang verspüren, aufzuhören – und Sie werden Ihre Entscheidung bereuen, dem 5-Uhr-Club beigetreten zu sein. Der 5-Uhr-Club ist etwas Schreckliches. Sie sehnen sich danach, sich wieder in Ihr wohlig warmes Bett zu kuscheln und weiter Schafe zu zählen. Einfach nur zu wissen und darauf zu vertrauen, dass alles gut ist. Sehr gut eigentlich. Aber auch wenn Sie es nicht erkennen, sind Sie ein weiteres Stück vorangekommen auf dem Weg dahin, sich an das Frühaufstehen zu gewöhnen und es zur festen Morgenroutine in Ihrem Leben zu machen. Es wird leichter. Tatsächlich. Sie durchlaufen die zweite Phase des Prozesses. Und diese *empfinden* Sie nur als chaotisch. In Wirklichkeit erleben Sie eine wunderbare Entwicklung. Sie stoßen vor auf eine neue Ebene der Leistungsfähigkeit. ›In allem Chaos ist Kosmos und in aller Unordnung geheime Ordnung‹, hat der berühmte Psychologe Carl Gustav Jung einmal geschrieben.

Also, wenn Sie diese kostbare neue Morgenroutine verankern, ist die gesamte Struktur Ihres Gehirns in Aufruhr, weil Sie neue neuronale Pfade anlegen. Ihr ganzes System wird restrukturiert. Sie befinden sich auf völlig unvertrautem Gelände. Neues Grün keimt auf. Sie fahren hinaus auf den blauen Ozean. Sie erobern neue Territorien Ihres eigenen Potenzials und finden Zugang zu den höheren Welten der menschlichen Optimierung. Das Stresshormon Cortisol ist zu diesem Zeitpunkt erhöht, sodass Sie häufig Angst haben. Alles, was in Ihrem Gehirn geschieht, zehrt stark an Ihren Energiereserven. Sie werden daher häufig erschöpft sein in der zweiten Phase der Installierung einer neuen Gewohnheit. Die alten Weisen, Seher und Philosophen haben eine solche grundlegende persönliche Transformation als die ›dunkle Nacht der Seele‹ bezeichnet. Was vorher eine Raupe war, wird auf chaotische – und wundervolle – Weise ein Schmetterling. Die Mystiker betrachteten eine tief reichende und echte Veränderung als eine Reise, die mehrere kleine Tode umfasst. *Das alte Selbst muss sterben, damit Ihr besseres Selbst wiedergeboren werden kann.* Der Redner sagt, ›dass du, um zu deiner Großartigkeit aufzusteigen, einen Prozess der Auslöschung deiner Schwäche durchlaufen musst‹. Das sind drastische Worte, zugegeben. Doch der Guru spricht die Wahrheit. In Phase zwei werden Sie manchmal das Gefühl haben, dass alles auseinanderbricht. In Wirklichkeit aber fügt sich alles zusammen – sogar in noch besserer Weise. Ihre menschliche Wahrnehmung entspricht häufig nicht der Realität, wie Sie bereits erfahren haben. Sie betrachten die Welt aus einem bestimmten Blickwinkel. Die Illusion der Sicherheit ist häufig tödlicher als Ihr Aufstieg zu persönlicher Meisterhaftigkeit. Verbringen Sie ungefähr 22 Tage in der zweiten Phase des Prozesses. Und seien Sie sich bewusst, dass *unermessliche* Belohnungen Sie erwarten.«

»Mir gefällt es sehr, was Sie sagen«, warf der Künstler ein. »Ich werde mir das Ritual des Frühaufstehens für den Rest meines Lebens aneignen – auch wenn es mich umzubringen droht«, gelobte er sich.

Der Milliardär wurde still.

»Ich habe diesen Loslösungs- und Transformationsprozess schon viele Male durchgemacht. Jedes Mal, wenn ich mir eine neue Gewohnheit aneignen, eine bestimmte Fähigkeit verbessern oder eine Grundüberzeugung weiterentwickeln will, tauche ich ein in diesen Zyklus von Tod und Wiedergeburt. Und ich muss Ihnen sagen, es fühlt sich immer so an, als wäre es das Ende. Sie werden manchmal in hohem Maße verunsichert oder verängstigt und eine Weile auch sehr müde und verwirrt sein durch das, was Ihnen die dunkle Stimme Ihres Ego sagt. Zuweilen werden Sie auch das Gefühl haben, Sie würden gleich verrückt werden. Deshalb unterziehen sich so wenige

Menschen dieser Mühsal. Und deshalb erreichen auch nur sehr wenige Menschen diese überlegene Leistungsfähigkeit und weltweite Wirkungsmächtigkeit in der Gesellschaft und der Kultur. Das ist eine Kunst für echte Krieger. Sie erfordert enormen Mut, unerschütterliche Überzeugung und außerordentliche Charakterstärke. Sie tragen all dies in sich. Sie müssen sich nur dazu entschließen. Wie ich schon sagte, es wird alles leichter mit regelmäßiger Praxis und Geduld. Und am Ende läuft es automatisch.

Gut, Leute«, erklärte der Milliardär und klatschte in die Hände wie ein Fußballtrainer, der seine Mannschaft anfeuert. »Ich weiß, dass Sie das alles richtig verstanden haben. Also bleiben wir am Ball. Beginnen Sie mit dem Prozess der Installierung einer neuen Gewohnheit durch die Zerstörung alter Muster, was in Phase eins geschieht. Dann fahren Sie fort mit der Bildung neuer Regelkreise in Ihrem Gehirn, was in Phase zwei mittels neuronaler Plastizität und der Entwicklung stärkerer Pfade in Ihrem emotionalen Kern erfolgt. Tun Sie dies, dann gelangen Sie unweigerlich in Phase drei, den letzten Abschnitt Ihres persönlichen Aufstiegs: die ›Integration‹. Erinnern Sie sich: Alle Veränderungen sind am Anfang mühsam, in ihrem Verlauf chaotisch und am Ende *großartig.*«

Der Milliardär schwieg einen Moment, lächelte freundlich und berührte seine Zehen. Daraufhin küsste er abermals den Zwischenraum zwischen seinen Fingern. Dann sprach er weiter.

»In dieser letzten Phase kommt schließlich alles zusammen«, erklärte er, »und Sie erleben die Vorzüge Ihrer grandiosen Entscheidung, dem 5-Uhr-Club beizutreten. Sie nähern sich dem Ende der rund 66 Tage umfassenden Periode, die erforderlich ist, um einem menschlichen Gehirn – und einem menschlichen Wesen – eine neue Verhaltensroutine einzuschreiben. Jetzt bricht also die Zeit des Erfolgs an. Sie haben die anfängliche Phase der Disruption durchschritten, Sie haben es durch das Chaos und die Gefahren der mittleren Phase geschafft, und jetzt kommen Sie auf der anderen Seite stärker und geschulter wieder heraus und sind mit Ihrer höchsten – und unbesiegbaren – Natur besser vertraut. Sie sind jetzt die nächste Version Ihres höchsten Selbst und sind in der Lage, ein größeres Rad zu drehen, mehr Menschen durch die wundervolle Macht Ihres Beispiels zu beeinflussen und für die Welt von größerem Nutzen zu sein, weil Sie sich die Ihnen innewohnende Heldenhaftigkeit besser angeeignet haben. All Ihre harte Arbeit, die Opfer, die Sie gebracht, und die Mühsale, die Sie in Kauf genommen haben, Ihre Beständigkeit und herausragende Tapferkeit fließen in diesem Stadium zusammen, wenn die neue Gewohnheit, an der Sie gearbeitet haben, sich auf der psychischen, emotionalen, physischen und spirituellen Ebene integriert. Und Ihre neue Normalität wird.«

»Die Normalität?«, fragte der Künstler. »Wird das Leben dann einfach?«

Der Milliardär ließ sich unvermittelt auf den Marmorboden des Tadsch Mahal sinken und begann Liegestütze zu machen. Er wirkte wie ein Boxer, der für seinen großen Kampf trainiert.

»Was zum Kuckuck tun Sie jetzt schon wieder?«, rief die Unternehmerin. »Er ist doch verrückter, als ich glaubte«, dachte sie. »Aber ich mag ihn.«

»Der Hauptzweck des Lebens ist Wachstum: sich beständig weiterzuentwickeln, um einen größeren Teil des eigenen Potenzials zu materialisieren. Meine täglichen Liegestütz-Übungen halten mich nicht nur in einem Zustand dauerhafter Optimierung und Erstklassigkeit. Sie sind auch eine fantastische Möglichkeit, mich weiterhin jung, glücklich und lebendig zu fühlen. Langeweile tötet den menschlichen Geist.«

Der Industrielle stand auf.

»Für diejenigen, die in der ersten Liga spielen, ist der Gipfel des einen Berges der Boden des nächsten. Die Installierung einer grundlegend neuen Gewohnheit eröffnet eine hervorragende Chance, den nächsten Gipfel in Angriff zu nehmen. Ich mache jeden Tag tausend Liegestütze, wie Sie wissen. Eine vortreffliche Übung. Eine der besten. Und so einfach. Sie hält mich schlank und in Form. Ist gut für meinen Körper. Und sie trainiert auch meine Gesäßmuskeln«, erklärte der Milliardär mit einem etwas eigenartigen Gesichtsausdruck.

»Aber tausend Liegestütze am Tag zu machen ist auch ein Ritual, das mich daran erinnert, dass ich bei der Sache bleiben muss. Dass ich weitermachen muss. Mein Mindset, Heartset, Healthset und Soulset weiter verfeinern und mich immer weiter meinem Besten annähern muss. Ehrlich gesagt, ich habe keine Angst, dass ich scheitern könnte. Ich habe nur Angst, dass ich mich nicht weiter verbessere.«

»Ich verstehe«, sagte die Unternehmerin, die sich eifrig Notizen machte.

Dann deutete der Milliardär mit dem Zeigefinger auf die Stelle des Lernmodells, wo »Automatisierungspunkt« stand.

»Das Spannende ist, dass Sie, wenn Sie an den Automatisierungspunkt gelangen, keine Willenskraft mehr aufbringen müssen, um am Morgen um 5 Uhr aufzustehen. Die Implementierung des neuen Verhaltensmusters in Ihr menschliches Betriebssystem ist vollendet. Aufwachen vor Tagesanbruch wird zu Ihrer zweiten Natur. Und es wird leicht. Das ist das Ergebnis Ihrer ungefähr 66 Tage dauernden Anstrengung und Hingabe: *Die Willenskraft, die Sie aufgebracht haben, um die Gewohnheit des Frühaufstehens zu verankern, kann nun für die Aneignung einer anderen Weltklasse-Verhaltensweise genutzt werden,* und Sie erhalten dadurch die Chance, noch produktiver, wohlhabender, freudvoller und erfolgreicher zu werden. Das ist das verborgene Geheimnis aller Profi-Athleten zum Beispiel. Sie haben auch nicht mehr Selbstdisziplin als ein durchschnittlicher Mensch. Aber sie haben ihre Impulskontrolle über einen Zeitraum von rund 66 Tagen gezielt darauf ausgerichtet, diese neue Routine zu installieren, die ihnen den Sieg bringt. Anschließend haben sie ihre Willenskraft auf etwas anderes umgeleitet, das ihnen half, ihr Können zu verbessern. Eine weitere Praxis, die ihnen helfen konnte, in ihrer Disziplin voranzukommen und Siege zu erringen. Eine neue Gewohnheit nach der anderen zu installieren, so gehen Profis zu Werke. Dadurch automatisiert sich im Laufe der Zeit ihr Siegerverhalten. Es systematisiert sich. Es institutionalisiert sich. Es ist überhaupt keine Anstrengung mehr nötig, diese Verhaltensweisen abzurufen, wenn sie einmal fest verankert sind. Und diese Superstars haben diese Siegergewohnheiten so häufig praktiziert, dass sie an einen Punkt gelangten, an dem sie vergaßen, warum sie sie *nicht* praktizieren sollten.«

»Sie haben einen Punkt erreicht, ab dem es einfacher war, diese Praktiken durchzuführen, als es nicht zu tun?«, erkundigte sich die Unternehmerin.

»Völlig richtig«, bestätigte der Milliardär.

Der Künstler war begeistert. »Das ist so wertvoll für mich persönlich und für meine Arbeit als Maler. Und wie Sie sagten, dauert jede einzelne Phase dieses Prozesses – Destruktion, Installation und Integration – jeweils 22 Tage?«

»Genau. Es dauert ungefähr 66 Tage, bis dieses Verhalten zu einer automatischen Routine geworden ist. Das ist der Automatisierungspunkt, denn Gewohnheiten brauchen ungefähr neun Wochen, bis sie sich etablieren und verankern. Hören Sie nicht nach einer Woche auf, um 5 Uhr aufzustehen. Geben Sie nicht auf, wenn es in der Mitte des Prozesses mühsam und chaotisch wird. Bleiben Sie entschlossen bei der Sache, trotz aller Versuchungen und Herausforderungen, so wie Shah Jahan es getan hat und seine Arbeiter, die den Tadsch Mahal errichteten und ihn zu einem der großen Weltwunder machten. Reservieren Sie eine Stunde für sich selbst, wenn die Sonne aufgeht – während die große Mehrheit noch schläft –, um Ihre vier inneren Reiche zu entwickeln, sodass Sie auch all die äußeren Reiche gewinnen können, die Ihr Herz ersehnt. Überhören Sie nicht die Aufforderung, Ihre Talente in vollem Umfang zum Tragen zu bringen, Ihre beeindruckenden Stärken zu maximieren, Ihr Glück zu vervielfachen und ein Paradies des Friedens in sich zu entdecken, das durch kein äußeres Ereignis beeinträchtigt werden kann. Auf diese Weise, meine Freunde, können Sie zu einem unbezwinglichen, unbesiegbaren und wahren Meister Ihres Faches werden. Und auch zu einem Weltwunder, auf Ihre jeweils eigene Art.«

»Das ist toll«, rief die Unternehmerin strahlend. »Wirklich sehr hilfreich. Das erklärt, warum nur so wenige Menschen die Verhaltensweisen ausbilden, die erforderlich sind, um Meisterhaftigkeit zu erlangen. Sie halten ihre anfängliche Entschlossenheit nicht lange genug durch, damit sie Wirkung entfalten kann. Sie könnten es eigentlich. Aber sie tun es nicht.«

»Ja, so ist es«, bestätigte der Milliardär. »Deshalb sind Information und Bildung, Lernen und Wachsen von solch grundlegender Bedeutung. Die meisten Menschen kennen schlicht dieses lebensverändernde Modell und die praktischen Erkenntnisse nicht, die ich Ihnen hier vermittle. Und weil sie sie nicht kennen, können sie sie auch nicht anwenden. Wissen, das nicht umgesetzt wird, bedeutet, dass vorhandenes Potenzial nur sehr unzureichend erschlossen wird. Wir sind alle für den Triumph geschaffen, wie auch immer wir ihn definieren wollen. Bedauerlicherweise aber sind die meisten von uns nie in der Philosophie und der Methodik unterwiesen worden, die der Redner mir beigebracht hat. Diese Erkenntnisse gebe ich nun an Sie weiter. Sie müssen möglichst vielen Menschen von der Arbeit des Redners erzählen, bitte. Auf diese Weise können wir den Menschen helfen, aus der Dunkelheit der Gleichgültigkeit, der Mittelmäßigkeit und des Mangels herauszutreten und die ihnen innewohnende Macht zu entdecken, erstaunliche Dinge zu vollbringen in der restlichen Lebenszeit, die ihnen gegeben ist. Mein Gott, wir müssen diese Welt besser, gesünder, sicherer und zu einem angenehmeren Ort machen.«

»Zweifellos«, stimmten ihm die Unternehmerin und der Künstler zu.

Die Geschäftsfrau hielt inne, um die unvergessliche Situation bewusst wahrzunehmen, in der sie sich befand. Sie stand hier neben einem Mann, in den sie sich bei diesem bizarren, wunderschönen und zauberhaften Abenteuer unerwartet verliebt hatte. Sie befand sich in einem der sieben Weltwunder, in Indien, einem Land, das sie wegen seiner atemberaubenden Sehenswürdigkeiten, der exotischen Genüsse, die es bereithielt, und seiner außergewöhnlichen Menschen schon immer einmal hatte besuchen wollen.

Sie dachte einen Moment daran, was sich zu Hause in ihrer vertrauten Welt ereignet hatte. Die Manipulationen, der Diebstahl, die Illoyalität und der Verrat. Im selben Moment musste sie lachen. Es war kein gezwungenes Lachen, wie man es häufig in geschäftlichen Besprechungen hört, wo integre Menschen in stiller Angst gesellschaftliche Masken tragen, um sich einzufügen, mächtig zu erscheinen und cool zu wirken. Nein, dies war die spürbare Freude eines Menschen, der gerade einige der wahren Schätze eines sinnvoll gelebten Lebens entdeckt hatte.

In diesem Augenblick erkannte die Unternehmerin, wie sehr sie vom Glück gesegnet war.

Das Problem des Übernahmeversuchs würde sich von selbst erledigen, weil das Leben immer dafür sorgt, dass sich die Dinge auf die beste Weise entwickeln. Sicherlich, sie hatte gelernt, natürliche Empfindungen wie Wut, Enttäuschung und auch Traurigkeit nicht zu unterdrücken, die manchmal in ihr aufstiegen, wenn sie an diese Situation dachte. Das hatte schlicht damit zu tun, dass sie ein Mensch war und ein reales Wesen und auch durchaus tapfer und nicht schwach. Sie erkannte jetzt aber auch, dass es Dinge gab, die wichtiger waren als Reichtum, Beifall und Ruhm. Und dass viele Menschen, die man in finanzieller Hinsicht als reich bezeichnen kann, in Wirklichkeit bettelarm sind.

»Nichts ist so kostbar wie mein Glück. Nichts ist so unbezahlbar wie mein Seelenfrieden«, dachte die Geschäftsfrau.

Sie hatte eine Liebe gefunden. Sie erfreute sich noch immer bester Gesundheit. Es gab so vieles, wofür sie dankbar sein konnte: Sie hatte zwei Augen, um die Schönheiten dieser Welt zu sehen, zwei Beine, um sie zu erforschen, jeden Abend Essen auf dem Teller, zu einer Zeit, in der Millionen Menschen einen leeren Magen haben. Und sie hatte ein Dach über dem Kopf, das ihr Schutz bot. Sie hatte kluge Bücher in ihrer Bibliothek, sie hatte Arbeit, die ihre Kreativität forderte, und, wie der Milliardär so oft gesagt hatte, sie hatte die Chance, zu vollendeter Meisterhaftigkeit zu gelangen, nicht nur um ihr eigenes Vorankommen zu fördern, sondern auch um der Gesellschaft etwas zu geben.

Und so fasste die Unternehmerin in diesem majestätischen Mausoleum, das schon so viele Besucher aus allen Teilen der Welt fasziniert hat, als die Sonne in den indischen Himmel hinaufstieg, tief in ihrem Herzen den Entschluss, dass sie etwas tun musste, das wir alle viel öfter tun sollten. Sie verzieh.

Sie gab ihre Feindseligkeit gegenüber den Investoren auf. Sie befreite sich von ihren Ressentiments gegenüber ihren Kritikern. Und sie ließ all ihre großen Enttäuschungen los. Das Leben ist zu kurz, um die Dinge allzu ernst zu nehmen. Und am Ende ihres Lebens würde nicht so sehr zählen, ob diese Risikokapitalgeber ihr Unternehmen in ihren Besitz gebracht hatten, sondern viel mehr, wer sie als Mensch geworden war. Und von welcher Qualität die Arbeit war, die sie geleistet hatte. Und wie vielen Menschen sie eine Hilfe gewesen war. Und wie viel sie gelacht hatte. Und wie gut sie gelebt hatte.

Der Milliardär hatte recht: Jeder Mensch tut sein Bestes auf der Grundlage seines gegenwärtigen Bewusstseins und gemäß den Kräften, die er aufzubieten vermag. Und wenn ihre Investoren es besser gewusst hätten, dann hätten sie auch besser gehandelt. Diese Menschen hatten ihr Schmerz und Leid zugefügt, weil sie, auf einer tieferen, unterbewussten Ebene, selbst Schmerz empfanden. Und weil sie selbst litten. Wer andere verletzt, verabscheut im Grunde sich selbst. Gewiss, diese Art, die Dinge zu sehen, ist nicht gerade weit verbreitet in unserer Kultur. Aber das liegt wahrscheinlich daran, dass unsere Welt voller Kriege und voller Gefahren ist und erfüllt ist mit so viel Hass. Vielleicht, so überlegte sie, waren diese Schurken in der Firma ihre Lehrer, die gesandt worden waren von der höheren Natur des Lebens, um sie unter Druck zu setzen und sie so tief in Verzagtheit und Verzweiflung zu stürzen, dass sie sich verändern musste. Und lernen musste, wieder nach oben zu steigen. Vielleicht war all das, was sie erlebt hatte, wie der Milliardär es lehrte, eine wertvolle Vorbereitung, die es ihr ermöglichte, sich zu jenem Menschen zu entwickeln, der sie werden musste, um das Potenzial ihrer besten Begabungen zu erschließen und das Versprechen ihrer höchsten Bestimmung zu erfüllen, und zwar in einer Weise, die der ganzen Menschheit zugutekam. Und vielleicht lernen wir erst dann unser bestes Selbst kennen, wenn wir in der Gefahr schweben, alles zu verlieren.

Dieser eigenartige, verschrobene und höchst authentische Mentor, der hier vor ihr stand, Mr Stone Riley, schüttete sein Herz aus, erklärte, wie die einfache, doch am Anfang Überwindung kostende Disziplin des Beitritts zum 5-Uhr-Club die Produktivität, den Erfolg und das Wohlergehen eines Menschen transformieren konnte, der diese Methode anwendete. Er hatte alle hochtrabenden Versprechungen eingehalten, die er bei ihrem ersten bizarren Treffen auf der faszinierenden Veranstaltung des Redners gegeben hatte. Er hatte gezeigt, dass er tatsächlich ein Titan war, nicht nur in seiner Branche, sondern auch im Hinblick auf Integrität und Anständigkeit.

»Wir brauchen mehr Leute von dieser Art«, dachte sie. »Frauen und Männer, die echte Leader sind. Menschen, die andere nicht mittels eines wohlklingenden Titels und einer mit ihrer hohen Position verbundenen Drohung beeinflussen, sondern mittels der Kraft ihres Charakters, der Erhabenheit ihres Wissens, der Leidenschaftlichkeit ihres Herzens und ihrer ungewöhnlichen Entschlossenheit, jeden Menschen, der ihren Weg kreuzt, besser zu machen, als er vorher war. Führungspersönlichkeiten, die weniger von den selbstbezogenen

Neigungen des Ego geleitet werden, sondern mehr von den selbstlosen Geboten unserer höheren Weisheit.«

Der Unternehmerin fielen die Worte der Schriftstellerin Maya Angelou ein: »Mein Wunsch an dich ist, dass du Beharrlichkeit aufbringst. Sei weiterhin der, der du bist, um eine schäbige Welt durch deine Akte der Zuneigung und der Freundlichkeit in Erstaunen zu versetzen.«

Johann Wolfgang von Goethe hatte einmal in einem seiner Gedichte geschrieben: »Ein jeder kehre vor seiner Tür, und rein ist jedes Stadtquartier.«

Und so kam es, dass sie an diesem ganz besonderen frühen Morgen, in einem der prachtvollsten Monumente der Welt, nicht nur Vergebung übte – sie schloss auch einen Pakt mit sich selbst. Nachdem ihr bewusster geworden war als jemals zuvor, dass die beste Möglichkeit, sich selbst zu optimieren, darin besteht, den Zustand der Welt zu verbessern, und dass die Entwicklung der eigenen Genialität der schnellste Weg war, ihre Beziehung zu allem, was sich außerhalb von ihr befand, zu verbessern, legte die Unternehmerin eine Selbstverpflichtung ab. Sie gelobte sich nicht nur, dass sie nie wieder daran denken würde, ihrem Leben ein Ende zu setzen. Sie nahm sich auch fest vor, dass sie jeden Tag, für den Rest ihres Lebens, um 5 Uhr aufstehen und sich selbst diese Stunde des Sieges schenken würde, die frei sein würde von allen trivialen Ablenkungen, unwichtigen Reizen und unnötigen Komplikationen. Damit sie ihren Weg fortsetzen konnte. Damit sie fortfahren konnte, ihr Mindset richtig einzustellen, ihr Heartset zu reinigen, ihr Healthset zu festigen und ihr Soulset zu verfeinern.

Sie würde dies von sich selbst verlangen, ganz gleich, welche Ausflüchte und Begründungen der schwächere und angsterfülltere Teil ihrer Persönlichkeit vorbringen würde. Weil sie es verdiente, ihre Großartigkeit zu erleben. Und weil sie hoffte, dass sie zu einem jener heldenmütigen Menschen werden würde, auf die wir alle warten.

»Also gut«, rief der Milliardär. »Noch drei letzte und ultrapraktische Tipps, die Ihnen helfen werden, sich neue Gewohnheiten anzueignen. Ich habe viel Zeit auf dieses Thema verwendet, weil es für Ihren Erfolg von solch grundlegender Bedeutung ist. Ich werde Ihnen jetzt kurz die drei Techniken erläutern, die nach den Erkenntnissen der Forschung dabei helfen, die Morgenroutine des 5-Uhr-Clubs zu verankern. Dann verlassen wir das Gebäude.«

Er zog die Taschenlampe heraus und richtete den Lichtstrahl an die Decke des Raums. Dort wurden folgende Merksätze sichtbar:

> **#1.** *Um eine Gewohnheit dauerhaft zu verankern, darf man sie niemals nur allein für sich installieren.*
> **#2.** *Der Lehrer lernt am meisten.*
> **#3.** *Wenn dir am stärksten nach Aufgeben zumute ist, musst du weitermachen.*

Der Milliardär lächelte. »Relativ einfache Anweisungen, nicht wahr? Grundlegend schlicht, weil sie schlicht grundlegend sind. Der erste Punkt wird Sie daran erinnern, dass Rituale sich am tiefsten verankern, wenn man sie in einer Gruppe ausführt. Deshalb ist es wirkungsvoll, Mitglied des 5-Uhr-Clubs zu sein. Sie installieren diese Morgenroutine nicht allein. Wir tun es alle zusammen. Und es ist mein aufrichtiger Wunsch, dass Sie beide, wenn Sie wieder zu Hause sind, möglichst viele Menschen – Menschen, die ebenfalls bereit sind, früh aufzustehen, damit sie erstklassige Arbeit leisten und sich ein phänomenales Leben aufbauen können – an den Club heranführen. Unterstützungsgruppen sind seit Langem ein bewährter Weg, um dauerhafte Verbesserungen herbeizuführen. Machen Sie sich also bitte dieses Konzept zunutze.«

Der Milliardär hustete. Dann rieb er sich über die Brust, als habe er Schmerzen. Er tat so, als habe es niemand bemerkt. Dann sprach er weiter.

»Der zweite Punkt soll Sie daran erinnern, die Philosophie und die Methode, die Sie von mir lernen, an andere weiterzugeben. Dadurch vertieft sich Ihr Verständnis der Materie noch weiter. Anderen all die Erkenntnisse zu vermitteln, die Sie durch mich erlangt haben, ist ein Geschenk, das Sie sich selbst machen.«

»So habe ich das noch nie betrachtet«, bemerkte die Unternehmerin.

»Es ist wahr«, erklärte der Milliardär. »Und der letzte Merksatz, den Sie hier an der Decke sehen, ist der wichtigste. Erinnern Sie sich, dass Ausdauer erforderlich ist für jede Art von Meisterhaftigkeit. Der Augenblick, in dem Sie das Gefühl haben, dass Sie nicht mehr weitermachen können, birgt eine enorme Chance, auf ein völlig neues Niveau an Willenskraft zu gelangen. Wenn Sie glauben, es geht nicht mehr, machen Sie einfach noch ein bisschen weiter. Dadurch wird Ihr Muskel der Selbstdisziplin erheblich gekräftigt. Und auch Ihr Selbstrespekt wird stark zunehmen. Und kaum etwas ist von so großer Bedeutung für herausragende Kreativität, für die Erlangung einer führenden Stellung in Ihrem Fach und die Schaffung eines bewundernswürdigen Lebens wie die Steigerung der Selbstachtung.«

Plötzlich und ohne jede Vorankündigung beugte sich der Milliardär vornüber auf den Boden und machte einen Kopfstand. Mit geschlossenen Augen rezitierte er einen Satz des Schriftstellers und Philosophen Gerald Sykes, der lautete: »Jede dauerhafte Leistung erfordert unumgänglicherweise Jahre demütigender Lehrzeit und Entfremdung vom Großteil der Gesellschaft.«

»Sie sind beide herausragende Menschen und haben es verdient, dass Sie Ihr bestes Selbst materialisieren und Leistungen von großer Bedeutung vollbringen«, verkündete der Milliardär, als er wieder auf den Beinen stand. »Verraten Sie die Kräfte nicht, die in Ihnen schlummern, indem Sie zu lange in einem weichen Bett verharren, das Sie ruhigstellt. Die großen

Männer und Frauen der Welt sind nicht groß geworden, weil sie es sich unter der warmen Decke gemütlich gemacht haben, sondern weil sie sich hochgesteckte Ziele setzten, die sie dann tatkräftig in Angriff nahmen – auch wenn die Mehrheit sie als verrückt bezeichnete. Um Weltklasseniveau zu erreichen, braucht es Zeit, Entschlossenheit, Opferbereitschaft und Geduld – wie uns der Tadsch Mahal vor Augen führt. Und Heldenhaftigkeit lässt sich nicht kurzfristig erwerben. Verankern Sie in sich die Gewohnheit des Aufstehens um 5 Uhr. Halten Sie dauerhaft an dieser Praxis fest, und machen Sie auch dann weiter, wenn Sie eigentlich am liebsten aufhören würden. Wenn Sie dies tun, werden Sie zu einer Legende werden. Und Sie werden Ihrem Schicksal entsprechen als ein Mensch, der es verdient, weltweit Einfluss zu erlangen.«

Stone Riley stand auf und umarmte seine beiden Schüler. Dann ging er über einen Marmorgang davon.

Kapitel 13

Der 5-Uhr-Club lernt die 20/20/20-Formel kennen

»Wenn du am Morgen widerwillig aufwachst,
dann halte dir vor Augen: Ich wache auf, um die Arbeit eines
Menschen zu tun.« – **Mark Aurel, römischer Kaiser**

»Rom liegt mir im Blut. Die Energie dieser Stadt durchströmt meinen Körper. Und ihr einzigartiger Zauber richtet meinen Geist wieder neu auf«, dachte der Milliardär, als sein Flieger über die Rollbahn des Privatflughafens der Stadt fuhr. Das Lied »Magnolia« der italienischen Gruppe Negrita ertönte aus den Lautsprechern des Flugzeugs, während der Tycoon seine Schultern im Takt der Musik wiegte.

»Der glühende Stolz, die beeindruckende Leidenschaftlichkeit und das empfindsame Herz der Römer berühren mich so sehr«, sagte er zu sich selbst. »Wie das Licht in die Trinità dei Monti einfällt, die Kirche oberhalb der Spanischen Treppe, das wirkt auf mich immer wieder erhebend – und rührt mich zu Tränen. Das vorzügliche Essen, wie zum Beispiel Mozzarella di Bufala, Cacio e Pepe, Amatriciana, Carbonara und der über Feuer gebratene Abbacchio, befriedigt mein Verlangen, mir das Leben möglichst angenehm zu gestalten. Und die gelungene kunsthandwerkliche Architektur in diesem Freiluftmuseum einer Stadt, wo ich gerne im Regen spazieren gehe, spricht sowohl den Kämpfer wie auch den Poeten in mir an«, sinnierte der Magnat, während sein Flieger zum Flugsteig rollte.

Der Milliardär hatte viele Jahre seines faszinierenden, wenngleich keineswegs vollkommenen Lebens in Rom verbracht und in einer Wohnung in der Via Vittoria im historischen Stadtkern gelebt. Zürich und weitere Städte waren die Orte, an denen er an seinen Projekten arbeitete und seinen weltweiten wirtschaftlichen Interessen nachging. Rom aber, das war jener Ort, der ihn vor Ehrfurcht erschauern ließ. Und seinen Hunger nach Glück stillte.

Den Duft der Gardenien im Frühling einzuatmen und lange Spaziergänge rund um den Tempel zu unternehmen, der an dem See im Park Villa Borghese liegt, waren nur zwei seiner Lieblingsbeschäftigungen in dieser Stadt. Um 5 Uhr aufzustehen, bevor der dichte Stadtverkehr einen Teil der Herrlichkeit dieser Stadt erstickte, und mit dem Mountainbike am Trevi-Brunnen vorüberzufahren, hinauf nach Monti und zum Kolosseum und schließlich hinüber zur Piazza Navona und einfach nur dort zu sitzen und die Herrlichkeit der Kirche an diesem erhabenen Platz auf sich wirken zu lassen, das bestätigte ihm immer wieder, dass nur der frühe Morgen etwas derart Brillantes hervorbringen kann. Viel mehr als Reichtum erzeugten diese Erlebnisse in ihm das Gefühl, dass er wohlhabend war. Und dass er lebte.

Zudem stammte die größte Liebe seines Lebens aus Rom. Der Milliardär hatte sie in der englischen Buchhandlung unweit der Via dei Condotti kennengelernt, jener berühmten Straße mit den Vorzeigeläden der großen italienischen Modehäuser. Obwohl schon Ende dreißig, war der Tycoon noch Junggeselle bei ihrer ersten Begegnung, in gewisser Weise ein Playboy und ein Mann, der bekannt war für seine Vorliebe für die gehobeneren Genüsse der Welt. Er erinnerte sich noch an das Buch, bei dessen Suche sie ihm geholfen hatte: *Die Möwe Jonathan* von Richard Bach, ein wunderbarer Entwicklungsroman über eine Möwe, die wusste, dass sie dafür geschaffen war, höher und vollkommener zu fliegen als der Durchschnitt des Möwenschwarms, und die sich auf eine unvergessliche Reise begab, um ihr inneres Wissen in die Wirklichkeit umzusetzen.

Vanessa brachte ihm schnell das Buch, war ausgesprochen höflich, aber sehr distanziert und wandte sich dann einem anderen Kunden zu, um ihm zu helfen.

Der Milliardär besuchte mehr als ein Jahr lang immer wieder diesen überfüllten Buchladen, in dem die Bücher auf Holzregalen an einer abgeblätterten Wand standen, bis die junge Frau schließlich eine Einladung zum Essen von ihm annahm. Das Interesse des Milliardärs war geweckt worden durch ihre unaufdringliche Schönheit, ihre scharfe Intelligenz, ihr unkonventionelles Wesen und ihr eigenartiges Lachen, das ihn so glücklich machte wie ein großer Honigtopf einen Bienenschwarm.

Sie heirateten in der bezaubernden Küstenstadt Monopoli in der süditalienischen Region Apulien.

»Das war wirklich ein besonderer Tag«, erinnerte sich der Milliardär wehmütig. »Die Musik, die über den Hauptplatz schallte, als wir alle im sanften Licht des Vollmonds ausgelassen tanzten. Der frische Burrata-Käse, die Orecchiette-Pasta, die von der Großmutter des Küchenchefs zubereitet worden war. Die Stadtbewohner beteiligten sich an der lebhaften Feier und demonstrierten ihre grenzenlose italienische Gastfreundschaft, indem sie selbst hergestellten Negroamaro- und Primitivo-Wein als Hochzeitsgeschenke mitbrachten. Dieses Erlebnis hatte ihn tief berührt.

Die Beziehung des Milliardärs zu Vanessa war gleichermaßen einzigartig und wechselhaft gewesen, so wie viele große Romanzen. Manchmal, ziemlich häufig sogar, erzeugt eine intensive romantische Verbindung tief reichenden Schmerz. Bei diesem besonderen Menschen fühlen wir uns sicher genug, dass wir schließlich unsere soziale Rüstung ablegen und unser unverfälschtes Selbst zeigen können. Und daher erleben diese Menschen uns in der Fülle unserer Wunder, unserer Leidenschaft und unseres Lichts. Doch dies ermöglicht auch einen

Blick auf die Schattenseite, die wir alle haben, jene Seite, die aus den Verletzungen erwächst, die wir im Laufe unseres Lebens erlitten haben.

In seinem Werk *Der Prophet* schrieb Khalil Gibran: »Wenn die Liebe euch ruft, folgt ihr, auch wenn ihre Pfade beschwerlich und steil sind. Auch wenn das Schwert zwischen ihren Fittichen euch verwunden mag. Auch wenn ihre Stimme eure Träume zerschlagen mag, so wie der Nordwind die Gärten verwüstet. All das wird die Liebe euch antun, damit ihr die Geheimnisse eures Herzens erkennt.« Auch wenn ihre Ehe von zahlreichen Stürmen gebeutelt wurde, schafften es der Milliardär und seine wundervolle Gattin, sie über Jahrzehnte aufrechtzuerhalten.

Nachdem sie vor vielen Jahren plötzlich verstorben war, hatte er nie wieder geheiratet. Er wollte sich nicht noch einmal verlieben und konzentrierte sich stattdessen auf die Vergrößerung seines Geschäftsimperiums, verstärkte seine philanthropischen Aktivitäten und genoss das Leben allein, das er sich durch seinen Erfolg verdient hatte.

Der Mogul holte seine Brieftasche hervor und zog behutsam ein zerknittertes Foto von Vanessa heraus. Er schaute es an, gefesselt von dem Bild. Dann begann er heftig zu husten.

»Ist alles in Ordnung, Boss?«, fragte einer der Piloten aus dem Cockpit.

Der Milliardär schwieg und betrachtete weiter das Foto.

Die Unternehmerin und der Künstler waren schon vor einigen Tagen nach Rom geflogen und waren fasziniert von den Sehenswürdigkeiten, der Pracht und der Einzigartigkeit der Ewigen Stadt. Hand in Hand spazierten sie die gepflasterten Straßen entlang, auf denen früher die großen Baumeister und die ehrwürdigen Kaiser gewandelt waren, und ließen die Energie und die Schönheit Roms auf sich wirken.

Heute war der Tag, auf den sie so lange gewartet hatten. An diesem Morgen würden sie endlich die *20/20/20-Formel* kennenlernen, die den Kern der 5-Uhr-Methode bildet. Die beiden Schüler würden in allen Einzelheiten erfahren, was sie in der Stunde des Sieges tun mussten, jenem Zeitfenster zwischen 5 und 6 Uhr morgens, um dauerhaft erfolgreiche und wundervolle Tage zu erleben.

Heute würden sie entdecken, wie sie ihren Morgen optimal nutzen konnten, um sich eine Weltklasse-Existenz zu erschaffen.

Wie mit dem Milliardär abgesprochen, standen die beiden oben auf der Spanischen Treppe. Es war genau 5 Uhr morgens. Wenn man auf der Plattform unter dem Obelisken steht, der sich dort befindet, und hinabschaut auf die nach unten führenden Stufen, sieht man genau jenen Punkt, an dem sich der Mentor und seine beiden Schüler an diesem Morgen trafen.

Die ersten Strahlen der römischen Sonne küssten die Trinità dei Monti, während das verliebte Pärchen über diese von Kultur durchdrungene Stadt blickte. Die alten Römer waren berühmt für ihre kühnen, ausgreifenden Visionen, für die Dimensionen ihrer Bauwerke und für ihre schier übermenschliche Fähigkeit, Monumente zu errichten, welche die herkömmliche Ingenieurskunst infrage zu stellen schienen. Die beiden konnten den Petersdom sehen und das Grab von Kaiser Augustus und auch die Sieben Hügel, die so wichtig gewesen waren für den Schutz des Reiches, das zu Beginn ein kleines Dorf am Ufer des Tiber gewesen war – und sich dann ausgedehnt hatte über Europa, Asien und Afrika und schließlich viele verschiedene Länder umfasste. In der Luft lag eine Mischung aus Blumendüften und Rauch, als würde in der Ferne ein Feuer brennen.

»Buongiorno!« Eine laute Stimme durchschnitt die Stille. »Gestalte deinen Morgen, und in deinem Leben wird alles möglich«, rief der Milliardär mit der Begeisterung eines römischen Soldaten, der gerade einen großartigen Sieg errungen hat.

Mr Riley trat in das erste Licht der aufgehenden Sonne, auf dem Gesicht das strahlende Lächeln eines Mannes, der vom

Zauber des Lebens erfüllt ist. Er hatte sich für diese wichtige Coaching-Sitzung eine schicke italienische Sonnenbrille aufgesetzt. Zudem trug er eine italienische Windjacke über einem schwarzen T-Shirt, auf dem die Buchstaben SPQR prangten, schwarze Jogginghosen und orangefarbene Laufschuhe.

»Tutto bene?«, fragte er fröhlich.

»Uns geht's gut«, antwortete die Unternehmerin und freute sich, dass sie ein paar Brocken Italienisch verstand.

»Ja, sehr gut«, bestätigte der Künstler.

»Dies ist ein wichtiger Tag, Leute. Die Lektion, die ich – Ihr Käse essender und Tonnarelli verschlingender Mentor – heute mit Ihnen durchnehmen möchte, handelt von der *20/20/20-Formel.* Endlich. Wir sind jetzt so weit, dass Sie Ihre Morgenroutine konkret ausgestalten können, damit Sie beide das Versprechen Ihrer Genialität materialisieren und ein Leben in unbegrenzter Freude führen können. Das, was Sie gleich zu hören bekommen, wird Ihnen sehr gefallen. Danach wird Ihr Leben nie wieder so sein wie vorher«, verkündete der berühmte Industrielle.

Als die Sonne langsam am Himmel emporstieg, wurde ein Tattoo auf dem linken Handrücken des Milliardärs sichtbar. Darin befanden sich Zahlen. Sie lauteten schlicht: »20/20/20«.

Die Strahlen der Sonne vereinten sich über seinem Kopf und erzeugten gewissermaßen einen Glorienschein. Die gesamte Szene wirkte surreal, aber höchst eindrucksvoll.

»Ist das neu?«, fragte der Künstler neugierig. »Das Tattoo habe ich bisher noch nicht bemerkt.«

»Ja«, bestätigte der Tycoon. »Ich habe es gestern Abend in Trastevere machen lassen. Cool, nicht wahr?«, sagte der Milliardär mit der Unschuldsmiene eines Neugeborenen.

»Ja, wirklich«, sagte der Künstler, dann gähnte er herzhaft und nahm einen Schluck Kaffee aus einem mitgebrachten Pappbecher. »Der Kaffee in Italien ist wirklich gut«, setzte er hinzu.

»Nun, das ist kein dauerhaftes Tattoo«, räumte der Milliardär ein. »Ich habe es machen lassen, weil heute der Tag der *20/20/20-Formel* ist. Das ist einer der wichtigsten Trainingstage für Sie. Ich fühle mich gesegnet, dass ich hier mit Ihnen beiden sein kann. Ich spüre, dass wir allmählich so etwas wie eine Familie werden. Und wieder in Rom zu sein, das ist für mich etwas ganz Besonderes. Ich bin seit dem Tod meiner Frau Vanessa nicht mehr hier gewesen. Es war zu schmerzhaft für mich, ohne sie hier zu sein«, erklärte er und wandte dann den Blick ab.

Stone Riley fuhr mit der Hand in eine Tasche seiner Jogginghose und zog ein Gabelbein heraus. Er legte den Gegenstand vorsichtig auf eine der Stufen, auf denen sich verschiedene rätselhafte Zeichnungen befanden. Sie sahen etwa folgendermaßen aus:

Der Milliardär bat seine beiden Gäste, sich etwas zu wünschen, dann forderte er sie auf, das Gabelbein auseinanderzureißen als Zeichen für Glück und gutes Gelingen.

»Ich habe das hier nicht nur zur heutigen Morgensitzung mitgebracht, um zwischen Ihnen beiden noch mehr positive

Schwingungen zu erzeugen«, erklärte der Milliardär. »Ich möchte Ihnen auch aufzeigen, dass man mit einem Glücksbringer allein nicht weit kommt, wenn man nicht auch ein Rückgrat, eine tragende Säule, besitzt«, sagte er.

»Hängt das also zusammen mit dem Prinzip, dass ›man mit begrenztem Engagement auch nur begrenzte Ergebnisse erzielt‹, das wir schon früher kennengelernt haben?«, wollte der Künstler wissen.

»Und mit der Erkenntnis, dass ›eine Idee erst dann funktioniert, wenn man sie umsetzt‹«?, fügte die Unternehmerin hinzu und machte eine Yoga-Streckübung in Richtung der immer wärmer strahlenden Sonne.

»Ja, in gewisser Weise schon«, antwortete der Milliardär. »Ich weiß, Sie beide wollen ein produktives, herausragendes, glückliches und sinnvolles Leben führen. Mitglied des 5-Uhr-Clubs zu sein ist die einzige Gewohnheit – von allen möglichen Gewohnheiten –, die dafür sorgt, dass sich dieses hochgesteckte Ziel verwirklichen lässt. Es ist die bestmögliche Praxis, die ich kennengelernt habe, um die Absicht, ein wundervolles Leben zu führen, in die alltägliche Realität umzusetzen. Ja, Träume und Sehnsüchte sind lediglich Wunschbilder. Aufstehen vor Tagesanbruch ist die tragende Säule, die dies ermöglicht.«

»Die Kraft, die das tägliche Frühaufstehen vermittelt, erwächst aus der täglichen Anwendung der *20/20/20-Formel*«, fuhr der Magnat fort. »Und gleich werden Sie diese erstaunlich wirksame Morgenroutine genau kennenlernen.«

»Das wird auch Zeit«, sagte der Künstler und setzte sich seine Sonnenbrille mit grünem Glas auf, um seine Augen vor dem Licht zu schützen, das nun den freien Bereich rund um die Spanische Treppe erfasste und den gepflasterten Platz, auf dem sich ein berühmter Brunnen befindet mit der von Bernini geschaffenen Skulptur einer halb geneigten Barkasse.

»Lasst euch umarmen, Leute, bevor wir losgehen«, rief der Milliardär überschwänglich und drückte den Künstler und die

Unternehmerin an sich. »Willkommen in meinem geliebten Rom!«, setzte er hinzu, als das Lied »Come un Pittore« der Gruppe Modà aus einem geöffneten Fenster einer nahe gelegenen Wohnung erklang. Ein Vorhang hing aus dem Fenster und flatterte in der sanften Brise.

»Okay. Legen wir los. Bedenken Sie bitte, dass Ihre Kreativität, Ihre Produktivität, Ihr Wohlergehen und Ihre Nützlichkeit für die Welt wie auch die Qualität Ihres Privatlebens sich nicht allein durch das Aufstehen um 5 Uhr verändern werden. Sondern das, was Sie in der Stunde nach dem Aufstehen tun, verleiht dem 5-Uhr-Club seine durchschlagende Wirkung. Erinnern Sie sich: Die Stunde des Sieges eröffnet Ihnen eine der größten Chancen Ihres Lebens. Wie Sie bereits wissen, hat die Art, wie Sie Ihren Tag beginnen, einen ganz erheblichen Einfluss darauf, wie sich der Tag entwickelt. Manche Leute stehen zwar früh auf, zerstören dann aber den Wert ihrer Morgenroutine, indem sie die Nachrichten anschauen, im Netz surfen, in den sozialen Medien lesen und Meldungen checken. Ich bin sicher, Sie beide verstehen, dass ein solches Verhalten aus dem Bedürfnis nach einem raschen Dopaminstoß erwächst – einer Ablenkung von dem, was wirklich wichtig ist. Dieses Verhalten veranlasst die Betroffenen dazu, gerade jene Dinge nicht zu tun, die es ihnen ermöglichen würden, die Stille dieser besonderen Stunde dazu zu nutzen, um ihrer Großartigkeit zur Entfaltung zu verhelfen und dauerhaft wundervolle Tage zu verbringen.«

»So, wie wir den einzelnen Tag entwerfen, so gestalten wir auch unser Leben, richtig?«, erkundigte sich der Künstler und bekräftigte damit einen Merksatz, den er am Meer vor dem Strandhaus des Milliardärs gelernt hatte. »Das ist die *Grundlage des täglichen Aufschichtens.* Und es ist einer der *vier Fokussierungspunkte von Menschen, die Geschichte schreiben,* die Sie uns erläutert haben. Ich erinnere mich gut an dieses Modell.«

»Völlig richtig«, bestätigte der Milliardär. »Und ich möchte hinzufügen, dass es nicht nur um die Optimierung Ihres gesellschaftlichen und privaten Erfolgs geht, wenn Sie Ihren Tag intelligent, gesund und friedvoll beginnen. Es geht auch darum, ihn zu schützen.«

Plötzlich lenkte ein Mann, der wie ein Gladiator angezogen war, eine Pferdekutsche über die Piazza di Spagna und rief: »Buongiorno, Mr Riley!« Dann setzte er seine Fahrt fort.

»A dopo«, erwiderte der Milliardär laut genug, dass der Mann es hören konnte. »Ein tolles Kostüm, nicht wahr?«, sagte er zu seinen Schülern.

Der Milliardär rieb über sein neues Tattoo und blickte in Richtung des Kolosseums.

»Der Mann, den wir gerade gesehen haben, erinnert mich an den Auriga, den Wagenlenker oder Steuermann im alten Rom, der wichtige politische Würdenträger beförderte und wegen seiner Vertrauenswürdigkeit für diese Tätigkeit ausgewählt worden war. Und der Auriga hatte noch eine weitere wichtige Aufgabe: Er musste hinter dem Militärführer, dem ›Dux‹, stehen und ihm die Worte ›Memento homo‹ ins Ohr flüstern, wenn er ihm den Lorbeerkranz auf das Haupt setzte.«

»Und was bedeutet das?«, fragte die Unternehmerin. Heute trug sie gebleichte Jeans, ein hellrotes T-Shirt mit V-Ausschnitt und weiße Turnschuhe. Ihre Haare waren zu einem Pferdeschwanz gebunden. Sie trug auch wieder ihre Armreife. Und sie strahlte Optimismus aus.

»›Memento homo‹ heißt so viel wie ›Vergiss nicht, dass du vergänglich bist‹«, antwortete der Milliardär. »Dies sollte dazu dienen, den Hochmut des Anführers im Zaum zu halten, und ihm helfen, sich der unvermeidlichen Verlockung des Egoismus zu widersetzen, die jeder große Erfolg unweigerlich mit sich bringt. Dieses Ritual war eine sehr bedeutsame Disziplin, die dafür sorgte, dass sich der Dux allein auf seine eigentliche Aufgabe konzentrierte, sich selbst und damit auch das Reich, das er regierte, zu verbessern – und nicht seine Energien mit Vergnügungen und Ausschweifungen zu vergeuden, die letztlich den Sturz von Herrscherdynastien herbeiführen.«

»Das kann ich gut nachvollziehen«, sagte der Künstler. »Ich kenne einige künstlerische Genies, die ihr kreatives Imperium vernichtet und ihren guten Ruf zerstört haben, weil sie mit dem Erfolg nicht zurechtkamen. Also, ich bin gespannt, was Sie uns zu sagen haben.«

»Genau«, sagte die Unternehmerin. »Ich meine, definitiv«, korrigierte sie sich schnell, grinste und drückte die Hand ihres neuen Freundes. »Ich habe schon viele junge Firmen erlebt, die wie eine Rakete hochgeschossen sind und dann wieder große Marktanteile eingebüßt haben, weil sie sich in ihre Gewinnerformel verliebt hatten. Sie hatten ihr Feuer verloren. Sie waren aufgebläht und überheblich geworden. Sie waren dem Irrglauben erlegen, nur weil ihnen im Moment ihre exzellenten Produkte aus den Händen gerissen wurden, würde es immer so sein – auch wenn sie ihre Erzeugnisse und ihren Kundenservice nicht verbesserten und sich nicht darum bemühten, dass all ihre Beschäftigten weiter ihre Führungsqualitäten und ihre Leistungsfähigkeit vervollkommneten. Also, ich hören Ihnen gerne zu, Mr Riley.«

»Sehr schön«, lautete dessen knappe Antwort.

»Wenn Sie die *20/20/20-Formel* anwenden, bemühen Sie sich bitte stets, den Ablauf Ihrer Morgenroutine zu verbessern. Bleiben Sie engagiert. Streben Sie unablässig nach Optimierung. Denn *nichts führt so leicht zum Scheitern wie der Erfolg.* Wenn Sie erleben, wie tief greifend diese Praxis wirkt, ist es verlockend, sich treiben zu lassen – und vielleicht sogar einige Stufen in diesem Prozess zu überspringen.«

Der Milliardär deutete mit dem Zeigefinger auf eine der Stufen der Treppe und rezitierte ruhig und mit geschlossenen Augen folgende Worte: »Höre auf, vor deinem höchsten Selbst zu fliehen, und sei bereit, einzutreten in einen neuen Orden der Fähigkeit und des Wagemuts, und folge dem Ruf, durch dein Leben die Menschheit zu beflügeln.«

Anschließend ging er zu der steinernen Plattform am oberen Ende der Spanischen Treppe und formte zwei Finger seiner rechten Hand zum universellen Siegeszeichen. Dann deutete er mit dem Arm zu einem Mann, der auf der Piazza di Spagna, unweit der Via dei Condotti, Kastanien röstete. Der Mann trug ein graues T-Shirt, das sich im Brustbereich spannte, eine marineblaue Hose und gelbe Turnschuhe.

Als er das Zeichen bemerkte, stand der Mann sogleich auf, eilte über den Platz und spurtete die Treppe hinauf – wobei er manchmal drei Stufen auf einmal nahm –, bis er oben ankam, wo der Milliardär stand. Er schob sein zerknittertes Hemd hoch, wodurch eine kugelsichere Weste zum Vorschein kam – und zog ein eingeschweißtes Blatt Papier hervor.

»Bitte sehr, Grande. Schön, Sie wieder hier in Rom zu sehen, Boss.« Der Mann hatte eine kratzende Reibeisenstimme und sprach mit schwerem italienischem Akzent.

»Grazie mille! Molto gentile, Adriano«, erwiderte der Milliardär und drückte einen Kuss auf die Innenfläche seiner Hand, bevor er sie ausstreckte, um dem Mann die Hand zu schütteln.

»Adriano gehört zu meinem Sicherheitsteam«, erklärte Mr Riley und betrachtete das Blatt Papier, das er von ihm erhalten hatte. »Er ist einer meiner Besten. Adriano ist in Alba in der Region Piemont dieses außergewöhnlichen Landes aufgewachsen. Mögen Sie Tartufo?«

»Was ist das?«, fragte der Künstler, den die gesamte Szene, die sich hier darbot, ein wenig verwirrte.

»Trüffeln«, erklärte der Milliardär. »Meine Güte, die schmecken wirklich fabelhaft. Auf einer Tagliolini-Pasta, die mit zerlassener Butter beträufelt ist. Oder über knusprige Spiegeleier geraspelt. Mein Gott, das ist eine Speise für die Götter!« Die Augen des Milliardärs waren groß und weit geöffnet, als er sich die Speisen vorstellte, von denen er gerade sprach. Eine hauchdünne Speichelspur schlängelte sich aus seinem rechten Mundwinkel. Ja, eine Speichelspur. Höchst eigenartig, nicht?

Adriano, der noch am selben Fleck stand, reichte seinem

Arbeitgeber diskret ein Taschentuch. Er warf dem Künstler und der Unternehmerin einen Blick zu, der zu sagen schien: »Ich weiß, er ist ein bisschen komisch, aber wir lieben ihn.«

Dann begannen alle vier Personen, die vor dieser überwältigenden Kulisse versammelt waren, zu lachen. Gleichzeitig.

»Ich wünsche Ihnen einen schönen Vormittag, Boss«, sagte Adriano schließlich und wandte sich zum Gehen. »Ich treffe Sie dann am Abend in Testaccio. Danke für die Einladung zum Abendessen. Gibt es wie üblich Cacio e Pepe?«

»Si«, bestätigte der Milliardär. »Speziell ausgebildete Hunde haben sie erschnüffelt. Oder Schweine. Vielleicht nehme ich Sie beide irgendwann einmal zur Trüffelsuche mit. Ich verspreche Ihnen, das wird ein unvergessliches Erlebnis. Nun, schauen Sie sich jetzt bitte dieses fantastische Lernmodell an. Der Redner hat die Stunde des Sieges und die *20/20/20-Formel* für uns aufgegliedert. Es bleiben keine Fragen offen, wie Sie Ihre Morgenroutine konkret gestalten sollen. Kein Platz für Entschuldigungen. Alles ist detailliert dargestellt. Sie bekommen eine klare Anleitung. Setzen Sie das Programm einfach um, und Sie werden sich Ihren Tag gestalten. Aufschieben ist eine Form von Selbsthass, wissen Sie das?«

»Tatsächlich?«, fragte der Künstler.

»Allerdings. Wenn Sie sich wirklich selbst lieben, werden Sie sich allen Gefühlen widersetzen, dass Sie nicht gut genug seien, um großartig zu werden, und Sie werden sich nicht durch Schwäche versklaven lassen. Sie werden sich nicht länger auf Ihre Unzulänglichkeiten und Fehler konzentrieren, sondern Ihre herausragenden Qualitäten feiern. Denken Sie einmal darüber nach: Es gibt keinen anderen Menschen auf diesem Planeten, der über genau dieselben Fähigkeiten und Begabungen verfügt wie Sie. In der gesamten Geschichte hat es noch nie einen Menschen gegeben, der genau so war wie Sie. Und es wird niemals einen solchen Menschen geben. Ja, Sie sind etwas Besonderes. Das ist eine unbestreitbare Tatsache. Nutzen Sie daher mit ganzer Kraft Ihr überragendes Talent, Ihre bewundernswürdigen Stärken und Ihre atemberaubenden Kräfte. Brechen Sie mit der destruktiven Gewohnheit, Versprechen nicht einzuhalten, die Sie sich selbst geben. Das ist einer der Gründe dafür, warum so viele von uns sich selbst nicht lieben. Unseren eigenen Worten und uns selbst gegebenen Versprechen keine Taten folgen zu lassen, beeinträchtigt unser Selbstwertgefühl und zerstört unsere Selbstachtung. Durch diese Verhaltensweise wird der unbewusste Teil Ihres Wesens zu dem Schluss gelangen, dass Sie überhaupt nichts wert sind. Und erinnern Sie sich an das psychologische Phänomen, das man als sich selbst erfüllende Prophezeiung bezeichnet und das ich früher bereits angesprochen habe. Unser Verhalten orientiert sich immer daran, wie wir uns selbst sehen. Daher erzeugt unser Denken die Ergebnisse, die wir erzielen. Und je weniger wir uns selbst und unsere Kräfte wertschätzen, umso geringer wird die Kraft sein, auf die wir zugreifen können«, verkündete er.

Der Milliardär beobachtete einen vorüberfliegenden Schwarm Schmetterlinge, bevor er weitersprach.

»Das gilt für alles. Ich empfehle also, dass Sie aufhören, Dinge zu verschieben, dass Sie die Muskeln der Willensstärke anspannen, über die wir im Tadsch Mahal gesprochen haben, und dass Sie Ihr Ihnen verbleibendes Leben zu einer Übung in Wagemut machen, zu einem Zeugnis außergewöhnlicher Produktivität und einem seltenen Ausdruck makelloser Schönheit. Bringen Sie Ihr wahres Selbst zum Ausdruck, indem Sie Ihre Genialität ausleben, anstatt sich selbst zu verabscheuen, indem Sie Ihre Besonderheit verleugnen. Aufschieben ist ein Akt des Selbsthasses«, wiederholte der Milliardär. »Machen Sie also die *20/20/20-Formel* zum Kernbestandteil Ihrer täglichen Morgenroutine.«

Der Milliardär zeigte der Unternehmerin und dem Künstler das Schaubild. Es sah folgendermaßen aus:

DIE 20/20/20-FORMEL

AUFGLIEDERUNG

	WAS	WARUM	NUTZEN
ABSCHNITT #1 05:00 UHR – 05:20 UHR **BEWEGEN**	· INTENSIV TRAINIEREN · STARK SCHWITZEN · LERNEN · TRINKEN · TIEF ATMEN	· CORTISOL WIRD ABGEBAUT · DAS PROTEIN BDNF FLIESST · DOPAMIN STEIGT · SEROTONIN ERHÖHT SICH · DER STOFFWECHSEL WIRD ANGEREGT	· MEHR KONZENTRATION + PRODUKTIVITÄT · KONZENTRATION + GEHIRN WERDEN OPTIMIERT · ENERGIE NIMMT ZU · WENIGER STRESS · EIN LÄNGERES LEBEN
ABSCHNITT #2 05:20 UHR – 05:40 UHR **REFLEKTIEREN**	· JOURNAL · MEDITIEREN · PLANEN · BETEN · NACHDENKEN	· DANKBARKEIT NIMMT ZU · BEWUSSTSEIN WIRD GESCHÄRFT · GLÜCKSGEFÜHL VERSTÄRKT SICH · WEISHEIT NIMMT ZU · AUSGEGLICHENHEIT STEIGT	· MEHR PRODUKTIVITÄT · WENIGER ANPASSUNG · HÖHERE KREATIVITÄT · BESSERE LEISTUNGSFÄHIGKEIT · EIN REICHERES LEBEN
ABSCHNITT #3 05:40 UHR – 06:00 UHR **WACHSEN**	· ZIELE ÜBERDENKEN · BÜCHER LESEN · AUDIOBÜCHER ANHÖREN · PODCASTS ANHÖREN · ONLINE-STUDIUM	· 2X3-MINDSET · WISSENSVERTIEFUNG · SCHÄRFUNG DES DENKENS · MEHR ZUVERSICHT · VERÄNDERUNG ZUM MEISTERHAFTEN	· MEHR EINKOMMEN + WIRKMÄCHTIGKEIT · VERBESSERUNG DER FERTIGKEITEN · FÜHRENDE STELLUNG IN DER BRANCHE · PERSÖNLICHES WACHSTUM · MEHR INSPIRATION

»Wie Sie in diesem Lernmodell sehen, teilt sich die Stunde in drei jeweils 20 Minuten umfassende Abschnitte mit bestimmten Tätigkeiten auf, die installiert und dann auf meisterhaftem Niveau praktiziert werden müssen. Im ersten Abschnitt der *20/20/20-Formel* geht es darum, dass Sie sich *bewegen.* Jeden

Morgen eine schweißtreibende Übung zu absolvieren, verändert die Qualität Ihres Tages schlagartig. Im zweiten Abschnitt sollen Sie 20 Minuten lang *reflektieren,* nachdenken. Diese Übung soll Ihnen helfen, wieder Zugang zu Ihrer natürlichen Kraft zu finden, Ihre Selbstwahrnehmung zu steigern, Stress abzubauen, Ihre Zufriedenheit zu fördern und Ihren inneren Frieden wiederherzustellen in dieser Zeit, die von Überstimulation und übermäßiger Aktivität gekennzeichnet ist. Die letzten 20 Minuten dieser Stunde des Sieges, die Ihrer persönlichen Festigung dient, sind Ihrem *Wachstum* gewidmet, was bedeuten kann, ein Buch zu lesen, um besser zu verstehen, wie die Besten ihr Leben gestaltet haben, oder einen Artikel, der zur Verfeinerung Ihrer persönlichen Fertigkeiten beiträgt, oder sich ein Audiobuch anzuhören, in dem es darum geht, wie die Virtuosen ihre außergewöhnlichen Leistungen erzielt haben, oder sich ein Schulungsvideo anzuschauen, das Ihnen zeigt, wie Sie Ihre Beziehungen auf eine neue Ebene heben, Ihre Finanzen verbessern oder Ihre Spiritualität vertiefen können. Wie Sie ja bereits wissen, ist derjenige Leader der Sieger, das am meisten lernt.

Eine der wichtigsten Erkenntnisse, die ich dem Redner verdanke, ist, dass intensives Training – gleich nach dem Aufstehen – von allerhöchster Bedeutung ist. Ich erinnere mich noch genau an seine Worte: ›Sie müssen Ihren Tag mit intensivem Training beginnen. Das ist unverzichtbar. Sonst funktioniert die *20/20/20-Formel* nicht. Und ich widerrufe Ihre Mitgliedschaft im 5-Uhr-Club.‹«

Drei Tauben flogen über den Kopf des Milliardärs hinweg. Er verfolgte sie mit breitem Lächeln, warf einer von ihnen eine Kusshand zu und fuhr dann fort mit seinem Vortrag über die Morgenroutine von Menschen, die Geschichte schreiben.

»Gleich am Morgen hart zu trainieren ist ein absoluter Gamechanger. Das verändert alles. Wenn man sich unmittelbar nach dem Aufstehen intensiv bewegt, verändert sich die Chemie des Gehirns aufgrund seiner neurobiologischen

Grundlagen. Es ist nicht nur sofort wach, sondern es elektrisiert auch Ihren Fokus und Ihre Energie, steigert Ihre Selbstdisziplin und ermöglicht Ihnen einen Start in den Tag, der Ihnen einen enormen Schub verleiht. Nun, um es noch praktischer und nachvollziehbarer zu machen, sage ich Ihnen, dass dieses Training auch darin bestehen kann, ein paar Jumping Jacks oder Liegestützsprünge zu machen oder zu tänzeln wie ein Profiboxer oder kurze Spurts zu absolvieren. Finden Sie heraus, was Ihnen am meisten liegt. Wichtig ist nur, dass Sie ins Schwitzen kommen.«

»Warum?«, fragte der Künstler, der sich nun eifrig Notizen machte.

»Den Grund sehen Sie auf dem Diagramm. Wie Sie wissen, ist Cortisol das Stresshormon. Es wird in der Nebennierenrinde gebildet und dann ins Blut abgegeben. Cortisol ist eine der Hauptsubstanzen, die Ihre Genialität hemmen und die Ihnen gegebene Chance, Geschichte zu schreiben, zunichtemachen. Zuverlässige wissenschaftliche Untersuchungen haben gezeigt, dass der Cortisolspiegel am Morgen am höchsten ist.«

»Eine faszinierende Information«, bemerkte die Unternehmerin und machte abermals eine kleine Streckübung in der römischen Sonne.

»Ja, in der Tat. Also, wenn Sie in der Zeit von 5 Uhr bis 5.20 Uhr körperliche Übungen machen – nur diese 20 Minuten –, wird Ihr Cortisolspiegel deutlich sinken, und Sie werden in die Lage versetzt, Spitzenleistungen zu erbringen. Ein fantastischer Start in den Morgen, nicht wahr? Die Wissenschaft hat auch gezeigt, dass es einen grundlegenden Zusammenhang zwischen körperlicher Fitness und den kognitiven Fähigkeiten gibt. Durch das Schwitzen bei körperlichen Übungen wird BDNF (Brain-derived neurotrophic factor) freigesetzt, ein aus dem Gehirn stammendes Protein, das dieses Organ neu auflädt und auf einen erfolgreichen Tag vorbereitet.«

»Toll!«, rief die Unternehmerin, die ebenfalls fleißig mitschrieb.

»Ferner wurde festgestellt, dass BDNF Nervenzellen reparieren kann, die durch Stress geschädigt worden sind, und die Bildung von neuronalen Verbindungen beschleunigen kann, damit Sie besser denken und Informationen schneller verarbeiten können«, erläuterte der Milliardär. »Ein weiterer gigantischer Wettbewerbsvorteil also. Ja, und es fördert auch die Neurogenese, das heißt, es können neue Gehirnzellen entstehen. Das allein ist doch schon viel wert, oder?«

»Irre!«, platzte der Künstler heraus, der nun gar nicht mehr so cool war, wie er erscheinen wollte.

»Mein Unternehmen wird unverwundbar und ich persönlich unschlagbar werden, wenn ich all diese Ideen, die Sie freundlicherweise mit uns teilen, in die Praxis umsetze«, sagte die Unternehmerin. In Anlehnung an das Verhalten von Mr Riley, wenn andere ihm gegenüber freundlich und großzügig gewesen waren, verbeugte sie sich leicht, um ihre Wertschätzung zum Ausdruck zu bringen.

»Genau«, pflichtete ihr der Milliardär bei. »Und durch das intensive Training in den ersten 20 Minuten der *20/20/20-Formel* wird auch Dopamin freigesetzt, das, wie Sie ja wissen, als Neurotransmitter für die Antriebssteigerung wirkt, aber auch die Bildung von Serotonin unterstützt, jener wundervollen chemischen Substanz, die das Glücksempfinden beeinflusst. Das bedeutet, dass Sie um 5.20 Uhr, während Ihre Konkurrenten noch friedlich schlummern, bereits dafür gerüstet sind, in Ihrem Tätigkeitsbereich die Führung zu übernehmen, exzellente Ergebnisse zu erzielen und den vor Ihnen liegenden Tag zu einem großartigen Erfolg werden zu lassen.«

»Könnten Sie uns vielleicht ganz genau sagen, was wir tun müssen, um sicherzustellen, dass wir mit der Sonne aufstehen?«, bat die Unternehmerin. »Ich meine, könnten Sie ein wenig ins Detail gehen, was unser Verhalten betrifft, damit wir tatsächlich aus dem Bett kommen, wenn der Wecker läutet? Ich hoffe, das ist keine allzu dumme Frage.«

»Es ist eine sehr gute Frage«, sagte der Künstler und strich seiner Freundin über den Rücken.

»Eine fabelhafte Frage«, rief der Tycoon. »Wie ich Ihnen schon empfohlen habe, kaufen Sie sich einen ganz schlichten Wecker – wie auch ich ihn verwende. Wie ich schon in Agra sagte, sollten Sie niemals irgendwelche technischen Geräte in Ihrem Schlafzimmer haben. Ich werde Ihnen später erklären, warum. Wenn Sie Ihren Wecker aufgestellt haben, stellen Sie darauf die Zeit um 30 Minuten vor. Und dann stellen Sie den Weckalarm auf 5.30 Uhr ein.«

»Weshalb?«, fragte der Künstler. »Das erscheint mir ein bisschen komisch.«

»Ich weiß«, räumte der Milliardär ein. »Aber es ist sehr wirkungsvoll: Sie gaukeln sich selbst vor, dass Sie später aufstehen, in Wirklichkeit aber stehen Sie um 5 Uhr auf. Diese Taktik funktioniert tatsächlich. Also machen Sie es. Und das Nächste, und das erscheint offenkundig, ist aber ein weiterer wichtiger Trick: Springen Sie aus dem Bett, sobald der Wecker rasselt und bevor Ihr schwächeres Selbst Ihnen alle möglichen Gründe eingibt, doch länger liegen zu bleiben. Sie müssen im Laufe dieses 66 Tage dauernden Installierungsprozesses dazu kommen, dass das Aufwachen um 5 Uhr den Automatisierungspunkt erreicht. Und dann wird es einfacher, früh aufzustehen, als länger zu schlafen. Als ich dem 5-Uhr-Club beigetreten bin, habe ich in meinen Trainingsklamotten geschlafen.«

Mr Riley wirkte leicht verlegen. Weitere Tauben und Schmetterlinge flogen vorüber. Über der Spanischen Treppe wurde die Andeutung eines Regenbogens sichtbar.

»Ehrlich?«, fragte der Künstler und lachte, wobei er an einer seiner Locken zog. »Haben Sie wirklich in Ihrer Trainingskleidung geschlafen?«

»Ja«, bestätigte der Milliardär. »Und meine Laufschuhe standen direkt neben dem Bett. Ich habe alles getan, was notwendig war, um mich dem tödlichen Griff zu entziehen, dem die üblichen Entschuldigungen mich ausgesetzt hätten.«

Die Unternehmerin nickte. Sie wirkte mit jedem Tag stärker und glücklicher.

»Nun gut, zurück zu den Übungen, die Sie als Erstes nach dem Aufstehen machen. Durch intensives Training stimulieren Sie die natürliche Arznei der Meisterhaftigkeit, die dafür sorgt, dass Sie sich gleich ganz anders fühlen werden als direkt nach dem Aufstehen. Wenn Sie aufwachen, befinden Sie sich noch in einem völlig anderen Gefühlszustand als 20 Minuten später, wenn Sie diese Strategie umsetzen, die Ihre neurobiologischen Prozesse unangreifbar macht und Ihre Physis festigt und stählt. Denken Sie bitte immer daran! Schweißtreibende Bewegung verändert im Laufe der Zeit auch unsere Psyche. Auch wenn Sie eigentlich ein ›Morgenmuffel‹ und am Anfang des Tages eher mürrisch sind, werden Sie sich verändern – denn Sie wissen ja: ›Neuronen, die zusammenwirken, verketten sich auch miteinander.‹ Sie sind von jener Zuversicht durchdrungen, die jeder Leader braucht, auch wenn er keinen formellen Titel besitzt. Sie sind imstande, sich über Stunden und Tage auf eine Aufgabe zu konzentrieren, damit Sie Ihre herausragende Arbeit erledigen können. Und Sie werden wesentlich ruhiger werden. Die starke Ausschüttung von Noradrenalin, die durch das anstrengende Morgentraining hervorgerufen wird, verbessert nicht nur Ihre Aufmerksamkeit, Sie fühlen sich auch wesentlich ausgeglichener. Wissenschaftliche Untersuchungen haben ergeben, dass körperliches Training die Amygdala im limbischen System reguliert, den älteren Teil des Gehirns, über den wir am Strand von Mauritius gesprochen haben, sodass Sie auf die Stimuli, die von einem kniffligen Projekt ausgehen, einem schwierigen Kunden, einem rücksichtslosen Autofahrer oder einem schreienden Baby, wesentlich gelassener statt aufgeregt reagieren.«

»Das ist wirklich außerordentlich hilfreich«, sagte die Unternehmerin. »Sie haben recht, Mr Riley. Diese Waffen der Massenproduktivität sind nicht mit Geld zu bezahlen.«

»Genau«, bekräftigte der Milliardär und nahm die Unternehmerin in die Arme. »Ich mag Sie beide sehr«, setzte er hinzu. »Und ich werde Sie vermissen.«

In diesem Augenblick schlug die für gewöhnlich hoffnungsfrohe und optimistische Einstellung des Mentors in eine gewisse Traurigkeit um, die man bei ihm gar nicht kannte. »Unsere gemeinsame Zeit neigt sich dem Ende zu. Vielleicht treffen wir uns später wieder. Ich hoffe es wirklich. Aber ich weiß es nicht …«

Er verstummte, wandte den Blick ab und schaute zu der weißen Kirche, die hinter ihnen stand, ein wundervolles Beispiel visionärer Architektur. Der Milliardär griff in die Tasche seiner schwarzen Trainingshose, holte eine Tablette heraus und schob sie sich in den Mund wie ein Kind, das ein Zuckerbonbon lutschen möchte.

»Wie Sie in der Aufgliederung sehen«, fuhr er fort und deutete auf das Modell, »regt das Morgentraining auch Ihren Stoffwechsel an – und aktiviert die Fettverbrennungsmaschine in Ihrem Körper, sodass Sie alles Überschüssige effizienter verbrennen und ausscheiden können. Ein weiterer wichtiger Vorteil, nicht wahr? Ja, und wenn Sie Ihre Fitness optimieren, sorgen Sie auch dafür, dass Sie Ihr ganzes Leben gesund bleiben. ›Härter trainieren, länger leben‹ ist ein kluges Motto, mit dessen Hilfe ich mein wirtschaftliches Imperium aufgebaut habe. Wie Sie wissen, ist Langlebigkeit eine der entscheidenden Voraussetzungen, um zur Legende zu werden. Sterben Sie nicht. Sie können nicht Ihr Spiel beherrschen und die Welt verändern, wenn Sie auf dem Friedhof das Gras von unten wachsen sehen«, erklärte der Titan entschlossen.

»Was ich Ihnen im ersten Teil dieses fein abgestimmten und keineswegs oberflächlichen Morgenrituals nahebringen möchte, ist im Kern Folgendes: Ihr Leben wird um ein Vielfaches besser verlaufen, und Sie werden es als wesentlich sinnvoller und erfüllender empfinden, wenn Sie in der bestmöglichen körperlichen Verfassung sind. Als Erstes schweißtreibende Übungen zu machen, nachdem man mit der Sonne aufgestanden ist, verändert das Leben total. Wirklich. Tun Sie also alles, was erforderlich ist, um sich diese Gewohnheit anzueignen und sie fest zu verankern. Was immer dafür notwendig sein mag.«

»Darf ich Ihnen eine andere Frage stellen, Mr Riley?«, fragte die Unternehmerin höflich.

»Gerne«, erwiderte der Milliardär.

»Was ist, wenn ich gern länger als 20 Minuten trainieren möchte?«

»Das ist völlig in Ordnung«, antwortete der Milliardär. »Diese Morgenroutine ist nicht in Stein gemeißelt wie die Worte da oben auf dem Obelisken«, setzte er hinzu und deutete zu dem Monument, das auf einer kleinen Plattform oberhalb der Spanischen Treppe steht. »Nehmen Sie alles auf, was ich Ihnen vermittle, und setzen Sie es dann auf Ihre Weise um. Passen Sie es entsprechend Ihren Vorlieben an, und fügen Sie es in Ihre Lebensweise ein.«

Der Milliardär sog die frische römische Luft ein – die gleiche Luft, die Kaiser, Gladiatoren, Staatsmänner und Handwerker schon vor tausend Jahren geatmet hatten. Sich vorzustellen, dass man diese Luft atmet, ist überwältigend. Und dabei bei diesen drei faszinierenden Mitgliedern des 5-Uhr-Clubs zu stehen.

»Damit komme ich zum zweiten Abschnitt der *20/20/20-Formel,* den Sie in Ihrer Stunde des Sieges absolvieren müssen. Die Zeit zwischen 5.20 Uhr und 5.40 Uhr ist dem ›Reflektieren‹ gewidmet.«

»Was meinen Sie genau mit ›Reflektieren‹?«, fragte der Künstler, um zu zeigen, dass er ein guter und aufmerksamer Schüler war. Er strich sich über seinen Spitzbart, während er die Frage stellte. Sein Arm war um die Schulter der Unternehmerin gelegt.

»Wie ich schon erwähnt habe, ist die besondere Gestaltung des Morgens eine der wichtigsten Fertigkeiten von bedeutenden Persönlichkeiten. Den Anfang des Tages meisterhaft zu nutzen ist einer der wichtigsten Faktoren für außerordentliche wirtschaftliche Leistungsfähigkeit und für persönliche Größe. Und ein bedeutendes Element einer fein justierten Morgenroutine ist eine Phase von tiefer Ruhe. Ein wenig Stille und Abgeschiedenheit, bevor die Komplexität wieder zum Tragen kommt, Ihre Familie Ihre Aufmerksamkeit verlangt und alle anderen Verpflichtungen wieder in den Vordergrund treten. *Ruhe ist der neue Luxus unserer Gesellschaft.* Gönnen Sie sich also in diesem Abschnitt Ihrer Stunde des Sieges etwas Stille und Zeit für sich allein. Denken Sie darüber nach, wie Sie Ihr Leben verbringen und was Sie zu erreichen oder zu werden hoffen. Sinnen Sie darüber nach, welchen Werten Sie in den Stunden, die vor Ihnen liegen, Geltung verschaffen wollen. Und wie Sie sich konkret verhalten wollen. Überlegen Sie, was geschehen muss, damit es ein großartiger Tag wird, der beiträgt zur Gestaltung eines legendären Lebens.«

»Diesen Abschnitt finde ich superinteressant«, sagte die Unternehmerin, während ihre Armreife klimperten. Einer von ihnen war neu und glänzte hell. Darauf war der Satz eingraviert: »All diese frühen Morgen werden mich eines Tages zu einer Ikone machen.«

»Da stimme ich Ihnen zu«, erwiderte der Milliardär. »Wenn Sie darüber nachdenken, was am wichtigsten ist für ein gelingendes Leben, werden Sie auf die ›Kernweisheit‹ stoßen, wie es der Redner nennt. Wenn Sie beispielsweise in diesem zweiten Abschnitt der Stunde nach dem Aufstehen darüber reflektieren, wie wichtig wahrhaft produktive Arbeit ist, die Meisterschaft zum Ausdruck bringt, oder sich wieder ihrer Verpflichtung bewusst werden, Menschen freundlich und respektvoll zu behandeln, werden Sie diese Werte in Ihrem Bewusstsein aufs Neue verankern. Und im weiteren Verlauf des Tages wird sozusagen die Restsubstanz der Wiederverbindung mit diesem Wissen in Ihrem Fokus präsent bleiben, jeden einzelnen Augenblick beeinflussen und Sie bei jeder Ihrer Entscheidungen leiten.«

Abermals flatterte ein bunter Schmetterling vorüber. Dann folgten ihm drei weitere, es war eine fast poetische Szene. Der Milliardär entschloss sich, seine Ausführungen über das Reflektieren zu vertiefen, schluckte davor aber noch eine weitere Pille. Er legte eine Hand aufs Herz und ließ seine Blicke über die Stadt schweifen. »Nirgendwo sonst ist das Licht so spektakulär wie hier«, dachte er. »Ich werde mein Roma vermissen.«

Der Milliardär blickte die Stufen hinab auf die von Pietro Bernini geschaffene weiße Bootskulptur und schaute dann zu dem Blumenladen auf dem Platz daneben.

»Reflexion ist in vielfacher Hinsicht die Hauptquelle für Transformation, denn wenn man besser Bescheid weiß, kann man auch besser handeln. In diesem 20-minütigen Abschnitt der Stunde des Sieges müssen Sie einfach nur gelassen werden, schweigen und in die Stille eintreten. Welch ein Geschenk für Sie selbst in einer Zeit der verzettelten Aufmerksamkeit, der Sorgen und des Lärms.«

»Ja, das wäre ein großartiges Geschenk für mich – und auch für meine Firma«, bekannte die Unternehmerin. »Mir wird klar, dass ich so viel von meiner Zeit auf das Tun und Reagieren verwende und so wenig auf das Überlegen und Planen. Sie haben davon gesprochen, wie die Großen der Welt Zeiten des Abgeschiedenseins nutzen. Ich habe gelesen, dass viele berühmte Genies die Angewohnheit hatten, stundenlang allein irgendwo zu sitzen, nur mit einem Blatt Papier und einem Stift, um die Ideen und Gedanken festzuhalten, die ihnen durch den Kopf gingen.«

»Ja«, bestätigte der Milliardär. »Vorstellungskraft zu entwickeln ist eine sehr wichtige Voraussetzung für eine glorreiche Zukunft. Das Besondere an diesen historischen Stätten hier in Rom ist die schiere Größe der Bauwerke. Welche visionäre Kraft und welche Zuversicht müssen jene Römer besessen haben, die sie geschaffen haben! Und welche Fertigkeiten hat es erfordert, um diese Ideen zu verwirklichen. Jedes einzelne dieser spektakulären Bauwerke in der Ewigen Stadt ist das Ergebnis der Vorstellungskraft eines Menschen, die in angemessener Weise umgesetzt wurde. ›In zwanzig Jahren‹, hat Mark Twain einmal gesagt, ›werden Sie mehr enttäuscht sein über die Dinge, die Sie nicht getan haben, als über jene, die Sie vollbracht haben. Machen Sie also die Taue los. Fahren Sie hinaus aus dem sicheren Hafen. Lassen Sie den Wind Ihre Segel blähen. Erforschen Sie. Träumen Sie. Entdecken Sie.‹«

»Alle großen Künstler träumen von einer Zukunft, die nur wenige für möglich halten«, bemerkte der Künstler weise.

»Genau«, bestätigte der Milliardär und nickte. »Eine andere Übung, die Sie in diesem Abschnitt machen können, ist das Erstellen einer *Prä-Performance-Blaupause,* wie es der Redner nennt. Das ist eine einfache schriftliche Darstellung dessen, wie der bevorstehende Tag idealerweise ablaufen sollte. Forschungen haben ergeben, dass solche Strategien sehr wirkungsvoll sind im Hinblick auf die Intensivierung Ihres Fokus und die Stärkung Ihrer Selbstdisziplin. Sie haben ein klares und auf die konkreten Bedingungen abgestimmtes Skript für den bevorstehenden Tag, damit er sich so entfalten kann, wie Sie es sich wünschen. Natürlich ist nichts vollkommen, weder im Leben noch in der Geschäftswelt. Das heißt aber nicht, dass wir nicht versuchen sollten, unser Möglichstes zu tun, um dies zu erreichen. Die heldenmütigen Frauen und Männer der Welt waren allesamt Perfektionisten. Sie waren *Maximierer,* durchdrungen von dem Bestreben, bei allem, was sie taten, außergewöhnlich zu sein. Nehmen Sie sich also mindestens 10 Minuten Zeit, um sich Ihren perfekten Tag zu skizzieren.«

Der Mogul warf abermals einen Blick zu dem Blumenladen. Dann streckte er den linken Zeigefinger hoch. Eine überaus attraktive Frau mit hohen Wangenknochen, einer Schildpattbrille, einer grauen Leinenbluse und modischen Jeans erhob sich. Sie hatte einen kleinen Metallkoffer in der Hand und begann in Windeseile die Treppe heraufzulaufen.

»Hallo, Vienna«, begrüßte sie der Milliardär, als sie ankam.

»Salve, Mr Riley«, erwiderte die junge Frau respektvoll. »Wir freuen uns, Sie wieder hier in Rom zu sehen. Hier sind Ihre Sachen, Sir.«

Sie tippte einen Zahlencode in das Schloss ein, und der Koffer sprang auf. Darin befanden sich drei aufwendig gestaltete Journalbände, die in geschmeidiges italienisches Leder gebunden waren. Der Milliardär reichte der Unternehmerin und dem Künstler jeweils eines der Bücher. Dann nahm er das dritte heraus, drückte es an sein Herz und fuhr kurz mit der Zunge darüber. Ja, er leckte tatsächlich das Buch ab.

»Wenn wir in dem zauberhaften Weinberg in Südafrika sind, werde ich Ihnen erklären, warum ich mit der Zunge über mein Tagebuch geleckt habe«, erklärte der Milliardär geheimnisvoll.

»In Südafrika?«, fragte der Künstler. »Wann fliegen wir denn dorthin?«

»Ein zauberhafter Weinberg?«, fragte die Unternehmerin.

Der Milliardär gab auf beides keine Antwort.

»Sehr gut, Vienna«, sagte der Milliardär zu seiner Assistentin. »Wirklich sehr gut. Ci vediamo dopo«, setzte er hinzu, während sie die Stufen hinabging und auf einen schwarzen Roller stieg, der dort abgestellt war. Dann fuhr sie weg.

Als die Unternehmerin und der Künstler die Lederkladden aufschlugen, erblickten sie auf der ersten Seite eine sorgfältig erstellte Grafik.

»Ist das ein weiteres Lernmodell für uns?«, erkundigte sich der Künstler interessiert.

»Si«, erwiderte der Milliardär.

»Ich liebe diese Modelle«, sagte der Künstler. »Das sind unschätzbar wertvolle Werkzeuge, um verwirrende Konzepte klarer und verständlicher zu machen.«

»Und wirklich hochrelevant«, ergänzte die Unternehmerin. »Klarheit bringt Meisterhaftigkeit hervor, nicht wahr?«

»Stimmt«, bestätigte der Industrielle. »Das sehen Sie völlig richtig. Aber es war der Redner, der Jahrzehnte seines reichen Lebens daran gearbeitet hat, diese Grafiken zu entwickeln, um die Philosophie und die Methode des 5-Uhr-Clubs zu erläutern. Sie sehen relativ einfach aus, aber er hat sein gesamtes Berufsleben benötigt, um sie zu erstellen. Es erfordert Jahre außergewöhnlicher Aufmerksamkeit und strenger Isoliertheit, um all die Komplexitäten abzustreifen und die Schlichtheit zum Vorschein zu bringen, die den Prüfstein eines echten Genies darstellt. Das ist, wie wenn ein Amateur ein Meisterwerk betrachtet. Es sieht für ihn einfach aus, weil er nicht versteht, wie vollendet es dem Meister gelungen ist, alles Unnötige wegzunehmen. Das Nichtwesentliche zu entfernen, um die Kostbarkeiten zutage zu fördern, verlangt Jahre intensiven Bemühens. Und Jahrzehnte der Hingabe. Einem ungeübten Auge die Dinge einfach und schlicht erscheinen zu lassen, das ist das Kennzeichen eines Meisters.«

Das Lernmodell in dem aufwendigen Lederjournal, das die drei Reisegefährten an diesem sonnigen Morgen in Rom zu Gesicht bekamen, sah folgendermaßen aus:

DIE GEWOHNHEIT DES TAGEBUCHSCHREIBENS

AUFGLIEDERUNG

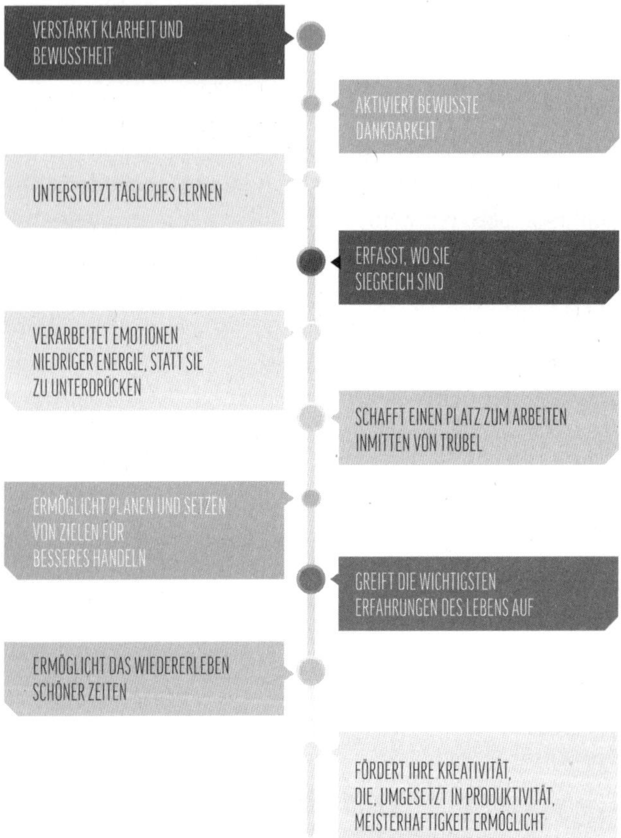

»Schauen wir uns nun die Gegenstände näher an, die meine Assistentin uns gebracht hat«, fuhr der Milliardär fort. »Eine weitere Erfolg versprechende Aktivität in der ›Reflexionsphase‹ der *20/20/20-Formel* besteht darin, Eintragungen in ein Tagebuch zu machen. Daher habe ich diese Bücher von einem italienischen Buchbinder für Sie anfertigen lassen. Ich hoffe, sie werden Ihnen von großem Nutzen sein.«

Der Magnat blickte hinab auf die Via dei Condotti. Dort waren Straßenreiniger bei der Arbeit. Touristen spazierten über die Straße, machten Selfies und kauften Anhänger oder andere Schmuckstücke von Straßenhändlern.

»Der Redner ist immer gern mit mir hier in Rom. Wenn wir Glück haben, treffen wir ihn später am Vormittag. Ich weiß, dass er vor Tagesanbruch am Fluss entlang nach Prati gelaufen ist, bevor er zu einer Angeltour aufgebrochen ist zu einem Ort, der ein paar Stunden von hier entfernt ist. Ach, übrigens, für die Beschäftigung mit einem Journal zumindest für ein paar Minuten in der Zeit von 5.20 Uhr bis 5.40 Uhr hat er die Bezeichnung ›Tagebuchaufzeichnungen‹ gefunden. Das Entscheidende dabei ist das Schreiben. Denken Sie dabei nicht zu viel nach. Bringen Sie einfach Ihre Absichten und Vorhaben für die vor Ihnen liegenden Stunden zu Papier, notieren Sie Ihre wertvollen Pläne, und aktivieren Sie Ihre Dankbarkeit, indem Sie allem nachspüren, was bereits gut ist in Ihrem Leben. Nutzen Sie Ihr Journal bitte auch als einen Platz, an dem Sie Frustrationen, Enttäuschungen und Ärger verarbeiten können, damit Sie sie loslassen können. Es ist erstaunlich, wie gut man vergiftende Emotionen und negative Energie aus dem System entfernen kann, wenn man seine unterdrückten persönlichen Verletzungen niederschreibt und dadurch maximale Kreativität, kostbare Vitalität und unvergleichliche Leistungsfähigkeit freisetzt.«

»Eine Supermöglichkeit, um mein Heartset abzusichern und zu festigen, nicht wahr?«, sagte die Unternehmerin.

»Völlig richtig«, lobte der Milliardär und deutete dann mit

dem Finger auf das Lernmodell auf der ersten Seite seines Journals.

»Hier sehen Sie einige der Belohnungen, die Sie erhalten, wenn Sie zehn oder vielleicht sogar die gesamten 20 Minuten des zweiten Abschnitts Ihrer Stunde des Sieges in Ihre Tagebuchaufzeichnungen investieren. Und ich möchte noch einmal betonen, dass Sie dabei nicht nur die positiven Elemente Ihres gegenwärtigen Lebens notieren sollen, sondern auch jene Aspekte, die Ihnen Unbehagen oder Schmerz bereiten. Denn belastende Gefühle lassen sich am schnellsten überwinden, wenn man die Klugheit und den Mut aufbringt, sich ihnen unmittelbar zu stellen. Spüre sie, um sie zu heilen. Benenne sie, um dich von ihnen zu befreien. Befasse dich in schriftlicher Form mit den dunklen Energien der Belastungen des Lebens, um sie aufzulösen. Das sind bahnbrechende Erkenntnisse, die ich Ihnen beiden hier vermittle. Denn wenn Sie die Kraft zurückgewinnen, die durch die Schicht der toxischen Emotionen und der Wunden der Vergangenheit blockiert worden ist, werden sich Ihr Mindset, Ihr Heartset, Ihr Healthset und Ihr Soulset in unermesslicher Weise verbessern. Und wenn sich Ihre vier inneren Reiche durch Ihre ernsthafte Selbstreinigung festigen und ausweiten, beginnt Ihr höchstes inneres Selbst die Herrschaft zu übernehmen. Dies kommt schließlich auch den äußeren Reichen zugute, die Sie beide fördern und weiterentwickeln möchten. Ich möchte Ihnen Folgendes mit auf den Weg geben: Belastende Empfindungen, von denen Sie sich nicht auf gesunde Weise befreien können, werden unterdrückt, was zu Stress führt, zu mangelnder Produktivität und sogar zu Krankheit.«

»Ein eindrucksvolles Diagramm«, meinte der Künstler. »Wollen Sie damit sagen, wenn ich Gefühle, die mir Unbehagen bereiten, nicht zulasse, dann häufen diese sich auf und setzen sich in mir fest, bis ich krank werde?«

»So ist es«, bestätigte Mr Riley. »Die festsitzenden toxischen Emotionen überlagern Ihre Begabungen, Ihre Talente und Ihre höhere Weisheit. Das ist der Hauptgrund, warum die meisten Menschen vergessen haben, dass sie Helden sind. Wenn wir Gefühle vermeiden oder nicht zulassen, verlieren wir den Zugang zu unserem machtvollsten Selbst und vergessen die Wahrheiten des Lebens: dass jeder von uns zu verblüffenden Leistungen fähig ist, erstaunliche Arbeit verrichten, sich bester Gesundheit erfreuen und wahre Liebe erfahren kann und ein zauberhaftes Leben führen und hilfreich für andere Menschen sein kann. Aber die meisten von uns haben so viel Angst, Schmerz, Wut und Trauer über unserem wahren Selbst aufgehäuft, dass wir kein Gespür mehr haben für die Chancen und die Gelegenheiten, die sich uns bieten. All diese dunkle Energie verhindert, dass wir sie sehen. Und sie blockiert den Zugang zu unserer ursprünglichen Genialität. Die meisten Menschen haben diese Fähigkeit verloren.«

»Ein zauberhaftes Leben?«, fragte die Unternehmerin. »Sie reden von Zauber. Das klingt ein wenig abgehoben. Ein bisschen überdreht.«

»Ja, ein zauberhaftes Leben«, bekräftigte der Milliardär. »Wenn wir in Südafrika sind, werde ich Ihnen erläutern, wie Sie sich den Zauber erschließen können, der für uns alle abrufbar ist. Wenn Sie gelernt haben, was ich Ihnen dort im Weinberg vermitteln werde, wird sich Ihre Fähigkeit, mehr Geld zu verdienen, gesünder zu sein, mehr Freude und inneren Frieden zu empfinden, auf dramatische Weise verbessern. Aber ich kann nicht alles preisgeben, was ein zauberhaftes Leben betrifft. Ich darf es nicht«, erklärte der Milliardär geheimnisvoll.

»Man muss eine Wunde fühlen, um eine Verletzung heilen zu können«, fuhr der Milliardär fort. »Ich habe in meinem Leben schon viel Leid erfahren müssen. Geschäftliche Niederlagen, persönliche Verluste, physische Gebrechen. Gegenwärtig habe ich mich mit einer Sache auseinanderzusetzen, die meine Seele bedrückt.« Die Fröhlichkeit des Milliardärs begann plötzlich zu verschwinden. Für einen Augenblick wirkte er alt.

Er beugte sich nach vorn. Sein Atem ging schwer. Doch gleich erholte er sich wieder.

»Nun, jetzt die gute Nachricht«, sagte er in energischem Ton, während er beide Arme hochstreckte. »Sie besteht darin, dass ich vom Schmerz der Vergangenheit nicht viel mitgenommen habe in meine wundervolle Gegenwart und meine fantastische Zukunft. Ich habe die Übung des Tagebuchschreibens in der Reflexionsphase der *20/20/20-Formel* praktiziert, um all das zu überwinden und loszulassen. Schon allein diese Technik ist ein Grund dafür, warum ich die meiste Zeit erfüllt bin von Staunen, Dankbarkeit und Frieden. Und dafür, dass es mir möglich war, so viel zu erreichen. In der Vergangenheit zu leben, stiehlt den meisten Menschen so viel Energie. Das ist eine schlüssige Erklärung dafür, warum die meisten Leute so unproduktiv sind. Der Redner ist der einzige Mensch, den ich kenne, der eine Verbindung hergestellt hat zwischen schlechten Leistungen und emotionaler Unruhe. Denken Sie darüber nach. Das stimmt wirklich. Stellen Sie sich also vor, wie die Übung des Tagebuchschreibens, die Sie jeden Morgen durchführen, Ihnen dabei hilft, Ihre Leistung zu erbringen und in Ihrem Geschäft erfolgreich zu sein, vor allem wenn Sie mit Ihren speziellen Problemen zu kämpfen haben.« Aus den Worten des Milliardärs sprach tiefes Einfühlungsvermögen. Er legte einen Arm um die Unternehmerin und den anderen um die Schulter ihres neuen Freundes. »Und auch Sie mit Ihrer Kunst«, setzte er zum Künstler gewandt hinzu.

»Schmerz aus der Vergangenheit mit sich herumzutragen ist sehr anstrengend«, pflichtete ihm der Künstler bei. »Wir alle werden vom Leben besiegt – und manchmal auch beinahe vernichtet.«

Der Milliardär setzte seinen Vortrag fort. »Ich möchte Sie auch ermutigen, im zweiten Abschnitt, also in der Zeit von 5.20 Uhr bis 5.40 Uhr, einige Minuten Zeit zu finden für eine Meditation. Der Redner hat mir das beigebracht, und es hat mir sehr dabei geholfen, meine Konzentrationsfähigkeit, meine Zuversicht und mein Leistungsvermögen zu steigern, aber auch die Gelassenheit, die ich bei der Leitung und der Verwaltung meines anspruchsvollen Geschäftsportfolios empfinde. *Gelassene Leistungsmenschen sind die erfolgreichsten Leistungsmenschen.* Meditation hat nichts mit Spinnerei zu tun, überwinden Sie also etwaige Vorurteile, die Sie vielleicht dagegen haben, probieren Sie es, und machen Sie sich diese Praxis zu eigen. Es ist eine der besten Möglichkeiten, um Ihre Fokussiertheit zu stärken, Ihre natürlichen Kräfte zu bewahren und Ihren inneren Frieden zu schützen. Viele wissenschaftliche Untersuchungen haben gezeigt, wie wertvoll ein regelmäßiges Meditationsritual ist. Also auch wenn Sie sich eigentlich nicht dafür begeistern können, die Forschung bestätigt, dass Meditieren – auf phänomenale Weise – als eine Technik zur menschlichen Optimierung eingesetzt werden kann. Neuere Untersuchungen haben ergeben, dass regelmäßige Meditation dazu beiträgt, das Cortisolniveau zu senken, und dadurch zur Minderung von Stress führt. Sie ist auch eine sehr gute Möglichkeit, die Beziehung zum eigenen Selbst weiterzuentwickeln. Sie müssen sich mehr Zeit für *sich selbst* nehmen. Um Ihre Vertrautheit und Verbindung mit Ihrer höheren Natur zu verstärken. Um sich erneut mit Ihrem Besten zu verbinden, jener Seite von Ihnen, die von Ihren verborgenen Reservoirs an Strahlkraft, Wagemut und Liebe weiß. Jenem Teil von Ihnen, der das Unmögliche erfasst, der noch die Großartigkeit anderer Menschen erkennen kann, auch wenn diese sich schlimm verhalten, und der Positives in der Welt erzeugt – auch wenn Ihnen solch tugendhaftes Verhalten nicht vergolten wird. Ja, begeben Sie sich jeden Morgen in diesen 20-minütigen Schutzraum der Stille und des Schweigens und *erinnern Sie sich daran, wer Sie wirklich sind.* Und nehmen Sie dann dieses atemberaubende Wissen mit sich, bewahren Sie es sich in den verbleibenden Stunden jenes Geschenks, das wir einen Tag nennen.«

Der Milliardär ließ sich zu Boden fallen. Dann machte er

mehrere schnelle Liegestütze. Darauf folgte ein Unterarmstütz. Aber die eigenartigen Verhaltensweisen des skurrilen Tycoons waren den beiden ja mittlerweile vertraut.

»Ich muss noch auf den dritten Abschnitt der *20/20/20-Formel* eingehen, dann können wir die heutige Mentoring-Sitzung beenden. Ich habe später einige Besprechungen und treffe mich dann mit Adriano, dem Redner und einigen weiteren alten Freunden zu einem fabelhaften Essen«, erklärte der Milliardär fröhlich.

»Gern«, entgegnete der Künstler. »Null problemo.«

»Natürlich«, sagte die Unternehmerin. »Wir haben gehört, dass es in einem Restaurant in der Nähe des Campo de' Fiori fantastische Carbonara gibt. Die wollen wir heute Abend probieren.«

»Prima«, erwiderte der Milliardär und klang dabei eher wie ein Fünfjähriger denn wie ein Großunternehmer. Dann setzte er seine Ausführungen über die Morgenroutine der Erbauer von Imperien, der Super-Leistungsmenschen und der Retter der Zivilisation fort.

Plötzlich aber fasste sich der Milliardär an den Bauch und wand sich vor Schmerzen.

»Was ist los, Mr Riley?«, rief die Unternehmerin und eilte zu ihrem Mentor.

»Nichts«, erwiderte dieser und tat, als sei alles in bester Ordnung. »Machen wir weiter. Ich möchte unbedingt, dass Sie alles erfahren, was mir über den 5-Uhr-Club vermittelt wurde, bevor ich Sie verlasse. Bitte geben Sie die Erkenntnisse des Redners an möglichst viele Menschen weiter. Sie werden damit die Welt besser machen. Ich werde dazu nicht mehr imstande sein«, sagte er mit leiser werdender Stimme.

»Okay«, fuhr der Industrielle fort. »Machen wir weiter. Abschnitt drei der *20/20/20-Formel* soll Ihnen dabei helfen, jeden Tag ›Wachstum‹ zu erleben. Erinnern Sie sich an den 2×3-Mindset: Ihr Einkommen und Ihre Wirkmächtigkeit zu verdoppeln und Ihre Investitionen in den zwei Kernbereichen,

Ihrer persönlichen Meisterhaftigkeit und Ihren professionellen Fähigkeiten, zu verdreifachen. Also, in der Zeit von 5.40 Uhr bis 6 Uhr, dem letzten Abschnitt Ihrer Stunde des Sieges, geht es darum, Ihre Wissensgrundlagen zu vertiefen, Ihren Verstand zu schärfen, Ihre Kompetenz zu verbessern und Ihre Konkurrenz an Kenntnissen zu überflügeln.«

»Leonardo da Vinci hat gesagt: ›Keine größere und keine kleinere Herrschaft kannst du haben als über dich selber‹«, warf der Künstler ein.

»Ich liebe dich mit jedem Tag mehr«, sagte die Unternehmerin.

»Nun, auch ich verehre dich jeden Tag mehr«, erwiderte der Künstler grinsend.

»Ach, ist das schön«, rief der Milliardär und lachte. »Eine richtige Liebesromanze. Hier auf der Spanischen Treppe.«

Er schloss die Augen und rezitierte die Worte des Philosophen Seneca, der zudem ein römischer Staatsmann gewesen war: »Jeder Tag soll dir einen Beitrag liefern zum siegreichen Kampf gegen Armut, gegen Tod und ebenso gegen die anderen Übel, und hast du mancherlei gelesen, so hebe dir eines heraus, um es dir an diesem Tage ganz zu eigen zu machen.«

Der Milliardär schlug die Augen wieder auf und erklärte: »Leadership im Äußeren beginnt im Inneren.« Dann setzte er hinzu: »In diesem letzten Abschnitt, in der Zeit von 5.40 Uhr bis 6 Uhr, sollen Sie daran arbeiten, wertvoller zu werden, für Sie selbst wie auch für die Gesellschaft. Sie haben nicht nur deswegen Erfolg und Einfluss, weil Sie es wollen. Sie ziehen beides in Ihr Leben, *infolge dessen, was Sie sind* – im privaten Bereich und im Berufsleben. Private Wünsche ohne persönliche Weiterentwicklung, das ist, als würde man davon träumen, einen großen Garten zu besitzen, ohne irgendetwas auszusäen oder anzupflanzen. *Wir ziehen fantastische Belohnungen an, indem wir den Wert unseres Selbst erhöhen.* Ich habe mein Vermögen auf der Grundlage dieser Idee gemacht. Als ich mich selbst verbesserte, hat sich auch meine Fähigkeit verbessert, das Leben von mehr Menschen zu verbessern durch eine Steigerung der Qualität meiner Dienstleistung. Als ich mich kundig gemacht habe, wurde ich wertvoller für jene Bereiche, in denen ich meine Geschäfte tätigte, wodurch sich mein Einkommen und meine Wirkungsmöglichkeiten verbesserten. Hier ist ein Vorschlag, der in der heutigen Zeit reichlich eigenartig anmuten mag: Lesen Sie ein Buch. Studieren Sie das Leben der berühmtesten Männer und Frauen der Vergangenheit, indem Sie deren Biografien im Wachstumsabschnitt der Stunde des Sieges lesen. Informieren Sie sich über die neuesten Forschungsergebnisse auf dem Gebiet der Psychologie. Lesen Sie Werke über Innovation und Kommunikation, über Produktivität, Führungskraft und Geschichte. Und schauen Sie sich Dokumentationen an darüber, wie die Besten tun, was sie tun – und wachsen Sie in diese Menschen hinein. Hören Sie sich Audiobücher über persönliche Meisterhaftigkeit, über Kreativität und den Aufbau von Unternehmen an. Eines der Merkmale, die meine Milliardärsfreunde und ich gemeinsam haben, ist die Liebe zum Lernen. Wir wachsen unablässig durch unsere Begabungen und Talente – und nutzen diese zu unserem Vorteil. Wir investieren darin, unser Selbst – und unsere professionellen Fähigkeiten – zu erweitern. Wir dürsten danach, zu lesen, uns zu verbessern und unsere unstillbare Neugier zu befriedigen. An einer Konferenz teilzunehmen ist für uns ein Vergnügen. Wir besuchen mindestens jedes Vierteljahr eine Konferenz zusammen, damit wir Anregungen erhalten und am Puls der Zeit bleiben. Wir verbringen nicht viel Zeit mit sinnlosen Vergnügungen, denn wir sind viel zu beschäftigt mit unablässiger Weiterbildung.«

»Das Leben ist sehr gerecht, wissen Sie«, fuhr der Mogul fort, der nun sehr philosophisch klang und wieder gut erholt wirkte. »Sie erhalten von ihm, was Sie ihm geben. Das ist ein grundlegendes Naturgesetz. Geben Sie also wesentlich mehr, indem Sie wesentlich besser werden.«

»So, jetzt wissen Sie alles«, schloss Mr Riley überschwänglich. »Sie haben eine wundervoll konzipierte, maßgeschneiderte Morgenroutine für die Entwicklung eines Weltklasse-Unternehmens und eines überragenden Privatlebens an der Hand. Machen Sie sich diese Technik zu eigen, praktizieren Sie sie täglich oder zumindest fünf Tage in der Woche, und Ihre Produktivität, Ihr Wohlergehen, Ihre Freude und Gelassenheit werden in außerordentlichem Maße zunehmen entsprechend dem Wert, den Sie unserer Welt geben können.«

»Und was kommt als Nächstes?«, wollte der Künstler wissen.

»Jetzt wollen wir den Toten einen Besuch abstatten«, lautete die knappe Antwort des Milliardärs.

Kapitel 14

Der 5-Uhr-Club begreift die Bedeutung des Schlafes

»Niemand kann ermessen, wie sehr ich mich nach Ruhe sehne – wie ich danach hungere und dürste. Sechs lange Tage, nachdem meine Arbeit getan ist, gleicht mein Geist einem Strudel, wirbelnd, nicht vorankommend und unaufhörlich, ein Strom von Gedanken, die zu nichts führen, sich schnell und stetig im Kreise drehen.« – **H.G. Wells**

Die römische Sonne stieg höher, als die drei Reisegefährten über die Dächer der Stadt und zum Vatikan blickten. In den Straßen war es laut. Die Ewige Stadt war erwacht.

Abermals streckte der Titan eine Hand nach oben. Wieder tauchte ein Assistent wie aus dem Nichts auf. Diesmal war es ein Mann von etwa Anfang vierzig, der über den Platz gelaufen kam und ein Gerät aus der Tasche zog, in das er schnell und laut hineinsprach. Eine Minute später erschienen drei Frauen, die einen Schal um den Kopf gebunden trugen – wie in jenen wunderbaren italienischen Filmen aus den Fünfzigerjahren –, auf glänzenden roten Vespas. Sie stellten die Fahrzeuge am Fuß der Spanischen Treppe ab, gleich neben der Bootskulptur, und verschwanden auf der Via delle Carrozze.

»Auf geht's, Leute!«, rief der Milliardär. »Wir machen einen kleinen Ausflug.«

»Aber was ist mit dem Besuch bei den Toten?«, fragte die Unternehmerin, auf deren Stirn sich wieder Falten gebildet hatten und die ihre Arme jetzt verschränkt hatte.

»Vertrauen Sie mir. Setzen Sie sich auf Ihren Roller. Und folgen Sie mir«, wies sie der Milliardär an.

Die drei Gefährten fuhren auf ihren Vespas durch die alten Straßen von Rom. Auch die unbekannteste Kirche oder der unscheinbarste Obelisk erregten ihre Bewunderung. Die Sonne stand mittlerweile gleißend am Himmel, während Einheimische und Touristen die Boulevards bevölkerten. Die Stadt war erfüllt von Leben. Auf einem Platz, an dem sie vorbeikamen, gab eine äußerst talentierte Opernsängerin voller Inbrunst ihre Lieder zum Besten und rührte damit die Herzen der Zuhörer, während ein Mann, der sie begleitete, das Geld einsammelte. Als der Milliardär, die Geschäftsfrau und der Künstler ihre Fahrt über die Straßen Roms fortsetzten, bot sich ihnen ein weiterer surrealer Anblick: die Cestius-Pyramide, die in den Jahren 18–12 v. Chr. als Grabmal errichtet worden war.

»Eine Pyramide im ägyptischen Stil im Herzen der Ewigen Stadt. Unglaublich«, dachte der Künstler, als er den Blick von der Straße abzuwenden versuchte.

Bald ließen sie die Mauern der Stadt hinter sich. Der Milliardär fuhr noch immer an der Spitze. Die Unternehmerin bemerkte zum ersten Mal an diesem Morgen, dass auf der Rückseite seines T-Shirts das alte Sprichwort stand: »Morgenstund hat Gold im Mund.« Und auf der Rückseite seines Helms stand: »Stehe als Erster auf, stirb als Letzter.«

»Dieser Mann ist wirklich ein Wunder«, dachte sie. »Ein einzigartiger Mensch.« Die Geschäftsfrau wusste, dass dieses großartige Abenteuer bald sein Ende finden würde. Doch sie hoffte, dass Mr Riley weiter in ihrem Leben präsent bleiben würde. Sie empfand nicht nur Bewunderung für ihn. Sie spürte, dass sie ihn brauchte.

Sie fuhren noch eine Weile weiter, dann bedeutete ihnen der Milliardär in einer düsteren, verlassenen Nebenstraße, dass sie anhalten sollten. Nachdem sie ihre Roller abgestellt hatten, führte er seine Schüler wortlos an einer steinernen

Büste des großen römischen Heerführers Julius Cäsar vorbei und über eine Treppe hinab in einen dunklen und staubigen Tunnel.

»Wo zum Teufel sind wir hier?«, fragte der Künstler. Auf der Haut unter seinen Augen hatten sich Schweißperlen gebildet. Er bot einen recht eigenartigen Anblick in diesem Moment.

»Wir befinden uns in den Katakomben«, verkündete der Milliardär. »Hier haben die alten Römer ihre Toten bestattet. All diese unterirdischen Gänge waren Begräbnisstätten – Friedhöfe – und wurden in der Zeit vom 2. bis zum 5. Jahrhundert angelegt.«

»Und warum sind wir hier?«, fragte die Unternehmerin.

»Ich habe Sie in diese Gruft geführt, um auf eine bestimmte Sache hinzuweisen«, antwortete der Milliardär in seiner üblichen liebenswürdigen Art.

In diesem Augenblick war das Geräusch von Schritten zu hören, die vom Ende des Tunnels kamen. Der Künstler schaute die Unternehmerin mit großen Augen an.

Der Milliardär sprach kein Wort. Die Schritte kamen näher. Und sie wurden lauter.

»Ich habe kein gutes Gefühl«, sagte die Unternehmerin.

Die Schritte setzten sich fort, und bald sah man das matte Licht einer Kerze, das auf das abgebröckelte Mauerwerk der Katakombe fiel. Dann wurde es still.

Schließlich tauchte eine Gestalt auf, die eine große Kerze in der Hand hielt und nach Art der Mönche eine Kapuze über den Kopf gezogen hatte. Es wurde kein Wort gesprochen. Alles war sehr mysteriös. Der Neuankömmling blieb vor den drei Freunden stehen. Er hielt die Kerze höher – und bewegte sie viermal im Kreis. Dann schlug er die Kapuze zurück.

Das Gesicht, das daraufhin zum Vorschein kam, war den dreien vertraut. Es war ein Gesicht, das schon in vielen großen Arenen der Welt zu sehen gewesen war. Das Gesicht eines Mannes, der Millionen Menschen dazu inspiriert hatte, erstaunliche Leistungen zu vollbringen, große Träume zu verwirklichen und ein legendäres Leben zu führen.

Es war der Redner.

»Mein Gott, haben Sie uns erschreckt«, rief der Künstler, der noch immer stark schwitzte.

»Tut mir leid. Stone hat mich gebeten, hier herunterzukommen. Ich habe mich ein wenig verlaufen«, erklärte der Redner. »Ein wirklich außergewöhnlicher Ort, diese Katakomben. Ein bisschen gruselig ist es hier drinnen«, setzte er hinzu. Er sah gesund, zufrieden und entspannt aus.

»Hallo, Kumpel«, sagte der Milliardär und umarmte seinen Berater und besten Freund. »Danke, dass du gekommen bist.«

»Gern geschehen«, erwiderte der Redner. »Nun, kommen wir gleich zu den Erkenntnissen, die ich diesen beiden Leuten hier vermitteln möchte. Du weißt, ich unterstütze euch gern«, fügte er hinzu und klatschte den Milliardär ab, wie es Basketballer untereinander tun, wenn sie einen erfolgreichen Freiwurf hatten.

»Mr Riley hat mich gebeten, Ihnen zu erläutern, wie wichtig gesunder Schlaf ist, um dauerhaft Spitzenkreativität, höchste Produktivität und überragende Leistungsfähigkeit zum Tragen zu bringen. Und er wollte, dass ich es hier unten tue, nicht nur weil die Bewohner dieser Gruft sich in einem endlosen Schlaf befinden, sondern auch weil die Wissenschaft mittlerweile bestätigt hat, dass zu wenig Schlaf eine der Hauptursachen für einen frühen Tod ist.«

»Wirklich?«, fragte die Geschäftsfrau und verschränkte abermals die Arme. Das Licht der Kerze ließ einen schlichten silbernen Verlobungsring an einem ihrer Finger aufblitzen.

»Na, das ist ja eine schöne Überraschung!«, rief der Milliardär freudig. Dann vollführte er ein schnelles, skurriles Tänzchen, wie man es bisher noch nicht von ihm erlebt hatte.

»Ja, wir haben's getan«, erwiderten die Unternehmerin und der Künstler gleichzeitig.

»Und Sie beide sind herzlich zu unserer Hochzeit eingeladen. Es soll eine kleine, aber ganz besondere Feier sein«, setzte der Künstler hinzu.

»Sie können die Zeremonie gerne an meinem Strand auf Mauritius stattfinden lassen«, bot der Milliardär an. »Ich komme gern für sämtliche Kosten auf. Für Sie beide und auch für Ihre Familien und Ihre Freunde. Alles geht auf mich. Das ist das Mindeste, was ich für Sie beide als neue Mitglieder des 5-Uhr-Clubs tun kann. Sie haben mir, einem verrückten alten Mann, Vertrauen geschenkt. Sie haben sich auf diese wilde Odyssee eingelassen. Sie waren offen und aufnahmebereit für alle meine Lehren. Sie haben die ganze Arbeit gemacht. Sie sind meine Helden.«

Der Milliardär hustete heftig. Vielleicht lag es an dem Staub im Gang. Dann legte er drei Finger auf die Brust – genau an die Stelle, wo das Herz liegt. Er hustete abermals.

»Ist alles in Ordnung?«, fragte die Unternehmerin, löste ihre Arme und berührte eine seiner muskulösen Schultern.

»Ja.«

»Also«, erklärte der Redner, »dann möchte ich Ihnen darstellen, warum nicht nur die Gestaltung der ersten Stunde des Tages von entscheidender Bedeutung für die Hervorbringung exzellenter Leadership und herausragender Produktivität ist, sondern auch der *Umgang mit der letzten Stunde des vorhergehenden Abends,* wenn Sie tatsächlich außerordentliche Ergebnisse erzielen wollen.«

Er hielt die Kerze unter sein Gesicht, wodurch sich eine fast mystische Wirkung einstellte.

»Leistungsfähigkeit auf dem Niveau von Genies beruht auf einem komplizierten Gleichgewicht zwischen der Meisterhaftigkeit Ihrer Morgenroutine und der Optimierung Ihres abendlichen Rituals. Sie werden die *20/20/20-Formel,* die Stone Ihnen heute Morgen vorgestellt hat, nicht adäquat umsetzen können, wenn Sie nicht richtig schlafen.«

»Ich finde fast immer zu wenig Schlaf«, bekannte die Geschäftsfrau. »Manchmal kämpfe ich darum, einfach nur zu funktionieren. Ich vergesse viel. Und ich fühle mich erschöpft.«

»Ja«, bestätigte der Künstler. »Auch ich schlafe schlecht. Ich wache mehrmals in der Nacht auf. Aber seit ich auf dieser Reise bin, habe ich keine Schlafprobleme mehr.«

»Das höre ich gern. Denn ganz allgemein ist eine Abnahme der Schlafqualität zu verzeichnen«, verkündete der Redner und verfiel wieder in seine dramatische Ausdrucksweise, durch die er international bekannt geworden war. »Das Internet und die sozialen Medien und unsere starke Abhängigkeit von unseren technischen Geräten sind maßgeblich dafür verantwortlich. Forschungen haben ergeben, dass das blaue Licht, das von unseren technischen Geräten abgestrahlt wird, unseren Melatoninspiegel vermindert. Melatonin ist jene chemische Substanz, die unserem Körper mitteilt, dass er schlafen soll. Es besteht kein Zweifel, dass es die kognitiven Fähigkeiten beeinträchtigt, wenn man den ganzen Tag mit diesen technischen Geräten zugange ist. Und es ist auch keine Frage, dass der Schlaf gestört wird, wenn man bis kurz vor dem Zubettgehen noch vor irgendwelchen Monitoren sitzt. Ich könnte Ihnen noch detaillierter erläutern, wie das Licht dieser Geräte bestimmte Fotorezeptoren, sogenannte ›intrinsische fotosensitive retinale Ganglienzellen‹ aktiviert, welche die Melatoninausschüttung reduzieren und den Biorhythmus negativ beeinflussen, was den Schlaf beeinträchtigt – aber ich glaube, Sie verstehen, worauf ich hinauswill.«

»Ja«, bestätigte die Unternehmerin. »Ich verstehe, was Sie meinen. Ich werde meine Routine in der Zeit vor dem Zubettgehen verändern, damit ich, wenn ich um 5 Uhr aufstehe, mich besser fühle und voller Energie bin. Ich werde mir das fest vornehmen, damit meine Nachtruhe erholsamer wird und ich die *20/20/20-Formel* uneingeschränkt umsetzen kann.«

»Für das *66-Tage-Minimum* – bis es zu einer automatischen Gewohnheit wird«, unterbrach der Künstler. »Und dann für den Rest meines Lebens, sodass es schließlich einfacher wird, die 5-Uhr-Methode anzuwenden, als im Bett zu bleiben und weiterzuschlafen.«

»Wenn wir zu wenig schlafen«, fuhr der Redner fort, »ist es nicht nur sehr schwierig, früh aufzustehen, sondern auch viele andere Dinge beeinträchtigen unsere Produktivität und unsere Leistungsfähigkeit, vermindern unser Wohlgefühl und bedrohen unsere Gesundheit.«

»Bitte erläutern Sie uns das«, bat die Unternehmerin.

»Ja, erklär es ihnen«, forderte auch der Milliardär, der nun am Boden der Katakombe kauerte, den Redner auf. »Diese Haltung ist sehr gut für den unteren Rücken und auch für die Verdauung«, setzte er hinzu.

»Nun, wenn Sie schlafen – und das Entscheidende dabei ist nicht die Quantität, also die Dauer des Schlafes, sondern die Qualität Ihrer Schlafzustände –, schrumpfen Ihre Neuronen um 60 Prozent, wenn Hirnwasser durch Ihr Gehirn strömt. Man hat auch entdeckt, dass das lymphatische System, von dem man ursprünglich annahm, dass es nur den Körper durchzieht, auch im Schädel vorhanden ist. Das bedeutet, dass wir Menschen im Laufe der Evolution einen machtvollen Prozess hervorgebracht haben, um gewissermaßen das Gehirn zu waschen, damit es in optimaler Verfassung bleibt. Und dieser Reinigungsmechanismus vollzieht sich ausschließlich während des Schlafes.«

»Das ist unglaublich interessant«, meinte die Geschäftsfrau.

»Erzähle ihnen von STH«, bat der Milliardär.

»Gern«, erwiderte der Redner. »STH, das somatotrope Hormon oder menschliche Wachstumshormon, wird in der Hirnanhangsdrüse produziert und ist wichtig für gesundes Gewebe im Körper, einen funktionierenden Stoffwechsel und Langlebigkeit. Ein höherer STH-Spiegel verbessert die Gemütslage, die Wahrnehmungsfähigkeit, das Energieniveau und den Muskelaufbau und dämpft Begierden durch die Regulierung des Leptin- und des Ghrelinspiegels. Und das Wichtigste: Während STH durch körperliches Training ausgeschüttet wird, weshalb dem ersten Abschnitt der *20/20/20-Formel* so große Bedeutung zukommt, erfolgt die STH-Produktion zu 75 Prozent während des Schlafes! Und das ist der entscheidende Aspekt: Um den Prozess der Reinigung des Gehirns zu maximieren und die Produktion von STH zu optimieren, um Ihre Kreativität, Ihre Produktivität, Ihre Vitalität und Ihre Langlebigkeit zu fördern, benötigen Sie fünf vollständige neunzigminütige Schlafzyklen. Das bestätigen neue wissenschaftliche Studien. Das bedeutet siebeneinhalb Stunden Schlaf jede Nacht. Sie sollten auch wissen, dass die Forschung ergeben hat, dass nicht nur Schlafmangel schädlich ist. Auch zu viel Schlaf, also neun Stunden oder mehr, hat sich als lebensverkürzend erwiesen.«

»Haben Sie für uns auch ein Lernmodell, in dem wir diese Zusammenhänge superklar und konkret nachvollziehen können?«, fragte der Künstler.

»Sehr gut, Stone. Du hast ihnen die *Erfolgsformel der drei Schritte* dargelegt«, lobte der Redner.

Der Milliardär, der noch immer auf dem schmutzigen Boden der Gruft kauerte, nickte. Dann rülpste er.

»Ja, auch dazu habe ich ein Modell für Sie«, bestätigte der Redner. »Ich habe meine eigene Abendroutine aufgegliedert, die mir in den vergangenen Jahren auf so wunderbare Weise geholfen hat.«

Dann zog der Redner eine Taschenlampe heraus, die er bisher unter seiner Kleidung verborgen hatte. Er schraubte den oberen Teil ab, wodurch ein kleines Geheimfach in der Röhre sichtbar wurde. Daraus zog er zwei dünne Papierrollen hervor und reichte eine davon der Unternehmerin und die andere dem Künstler.

Auf jeder dieser Rollen war folgendes Diagramm zu sehen:

DAS ABENDRITUAL HERAUSRAGENDER LEISTUNGSMENSCHEN

AUFGLIEDERUNG

19:00 UHR – 20:00 UHR	• Letzte Mahlzeit des Tages • Abschalten sämtlicher Geräte • Abschirmung gegen Überstimulation
20:00 UHR – 21:00 UHR	• Zeit für echte Gespräche mit Angehörigen • Optional zweite Meditationsrunde • Zeit für Lesen/Audiobooks/Podcasts • Aktivitäten zur Entspannung und Erholung • Gelegentlich Bittersalzbad
21:00 UHR – 22:00 UHR	• Vorbereitung auf das Schlafen in kühlem, dunklem und technikfreiem Schlafzimmer • Bereitlegen der Trainingskleidung für Abschnitt #1 • Besinnlicher Tagesausklang, Abendgebet, etc.

»Ich weiß nicht, wie ich Ihnen danken soll«, sagte die Geschäftsfrau. »Ihnen beiden«, setzte sie hinzu und blickte zum Milliardär, der nun im Kerzenschein Sit-ups machte und leise vor sich hin sprach: »Großes Glück und tiefe Weisheit sind mir bestimmt. Ich bin immer ein Leader, niemals ein Opfer. Ein Löwe, kein Schaf. Ich liebe mein Leben und mache es jeden Tag besser. Und je mehr Menschen ich helfe, umso glücklicher bin ich.«

»Ich möchte Ihnen ebenfalls meinen Dank aussprechen«, sagte der Künstler. Er strich seiner Freundin über die Haare.

»Wenn die ganze Welt die Philosophien und Methoden des 5-Uhr-Clubs kennen und anwenden würde, dann würde sich das Leben aller Menschen grundlegend verbessern«, bekräftigte die Unternehmerin. »Und ich begreife jetzt auch, dass Aufstehen mit der Sonne überhaupt nicht bedeutet, dass man weniger Schlaf bekommt. Es geht einfach darum, früh zu Bett zu gehen und früh wieder aufzustehen.«

»Und wenn jeder von uns seinen Beitrag leistet, um seine persönliche Revolution zu vollbringen, dann werden sich sämtliche Beziehungen in unserem Leben verbessern – von der Beziehung zu unserer Arbeit bis zu den Bindungen, die wir zu anderen Menschen aufgebaut haben«, stellte der Künstler fest.

»Also etwa wie Mahatma Gandhi einmal sagte: ›Sei du selbst die Veränderung, die du dir wünschst für diese Welt‹«, bemerkte die Unternehmerin, deren Gesicht von der Kerze beschienen wurde, während sie ihren Ring rieb. »Ich habe gestern Abend vor dem Schlafengehen ein wenig über sein Leben gelesen.«

»Bei allem gebührenden Respekt«, verkündete der Redner teilnahmsvoll, »Mahatma Gandhis Worte sind im Laufe der Zeit angepasst worden und haben sich zu einer Spruchweisheit entwickelt, die ganz gut zu einer Kultur passt, die unter einem kollektiven Aufmerksamkeitsdefizit leidet.«

»In Wirklichkeit meinte er etwas anderes«, unterbrach der Milliardär, »nämlich: ›Wenn wir uns selbst verändern könnten, würden sich auch die Entwicklungen in der Welt verändern. Wenn ein Mensch seine eigene Natur verändert, dann verändert sich auch die Einstellung der Welt ihm gegenüber. Wir müssen nicht darauf warten, was andere tun.‹«

»Sehr schön ausgedrückt, Stone«, bemerkte der Redner und lächelte. »Aber ich bevorzuge doch Ihre umfassendere Sicht«, sagte er freundlich an die Unternehmerin gerichtet. »Und natürlich haben Sie recht. Meine persönliche Bitte an Sie beide ist, dass Sie möglichst viele dieser Prinzipien und mentalen Modelle so vielen Menschen wie möglich vermitteln. Denn wenn jeder Unternehmensführer, Arbeiter, Wissenschaftler, Künstler, Architekt, politische Entscheidungsträger, Sportler und Lehrer, jede Mutter und Tochter, jeder Vater und Sohn, jeder Feuerwehrmann und Taxifahrer sich die Morgenroutine und das Abendritual aneignen würde, die wir beide Ihnen nahegebracht haben, dann *lebten wir in einer völlig neuen Welt.* Mit viel weniger Traurigkeit, Rücksichtslosigkeit, Mittelmäßigkeit und Hass. Und wesentlich mehr Kreativität, Schönheit, Frieden und Liebe.

Aber jetzt muss ich gehen«, verkündete der Redner. »Wir sehen uns heute zum Abendessen, Stone. Cacio e Pepe steht auf der Speisekarte, nicht wahr?«

»Natürlich«, erwiderte der Milliardär und stand auf. Er begann abermals zu husten und wirkte für einen Moment ein wenig unsicher auf den Beinen. Seine linke Hand zitterte. Ein Bein war etwas wackelig.

Der Redner wandte rasch den Blick ab.

»Ich muss weg«, sagte er noch, dann verschwand er in der Dunkelheit der Gruft.

Die drei Gefährten verließen ebenfalls die Katakomben, stiegen die Stufen hinauf und traten hinaus in das blendende römische Sonnenlicht.

Der Milliardär startete seinen Motorroller und bedeutete seinen Gästen, ihm zu folgen. Sie fuhren durch ein Gewirr schmaler Straßen, vorbei an einem antiken Aquädukt und zurück durch die Stadtmauern. Schon bald befanden sie sich wieder auf den verstopften Straßen des historischen Stadtkerns und fuhren die Via dei Condotti hinab.

Nachdem sie ihre Roller abgestellt hatten, folgten die Geschäftsfrau und der Künstler dem Milliardär hinauf über die Spanische Treppe.

»Nun«, verkündete er. »Damit schließt sich der Kreis, den wir um 5 Uhr mit der heutigen Morgensitzung begonnen haben. Bevor ich Sie beide für heute entlasse, habe ich noch ein tolles Modell für Sie. Der Redner hat es mir gezeigt, als ich noch wesentlich jünger war, und es hat sich im Laufe der Zeit als unbezahlbar erwiesen. Ich weiß, dass es ein krönender Abschluss sein wird für die heutige Morgensitzung.«

Der Milliardär klatschte mit einem lauten, donnernden *Whap* in die Hände. Aus der Ferne hörte man ein schwirrendes Geräusch, das aus der Villa Borghese kam. Nach kurzer Zeit wurde das Geräusch lauter. Und es kam näher.

Ein kleines Flugobjekt schwebte über den Köpfen des Milliardärs, der Geschäftsfrau und des Künstlers. Die Touristen, die auf den Stufen der Spanischen Treppe saßen, einen Espresso tranken oder Eis schleckten, schauten nach oben und versuchten herauszufinden, was da vor sich ging. Es war ein zauberhafter Augenblick.

»Mamma mia!«, rief eine ältere Frau in einem wallenden Blumenkleid. Sie hielt ein Kleinkind in einem Arm und einen Strauß farbenprächtiger Tulpen im anderen. »Das ist eine Drohne!«, schrie ein Junge, der eine Baseballkappe trug, eine Jeansjacke, auf deren Rückseite die Worte »Zweifeln ist keine Option« eingenäht waren, und zerrissene Jeans mit riesigen Löchern an den Knien. Aus irgendeinem Grund war er barfuß.

Der Milliardär steuerte das kleine Flugobjekt geschickt und brachte es schließlich zu einer Landung, die so glatt erschien wie die Oberfläche eines Sees an einem drückend heißen Sommernachmittag. Er zwinkerte seinen beiden Schülern zu. »Ich kann's noch«, rief er strahlend.

Die Drohne beförderte eine Holzschachtel, die, wie sich nach dem Öffnen herausstellte, eine Glasscheibe enthielt, auf der ein Lernmodell angebracht war. Das Diagramm auf dem Glas sah folgendermaßen aus:

DER WUNDERBARE TAG **AUFGLIEDERUNG**

	ZEITLEISTE	AKTIVITÄTEN	BESCHREIBUNG
TECHNIKFREIE PHASE	4:45 UHR	• Optimaler Zeitpunkt zum Aufstehen • Körperpflege	• Aufwärmphase • Trainingskleidung schon am Vorabend bereitgelegt • Flüssigkeitszufuhr, um die Mitochondrien der Zellen zur Freisetzung von ATP anzuregen, was die Energie stärkt
TECHNIKFREIE PHASE	5:00 UHR - 5:20 UHR	• Intensives Training • Schwitzen (setzt das Protein BDNF frei) • Flüssigkeitszufuhr • Podcasts/Audiobücher/Video/Musik	• Abschnitt #1: Bewegen • Übergang von Müdigkeit zu Energiegeladenheit • Training verlängert Telomere • Aktiviert die Neurobiologie der Großartigkeit
TECHNIKFREIE PHASE	5:20 UHR - 5:40 UHR	• Meditieren • Beten • Journal • Einstimmungsübung • Prä-Performance-Blaupause	• Abschnitt #2: Reflektieren • Meditation vemindert und verlangsamt Altern • Planen und Ablaufsteuerung stärken Fokus und Produktivität
TECHNIKFREIE PHASE	5:40 UHR - 6:00 UHR	• Lesen • Audiobücher • Podcasts • Lernen + inspirierende Videos	• Abschnitt #3: Wachsen • Das 2x3-Mindset • Stärkt Hoffnung und Fertigkeiten • Fördert Inspiration • Ermöglicht Unbezwingbarkeit in eigener Branche
	6:00 UHR - 8:00 UHR	• Familienleben • Private Beschäftigungen • Keine sozialen Medien • Keine Nachrichten • Kein Überprüfen von Meldungen	• Fördert Wohlergehen und vermindert digitale Demenz • Hebt die Morgenstimmung • Fördert Freude und Gelassenheit
	8:00 UHR - 13:00 UHR	• Die 90/90/1-Regel • Die 60/10-Methode • Weltklasse-Arbeit	• Der Doppelkreis der Spitzenleistung • DBTF-Protokoll • Ihr persönliches Menlo Park
	13:00 UHR - 17:00 UHR	• Weniger wichtige Arbeit • Meetings • Organisationstätigkeiten • Essenszeit (optional: die 16/8-Dividende)	• Administratives • Weniger kreative Arbeit • Planen • Weitere Flüssigkeitszufuhr
	17:00 UHR - 18:00 UHR	• Verkehrs-Universität • Training mit »zweiter Luft« • Massagen-Protokoll • Entspannungs- und Übergangsphase	• Weiterbildung • Zeit zur persönlichen Erholung • Sonne/frische Luft/Auftanken
TECHNIKFREIE PHASE	18:00 UHR - 19:30 UHR	• Keine digitalen Geräte • Essen mit der Familie • Tätigkeiten, die Spaß machen • Naturspaziergänge mit nahestehenden Menschen	• Soziale Kontakte • Abenteuer • Dienst an der Gemeinschaft
TECHNIKFREIE PHASE	19:30 UHR - 21:30 UHR	• Lesen • Abendliche Tagebuchaufzeichnungen • Vorbereitungen für das frühe Aufstehen • Keine Bildschirme/keine Technik • Optimal zweite Meditation vor dem Schlafengehen	• Abendliche Schlafrituale • Heißes Bad mit Bittersalz • Dunkles Zimmer • Kühle Temperatur
TECHNIKFREIE PHASE	21:30 UHR	• Tief schlafen	• Produktion von STH • Erneuerung und Regeneration von Gehirn, Körper und Geist

»Ich dachte mir, ein so detaillierter Schritt-für-Schritt-Plan könnte für Sie beide eine wertvolle Hilfestellung sein. Das ist natürlich nur eine Möglichkeit, wie man den Tag gestalten kann. Sie werden feststellen, dass sich der Abendablauf von dem Vorschlag des Redners etwas unterscheidet. Wie schon erwähnt, ist es völlig Ihnen überlassen, wie Sie diese Techniken konkret umsetzen und anwenden. Es ist Ihr Leben – leben Sie es so, wie es Ihnen am besten entspricht. Aber mir hat diese spezielle Struktur sehr geholfen, weil sie viele der wirkungsvollen Elemente der *20/20/20-Formel* beinhaltet, die ich Ihnen heute Morgen zusammen mit den wichtigsten Aspekten eines erstklassigen Schlafvorbereitungsprozesses dargestellt habe. Und daraus habe ich einen detaillierten Tagesablaufplan entwickelt, den jeder – und ich meine wirklich, jeder – umsetzen kann, um seine Tage auf wunderbare Weise zu gestalten. Es ist wie ein Kochrezept: Folgen Sie den einzelnen Schritten, dann werden sich die entsprechenden Resultate einstellen.«

»Und wunderbare Tage erzeugen eine Aufwärtsspirale, die zu wunderbaren Wochen führt, die zu wunderbaren Monaten werden«, erklärte der Künstler und klappte sein Journal zu.

»Und wunderbare Monate werden zu wunderbaren Vierteljahren, und wunderbare Vierteljahre ergeben schließlich wunderbare Jahre und Jahrzehnte und am Ende …«, fügte die Geschäftsfrau hinzu und klappte ebenfalls ihr Tagebuch zu.

»Ein wunderbares Leben«, sagten alle drei gleichzeitig.

»Tag für Tag, Schritt für Schritt entwickelt und entfaltet sich eine Existenz von besonderer Großartigkeit«, fasste der Milliardär zusammen. Er trug wieder seine modische Sonnenbrille, wie sie auch gern von den Bewohnern Roms getragen wird, die »wissen, was angesagt ist« und mit lässiger Eleganz zum Ausdruck bringen: »Ich muss mich gar nicht groß bemühen, um cool zu wirken.« Abermals flogen Möwen über ihre Köpfe hinweg und gaben ihre nervtötenden Schreie von sich, was anscheinend eine ihrer Lieblingsbeschäftigungen ist.

Der Milliardär war zweifellos eine große, liebende Seele. Er war nicht nur reich an Geld, sondern auch reich im Herzen. Aber er verabscheute die Seemöwen, und es missfiel ihm, wie sie im Laufe der vergangenen Jahre immer mehr Hausdächer in Rom in Besitz genommen hatten.

»Man muss etwas gegen diese gefiederten Kreaturen tun«, erklärte er und ließ sich damit ungewöhnlicherweise eine gewisse Verärgerung anmerken. »Nun, Sie wissen jetzt jedenfalls, warum ich Sie zur Spanischen Treppe geführt habe. Herausragende Produktivität, ausgezeichnete Gesundheit, außergewöhnliches Wohlergehen, dauerhafte Freude und unbegrenzten inneren Frieden zu erlangen – all das geht nur in einem Schritt-für-Schritt-Verfahren. Kleine, tägliche und scheinbar unbedeutende Verbesserungen bringen, wenn man sie dauerhaft über einen langen Zeitraum durchführt, überwältigende Ergebnisse. Tägliche kleine Gewinne und winzige Optimierungen sind der sicherste Weg zu einem Leben, auf das Sie am Ende über alle Maßen stolz sein werden. Dies hier ist einer meiner Lieblingsplätze auf der Welt, müssen Sie wissen. Ich wollte, dass Sie beide mit mir hierherkommen, nicht nur, um Ihnen den Transformationsprozess zu erläutern, der durch die *20/20/20-Formel* angestoßen wird, sondern auch, um die Tatsache zu bekräftigen, dass das Bemühen, ein bemerkenswertes Leben zu führen, eine Aufwärtsspirale in Gang setzt, die auf die Spitze der Leiter des Erfolgs und der Bedeutsamkeit führt. Und wenn Sie sich auf diese Reise begeben, diesen Weg beschreiten zum vollständigsten Ausdruck Ihrer höchsten Großartigkeit, Schritt für Schritt, dann werden ein Zauber und eine Schönheit, wie Sie sie hier erleben, Ihre Tage durchdringen und sich im Laufe der Jahre weiter steigern. Dessen können Sie gewiss sein.«

Nachdem sie aufmerksam das Lernmodell auf der Glasscheibe durchgelesen hatte, fragte die Unternehmerin: »Was ist die *90/90/1-Regel?* Und die *60/10-Methode?* Ich verstehe auch nicht, was einige der übrigen Bezeichnungen bedeuten.«

»Und wofür stehen ›zweite Luft‹ und ›Massagen-Protokoll‹?«, fragte der Künstler.

»Das werden Sie bald erfahren«, antwortete der Milliardär, um es spannend zu machen. »Sie sollen wissen, dass ich die besten – *und die wertvollsten* – Lehren für den Schluss aufgehoben habe, bevor unsere gemeinsame Zeit zu Ende geht.«

Dann umarmte der Milliardär die Geschäftsfrau und den Künstler herzlicher als je zuvor. Die beiden sahen, wie Tränen in seine Augen traten.

»Ich liebe Sie beide«, sagte er. »Ci vediamo.«

Dann verschwand er.

Kapitel 15

Der 5-Uhr-Club wird mit den zehn Taktiken lebenslanger Genialität vertraut gemacht

»Wenn du wüsstest, wie viel Arbeit darin steckt, würdest du es nicht genial nennen.« – **Michelangelo**

»São Paulo ist schon etwas Besonderes, nicht wahr?«, sagte der Milliardär, während sich das schlichte Auto, das von einem Fahrer in kurzen Hosen gesteuert wurde, durch den dichten Verkehr dieser Millionenstadt quälte. Wie auf Mauritius saß er wieder auf dem Beifahrersitz.

Die drei Reisegefährten waren gerade am Flughafen gelandet und fuhren zu einem kleinen Luxushotel im Zentrum dieser Finanzhauptstadt Südamerikas.

»Ja, wirklich eine Riesenstadt«, bestätigte der Künstler das Offenkundige.

»Wir sind Ihnen sehr dankbar dafür, dass Sie mit uns nach Brasilien fliegen zu unserer Hochzeit«, sagte die Unternehmerin.

»Vielen Dank«, bekräftigte der Künstler.

»Er wollte unsere Hochzeit eigentlich auf Ihrem Anwesen am Meer stattfinden lassen«, bemerkte die Geschäftsfrau und warf ihrem Verlobten einen innigen Blick zu.

»Ja«, erwiderte der Künstler. »Dieser Ort ist ein Paradies.«

»Ehrlich gesagt, wäre mir das durchaus recht gewesen. Aber

ich wollte meinem Vater einen Gefallen tun, er ist schließlich Brasilianer«, erläuterte die Unternehmerin.

»Und wenn die Frau glücklich ist, hat man auch ein glückliches Leben«, fügte der Künstler grinsend hinzu.

Dann zitierte er einen Satz aus *Pu der Bär* von A. A. Milne: »Wenn du hundert Jahre alt wirst, will ich hundert minus einen Tag leben, dann muss ich nie ohne dich sein.«

Die Geschäftsfrau rückte im Fond des Wagens näher an den Künstler heran, während sie an prunkvollen neogotischen Kathedralen vorüberfuhren, durch breite, von Wolkenkratzern gesäumte Alleen, über eine Durchgangsstraße, an der das eindrucksvolle Theatro Municipal de São Paulo steht, und über eine andere Straße, an welcher der majestätische Ibirapuera-Park liegt.

Als er den Künstler reden hörte, musste der Milliardär an seine Frau denken. Er dachte noch immer täglich an sie. Es waren nicht die Luxusreisen an exotische Orte, an die er sich am lebhaftesten erinnerte. Auch nicht die erlesenen Mahlzeiten in den besten Restaurants der Welt. Er dachte an die schlichtesten und gewöhnlichsten Momente, die er in ihrer Gesellschaft erlebt hatte. Als sie einmal eine billige, aber vorzügliche, mit Olivenöl beträufelte Pizza gegessen hatten. Schweigend vor einem knisternden Kaminfeuer ein Buch zu lesen. Spaziergänge in der Natur, Kinoabende und Besuche im Lebensmittelladen. Tanzen im Schlafzimmer zu einer Musik, die ihn daran erinnerte, wie sehr sie sich gegenseitig wertschätzten. Und wie geduldig sie ihm Italien erklärt hatte, wie sie losprustete, wenn sie herzlich lachte – und wie rührend sie sich um ihr einziges Kind gekümmert hatte. *Die größten Schätze des Lebens finden sich in den schlichtesten Momenten,* dachte der Milliardär. In kleinen, alltäglichen Begebenheiten, welche die meisten von uns für selbstverständlich nehmen. Bis sie uns genommen werden.

Der Künstler hob stolz seine Hand hoch, um seinen Verlobungsring zu zeigen, und bekundete seiner Liebsten abermals seine tiefe Zuneigung, während der Wagen seinen Weg fortsetzte.

»Ich liebe sie wirklich sehr«, sagte er zu Mr Riley. »Sie ist mein Sonnenaufgang. Früher zählte für mich nur meine Kunst. Ich brauchte eigentlich niemanden um mich, müssen Sie wissen. Ich glaube, ich habe nie gewusst, was wahre Liebe ist. Jetzt aber kann ich mir nicht mehr vorstellen, ohne sie zu leben.«

Auch die Unternehmerin sann darüber nach, wie sehr sie vom Glück gesegnet war. In der Zeit seit der Veranstaltung des Redners hatten sich ihr Mindset, ihr Heartset, ihr Healthset und ihr Soulset neu geordnet und auf eine höhere Stufe entwickelt. Auf radikale und unwiderrufliche Weise.

Sie befreite sich von den einschränkenden Überzeugungen, die durch ihre problematische Kindheit geprägt worden waren, und von den toxischen Emotionen, die aus den Traumata ihrer Vergangenheit und aus den gegenwärtigen Schwierigkeiten mit ihren Investoren erwachsen waren. Der Milliardär hatte recht, erkannte sie immer klarer: Wir alle tun unser Bestes entsprechend dem Niveau unseres Bewusstseins, unserer Reife und unserer persönlichen Sicherheit, auf dem wir uns gerade befinden. Menschen, die andere verletzen, schädigen damit auch sich selbst. Sie verhalten sich so, wie es ihnen im Augenblick möglich ist. Wären sie imstande, sich selbst mit mehr Leadership, mehr Großzügigkeit und mehr Menschlichkeit zu führen, würden sie sich anders verhalten. Diese grundlegende Erkenntnis hatte in der Unternehmerin die Saat der Vergebung keimen lassen. Als sie den Redner das erste Mal auf seinem Seminar gehört hatte, war sie noch skeptisch gewesen und hatte sich innerlich gegen viele seiner Lehren gewehrt. Seither aber hatte sie sich stark verändert und nahm nun aus ganzem Herzen alles auf, was sie hatte lernen dürfen. Sie durchlief eine inspirative Transformation.

Seit dem Besuch in Rom waren drei Wochen vergangen. In dieser Zeit hatte die Geschäftsfrau jeden Morgen um 5 Uhr 20 Minuten lang schweißtreibende sportliche Übungen absolviert und Gewichte gestemmt. Anschließend, ab 5.20 Uhr, nutzte sie die Stille des zweiten Abschnitts zur Kontemplation, erstellte in ihrem Journal eine Liste jener Dinge, für die sie dankbar war, und meditierte anschließend. Ab 5.40 Uhr schließlich hörte sie sich ein Audiobuch über einen herausragenden Unternehmer an oder las ein Buch über Produktivität, Teamwork und Führungskraft. Sie hatte auch, obwohl es ihr sehr schwergefallen war, ihre Abhängigkeit von der Technik überwunden, die bisher ihre Lebensader gewesen war – sie aber auch daran gehindert hatte, großartige Arbeit zu leisten. Und sie davon abgelenkt hatte, vollständig präsent zu sein im Leben. In diesen fantastischen Tagen fernab von ihrem Büro hatte sie die besten Ideen ihrer ganzen Karriere und konnte mittels des Prinzips der temporären Hypofrontalität, mit dem sie der Milliardär bekannt gemacht hatte, die Ergebnisse ihrer Arbeit auf ein Niveau von Genialität heben, das ihr bislang unbekannt gewesen war. Zudem war es ihr gelungen, endlich ihren inneren Frieden wiederzufinden.

Alles, was sie anpackte, brachte überwältigende Ergebnisse. Alles in ihrem Leben schien wieder in die richtige Bahn zu kommen. Sie war körperlich fitter als seit Jahren, glücklicher und ausgeglichener als jemals zuvor und wesentlich produktiver – in den Phasen, in denen sie nicht mit dem Künstler zusammen war, sondern sich um ihre Firma kümmerte –, als sie es sich jemals hatte vorstellen können.

All dies verdankte sie dem 5-Uhr-Club, der, wie ihr immer klarer wurde, es ihr ermöglichte, ihre natürlichen Begabungen zu schützen in einer Welt voller Lärm, Stress und unablässiger Störungen. Die Stunde des Sieges verschaffte ihr eine abgeschottete Zeitspanne vor dem Beginn ihres Tages, in der sie ihre vier inneren Reiche hegen und pflegen konnte. Und dadurch konnte sie auch ihre äußeren Reiche aufbauen.

Mit ihrer neu gefundenen Zuversicht, ihrer hoffnungsvollen Einstellung und ihrer Vergebungsbereitschaft hatte sie große Erfolge erzielt in den Verhandlungen mit ihren Investoren über eine Lösung der Probleme. Sie war zuversichtlich, dass das Martyrium bald beendet sein würde.

Und bald würde sie heiraten. Sie hatte sich schon immer nach einem Menschen gesehnt, mit dem sie ihre Freuden und ihre Erfolge teilen konnte. Sie hatte sich auch schon immer gewünscht, ihr Streben nach Geld und Wohlstand mit ihrem Traum, eine Familie zu gründen, verbinden zu können. Jene Art von Familie, die ihr als Mädchen gefehlt hatte.

Gerade als die Unternehmerin auf die Liebesbekenntnisse des Künstlers antworten wollte, gab es einen lauten Knall.

Das Glas der Windschutzscheibe zersplitterte, die daraufhin wie ein Spinnennetz aussah. Zwei breitschultrige Männer mit Skimasken über dem Kopf und Maschinenpistolen auf den Schultern bedeuteten dem Fahrer mit einer barschen Geste, er solle die Türen öffnen. Als der Fahrer Gas gab, um aus der Gefahrenzone zu kommen, durchschlug eine weitere Kugel die Scheibe und streifte das Ohr des Chauffeurs, sodass es zu bluten begann.

»Machen Sie die Tür auf«, wies ihn Mr Riley an, der erstaunlich ruhig wirkte. »Ich habe das hier«, sagte er, während er heimlich den roten Knopf drückte, der unter dem Handschuhfach angebracht war.

Die Türen gingen auf. Man hörte ein Klicken.

Einer der Bewaffneten schrie: »Alle raus! Sofort! Oder ich schieße!«

Die Insassen des Wagens folgten der Anweisung, und der zweite Bewaffnete packte die Unternehmerin am Kragen. »Wir haben Ihnen gesagt, dass Sie die Firma verlassen sollen. Wir haben Ihnen gesagt, dass wir Sie anderenfalls umbringen werden. Wir haben Ihnen gesagt, dass so was passieren würde!«, rief er.

Plötzlich kam ein langer SUV, wie sie etwa von Milizkommandeuren in Kriegsgebieten gefahren werden, herangebraust.

Vier weitere Personen, zwei Männer und zwei Frauen, die

Splitterschutzwesten trugen, näherten sich auf schnittigen Motorrädern.

Das Beschützerteam des Milliardärs war angekommen.

Auf der Straße entbrannte ein Gefecht, es wurden Messer gezogen und mehrere Schüsse abgefeuert. Der Milliardär wurde rasch und außerordentlich geschickt aus dem Gefahrenbereich gebracht. Er wirkte noch immer recht gelassen und sagte einfach nur, als wäre er ein General, der einen militärischen Einsatz anführte: »Retten Sie meine Passagiere. Sie sind meine Familienmitglieder.«

Plötzlich tauchte ein Helikopter am Himmel auf. An der Seite stand in großen orangefarbenen Buchstaben *5UC*. Doch der Künstler war verschwunden.

»Ich muss ihn finden!«, rief die Unternehmerin zu den Personen in dem gepanzerten Fahrzeug. »Ich muss meinen Mann finden«, wiederholte sie. Das Geschehen hatte zweifellos einen akuten Schock bei ihr ausgelöst.

»Bleiben Sie hier«, wies sie einer der Sicherheitsmänner an und hielt sie am Arm fest.

Doch die Geschäftsfrau, die dank ihrer Morgenroutine mittlerweile einen Zustand mentaler Klarheit, physischer Fitness, emotionaler Resilienz und innerer Furchtlosigkeit erreicht hatte, riss sich von dem stämmigen Mann los, stieß die Tür auf, die nur angelehnt gewesen war, und rannte los. Wie eine Spitzenathletin sprintete sie über die viel befahrene Straße und überquerte dabei vier Fahrspuren. Autos hupten, und ein paar impulsive Brasilianer, die um ihr Leben fürchteten, riefen etwas auf Portugiesisch. Aber sie rannte weiter, einer Gazelle gleich.

Sie stürzte in ein Café. Von ihrem Mann war nichts zu sehen.

Dann spähte sie in ein Restaurant. Sie rannte die Straße entlang, die für ihre Steakhäuser bekannt ist. Nirgendwo eine Spur von dem Künstler.

Dann entdeckte die Unternehmerin sein Notebook, auf dem er all seine Notizen über die Vorträge des Redners und des Milliardärs gespeichert hatte. Dasselbe Notebook, das er in den Händen gehalten hatte, als sie ihn, scheinbar zufällig, in dem Veranstaltungssaal kennengelernt hatte – als sie selbst sich in der dunkelsten Phase ihres Lebens befand. Und er, der ihr gewissermaßen als ein Engel erschien, hatte durch seine Gegenwart und seine liebevolle Zuwendung maßgeblich dazu beigetragen, dass sie wieder sicherer, ruhiger und glücklicher geworden war.

Dann spitzte sich die Situation dramatisch zu. Als die Geschäftsfrau langsamer wurde und zu gehen begann und in eine Seitenstraße spähte, entdeckte sie Blut. Keine Blutlache, sondern Tropfen und Flecken frischen Blutes.

»O Gott. O Gott. Bitte nicht!«, schrie sie.

Hektisch rannte sie die schmale Straße hinunter, vorbei an geparkten Autos, einer Mutter, die einen Kinderwagen schob, und an einer Reihe eleganter Häuser.

»Bitte, lass ihn nicht sterben«, flehte die Geschäftsfrau. »Bitte, lieber Gott!«

»Hier bin ich. Hier drüben«, ertönte plötzlich eine schwache Stimme.

Die Unternehmerin lief rasch in die Richtung, aus der die Rufe des Künstlers gekommen waren. Als sie näher kam, sah sie einen bewaffneten Mann, der ihrem Verlobten einen Revolver an den Kopf hielt. Der Mann hatte seine Skimütze abgenommen. Man sah, dass er noch recht jung war. Und die Angst stand ihm ins Gesicht geschrieben.

»Komm«, sagte die Geschäftsfrau, nahm ihren ganzen Mut zusammen und ging auf die beiden Männer zu. »Komm«, wiederholte sie. »Ich weiß, du willst ihm nicht wehtun. Ich weiß, du willst nicht den Rest deines Lebens im Gefängnis verbringen. Gib mir die Waffe, und du kannst gehen. Ich sage niemandem etwas. Gib mir einfach nur die Waffe.«

Der Mann war wie erstarrt. Er sagte nichts. Und er zitterte. Langsam drehte er die Waffe weg vom Kopf des Künstlers. Und richtete sie direkt auf die Brust der Unternehmerin.

»Beruhige dich«, beschwor sie den Mann mit fester, aber eindringlicher Stimme. Sie ging weiter auf den Kidnapper und ihren Verlobten zu.

»Ich bring dich um!«, schrie der Bewaffnete. »Bleib stehen.«

Die Unternehmerin ging vorsichtig Schritt für Schritt weiter, während sie dem Mann unverwandt in die Augen blickte. Sie hatte nun ein mildes Lächeln auf dem Gesicht. So weit war ihre neu erworbene Tapferkeit mittlerweile gediehen. So sehr hatte sich ihr Selbstvertrauen inzwischen gefestigt.

Nach einer langen Pause stand der Gewalttäter auf. Er starrte die Geschäftsfrau mit einer Mischung aus Respekt und Ungläubigkeit an. Dann lief er weg.

»Schatz, ist alles in Ordnung?« Die Unternehmerin umarmte den Künstler liebevoll.

Dieser fand langsam seine Fassung wieder, auch wenn er heftig schwitzte, und stieß hervor: »Ja, es geht wieder, Liebling, es geht wieder. Du hast mir das Leben gerettet, weißt du das?«

»Ich weiß«, erwiderte die Unternehmerin. »Ich habe es nicht getan, weil wir heiraten wollen, weißt du. Ich habe es nicht getan, weil ich dich liebe.«

»Was?«, fragte der Künstler. »Warum hast du's dann gemacht? Ich meine, das war doch unglaublich, was du gerade getan hast. Wirklich tollkühn!«

»Ich hab es wegen des Clubs getan.«

»Was meinst du damit?«, fragte der Künstler verwundert.

»Ich habe es getan wegen der Kräfte, die ich als Mitglied des 5-Uhr-Clubs entwickelt habe. Deshalb war ich imstande, das zu tun, was ich getan habe. *Es funktioniert wirklich. Alles funktioniert.* Alles, was wir auf Mauritius gelernt haben. In Indien. In Rom. Und der Hauptgrund, warum ich dir das Leben gerettet habe, besteht nicht darin, dass du in Kürze mein Ehemann werden wirst und wir dann tolle Kinder und Enkelkinder bekommen und einen Haufen Hunde und Katzen und hoffentlich auch Kanarienvögel bei uns zu Hause haben werden«, sprudelte es aus ihr heraus. »Nein, ich habe dich gerettet, weil du ebenfalls Mitglied im Club bist. Und Mr Riley hat gesagt, wir müssen zusammenhalten. Und uns gegenseitig den Rücken freihalten.«

»Ist das dein Ernst?«, fragte der Künstler entgeistert. Was er da hörte, behagte ihm ganz und gar nicht.

»Natürlich nicht! Ich habe nur einen Scherz gemacht, Liebling«, erwiderte die Unternehmerin lachend. »Ich bewundere dich. Ich würde jeden Tag mein Leben für dich geben. Suchen wir jetzt Mr Riley. Hoffentlich ist ihm nichts passiert.«

Am nächsten Tag, nachdem sich alle von diesem dramatischen Erlebnis erholt hatten, trafen sie sich im Penthouse des Milliardärs in dem schicken Hotel. Mr Riley wirkte gefasst, konzentriert und sehr frohgemut.

»Da war ziemlich was los gestern, Leute«, meinte er in einem beiläufigen Ton, als wäre dieses Erlebnis nichts weiter als ein flotter Spaziergang in einem blumenbewachsenen Park gewesen.

»Es war grausam«, erwiderte der Künstler. »Wirklich traumatisch.«

»Sie, meine Freundin, waren gestern die Heldin«, verkündete der Milliardär stolz, während er die Unternehmerin musterte. »Sie, junge Dame, sind wirklich ein Wunder.«

»Danke«, erwiderte die Geschäftsfrau, trat von einem Fuß auf den anderen und vergewisserte sich, ob mit dem Künstler alles in Ordnung war.

»Ich habe beobachtet, wie Sie losgelaufen sind. Ich habe gesehen, wie cool Sie waren. Ich habe bemerkt, dass Sie unter Druck hoch konzentriert waren. Und dass Sie Übermenschliches vollbracht haben.«

»Diese Göttin von einer Frau hat mir das Leben gerettet«, rief der Künstler bewegt.

»Sie zwei Turteltauben beginnen jetzt zu erleben, wie

sinnvoll und nützlich es war, dem 5-Uhr-Club beizutreten. Stellen Sie sich vor, wie es erst sein wird, wenn Sie beide das *66-Tage-Minimum* absolviert haben. Und wenn Sie schließlich ein halbes Jahr diese erstklassige Morgenroutine durchgeführt haben, die Sie jetzt kennengelernt haben. Machen Sie sich klar, wie sich dies auf Ihr Potenzial auswirken wird, wie sich Ihre Leistungsfähigkeit verbessern wird – und wie hilfreich Sie für die Welt sein werden. Denken Sie immer daran, dass die besten Leader allesamt dienende Leader waren. Je weniger Sie sich selbst in den Mittelpunkt stellen und je mehr sich Ihr Bestreben darauf richtet, das Vorankommen anderer zu fördern, umso mehr wird sich Ihre Identität als wahrer Erbauer von Welten festigen. Und umso mehr wird jeder von Ihnen zu einem Menschen werden, der Geschichte schreibt.«

»Ich habe verstanden, was Sie meinen«, bestätigte die Unternehmerin und nahm einen Schluck aus der Wasserflasche, um sicherzustellen, dass sie genügend Flüssigkeit im Körper hatte, um ihr höchstes Energieniveau zu halten.

»Ich möchte Sie für die Heldenhaftigkeit, die Sie gestern bewiesen haben, belohnen«, fuhr der Milliardär fort. »Ich habe Neuigkeiten, die dazu führen werden, dass Sie Ihr Leben noch mehr lieben werden, dessen bin ich mir sicher.«

»Bitte sagen Sie es mir«, bat die Unternehmerin. »Auch wenn ich eigentlich nichts brauche, wie Sie wissen. Was ich getan habe, das habe ich aus Liebe getan. Ganz einfach.«

»Nun … sind Sie bereit?«, fragte der Tycoon.

»Ja, ich bin bereit.«

»Nun, heute Morgen haben meine Leute sämtliche Firmenanteile aufgekauft, die sich im Besitz dieser widerwärtigen Investoren befanden. Sagen wir einfach, ich habe ihnen ein Angebot gemacht, das sie nicht ausschlagen konnten. Und meine Rechtsabteilung hat sie eine Vereinbarung unterschreiben lassen, in der sie sich verpflichten, dass sie sich von Ihrer Firma fernhalten und auch nie mehr in Ihre Nähe kommen werden … oder in die Nähe des Mannes, der in wenigen Stunden Ihr Ehegatte sein wird.«

»Krass, nicht?«, sagte der Milliardär, während er einen kleinen Stepptanz in seiner Penthousewohnung aufführte. Wirklich, er vollführte einen Stepptanz durch den ganzen Raum. Dann begann er heftig mit den Armen zu rudern und wiegte sich im Takt einer imaginären Musik. Schließlich verfiel er in einen Twerk-Tanz. Ja, der berühmte Industrielle, der eine Milliarde Dollar schwer war, tanzte gesäßbetonend mit gebeugten Knien durch das Zimmer der Hotelsuite.

»Er ist wirklich der eigenartigste Mensch, den ich bisher kennengelernt habe«, dachte die Unternehmerin. »Aber er ist einfach wundervoll. Er hat etwas Zauberhaftes.«

Die Geschäftsfrau und der Künstler schauten sich an und begannen zu kichern. Dann machten sie mit – so gut sie es vermochten, denn Mr Riley konnte manchmal ein richtiger Showman sein, so bescheiden er sich sonst auch gab. Nach der Tanzeinlage umarmten sie diesen Mann, der zu ihrem wunderbaren Mentor geworden war, ihrem großzügigen Förderer und aufrichtigen Freund.

Die Geschäftsfrau dankte dem exzentrischen Tycoon überschwänglich dafür, dass er diese schwierige Situation für sie geklärt hatte. Dieses spektakuläre Abenteuer nahm allmählich fast magische Züge an. Alles verbesserte sich. Alles entwickelte sich um so vieles besser, als sie es sich jemals erträumt hatte. Und nun war sie befreit von dieser schweren Bedrängnis, die sie in die größte Krise ihres Lebens gestürzt hatte.

In diesem Augenblick erinnerte sie sich daran, dass auf der Kehrseite einer jeden Tragödie ein Triumph liegt. Und jenseits der Widrigkeiten befindet sich eine Brücke, die zu Sieg und dauerhaftem Erfolg führt, sofern man imstande ist, sie zu erkennen.

»Nun gut«, sagte der Milliardär, »die heutige Sitzung wird nur kurz sein. Mein Stabschef wird sich um die Einzelheiten Ihrer Hochzeit kümmern, während wir uns hier unterhalten.

Sie bekommen die Casablanca-Lilien, die Sie haben wollten, die Musik, die Sie beide vorgeschlagen haben, und jedes Detail wird weltklassemäßig gestaltet. So wird das immer gehandhabt von mir und meinem Team. Ach, und all Ihre Gäste werden mit meinen Flugzeugen eingeflogen. Alle werden da sein. Und alle werden sich bestens amüsieren. Vor allem ich.«

Der Titan bekam abermals einen heftigen Hustenanfall. Dann einen weiteren. Sein Arm begann wieder zu zittern, als er sich in einen modernen, skandinavisch anmutenden Holzsessel setzte, der mit weißem Leder überzogen war. Zum ersten Mal war in seinen Augen ein Anflug von Angst zu sehen.

»Ich werde dieses Monster besiegen«, sagte er leise zu sich selbst. »Du hast dich mit dem Falschen angelegt.«

Er zog seine Brieftasche heraus, nahm ein abgegriffenes Foto von seiner Frau heraus, die schon vor so langer Zeit gestorben war, drückte es an sein Herz und konzentrierte sich auf die wesentlichen Punkte der Morgenlektion.

»Nun, da Sie jetzt das meiste erfahren haben, was Sie über die 5-Uhr-Methode wissen müssen, möchte ich Ihnen noch zehn Taktiken vorstellen, welche die Dynamik sowohl in Ihrem beruflichen wie auch in Ihrem privaten Leben verstärken werden. Dies sind zehn Verhaltensweisen, die tägliche Heldenhaftigkeit fördern. Die *20/20/20-Formel* wird Ihnen helfen, Ihren Morgen auf brillante Weise zu nutzen. Diese zehn weiteren Maßnahmen ergänzen und unterstützen das Morgenritual, damit sich der Rest Ihres Tages in glorreicher Weise entfaltet. Wenn Sie sich diese Verhaltensweisen zu eigen machen, werden Sie unschlagbar sein. Und Sie werden eine Aufwärtsspirale des Erfolgs erleben, in der sich alle wichtigen Elemente Ihres Lebens immer mehr verbessern.«

Wie üblich streckte er dann eine Hand in die Höhe. Aus der Bibliothek der Penthousesuite kam ein Assistent herbeigeeilt, der ein großes gerahmtes Bild bei sich trug. »Jeder träumt davon, zu einer Legende zu werden, bis schließlich die Zeit kommt, um jene Arbeit zu verrichten, die Legenden verrichten.«

»Das ist mein Hochzeitsgeschenk für Sie beide.« Der Milliardär deutete auf das Bild, ein atemberaubendes Porträt des berühmten Erfinders Thomas Edison. Über dem Gesicht Edisons standen in einer modernen, künstlerischen Schrift folgende Worte des Erfinders: »Die besten Gedanken kommen in der Abgeschiedenheit. Die schlechtesten im Trubel.«

»Ich habe einen meiner Lieblingskünstler, der in Berlin lebt, beauftragt, dieses Bild für Sie zu malen. Von ihm stammen auch viele Bilder in meiner Züricher Wohnung. Heute malt er nur noch selten. Aber er hat mir diesen Gefallen erwiesen. Sie beide könnten sich zur Ruhe setzen, wenn Sie das Bild verkaufen – glauben Sie mir. Drehen Sie es bitte um«, forderte der Milliardär seine beiden Gäste auf, setzte sich abermals auf den Sessel und ließ seine Blicke durch das Penthouse wandern, von dem aus man die Wolkenkratzer von São Paulo sah. Auf vielen dieser Hochhäuser befanden sich Landeplätze für Hubschrauber, damit die Wirtschaftskapitäne, die damit unterwegs waren, keine wertvolle Zeit im dichten Straßenverkehr von São Paulo verschwenden mussten. Denn wie Sie mittlerweile wissen, werden auch jene Stunden, die die meisten Menschen vergeuden, von Spitzenleistungsmenschen sinnvoll genutzt.

Auf der Rückseite des perfekt gerahmten Kunstwerks befand sich ein Diagramm mit der Überschrift *Die zehn Taktiken lebenslanger Genialität.*

Der Milliardär setzte seine Ausführungen fort. »Thomas Edison verkörpert wie nur wenige Menschen in der Geschichte außerordentliche schöpferische Leistungsfähigkeit, denn er hat im Laufe seines Lebens 1093 Patente angemeldet und uns so wichtige Dinge wie die Glühbirne und die Filmkamera beschert, und er hat 1901 eine Batterie entwickelt, die später in Elektrofahrzeugen eingesetzt wurde. Er war nicht nur Erfinder. Er war auch ein höchst erfolgreicher Unternehmensgründer.

Ja«, fuhr der Milliardär fort. »Es lohnt sich wirklich, sein

Leben eingehend zu studieren und sich dann im Journal damit näher auseinanderzusetzen, um sich besser damit vertraut zu machen, wie er all das geschafft hat. Edison hat einmal gesagt: ›Viel beschäftigt zu sein, heißt nicht, dass man immer auch tatsächlich Arbeit verrichtet. Das Ziel jeder Arbeit ist Produktivität oder Leistung.‹«

»Und wenn Sie die Erfolgsformel des Erfinders mit Ihren Bedürfnissen in Einklang bringen, sollten Sie sich auch mit seiner Fähigkeit, sich zu fokussieren, beschäftigen. Edison hat auch einmal gesagt: ›Sie tun etwas den ganzen Tag lang, nicht wahr? Jeder tut das. Wenn Sie um 7 Uhr aufstehen und um 23 Uhr schlafen gehen, haben Sie gut 16 Stunden, und die meisten Menschen sind überzeugt davon, dass sie in dieser Zeit etwas geleistet haben. Das Problem besteht jedoch darin, dass sie sich dabei mit vielen verschiedenen Dingen beschäftigen, ich mich aber nur mit einer Sache. Würden die Menschen die ihnen zur Verfügung stehende Zeit nur auf eine einzige Sache verwenden, auf ein einziges Ziel ausrichten, dann würden sie erfolgreich sein.«

»Das ist der springende Punkt«, bemerkte der Künstler, der an diesem Morgen ganz in Schwarz gekleidet war und seine üblichen Springerstiefel trug. Er hatte sich seinen Spitzbart abrasiert. »Das knüpft daran an, was Sie uns auf Mauritius erklärt haben, nämlich dass man mit einer begrenzten kognitiven Bandbreite aufwacht und dass jede Ablenkung, die unsere Aufmerksamkeit in Anspruch nimmt, unsere Chance vermindert, erstklassige Arbeit zu leisten. Weil wir mit jeder Ablenkung, die wir an unserem Arbeitsplatz – und in unserem Leben – zulassen, einen Teil unserer Aufmerksamkeit einbüßen. Und wenn wir nicht aufpassen, landen wir in der digitalen Demenz, die auf dem letzten Diagramm dargestellt ist, das Sie uns in Rom gezeigt haben. Das wird mir heute sehr eindringlich bewusst. Wenn ich wieder zurück bin in meinem Studio, werde ich meine Umgebung so einrichten, dass es dort vollkommen ruhig ist. Keinerlei technische Geräte. Ich habe auch vor, eine Art groß angelegte technische Entgiftung vorzunehmen. Keine sozialen Medien und kein Internetsurfen zumindest für ein paar Wochen, damit ich meine Konzentration wiedererlange. Mir ist mittlerweile klar geworden, dass ich mich, wenn ich mich in einem Raum der Stille befinde, nur auf jeweils eine Sache konzentrieren und meine schöpferische Kraft und meine Energie nicht auf viele Dinge verteilen darf. Das nehme ich aus Edisons Worten für mich mit. Ich darf meine Genialität nicht verzetteln, um in vielen Dingen einigermaßen gut zu werden, wenn ich die Fähigkeit in mir trage, legendär zu werden, indem ich mich voll und ganz auf eine bestimmte Sache konzentriere.«

»Und mir ist klar geworden, dass auch nur eine einzige Unterbrechung, wenn ich über ein großartiges neues Produkt nachdenke oder mein nächstes ehrgeiziges Vorhaben, mich viele Millionen Dollar kosten kann – oder auch mehr«, rief die Unternehmerin aufgeregt.

»Was Sie beide gerade gesagt haben, ist von größter Wichtigkeit, wenn Sie wirklich Ihre Talente nutzen und die Ihnen innewohnende Großartigkeit in vollem Umfang zum Ausdruck bringen wollen«, bekräftigte der Milliardär mit einem strahlenden Lächeln.

»Edison würde den Hügel hinaufgehen zu seinem Labor in Menlo Park und dort mit seinem Team Stunden über Stunden arbeiten, manchmal auch Tage über Tage, an jener einen Erfindung, die im Mittelpunkt seiner Inspiration steht. Dieser begnadete Kopf war wirklich ein Supertyp.«

Dann deutete der Milliardär zu dem Diagramm auf der Rückseite des Gemäldes.

»Ich weiß, dass Sie beide jetzt bald gehen müssen, um sich auf die Zeremonie vorzubereiten. Nehmen Sie dieses Geschenk mit. Aber lesen Sie zuerst, was auf der Rückseite steht, damit Sie diese zehn Taktiken verinnerlichen können, die Ihren Fortschritt im 5-Uhr-Club beschleunigen und Ihre Gaben, Talente und Fähigkeiten zur vollen Entfaltung bringen werden. Im Morgengrauen aufzustehen und die *20/20/20-Formel* umzusetzen, das ist Ihre wichtigste Maßnahme, die es Ihnen ermöglichen wird, in Ihrem Fach eine führende Stellung zu erlangen und Ihr persönliches Leben auf eine neue Stufe zu heben. Diese zehn auf Ihre Bedürfnisse abgestimmten Verhaltensweisen werden Ihnen einen zusätzlichen Schub geben. Sie werden dafür sorgen, dass sich Ihre Ergebnisse nicht mehr nur linear verbessern, sondern Ihre Belohnungen sich in exponentieller Weise steigern werden.«

Das Lernmodell sah folgendermaßen aus:

DIE ZEHN TAKTIKEN LEBENSLANGER GENIALITÄT

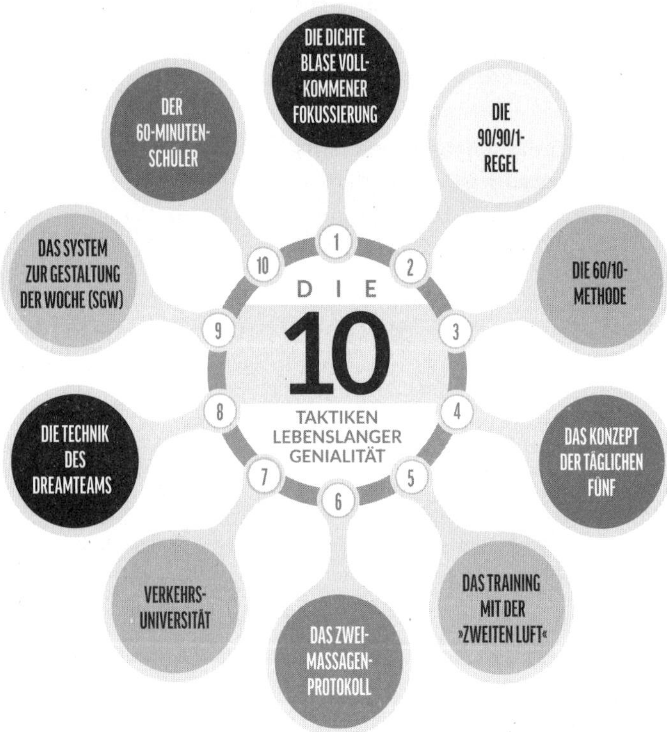

Unter dem Modell der *zehn Taktiken lebenslanger Genialität* fanden die Unternehmerin und der Künstler die nachfolgende Liste dieser Strategien, deren Bedeutung jeweils genau erklärt wurde. Es wurde auch erklärt, wie man sie anzuwenden hat.

Taktik #1: Die dichte Blase vollkommener Fokussierung (DBVF)

Die Erkenntnis: Sich Ablenkungen hinzugeben ist der Tod Ihrer Schöpferkraft. Digitalen Unterbrechungen zu erliegen, kostet Sie Ihr Glück – in finanzieller, kognitiver, energetischer, physischer und spiritueller Hinsicht. Um ein Einkommen und eine Wirkmächtigkeit zu erzielen, wie sie nur wenige Menschen besitzen, müssen Sie Ihre Tage so gestalten, wie es die wenigen Spitzenleistungsmenschen tun. Die dichte Blase totaler Fokussierung ist ein metaphorischer Burggraben, den Sie um Ihre genialen Fähigkeiten und Fertigkeiten herum anlegen können, damit diese nicht nur stark bleiben, sondern sich sogar noch verbessern. Die fünf Haupteigenschaften, über die alle Super-Leistungsmenschen verfügen, sind mentaler Fokus, physische Energie, persönliche Willenskraft, ursprüngliches Talent und ein Tagesplan. Ihre Blase ist von einer porösen Membran umhüllt, sodass Sie entscheiden können, welche Informationen, welche Menschen und welche Art von Aktivitäten Sie in Ihren Lebens- und Tätigkeitsbereich hineinlassen wollen. Alles Negative oder Toxische wird am Eingang abgewiesen. Diese Art des Agierens in der Welt ist Ihr undurchdringliches Verteidigungssystem, das sämtliche Stimuli zurückhält, die Ihre Großartigkeit infrage stellen.

Die Umsetzung: Die DBVF-Strategie schützt Ihre Fokussiertheit wie auch Ihre ursprüngliche Brillanz, indem sie Ihnen ausgedehnte Zeitspannen verschafft, die frei sind von trivialen Faszinationen und von jeglichen Einflüssen, die Ihre Inspiration behindern – und Ihre Bestform beeinträchtigen. Jeden Morgen treten Sie ein in diese unsichtbare Blase, die Sie sich selbst geschaffen haben und die vollkommen frei ist von den oberflächlichen Botschaften anderer Menschen, von Spam, Fake News, Werbung, albernen Videos, irrelevantem Geschwätz und anderen Formen der Ablenkung durch Cyber-Aktivitäten, die Ihr

Leben und die Entfaltung Ihres monumentalen Potenzials gefährden. Ein Bestandteil dieses philosophischen Konstrukts ist Ihr persönliches Menlo Park, ein Ort, an dem Sie – ähnlich wie Thomas Edison – von der Welt abgeschirmt sind und jene Meisterwerke schaffen können, die Ihre Stellung in Ihrer Branche und Ihre globale Wirkmächtigkeit erhöhen. Entscheidend ist in diesem Zusammenhang, dass man jeden Tag eine bestimmte Zeitspanne in einer positiven Umgebung verbringt, die einen mit Kreativität, Energie und Glück erfüllt und einem das Gefühl vermittelt, dass die Arbeit, die man verrichtet, dem Wohle der Menschheit dient. Die Räume, in denen Sie sich aufhalten, bestimmen auch den Output, den Sie hervorbringen. Dieses Konzept kann – und sollte – auch in Ihrem außerberuflichen Bereich Anwendung finden. Damit auch Ihre private Zeit frei ist von Negativität, energieraubenden Vampiren und seelenzersetzenden Betätigungen. Experimentieren Sie mit dieser metaphorischen Mauer um Ihre fünf Assets der Genialität, damit sich auch Ihr soziales Leben wundervoll gestaltet. Damit Sie nicht zum Einsiedler werden. Das DBVF-Konzept, im Privatleben angewendet, bedeutet, dass Sie Ihre Tage in einem alternativen Universum verbringen, das Sie sich selbst nach Ihrem Gusto geschaffen haben. Erinnern Sie sich, die Blase hat eine poröse Membran, und daher können Sie sorgfältig auswählen, wem Sie Zugang erlauben zu Ihrer privaten Realität und zu den Elementen der Schönheit, des Zaubers und des Friedens. Konkret könnten Sie zum Beispiel Ihren Fernseher abschaffen, für den Rest des Tages keine Nachrichten mehr hören, sich von lauten und lärmenden Einkaufszentren fernhalten, wo Sie Dinge kaufen, die Sie nicht brauchen, sich in sozialen Medien von Leuten entfreunden, die Ihre Energie stehlen, und sämtliche Meldungen abschalten, solange Sie sich in Ihrer DBVF befinden, und Apps entfernen, die ständig Benachrichtigungen absetzen.

Taktik #2: Die 90/90/1-Regel

Die Erkenntnis: Reale Arbeit zu verrichten und keine artifizielle, und zwar täglich und mit durchgängiger Konsistenz, das verleiht Ihnen einen gigantischen Wettbewerbsvorteil, der aus Meisterhaftigkeit erwächst. Leistungsfähigkeit auf Spitzenniveau ist sehr selten. Und auf dem Markt wird am meisten bezahlt für etwas, das selten ist. Legendäre Erfolgsmenschen konzentrieren ihre Aufmerksamkeit und ihre Bemühungen jeweils auf ein Kernprojekt, damit sie ihre kognitive Kapazität und ihre kostbare Energie in vollem Umfang nutzen können, um überragende Produkte zu schaffen, die ihre Branche auf den Kopf stellen. Um auf diese Weise zu arbeiten, muss man täglich die ergiebigsten Stunden des Arbeitstags nutzen, um die bestmöglichen Ergebnisse zu erzielen. Am Arbeitsplatz ist keine Zeit dafür, online einzukaufen, zu plaudern oder Nachrichten zu checken. Dort ist es Zeit, zu zeigen, was man kann. Als Super-Leistungsmensch.

Die Umsetzung: Nehmen Sie sich für die folgenden 90 Tage vor, die ersten 90 Minuten Ihres Arbeitstages lediglich jener Aktivität zu widmen, die Ihnen, wenn Sie sie auf Weltklasseart verrichten, eine führende Stellung in Ihrem Bereich einbringen wird. Diese 90-Minuten-Phase muss vollkommen frei sein von Lärm und Unterbrechungen. Legen Sie Ihre technischen Geräte in einen Korb, auf dem steht: »Für meine 90/90/1-Periode«. Dann stellen Sie diesen Korb in einen anderen Raum. Klare Grenzen zu errichten, die Sie daran hindern, Versuchungen nachzugeben, ist eine sehr wirksame Taktik, um Ablenkungen zu vermindern.

Taktik #3: Die 60/10-Methode

Die Erkenntnis: Forschungen haben ergeben, dass die größten Leistungsmenschen nicht in linearer Weise arbeiten – sie arbeiten nicht länger und härter in der Hoffnung, dann auch stabilere und bessere Ergebnisse zu erzielen. Vielmehr bedienen sich diese Elite-Kreativen der Macht der Schwingung. Sie strukturieren ihre Arbeitszyklen so, dass sie zwischen Phasen vertiefter Fokussierung und verschärfter Leistungsintensität und Zeiten der Ruhe und der vollständigen Erholung pendeln. Mit anderen Worten, sie arbeiten im Gleichgewicht – und verbinden eindrucksvolle Leistungen mit Zeiten des Auffüllens ihrer Ressourcen der Genialität, um diese nicht zu erschöpfen. Ausgestattet mit Daten, aus denen hervorgeht, dass Menschen ihre größten Arbeitsleistungen erbringen, wenn sie frisch und entspannt sind anstatt erschöpft und gestresst, agieren echte Profis, die ihrer Genialität zum Tragen verhelfen möchten, in einem Modus des Pulsierens, ähnlich wie Sprinter oder Marathonläufer.

Die Umsetzung: Wenn Sie das 90/90/1-Segment Ihres Arbeitstages absolviert haben, legen Sie sich eine Uhr zurecht und arbeiten Sie dann 60 Minuten lang so konzentriert, wie es Ihnen möglich ist, während Sie ruhig sitzen oder stehen, in Ihrem DBVF-Modus. Üben Sie vorher, sich nicht zu bewegen. Konzentrieren Sie sich einfach. Und erzielen Sie auf diese Weise die besten Ergebnisse, die Ihnen möglich sind. Nach dieser 60-minütigen Phase, nachdem dieser »Produktivitätssprint« absolviert ist, tanken Sie 10 Minuten lang auf. Machen Sie während dieses Erholungszyklus zum Beispiel einen flotten Spaziergang an der frischen Luft, beschäftigen Sie sich mit einem Buch, das Ihre Fähigkeiten als Führungskraft oder Ihre persönliche Meisterhaftigkeit verbessert, visualisieren Sie oder hören Sie sich Energie spendende Musik über Kopfhörer an, so, wie es viele Spitzenathleten tun, bevor sie auf den Platz gehen, damit sich die Aufmerksamkeit des Gehirns von dem grüblerischen und sorgenwälzenden Verhalten der linken Hirnhälfte zu der Kreativität und dem Flow-Zustand der rechten Hälfte verlagert. Nach 10 wundervollen Minuten der Regeneration kehren Sie an Ihren Arbeitsplatz zurück und starten, frisch inspiriert und erfüllt von Vortrefflichkeit und Einfallsreichtum, mit Ihrem nächsten 60 Minuten umfassenden Arbeitssegment. Darauf folgt dann die nächste 10 Minuten dauernde Erholungsphase.

Taktik #4: Das Konzept der täglichen Fünf

Die Erkenntnis: Studien haben gezeigt, dass erfolgreiche Unternehmenslenker ihre höchste Leistungsfähigkeit an jenen Tagen erreichen, an denen sie, auch wenn sie erste Rückschläge erleiden, ihr Mindset voll und ganz auf die Fortschritte ausrichten, die sie erzielen. Damit immunisieren sie sich gewissermaßen gegen den Einfluss des Negativitätsbias des Gehirns, durch den sie sich selbst sabotieren. Eine wunderbare Methode, um herausragende Leistungsfähigkeit zu erlangen, besteht darin, sich darauf zu konzentrieren, dauerhaft in jeder Stunde des Arbeitstages ein Prozent Gewinn und Mikroverbesserungen zu erzielen. Kleine tägliche Verbesserungen führen im Laufe der Zeit, wenn man sie beständig durchführt, zu erstaunlichen Ergebnissen. Und wenn Sie sich gedanklich intensiv mit jenen Bereichen befassen, in denen Sie Fortschritte machen, festigen Sie Ihre Bestrebungen, schützen Ihre Zuversicht und besiegen den gefährlichen Verführer Angst, sodass Sie großartige Taten vollbringen können.

Die Umsetzung: Im zweiten Abschnitt der Stunde des Sieges schreiben Sie sich fünf kleine Ziele auf, die Sie im Laufe des neuen Tages erreichen möchten, damit Sie das Gefühl haben, diesen Tag gut genutzt zu haben. Das ist auch, wie alles, was Sie bisher gelernt haben, eine tägliche Praxis: Je öfter Sie es tun, umso leichter wird es zu einer Gewohnheit – und umso besser gelingt es Ihnen, die damit verbundenen Ziele zu erreichen. Bleiben Sie also dabei. Nach nur 30 Tagen werden Sie bereits 150 wertvolle Siege errungen haben. Und nach einem Jahr wird Ihnen allein diese Strategie 1825 wichtige Erfolge eingebracht haben, was bedeutet, dass die nächsten zwölf Monate die erfolgreichsten zwölf Monate sein werden, die Sie bislang erlebt haben.

Taktik #5: Das Training mit der »zweiten Luft«

Die Erkenntnis: Sie sind nun vertraut mit den neurowissenschaftlichen Hintergründen des täglichen Übens. Den Körper regelmäßig zu bewegen, fördert die Konzentration, beschleunigt die Verarbeitungsgeschwindigkeit Ihres Gehirns und verbessert seine Lernfähigkeit, steigert Ihre Energie, verstärkt Ihren Optimismus, hilft Ihnen, besser zu schlafen infolge einer vermehrten Produktion von Melatonin, und fördert die Langlebigkeit aufgrund der Freisetzung des menschlichen Wachstumshormons (STH) und einer Verlängerung der Telomere. Telomere verhindern, dass die Enden unserer Chromosomen ausfasern – gewissermaßen wie Kunststoffkappen am Ende von Schuhbändern. Im Zuge des Alterns verkürzen sich die Telomere und werden deshalb auch manchmal mit der Zündschnur einer Bombe verglichen. Es ist gut belegt, dass regelmäßiges Training diese Verkürzung verlangsamt und dadurch dazu beiträgt, dass Sie länger gesund bleiben. Beachten Sie bitte, dass auch Meditation, Vollwertkost, eine gute Schlafqualität und Intervallfasten (was der Redner die *16/8-Dividende nennt,* weil man dabei während eines Fastenfensters von 16 Stunden nichts isst und anschließend über einen Zeitraum von 8 Stunden wieder Nahrung zu sich nimmt) erwiesenermaßen dazu beitragen, unsere Telomere vor Degeneration zu schützen. Angesichts dieser empirisch gesicherten Fakten über die transformative Kraft des Trainings: Warum sollte man dann nur eine Trainingseinheit am Tag absolvieren? Warum sollte man diese Methode nicht nutzen, um die eigene Vitalität massiv zu steigern, damit man nicht nur seine Konkurrenten überleben, sondern auch dem Altern ein Schnippchen schlagen und sich eines außerordentlich glücklichen und produktiven Lebens erfreuen kann?

Die Umsetzung: Das Training mit der »zweiten Luft« ist eine zweite Trainingseinheit am Ende Ihres Arbeitstages, um Ihnen für den Abend frischen Schwung zu verleihen. Sie überwinden die Erschöpfung, die die meisten Menschen nach der Arbeit empfinden, und laden die Batterien Ihrer Willenskraft wieder auf, damit Sie am Abend bessere Entscheidungen treffen können und auch Ihr abendliches Verlangen nach Süßigkeiten deutlich nachlässt. Ideal dazu geeignet ist ein einstündiger Spaziergang in der Natur. Damit verschaffen Sie sich zudem einen weiteren zeitlichen Block, in dem Sie nicht von digitalen Ablenkungen behelligt werden, intensiver nachdenken und wertvolle Ideen entwickeln können. Darüber hinaus ist ein Spaziergang an der frischen Luft und bei Sonnenschein auch förderlich für Ihr Mindset, Ihr Heartset, Ihr Healthset und Ihr Soulset. Der Naturforscher John Muir drückte dies sehr anschaulich aus: »Bei jedem Spaziergang in der Natur erhält man viel mehr, als man sucht.« Andere Möglichkeiten wären etwa eine einstündige Fahrt mit dem Mountainbike, ausgiebiges Schwimmen oder der Besuch eines Yogakurses. Wenn Sie sich diese Routine aneignen, verbrennen Sie auch mehr Kalorien, regen Ihren Stoffwechsel an und reduzieren Ihr Körperfett. Das *Training mit der »zweiten Luft«* führt zu durchgreifenden Veränderungen.

Taktik #6: Das Zwei-Massagen-Protokoll

Die Erkenntnis: Studien haben ergeben, dass Massagetherapie eine Behandlungsart ist, die zu spürbaren Verbesserungen der Hirnleistung und zu Stimmungsaufhellung führt, die Fähigkeit, mit Stress umzugehen, verbessert und das allgemeine Wohlbefinden fördert. Massage reduziert den Cortisolspiegel (das Stresshormon) um 31 Prozent, erhöht Dopamin (den Neurotransmitter für Motivation) um 31 Prozent und Serotonin (das Gewebshormon, das Angst reguliert und Glücksgefühle steigert) um 28 Prozent. Sie vermindert die Muskelspannung, unterstützt die Schmerzlinderung über das Senden entzündungshemmender Signale an die Muskelzellen und regt diese Zellen an, mehr Mitochondrien zu produzieren. Wichtig ist allerdings eine Tiefengewebsmassage, nicht nur eine reine Körperentspannung. Es muss eine Weile wehtun, damit es wirken kann. Zudem vermindert diese großartige Praxis Stress, der zum Abbau der Telomere führt, optimiert die Gesundheit und fördert die Langlebigkeit.

Die Umsetzung: Zur Umsetzung des Zwei-Massagen-Protokolls bauen Sie zwei jeweils 90 Minuten lange Massageeinheiten in Ihren Wochenplan ein. Weil Dinge, die im Terminkalender stehen, auch tatsächlich durchgeführt werden. Und weil vage Absichtsbekundungen auch nur vage Ergebnisse bringen. Und weil die kleinste praktische Umsetzung besser ist als die hehrsten Absichten. Virtuosen bringen ihre Vision zum Tragen, indem sie sich intensiv um deren Umsetzung bemühen. Vielleicht wenden Sie ein, sie hätten sehr viel zu tun und könnten es sich nicht leisten, jede Woche zwei lange Massagesitzungen zu absolvieren. Doch in Anbetracht der erwiesenen und großartigen Auswirkungen dieser Praxis auf Ihre mentale Verfassung, Ihr Denkvermögen, Ihre Fröhlichkeit, Ihre Gesundheit und Ihre Langlebigkeit ist es vielmehr so, dass Sie es sich nicht leisten können, sich diese Gewohnheit *nicht* zu eigen zu machen. Ja, zwei 90-minütige Massagesitzungen pro Woche kosten Sie viel Geld. Aber der Tod kostet Sie mehr.

Taktik #7: Verkehrs-Universität

Die Erkenntnis: Menschen, die jeden Arbeitstag insgesamt eine Stunde aufwenden, um morgens zur Arbeit und abends wieder nach Hause zu fahren, verbringen mit dieser Reisetätigkeit ungefähr 1200 Tage ihres Lebens – eine durchschnittliche menschliche Lebenserwartung vorausgesetzt. Das sind mehr als drei Jahre, die im Straßenverkehr, in einem Bus oder einem Zug verbracht werden. Und da die Pendelstrecken immer länger werden, nimmt diese Zeit weiter zu. Die Menschen, die meist dicht gedrängt in diesen Verkehrsmitteln sitzen, werden mit toxischen Nachrichten infiziert, mit oberflächlichem Geplänkel im Radio und anderen negativen Reizen, die zu einer Verminderung ihrer Produktivität und einer Beeinträchtigung ihres inneren Friedens führen. Die Menschen in den Pendlerzügen oder Bussen schlafen häufig, träumen in den Tag hinein oder beschäftigen sich mit ihren technischen Geräten und befinden sich in einem Zustand chronischer Apathie. Seien Sie anders.

Die Umsetzung: Bei der Teilnahme an der Verkehrs-Universität geht es darum, Ihre Reisezeit – entweder die Fahrt zur oder von der Arbeit oder zum Einkaufen oder andere Besorgungsfahrten – sinnvoll zu nutzen zum Lernen, zur Verbesserung Ihrer beruflichen Fertigkeiten oder Ihres Wissens. Eine Möglichkeit dazu ist zum Beispiel das Hören von Audiobüchern oder nützlichen Podcasts. Selbst eine einzige neue Idee, die Sie in einem Buch oder einem Online-Kurs erfahren, könnte Ihnen Millionen oder gar Milliarden einbringen. Oder Ihre Kreativität, Ihre Produktivität, Ihre Vitalität oder Ihre Spiritualität vervielfachen. Es gibt heutzutage schlichtweg nichts, was einen höheren Ertrag bieten kann als die Investition in Bildung und Wachstum.

Taktik #8: Die Technik des Dreamteams

Die Erkenntnis: Profiathleten beschäftigen ein ganzes Team, das sie bei ihrem Aufstieg an die Weltspitze unterstützt. Dadurch verschaffen sie sich den nötigen Freiraum, um ihre fünf Assets der Genialität zur Entwicklung ihres Könnens und ihrer Fertigkeiten einzusetzen, die es ihnen ermöglichen, in ihrer Disziplin ganz nach oben zu kommen. Michael Jordan war nicht sein eigener Sportdirektor, und Muhammad Ali war nicht sein eigener Boxtrainer. Spitzenleistungsmenschen lagern alle Aktivitäten an Mitarbeiter oder Dienstleister aus beziehungsweise automatisieren sie, mit Ausnahme jener Tätigkeiten, die den engeren Bereich ihrer Meisterhaftigkeit betreffen, was ihnen eine verstärkte Fokussierung ermöglicht und viel Zeit für das Wesentliche verschafft.

Die Umsetzung: Delegieren Sie Aufgaben, die nicht nur eine Vergeudung Ihrer Zeit sind, sondern auch Ihr Wohlbefinden beeinträchtigen. Strukturieren Sie idealerweise Ihr gesamtes Leben dahin gehend um, dass Sie nur noch Dinge tun, die Sie wirklich gut beherrschen – und an denen Sie Freude haben. Dadurch werden Sie nicht nur Ihre Leistungen steigern können, weil Sie sich auf einige wenige wichtige Dinge konzentrieren, Sie werden auch erheblich mehr persönliche Freiheit erlangen. Und mehr Gelassenheit. Auch weil Ihrem Dreamteam Menschen angehören, die auf ihrem jeweiligen Gebiet ein Leader sind, wird sich Ihr Aufstieg zur Legendenhaftigkeit schneller vollziehen, denn damit haben Sie großartige Menschen an Ihrer Seite. Wichtige Mitglieder Ihres Dreamteams sind insbesondere ein Fitnesstrainer, der regelmäßig mit Ihnen arbeitet, ein Ernährungsberater, ein Massagetherapeut, ein Finanzcoach, der sich um Ihr Vermögen kümmert, ein Beziehungsberater, der Ihnen hilft, die Bindungen mit wichtigen Menschen in Ihrem Leben aufrechtzuerhalten, und ein spiritueller Berater, der dafür Sorge trägt, dass Sie geerdet bleiben und sich ausrichten an den ewigen Gesetzen eines guten und sinnvoll verbrachten Lebens.

Taktik #9: Das System zur Gestaltung der Woche (SGW)

Die Erkenntnis: Sie wissen, dass Dinge, die im Terminkalender stehen, jene Dinge sind, die auch tatsächlich erledigt werden. Eine Woche zu gestalten ohne einen detaillierten Plan für die einzelnen sieben Tage, die vor einem liegen, das wäre vergleichbar dem Versuch, den Montblanc ohne eine Kletterstrategie besteigen zu wollen oder ohne Kompass eine Exkursion in dichte Wälder zu unternehmen. Ja, Spontaneität und Raum für unerwartete Abenteuer sind außerordentlich wichtig. Aber das bedeutet nicht, dass man nicht persönliche Verantwortung und menschliche Reife walten lassen sollte, indem man es sich zur Gewohnheit macht, ein durchdachtes und klares Skript für die Woche zu erstellen, das dazu beiträgt, die eigene Energie zu stärken, Entscheidungen vorzubereiten und eine Balance zu wahren.

Die Umsetzung: Nehmen Sie sich jeden Sonntagmorgen eine halbe Stunde Zeit, um Ihre »Blaupause für eine wundervolle Woche« zu entwerfen. Beginnen Sie damit, indem Sie in Ihrem Journal die Höhepunkte der vergangenen sieben Tage zusammenfassen, die Sie gerade hinter sich gebracht haben. Dann halten Sie fest, welche Erkenntnisse Sie gewonnen haben und welche Optimierungen Sie sich für die kommende Woche vornehmen wollen. Anschließend notieren Sie auf einem großen Blatt Papier, auf dem für jeden Tag die einzelnen Stunden von 5 Uhr bis 23 Uhr angegeben sind, Ihre sämtlichen Verpflichtungen. Wichtig ist hier, nicht nur Ihre geschäftlichen Termine und Arbeitsprojekte aufzuführen. Legen Sie klare Zeitabschnitte fest für Ihre Stunde des Sieges, Ihre 90/90/1-Sitzungen, Ihre 60/10-Zyklen und Ihr Training mit der »zweiten Luft«, reservieren Sie aber auch Zeit für Ihre Liebsten, Ihre Freizeitaktivitäten, Hobbys und Besorgungen. Wenn Sie dies Woche für Woche praktizieren, wird sich in Bezug auf die einzelnen Tage eine außergewöhnliche Fokussierung herausbilden, Sie werden mit frischem Schwung an die Tage herangehen, Ihre Produktivität wird steigen und Ihr Leben wird sich wesentlich ausgeglichener gestalten.

Taktik #10: Der 60-Minuten-Schüler

Die Erkenntnis: Je mehr Sie wissen, umso besser sind Sie Ihren Aufgaben gewachsen. Legendäre Leader verfügen über eine grenzenlose Neugier und einen unstillbaren Hunger danach, ihr bestes Selbst weiterzuentwickeln. Wissen und Bildung sind die beste Vorkehrung gegen Disruption. Erbringer von Spitzenleistungen sind Menschen, die lebenslang lernen. Gehören Sie zu den wenigen, die ihre Heldenhaftigkeit zur Geltung zu bringen suchen, ihre Fertigkeiten pflegen und entwickeln und ihre Genialität materialisieren, indem sie sich bemühen, ein Weltklasseschüler zu werden.

Die Umsetzung: Beschäftigen Sie sich mindestens eine Stunde am Tag damit, zu studieren oder sich weiterzubilden. Tun Sie, was immer Sie für erforderlich halten, um Ihrem Bekenntnis zu unermüdlichem Lernen nachzukommen. Tägliches Lernen schärft Ihren Geist, vertieft Ihr Wissen und entfacht ein loderndes Feuer, das Ihre Großartigkeit stärkt. Sie werden ein gewichtiger Denker werden und ein echter Superstar. In diesen 60 Minuten können Sie zum Beispiel wertvolle Bücher lesen, Ihre Journalnotizen überprüfen, ein Online-Lernprogramm absolvieren, mit einem Mentor sprechen oder Videos anschauen, die Ihnen helfen, Ihre Fertigkeiten zu verbessern. Wenn Sie Ihre größten Gaben und Ihre besten Kräfte nutzbringend anwenden, werden Sie nicht nur ein bedeutenderer, sondern auch ein unverzichtbarerer Mensch. Sie werden das, was Sie tun, so vollendet beherrschen, dass Ihre Organisation oder das Berufsfeld, in dem Sie tätig sind, nicht mehr ohne Sie auskommen kann. Sie werden sich zu einem außerordentlich wertvollen Leader in Ihrem Bereich entwickeln. Und Sie werden auch für Ihre Mitarbeiter und Teamkollegen, für Ihre Kunden und Ihre Gemeinschaft in mannigfacher Weise Wert schaffen. Dafür werden Sie großzügig belohnt werden in Form von Einkommen, Ansehen und durch jene innere Befriedigung, die damit einhergeht, wenn man ein integrer Mensch ist, der Weltklassearbeit leistet und sich in den Dienst einer bedeutenden Sache stellt.

»Ich habe noch ein weiteres Geschenk für Sie beide zu Ihrer Hochzeit!«, rief der Milliardär. »Es ist ein Gedicht zur Erinnerung an meine Vanessa.« Bei diesen Worten drückte er ihr Foto an sich.

»An jedem Valentinstag habe ich ihr 108 rote Rosen, erlesene Naschereien und bei einem Essen in unserem Lieblingsrestaurant noch etwas anderes geschenkt. Anschließend bin ich auf die Knie gegangen und habe ihr ein Gedicht vorgetragen.«

»Was war dieses andere, was Sie ihr geschenkt haben?«, fragte der Künstler.

Der Milliardär wirkte etwas verlegen. Er senkte den Blick auf den Boden.

»Dessous«, lautete seine knappe Antwort, vorgebracht mit einem Augenzwinkern.

Dann erhob er sich von dem großen eichenen Esstisch, der in einer Ecke der riesigen Hotelsuite stand. Wie ein Kind, das Verstecken spielen möchte, bedeckte er seine Augen mit den Händen. Daraufhin rezitierte er mit großer Leidenschaft ein Gedicht von Spencer Michael Free:

Die menschliche Berührung ist es, was zählt auf dieser Welt.
Die Berührung deiner Hand und meiner.
Was für das schwache Herz viel mehr bedeutet
als Schutz und Brot und Wein.
Denn der Schutz vergeht, wenn die Nacht vorbei ist.
Und das Brot hält sich nur einen Tag.
Aber die Berührung der Hand und der Klang der Stimme
hallen nach in der Seele für immer.

»Sehr schön«, bemerkte der Künstler sichtlich bewegt.

Mr Riley wurde zunehmend klarer, dass dieser bohemienhafte Maler zwar seine Ecken und Kanten besaß, aber auch ein gutes Herz hatte. Und auch wenn ein uninformierter Beobachter den Eindruck gewinnen mochte, dass der Künstler der eher passive Teil des Liebespaares sei, war dies nicht der Fall. In Wirklichkeit überstieg seine tief empfundene Liebe zu der Unternehmerin die unreifen Bedürfnisse seines Egos. Seine Gutherzigkeit durfte man nicht als Schwäche auslegen.

»Ich habe auch ein Gedicht geschrieben«, sagte der Künstler. »Es ist für dich, mein Schatz.«

»Lies es bitte vor«, sagte die Unternehmerin zärtlich, während sie seinen Hemdkragen richtete.

»Gern«, erwiderte der Künstler und schluckte. »Es trägt den Titel ›Mögen wir uns niemals trennen‹. Und es geht so:

Mögen wir uns niemals trennen
Eine zufällige Begegnung, und auf den ersten Blick
hat mich deine Schönheit bezaubert.
Und deine Kraft hat mich besänftigt.
Das Fenster der Gelegenheit, das uns das Leben unerwartet öffnete,
gesandt durch eine wissende Intelligenz,
hat uns aufgefordert, unseren Teil zu tun. Indem wir ein Risiko eingingen.

Nur wer wagt, wird gewinnen.
Nur wer bereit ist, Zurückweisung zu erleiden, wird die Erlösung finden.
Nur wer seine Macht einfordert, wird eine Wiederauferstehung erleben.

Ich habe nie wahre Liebe gekannt.
Ich habe nie an doppelte Regenbogen geglaubt.
An romantische Spaziergänge, Händchen haltend im Sonnenuntergang.
Ich habe mir nie vorgestellt, dass der erste Kuss zu so etwas führen könnte.

Wenn du stürzt, werde ich dich auffangen.
Solltest du Angst haben, werde ich dich halten.
Wenn du zweifelst, werde ich an deiner Seite stehen.
Wenn du Erfolge feierst, werde ich mein Glas auf dich erheben.
Und wenn du gehen willst, werde ich dich nicht gehen lassen.

Ich denke ständig an dich.
Ich spüre dich tief in mir.
Ich bin mir nicht sicher, weshalb ich dich verdient habe.
Doch ich träume davon, mit dir alt zu werden.
Mögen wir uns niemals trennen.«

Der Künstler sank auf die Knie und küsste eine Hand seiner Verlobten. Sie errötete heftig und war zutiefst gerührt. Dann hörte man lautes Schluchzen.

Die beiden Schüler reichten ihrem Mentor ein Taschentuch, damit er seine Augen trocknen konnte.

Kapitel 16

Der 5-Uhr-Club erfasst den Doppelzyklus der Spitzenleistungsfähigkeit

»In Freiheit mit Blumen, Büchern und dem Mond –
wer könnte da nicht glücklich sein?« – **Oscar Wilde**

Der Milliardär saß allein auf der geräumigen Terrasse des privaten Landhauses, das er in Franschhoek in Südafrika gemietet hatte. Während er sich mit seinen Tagebuchaufzeichnungen beschäftigte, dachte Mr Riley an die Fröhlichkeit und die ungewöhnlich ausgelassene Stimmung auf der wunderschönen Hochzeitsfeier der Unternehmerin und des Künstlers in São Paulo. Die beiden waren wirklich füreinander bestimmt.

»Das Universum arbeitet auf interessante und intelligente Weise«, dachte er. »Und wenn es eine Verbindung gibt, die räumliche Entfernung aushält, dann diese.«

Während der Magnat Verschiedenes in sein Journal eintrug, zwitscherten die Vögel sorglos in den Bäumen, und Gärtner in blauen Arbeitsuniformen gruben mit blitzenden Schaufeln im Boden des Weinguts, wobei sie sich mit schwerem südafrikanischem Akzent unterhielten. Die verwickelten, aber sorgfältig arrangierten Weinreben auf den Holzpfählen kündeten von einem Zauber, den allein die Natur hervorzubringen vermag, während kleine Nebelfetzen langsam vom Franschhoek-Tal in die umliegenden Berge hinaufzogen.

Einige Stunden vorher, um 5 Uhr früh, hatte der Milliardär die Unternehmerin und den Künstler zu einer kleinen Radtour mit dem Mountainbike mitgenommen, die auf dem Weingut begann, dann über die Daniel-Hugo-Street und in das Dorf führte – vorbei an gut besetzten Pferdeställen, trägen Hunden, die sich langsam wie Schnecken bewegten, und Rosensträuchern entlang der weißen Lattenzäune, die zu beiden Seiten der Schotterstraße errichtet worden waren. Es war ein nahezu perfekter Ort, den der Milliardär für seine vorletzte Mentoring-Sitzung ausgesucht hatte.

In der Lektion, die der Milliardär mit den beiden während ihres gemeinsamen Ausflugs durchgenommen hatte, war es darum gegangen, wie wichtig es ist, sich stets um eine Balance zu bemühen zwischen persönlicher Spitzenleistungsfähigkeit und tief reichender Selbsterneuerung, um dauerhafte Meisterhaftigkeit zu erlangen. Der Titan erläuterte, dass man abwechseln müsse zwischen einer Zeit in der Welt, in der man Erfolge auf höchstem Niveau anstrebe, und einer Zeit in der Wildnis, die der Erholung gewidmet sei – es gelte, eine Symmetrie herzustellen, um eine weitgehende Harmonie zustande zu bringen zwischen Erfolg in der Arbeit und Reichtum im Leben. Und um sicherzustellen, dass seine Schüler ihre Assets der Genialität langfristig hegten und pflegten, erklärte der Milliardär auch, dass sich überragende Produktivität in der Gesellschaft ohne ein mitfühlendes Herz, ohne die Fähigkeit zu tief empfundener Freude und ohne dauerhaften inneren Frieden nicht unterscheide von der Tätigkeit eines Hamsters, der sich im Laufrad abmüht. Er glaubt, er würde sich bewegen, in Wirklichkeit aber ist er in seinem Käfig gefangen.

Als die ersten Sonnenstrahlen auf das üppige Grün fielen, trat der Mogul in die Pedale seines roten Fahrrads, erzählte angeregt und lachte fröhlich und optimistisch. Es war ein Lachen, das wir alle gern öfter in unserem Leben hören würden. Aber er hustete auch viel. Einmal spuckte er sogar ein wenig Blut. Doch weil der Milliardär bestens aufgelegt war und sehr gesund wirkte, machten sich die Unternehmerin und der Künstler keine Sorgen um das Wohlergehen ihres Mentors. Vielleicht war das ein Fehler. Doch die beiden Frischvermählten waren so sehr vom Augenblick in Beschlag genommen, dass sie nicht viel Zeit darauf verwendeten, sich weitergehende Gedanken zu machen. Rückblickend betrachtet, sollten sie dies bedauern.

Als die drei Gefährten eine kurze Pause einlegten, präsentierte Stone Riley seinen Gästen ein weiteres Lernmodell, das er aus seinem blauen Rucksack zog. Es sah folgendermaßen aus:

DER DOPPELZYKLUS DER SPITZENLEISTUNGSFÄHIGKEIT

ABSICHERUNG DER FÜNF ASSETS DER GENIALITÄT

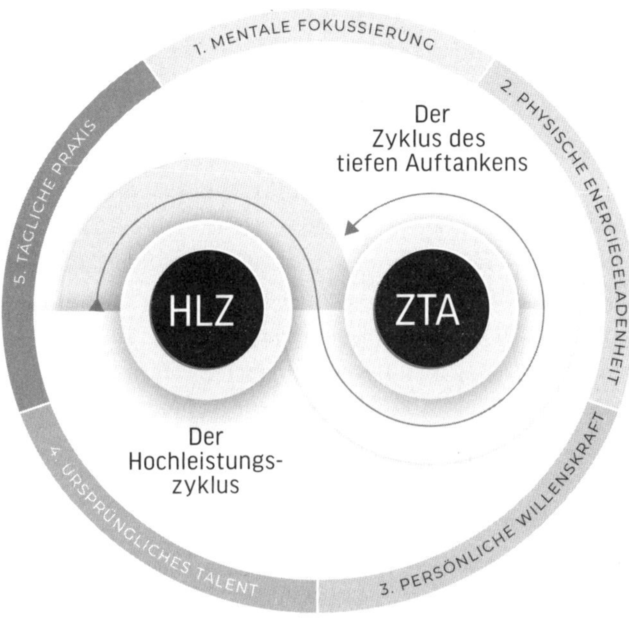

Der Milliardär erklärte, dass »eine zunehmend erfolgreicher werdende schöpferische Produktion ohne einen entsprechenden Schutz der menschlichen Güter und Fähigkeiten zu einer erheblichen Abnahme der Leistung führt«. Er meinte damit Folgendes: *Um in der Branche, in der man tätig ist, legendär zu werden, bedarf es ausgeprägter Nachhaltigkeit.* Und man muss sicherstellen, dass man nicht nur einen Monat oder ein Jahr lang auf Weltklasseniveau agieren kann. Die wahre Kunst der bedeutenden Wirtschaftskapitäne, der großen Meister der Künste, der Visionäre der Wissenschaft, der Helden der Menschheit und der Giganten des Sports besteht darin, dass sie *lebenslang* in der ersten Liga zu spielen vermögen.

»Langlebigkeit ist tatsächlich eine Grundvoraussetzung dafür, legendär zu werden«, bekräftigte er. »Dies«, so erklärte er seinen beiden aufmerksamen Schülern, »ist ganz entscheidend dafür, zu einer Ikone aufzusteigen. Sie müssen lernen, eine tragfähige und ausgeklügelte Balance herzustellen zwischen Arbeit und Erholung, damit Sie über eine lange Karriere frisch und stark bleiben. Dadurch verhindern Sie, dass sich Ihre Kräfte und Gaben durch Überforderung und Auszehrung erschöpfen, so wie Leistungssportler manchmal ihre Knie überfordern und ruinieren – und dann ihren Sport aufgeben müssen. Dieses ungemein wichtige Prinzip ist allen Genies bekannt und wird von ihnen auch beherzigt.«

Der Milliardär nahm einen Schluck gesüßten schwarzen Kaffees und erklärte, dass die Außergewöhnlichkeit der großen Männer und Frauen der Welt zum Teil darauf beruhe, dass sie das Phänomen der sogenannten »Superkompensierung« umsetzen. Wie ein Muskel zunächst reißt, wenn man ihn über die Grenze seiner Belastbarkeit hinaus dehnt, *dann aber in der Erholungsphase wächst,* so verbessern sich auch die fünf Assets der Genialität, wenn man sie über ihre normalen Grenzen hinaustreibt und ihnen dann eine Pause zur Regeneration gönnt. Mr Riley zeigte auf das Modell auf dem Papier und sagte: »Sehen Sie, dieser wenig bekannte Schlüssel zu überwältigendem langfristigem Erfolg liegt in dem schlichten Wort *Schwingung.* Ich habe darüber bereits in São Paulo gesprochen, aber jetzt sind Sie so weit, sich intensiver damit zu befassen.«

»Ja, das sind wir«, stimmte die Unternehmerin zu.

»Also gut«, sagte der Milliardär. »Wissenschaftler haben bei der Untersuchung russischer Gewichtheber entdeckt, dass das Geheimnis ihrer Unbesiegbarkeit ihr Verhältnis zwischen Arbeit und Ruhe war.«

»Was heißt das?«, fragte der Künstler, während die drei ihre Mountainbikes über einen Weg am Rande des berühmten Weinbergs schoben.

»Ihr Wachstum vollzieht sich, wenn Sie ruhen«, erwiderte der Milliardär geradeheraus. »Das ergibt logisch keinen Sinn, nicht wahr?«, fuhr er fort. »In der Tat ist dieses Produktivitätsgesetz eine der zentralsten, aber auch paradoxesten Wahrheiten, die der Redner mir vermittelt hat, als ich mein globales Imperium aufbaute. Die herkömmliche Lehre besagt, wenn man mehr schaffen will, muss man mehr Zeit aufwenden. Um mehr zu erreichen, müssen wir mehr tun. Fundierte Untersuchungen haben jedoch ergeben, dass dieses lineare Denken – ›Arbeite härter, dann kannst du auch mehr leisten‹ – ziemlich fragwürdig ist. Es ist nicht nachhaltig. Es führt nur zu Burn-out. Zu Erschöpfung. Zu einem Verlust der Inspiration und einer Verminderung des Ehrgeizes, eine führende Stellung im eigenen Fach zu erlangen – und unsere Welt voranzubringen. Diese alte, überkommene Verhaltensweise führt zu einer substanziellen Aufzehrung der menschlichen Ressourcen, die, wenn man sie klug einsetzt, einen Menschen zum Beherrscher seiner Branche oder seines Faches machen können.«

»Das erinnert mich an die *60/10-Methode*«, bemerkte der Künstler aufmerksam. Er trug heute die Reitkleidung, die der Milliardär seinen Gästen zur Verfügung gestellt hatte. Und da er mittlerweile als Mitglied des 5-Uhr-Clubs täglich die *20/20/20-Formel* praktizierte, wirkte er nun wesentlich fitter, fokussierter, energiegeladener und selbstsicherer als damals bei der Veranstaltung des Redners. Er hatte sich auf erstaunliche Weise verändert.

»Ein sehr interessanter Hinweis«, lobte der Milliardär. »Sie haben recht. Doch das Lernmodell, das ich heute mit Ihnen durchnehmen möchte, ist wesentlich mehr als das. Heute erhalten Sie weiterführende Informationen darüber, wie durch abwechselnde Arbeits- und Ruhephasen außerordentliche Produktivität ermöglicht wird. Sie werden auch lernen, wie Sie dabei einen Mordsspaß haben. Heute Morgen werden Sie erfahren, wie Sie weniger arbeiten und dennoch mehr zustande bringen mittels einer Technik, die Profisportler als ›Periodisierung‹ bezeichnen. Wenn wir mit diesem Lernmodell fertig sind, werden Sie ein profundes Verständnis davon besitzen, was erforderlich ist, um auf Ihrem Tätigkeitsfeld großartige Erfolge zu feiern und zugleich ein wundervolles Leben zu führen für den Rest Ihrer Tage.«

Der Milliardär zeigte auf jenen Teil des Modells, das die Überschrift *Die fünf Assets der Genialität* trug. »Wie Sie mittlerweile wissen, erwachen Sie jeden Morgen mit einer frisch aufgeladenen Batterie kreativer Kraft. Jeden Morgen wird Ihnen eine Quelle mit fünf persönlichen Schätzen zur Verfügung gestellt, die es Ihnen, wenn sie gut und richtig genutzt werden, ermöglichen, die Last Ihrer Ausflüchte zu überwinden und den Messern aus Ihrer Vergangenheit aus dem Weg zu gehen, sodass der großartige Held, der in Ihrer Seele angelegt ist, ans Tageslicht treten kann. Und Sie in die Lage versetzt werden, zu jenem Menschen zu werden, zu dem Sie bestimmt sind. Zu einem Erbringer spektakulärer Leistungen, einem Leader ohne formellen Titel und einem Menschen, der dankbar die wundervollen Gaben des Lebens annimmt.«

»Ich bin dabei!«, rief der Künstler.

»Wie Sie mittlerweile wissen«, fuhr Mr Riley fort und warf einen Blick auf das Diagramm, »sind die fünf Assets der Genialität Ihr mentaler Fokus, Ihre physische Energie, Ihre persönliche Willenskraft, Ihr ursprüngliches Talent und Ihre tägliche Praxis. Ich wiederhole es, damit Sie es sich einprägen können. Diese grundlegenden Fähigkeiten sind am frühen Morgen am stärksten ausgeprägt. Deshalb sollten Sie Ihren Tag gut beginnen und Ihre wichtigsten Aufgaben in den wertvollsten Stunden erledigen, anstatt diese kostbare Gelegenheit zu vergeuden, indem Sie mit technischen Geräten herumspielen, Nachrichten anschauen oder zu lange schlafen.«

»Das habe ich verstanden«, bekräftigte die Unternehmerin, die sich eifrig Notizen in ihrem Lederjournal machte, das sie in Rom erhalten hatte. Ein bunter, elegant gemusterter Schal ließ ihren Pferdeschwanz an diesem speziellen Morgen besonders auffällig erscheinen.

»Der Grundgedanke der heutigen Lektion ist folgender«, erklärte der Milliardär. »Erstklassige Leistungen zu erbringen ist keine lineare Angelegenheit. Es ist eher etwas wie ein Herzschlag, ein Rhythmus, ein Puls. Wenn Sie wahre Meisterhaftigkeit erlangen wollen – über Jahrzehnte hinweg, sodass Sie Ihren Bereich, Ihr Fach während Ihrer gesamten Laufbahn dominieren und bis ins hohe Alter ein gutes und schönes Leben führen –, müssen Sie unbedingt abwechseln zwischen Hochleistungszyklen, also Phasen intensiver und fantastischer Leistungen, und Zeiten echter Erholung, also Zyklen des tiefen Auftankens. Schauen Sie sich bitte das hier genau an«, forderte sie der Milliardär auf und deutete mit dem Zeigefinger zu dem Modell auf dem Papier.

»So weit ist mir alles klar«, sagte der Künstler und atmete die frische Luft ein. »HLZ ist der Hochleistungszyklus, und ZTA ist der Zyklus des tiefen Auftankens, richtig?«

»Ja«, erwiderte der Milliardär. Heute stand auf seinem schwarzen T-Shirt in weißen Buchstaben der Satz: »Ja, ich bin in einer Beziehung – mit mir selbst«. Er hatte stets einen kauzigen Spruch auf Lager.

»Wenn Sie also dauerhaft ein Gewinner sein wollen – beruflich wie im privaten Leben –, geht es in erster Linie darum, dass Sie in die Schwingung kommen«, fuhr der Tycoon fort. »Dass Sie hin und her pendeln zwischen Phasen leidenschaftlicher, monomanisch fokussierter und hoch konzentrierter Arbeit und Zeitblöcken, die für das Auftanken reserviert sind, für Entspannung, Erholung und Spaß. Es ist wirklich mit Ihrem Herzschlag vergleichbar, es pulsiert.«

»Mir gefällt dieses Konzept sehr, das Sie uns hier freundlicherweise vorstellen«, sagte die Unternehmerin. »Das wird mir neuen Auftrieb geben in meiner geschäftlichen Tätigkeit wie auch in meinem Privatleben.«

»Ja, davon bin ich überzeugt«, versicherte ihr der Milliardär. »Das Wachstum erfolgt in der Ruhephase. Das würde man eigentlich nicht vermuten, oder? Wir sind dahin gehend programmiert, dass wir glauben, wenn wir nicht kreativ tätig und produktiv sind, dann vergeuden wir unsere Zeit. Wir fühlen uns schuldig, wenn wir nichts tun. Aber schauen Sie sich das hier an.« Der Wirtschaftsmagnat zog den Reißverschluss einer Nylontasche auf, die er um die Hüfte gebunden hatte. Er holte zwei Medaillen heraus, die anscheinend aus Gold waren, und hängte der Unternehmerin und dem Künstler jeweils eine davon um den Hals, wie bei der Siegerehrung nach einem sportlichen Wettbewerb. Auf jeder der Medaillen standen die Worte:

DIE LEGENDÄRE LEISTUNGSGLEICHUNG:
DRUCK X AUFTANKEN =
WACHSTUM + DURCHHALTEVERMÖGEN

»Die erfolgreiche Tennisspielerin Billie Jean King hat einmal gesagt, dass Druck ein Privileg sei«, erinnerte der Milliardär seine beiden Schüler. »Sehen Sie, Druck und Stress sind nichts Schlechtes.«

»Nicht?«, fragte die Geschäftsfrau.

»Nein. Sie sind sogar absolut notwendig für den Ausbau und die Verbesserung Ihrer Fähigkeiten«, verkündete der Milliardär.

»Sie müssen Ihre Talente fördern und fordern«, fuhr der Milliardär fort. »Auch wenn Sie dazu eigentlich keine Lust haben. Sie müssen aus Ihrer Komfortzone heraustreten. Nur dann werden Sie sich weiterentwickeln und verbessern. Und denken Sie stets daran: *Immer wenn Sie am wenigsten Lust ha-*

ben, etwas zu tun, dann ist genau der richtige Zeitpunkt dafür. Einen der Gründe dafür kennen Sie mittlerweile: Wenn Sie Ihren Muskel der Willenskraft auf einem bestimmten wichtigen Gebiet kräftigen, dann steigert sich auch Ihre Selbstdisziplin in allen anderen Bereichen. Ich möchte damit sagen, dass Druck und Stress wunderbare Geschenke sind, die von Leuten, die in der ersten Liga spielen, gerne angenommen und genutzt werden. Unsere Begabungen und Fähigkeiten verbessern sich nicht, wenn wir in unseren Sicherheitszonen verharren. Nein. Fordern Sie Ihre Fähigkeiten, und treiben Sie sie über das normale Maß hinaus. Muskeln dehnen sich nur, wenn wir sie über unsere üblichen Grenzen hinaus beanspruchen. Und ihnen dann Zeit geben, um sich zu erholen und wieder neue Kraft zu sammeln.«

Der Milliardär ließ seine Blicke über den Weinberg schweifen. Dann fuhr er fort: »Ich erinnere mich an eine sehr interessante Unterhaltung mit einem Spitzenathleten, der an einem meiner Wohltätigkeitsdinner teilgenommen hat. Wissen Sie, was er zu mir gesagt hat?«

»Was?«, fragte der Künstler.

»Ich lege Ruhepausen ein, damit mein Training wirksam werden kann«, antwortete der Milliardär. »Das ist eine fundamentale Erkenntnis. Nur zu arbeiten und niemals auszuruhen, das verzehrt im Laufe der Zeit die eigene Großartigkeit.«

»Hmm«, murmelte die Unternehmerin, schob ihr Mountainbike zu einem Pfosten und lehnte es mit dem Sattel dagegen.

»Wenn Sie Ihre Unterbauchmuskeln stärken wollen, dehnen Sie sie über ihre gegenwärtigen Grenzen hinaus«, erklärte der Milliardär. »Wenn Sie normalerweise hundert Sit-ups machen, dann machen Sie jetzt zweihundert. Wenn zweihundert Ihr Tagespensum ist, steigern Sie auf dreihundert. Dies führt dazu, dass der Muskel reißt. Sportphysiologen sprechen in diesem Zusammenhang von einem ›Muskelfaserriss‹. Aber wenn Sie wollen, dass der Muskel wächst, dürfen Sie nicht zu unbarmherzig trainieren, sonst verletzen Sie sich. Sie müssen dem Muskel einen oder zwei Tage Ruhe gönnen.«

»Und in diesem Erholungszyklus vollzieht sich das Wachstum«, warf der Künstler ein, um zu zeigen, dass er das Prinzip verstanden hatte.

»Richtig«, bestätigte der Milliardär. »Wachstum vollzieht sich in der Ruhephase – nicht in der Trainingsphase. Erinnern Sie sich an unsere Zusammenkünfte am Strand von Mauritius, als ich Ihnen erzählt habe, dass ich auf einer Farm aufgewachsen bin, lange bevor ich nach Malibu zog?«

»Ja, ich glaube schon«, erwiderte die Unternehmerin. »Es kommt mir so vor, als ob Mauritius schon Jahre zurückläge.«

»Nun, auf unserer Farm habe ich eine Metapher kennengelernt, die Ihnen helfen kann, den *Doppelzyklus der Spitzenleistungsfähigkeit* zu verstehen. Jeder Bauer kann Ihnen etwas über die ›Ruhephase‹ erzählen. Ihr voraus geht eine Phase intensiver Bewirtschaftung des Bodens, der umgepflügt wird und auf dem Pflanzen angebaut oder ausgesät werden. Dann folgt die Ruhephase. In diesem Abschnitt passiert oberflächlich betrachtet nichts. Es scheint, als würde diese Zeit vergeudet werden. Doch in dieser Ruhephase wächst die Ernte heran. Die Früchte und Erzeugnisse, die im Herbst geerntet werden können, sind das sichtbare Endergebnis.«

Der Milliardär nahm einen Schluck Kaffee. Dabei fielen einige Tropfen auf sein T-Shirt. Auf der Kanne, in der sich der Kaffee befand, stand: »Träume groß. Beginne klein. Fange jetzt an.«

Drei Adler flogen majestätisch hoch über ihren Köpfen. Ein gelber Schmetterling mit blutrot geäderten Flügeln flatterte vorbei.

»Mein Gott, wie ich die Schmetterlinge liebe«, sagte der Milliardär versonnen. »Und die Regenbogen, die Sternschnuppen, den Vollmond und die wundervollen Sonnenuntergänge. Warum lebt man, wenn man nicht mit allen Sinnen lebt?

Als junger Mann war ich wie ein Roboter«, bekannte er. »Ich habe mich selbst viel zu ernst genommen. Hatte keine Zeit zu verschwenden. Jede Stunde war verplant. Auf jeder Autofahrt lief ein Hörbuch. Bei jeder Flugreise ging es um Produktivität. Aber das alles ...« Er verstummte, und seine Augen bekamen einen melancholischen und verlorenen Ausdruck.

»Ich war die meiste Zeit erschöpft. Der Redner hat mir das Leben gerettet. Ja, wirklich. Und das Modell, das ich Ihnen heute vorstellen möchte, hat mir ungemein geholfen.«

Der Milliardär holte tief Luft, dann sprach er weiter. »Meine Assets der Genialität haben sich im Laufe der Zeit verbraucht. Meine Kreativität ließ nach – ebenso meine Effektivität. Aber mittlerweile habe ich begriffen, dass ich von meiner Firmengruppe bezahlt werde, um zu denken. Um Visionen und Ideen für neue Produkte und Innovationen zu entwickeln, die die Branche auf den Kopf stellen und für unsere Kunden überall auf der Welt enormen Wert schaffen. Aber damals hatte ich das noch nicht verstanden. Der Redner hat mich in vielfältiger Weise unterstützt. In unserer allerersten Coaching-Sitzung hat er mir die *Doppelzyklen der Spitzenleistungsfähigkeit* nahegebracht. Und er hat unerbittlich darauf bestanden, dass ich sie unverzüglich umsetze – und dauerhaft. Doch wie sehr habe ich mich am Anfang dagegen gesträubt! Es widersprach so sehr meiner Natur, mich zu entspannen, durchzuatmen und eine Pause einzulegen. Heute ist mir vollkommen klar, dass es die Ruhe ist, die es uns ermöglicht, unsere ursprüngliche Großartigkeit zur Entfaltung zu bringen.«

Die Unternehmerin nickte. »Wenn ich nicht arbeite, fühle ich mich immer gleich superschuldig. Als würde ich etwas Falsches tun.«

»Selbstfürsorge ist im Kern Selbstliebe«, bemerkte der Milliardär. »Mittlerweile habe ich begriffen, dass eine Balance eine entscheidende Voraussetzung für Weltklasseleistung ist. Tag und Nacht zu arbeiten, hat nicht dazu geführt, dass sich meine Effizienz gesteigert hat. Nur meine Erschöpfung hat zugenommen. Und ich bin launischer geworden. Heute nehme ich mir Zeit, um mich auszuruhen, mich um mich zu kümmern, Mountainbike zu fahren, Bücher zu lesen, die ich schon immer lesen wollte, ein Glas besten Weins zu trinken, wie etwa jenen Pinotage, den ich gestern Abend am Kaminfeuer in meinem Cottage hier im Tal genossen habe. Interessanterweise hat sich meine Kreativität vervielfacht, seitdem ich diese Art von Erholung praktiziere, meine Produktivität hat enorm zugenommen und meine Ergebnisse sind emporgeschnellt. Es ist ganz einfach: *Ich arbeite weniger, habe mehr Spaß und schaffe es dennoch, mehr zu erledigen.*«

Mr Riley griff in seinen blauen Rucksack und zog etwas Weißes heraus, das aussah wie ein Stück von einem Segelschoner. Darauf war eine Abbildung zu sehen, die Albert Einstein in einem Segelboot zeigte. So sah das Bild aus:

Der Industrielle setzte seine Ausführungen fort: »O ja, auch Spaß zu haben ist sehr wichtig, wenn man eine führende Stellung in seinem Bereich erlangen, das eigene Leben auf eine höhere Stufe heben und der Welt Inspirationen geben möchte. Alle berühmten kreativen und produktiven Ikonen der Geschichte hatten eine Gemeinsamkeit, und wissen Sie auch, welche?«

»Sagen Sie es uns bitte«, bat die Unternehmerin, während ihre Armreife klimperten. Ihr neuer Ehering glänzte im Morgenlicht.

Der Milliardär ging schnell in den Handstand. Dann schlug er sich mit der Faust auf die Brust, während er leise folgende Worte vor sich hin sprach:

Dieser Tag ist unbezahlbar. Alles Geld der Welt kann ihn nicht mehr zurückbringen. Und daher nutze ich ihn, genieße ihn und ehre ihn.
An diesem Tag erfülle ich meinen Geist mit kühnen Träumen, sodass kein Platz mehr bleibt für kleinliche Zweifel. Ich ersetze die Haltung des Ich-kann-nicht durch die des Ich-kann. Und ich erinnere mich daran, dass mein stärkstes Wachstum an den gezackten Rändern meiner höchsten Grenzen beginnt.
An diesem Tag erinnere ich mich daran, dass meine Gaben und Fähigkeiten mir niemals zu höchstem Ruhm gereichen werden, solange meine Mission nicht zu meiner Obsession wird. Und solange mein Verlangen, zu dienen, nicht die Unsicherheiten meines Selbst überwindet, werde ich es nicht vermögen, die gewaltige Chance dieser kostbaren Stunden zu nutzen und zu einem Vehikel der Nützlichkeit zu werden.
An diesem Tag erneuere ich meine Entschlossenheit, mich vor falscher Überheblichkeit zu hüten, aufrichtig und demütig zu bleiben – und weiterhin mit beiden Beinen auf diesem geheiligten Grund zu stehen. Sollten Schwarzseher und Übelwollende mich mit Steinen bewerfen, werde ich auf dieses schlechte Verhalten mit Freundlichkeit und Liebe reagieren – auch wenn sie es nicht verdienen. Sollten sich Kritiker über mich lustig machen – wie sie es immer getan haben, seit ich Kind war –, werde ich die Steine, die sie auf mich werfen, in Monumente der

Meisterhaftigkeit verwandeln. Und sollte irgendjemand mich als komisch oder merkwürdig bezeichnen, was häufig geschieht, werde ich darüber lächeln mit dem tief in mir ruhenden Wissen, dass nur Außenseiter, Sonderlinge und Exzentriker die Welt verändern. Anders zu sein ist wirklich cool. Und exzentrisch zu sein ist hip.

Es war eine höchst eigenartige Szene. Stone Riley schlug sich, praktisch auf dem Kopf stehend, mit der Faust auf die Brust, als wolle er sein Herz wieder in Gang bringen, und rezitierte dabei seinen poetischen Text.

»Worte sind schöpferisch«, erklärte er, während er aufstand und tief Luft holte. »Sprechen Sie die Worte des ungezügelten Heldenmuts, und verbreiten Sie diese Lehre. Verwenden Sie die Sprache der Hoffnung, die Formulierungen der Kraft und die Ausdrucksweise der Führungsstärke – und der ungebändigten Liebe. Ich wäge meine Worte sorgsam ab. Jeden Morgen.«

Der Milliardär betrachtete die Reben. »Nun«, fuhr er fort, »alle großen Genies haben gerne gespielt. Ihnen war klar, dass Unterhaltung und Spaß eine sehr wirkungsvolle Art der Erholung sind. Sie alle liebten Freizeitaktivitäten, mit denen sie ihre Batterien wiederaufladen konnten. Einstein segelte gern. Aristoteles und Charles Dickens schworen auf tägliche Spaziergänge. Die berühmte Hollywood-Schauspielerin Meryl Streep strickt. Steve Wozniak spielt Polo. Bill Gates ist ein eifriger Bridge-Spieler, und Sergey Brin stand häufig auf dem Hochtrapez. Sich eine Auszeit von der Arbeit zu nehmen ist alles andere als Zeitverschwendung«, bekräftigte der Tycoon. »Es ist ein Muss. Es schafft Raum, um jene Ideen zu entwickeln und hervorzubringen, die einem zu Wohlstand verhelfen können. Darum geht es im *Doppelzyklus der Spitzenleistungsfähigkeit.*«

»Inzwischen ist mir die Bedeutung der *60/10-Methode* noch wesentlich klarer geworden«, sagte der Künstler. »Das heißt doch wohl auch, dass es in Ordnung ist, sich alle paar Wochen ein paar Tage freizunehmen.«

»Das ist nicht nur in Ordnung, es ist notwendig, um Ihre fünf Assets der Genialität zu schützen, jene Fähigkeiten und Gaben, die es Leuten, die in der ersten Liga spielen, ermöglichen, in ihrem Fach oder ihrer Branche eine langfristige Spitzenstellung zu erreichen. Um es konkreter auszudrücken: *Nehmen Sie sich alle paar Wochen mindestens zwei Tage frei.* Ohne Technik. Als ›Tage ohne technische Geräte‹ bezeichnet es der Redner. Reine Erholung. Und jedes Vierteljahr sollten Sie noch mehr freie Tage einlegen. Seit Jahrzehnten nutze ich die Monate Juni, Juli und August für Urlaub und Erholung. Ich segele, schlafe, lese und schwimme, treffe mich mit Freunden, verbringe viel Zeit mit meiner Tochter und genieße das Leben. Sie beide haben vielleicht nicht die Möglichkeit, so lange Urlaub zu nehmen. Aber ich muss Ihnen sagen, dass ich in dieser Erholungsphase auf die besten Ideen komme, viele neue Erkenntnisse gewinne und optimal an meinen Plänen feilen kann. Danach kehrte ich jedes Mal um ein Vielfaches inspirierter, energiegeladener und voller Tatendrang ins Büro zurück.«

Wieder flatterte ein Schmetterling vorüber. Der Weinberg schien noch weitere wundervolle Überraschungen zu bergen. Obwohl die Sonne nun an ihrem höchsten Punkt stand, kämpfte auch eine dünne Mondsichel um Aufmerksamkeit am weiten afrikanischen Himmel. Es war eine atemberaubende Szenerie.

Die Unternehmerin ergriff die Hand ihres Ehemannes.

»Das ist zauberhaft«, sagte sie.

»Sie haben es erkannt«, sagte Mr Riley, griff nach seinem Rad und begann es über einen verborgenen Seitenweg zu schieben, den er zufällig entdeckt hatte. »Der Himmel auf Erden ist kein mystischer, spiritueller Ort, den es anzustreben gilt. Er ist kein Bereich, der Heiligen, Sehenden und Weisen vorbehalten ist. Ich habe herausgefunden – und ich habe in all den Jahren wirklich ein buntes, intensives Leben geführt –, dass der Himmel auf Erden ein Zustand ist, den sich *jeder* erschaffen kann.«

Der Milliardär gab dieser Lektion über die Abgrenzung zwischen Arbeit und Leben als Voraussetzung für dauerhaft legendäre Leistungsfähigkeit – und für eine sinnerfüllte Existenz – nun eine philosophische Wendung. Denn Erfolg im Beruf oder im Geschäft ohne ein glückliches Herz besitzt keinen Wert.

»Ich fühle mich wirklich gesegnet in meinem Leben«, sagte Stone Riley. »Ich lebe die meiste Zeit im Zauber.«

»Im Zauber?«, fragte der Künstler, zog an zweien seiner Rastalocken und schnürte seine Sportschuhe auf.

»Im Zauber«, bekräftigte der Milliardär, der nun heiter, aber zuversichtlich wirkte, entspannt, aber auch nachdenklich, lustig, aber auch in sich gekehrt. »Ich habe gelernt, dass es der schlimmsten Niederlage gleichkommt, wenn man erfolgreich ist, aber keinen Seelenfrieden hat.«

Die Geschäftsfrau und der Künstler setzten sich nebeneinander auf den Boden.

Der Milliardär fuhr fort: »Während ich stets daran arbeite, meine Unternehmen voranzubringen und meine geschäftlichen Aktivitäten auszuweiten – hauptsächlich, um herauszufinden, wie weit ich gehen kann, und um meine philanthropischen Neigungen zu fördern –, bin ich ebenso entschlossen, den Zauber eines Lebens auszukosten, das auf überaus gelingende Weise gelebt wird. Gewinnen ohne genießen ist nichts wert.«

»Ich bin nicht sicher, ob ich Sie ganz verstanden habe«, sagte die Unternehmerin, während ein Lastwagen mit plaudernden Arbeitern, die ihnen zulächelten, vorüberfuhr.

»Ein herrlicher Morgen«, rief jemand.

»Ich liebe meine Arbeit sehr. Und ich erfreue mich auch sehr an den Häusern, den Gütern und all den Spielzeugen, die ich besitze. Aber ich brauche nichts davon. Ich habe mir all diese Dinge und meinen Ruf als international tätiger Geschäftsmann erworben. Aber ich identifiziere mich nicht damit. Ich bin an nichts davon gebunden. Ich werde älter, und ich liebe die Annehmlichkeiten dieser Welt immer noch sehr – aber ich brauche sie nicht für mein Glück und meinen Seelenfrieden. Ich habe gelernt, all dies als ein großes Spiel zu sehen, als eine Art Sport gewissermaßen.

Ich besitze die Dinge, aber sie besitzen nicht mich«, fuhr der Magnat fort. »Und obgleich ich in der Welt tätig bin, verehre ich auch die Wildnis, nicht nur im übertragenen, sondern im wörtlichen Sinn – wie zum Beispiel die Naturwunder hier in diesem bezaubernden Tal in Franschhoek. Auch das gehört zu meinem Leben im Modell des *Doppelzyklus.* Ich nehme mir Zeit, um das Leben in seiner Gesamtheit zu genießen.«

»Der Zauber«, wiederholte der Milliardär, während die Vögel lauter zu singen schienen und noch mehr Schmetterlinge erschienen, als wollten sie ebenfalls dieser Unterhaltung zuhören.

»Mein Gott, wie schön ist das Leben. Nehmen Sie bewusst wahr, wie großartig es ist und wie unglaublich. Es ist für Sie da – ganz gleich, was Sie gerade durchmachen. Sehen Sie, wir alle haben unsere Zeit nur geliehen. Und das Leben verrinnt so schnell. Sie beide werden alt sein, bevor Sie sich dessen bewusst werden, und vielleicht hundert Enkelkinder haben«, sagte er und kicherte.

»Nun denn«, fuhr Mr Riley fort und senkte seine Stimme zu einem Flüstern. »Utopia, Shangri-La, Nirwana und Himmel auf Erden – das sind nur verschiedene Namen für einen Seinszustand, nicht für einen Ort, den man aufsuchen kann. Sie treten ein in den Zauber des Lebens, und Sie erfahren tägliche Glückseligkeit, wenn Sie die Kraft zurückfordern, die in Ihrem Innersten ruht. Und wenn Sie es nicht versäumen, auch für die kleinsten alltäglichen Freuden dankbar zu sein. Sie werden ein Magnet für den Zauber und die Magie werden, wenn Sie anfangen, gewissermaßen selbst ein Magier zu sein.«

»Jetzt begibt sich der Milliardär aber auf ein mystisches und etwas abwegiges Terrain«, dachte die Unternehmerin.

»Der Himmel auf Erden«, fuhr der Industrielle fort. »Mein

Leben ist ein stetiger Strom von Schönheit, wissen Sie? Und ich habe entdeckt, dass dies wenig damit zu tun hat, dass man viel Geld besitzt. Es hat mehr damit zu tun, Erfüllung zu finden, auch in den kleinsten Dingen. Zum Beispiel in der Art, wie mich gestern Abend das Feuer gewärmt und inspiriert hat. Es hat damit zu tun, dass man viel Zeit in der Natur verbringt, sei es in einem Weinberg wie diesem«, sagte er und deutete mit dem Finger zu den umliegenden Weingütern, »oder bei Spaziergängen im Wald, beim Bergsteigen oder am Meer oder einer Tour durch die Wüste. Es hat damit zu tun, dass man wieder Zugang findet zu der Ehrfurcht, dem Wunder und der Größe, die jedem menschlichen Leben zur Verfügung steht, indem man etwa häufiger Kunstgalerien besucht und die Genialität und die Energie der Schöpfer dieser Kunstwerke auf das eigene Mindset, das Heartset, das Healthset und das Soulset wirken lässt. Es hat damit tun, dass man frische Nahrungsmittel isst, die einfach zubereitet sind, in der Gesellschaft interessanter, echter, nachdenklicher, kreativer und leidenschaftlicher Menschen, unter denen man sich wohlfühlt. Eintreten in den Zauber hat auch viel damit zu tun, dass man sich von der eigenen Vergangenheit verabschiedet, die Gegenwart annimmt und zurückfindet zu dem Ideenreichtum, der Unschuld, dem Überschwang und der Einfühlsamkeit, die man als Kind noch kannte. Erwachsene sind verdorbene Kinder. Der Himmel auf Erden scheint ganz natürlich in Ihrem Herzen auf, wenn Sie die Brillanz und den Mut aufbringen, sich ihm wieder zu öffnen. Wie Sie es getan haben, als Sie noch klein waren.«

»Picasso hat einmal gesagt: ›Ich brauchte vier Jahre, um wie Raphael malen zu können, aber ein ganzes Leben, um wie ein Kind zu malen‹«, warf der Künstler ein. »Auch ich bin der Meinung, dass die Rückkehr zur Unschuld den Zauber in unser Leben zurückbringt.«

Der Milliardär blieb stehen. Er stellte sein Rad ab und bedeutete seinen beiden Schülern mit einem Wink, ihm in einen anderen Teil des Weinbergs zu folgen, vor dem ein schwarzes Schild aufgestellt war, auf dem in hellgelben Buchstaben »Chenin Blanc« stand. Dann ging Stone Riley in die Knie.

Die Geschäftsfrau und der Künstler schauten zu, wie er ein Lernmodell in den mineralreichen Boden zeichnete. Es sah genau so aus:

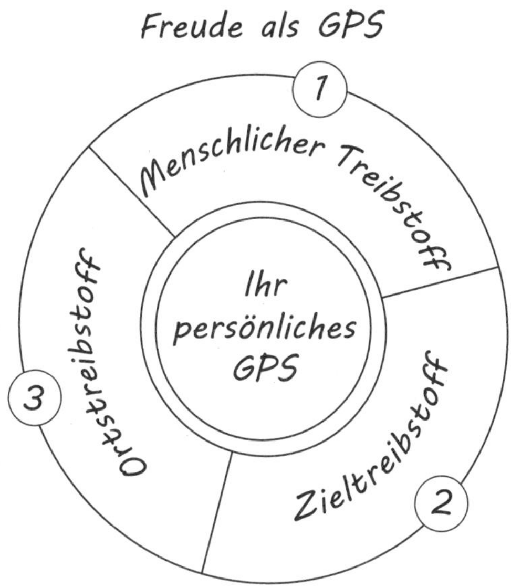

»Der Zauber«, fuhr der Milliardär fort; er flüsterte noch immer, während er aufstand und sich straffte. Seine Augen waren jetzt geschlossen. Seine dichten Haare wehten leicht im Wind. Als er eine Hand auf sein Herz legte, flogen abermals Tauben vorüber.

»Ich liebe diese frische Brise. Man weiß das alles erst zu schätzen, wenn man es nicht mehr hat. Wie ich schon sagte, das Leben ist wirklich voller Magie. Sie liegt unmittelbar vor Ihnen. Für jedermann verfügbar. Wir alle können in gewisser Weise zu Magiern werden. Doch um diese höhere Wirklichkeit zu erfahren, von der ich spreche – und sie auch tatsächlich zu finden –, dazu muss man sich immer wieder aus der Welt zurückziehen. Nehmen Sie teil an der Gesellschaft, und werden Sie erfolgreich in dem Spiel, das sie Ihnen anbietet, aber koppeln Sie sich auch öfter zeitweise von ihr ab, damit Sie nicht völlig von ihr vereinnahmt werden. Denn das Spiel, das die große Mehrheit spielt, ist lediglich eine Illusion – eine Art Wachtraum –, sodass zu viele rechtschaffene Menschen ihre besten Tage opfern, indem sie dem Geld mehr Bedeutung beimessen als dem Sinn des Lebens, den Gewinn über die Menschen stellen, Beliebtheit für wichtiger erachten als Integrität, geschäftig sein ihnen mehr bedeutet als Familie und Leistung für sie mehr zählt als die grundlegenden Wunder des Hier und Jetzt.«

Der Milliardär hielt die Augen geschlossen. Dann streckte er beide Hände zum Himmel, wie er es häufiger tat.

»Sie treten ein in den Zauber, indem Sie Ihre Freude als GPS nutzen«, verkündete der Milliardär und deutete auf das Diagramm, das er auf den Boden gezeichnet hatte.

»Vertrauen Sie auf das, was Sie glücklich macht, um ein stets wachsendes Maß an Freude zu erleben. Ihr Herz weiß, was Sie zu tun haben. Es ist um vieles klüger als Ihr Kopf. Der Instinkt weiß viel mehr als der Intellekt, und die Intuition ist schlauer als die Vernunft. Unsere Intelligenz besteht aus dem, was unsere Umwelt uns beigebracht hat. Sie ist begrenzt. Sie ist beschränkt durch die Logik – und all das, was früher geschehen ist. Ihr souveränes Selbst weiß es besser. Es agiert auf der Grundlage der Möglichkeiten, nicht der Praktikabilität. Es ist visionär. Es ist *unbegrenzt.*«

»Ich bin mir nicht sicher, ob ich wirklich verstehe, was Sie meinen«, sagte die Unternehmerin.

»Folgen Sie Ihrer Freude«, fuhr Mr Riley fort. »Umgeben Sie sich nur mit Menschen ab, die Ihre Freude stärken. Beschäftigen Sie sich nur mit Aktivitäten, die Ihr Glücklichsein fördern. Halten Sie sich nur an Orten auf, an denen Sie sich zutiefst lebendig fühlen. Ich weiß, es ist schwer, dieses Modell perfekt umzusetzen. Betrachten Sie daher dieses Rahmenkonzept als ein Ideal, das es anzustreben gilt. Und wie alles andere, was ich Sie gelehrt habe, ist es ein Prozess – kein isoliertes Ereignis. Es braucht Zeit. Doch es fängt damit an, dass Sie sich dieses Modells bewusst werden. Und dass Sie zulassen, dass die Freude zu Ihrem GPS wird.«

Der Milliardär schob sein Mountainbike weiter und bedeutete seinen beiden Schülern, ihm zu folgen.

»Ach ja, der Zauber, der im Wesen des Lebens angelegt ist. Lernen Sie, ihn zu lieben. Er erfüllt mich mit mehr Gelassenheit und Ruhe als alle materiellen Dinge, die ich besessen habe. Und das ist das Wichtige, nämlich dass man ein Gleichgewicht herstellt zwischen Erfolg und seelischer Ausgeglichenheit.«

Der Milliardär schlang seine Arme fest um sich und sah aus, als würde er wieder Schmerzen haben.

»Ihr Herz ist immer klüger als Ihr Kopf«, wiederholte er leise. »Es weiß, was Sie tun und wohin Sie gehen müssen. Vertrauen Sie ihm. Dann werden Sie hineinfinden in den Zauber.«

Der Milliardär gab ein kleines Signal, und sofort tauchte hinter einer Vogelscheuche ein Assistent auf, der auf seinen Arbeitgeber zulief. Er übergab dem Milliardär einen silbernen Spaten, gefolgt von einer kurzen Umarmung.

Der Magnat begann mit Begeisterung zu graben. Bald hörte man, wie der Spaten auf Metall stieß. Mr Riley kniete sich auf den Boden und wischte Erdkrümel von einer Stahlkiste, die in der Erde vergraben gewesen war. Dabei begann er zu jodeln wie schweizerische oder österreichische Volkssänger. Dem Industriellen beim Graben zuzuschauen war höchst eindrucksvoll. Und erst recht, ihn jodeln zu hören.

Die Unternehmerin und der Künstler waren fasziniert.

Dann wurde die Kiste mit größter Sorgfalt geöffnet. Darin kamen elf Talismane zum Vorschein, die jeweils an einen Brief gebunden waren. In diesem Augenblick erzeugten die Sonnenstrahlen, die sich über dem Kopf des Milliardärs brachen, abermals den Effekt eines Glorienscheins.

»Ich bin Teil von allem, was ist«, sagte der Milliardär leise vor sich hin. »Die große Kraft des Universums ist in mir. Alles, was ich ersehne, mit festem Glauben, positiver Einstellung, froher Erwartung und zielgerichteter Überzeugung, ist auf dem Weg zu mir. Und wenn das, was ich mir wünsche, nicht erscheinen sollte, liegt es schlicht daran, dass etwas noch Besseres unterwegs ist. Ich weiß, dass diese Überzeugung wahr ist. Alle Zauberer wissen, dass sie wahr ist.«

Die Geschäftsfrau und der Maler schauten sich mit großen Augen an.

»Was tun Sie da?«, fragte der Künstler.

»Ich setze eine meiner Beschwörungsformeln ein«, antwortete der Milliardär. Er gab abermals einen Jodler von sich, dann sagte er: »Sie können keinen Zauber in Ihrem Leben hervorbringen, wenn Sie nicht die erhabenen Künste eines wahren Zauberers erlernen.«

Plötzlich begann sich die Kiste zu erheben und schwebte für einen Augenblick über dem Boden. Die Unternehmerin und der Künstler verfolgten das Schauspiel mit weit offenem Mund.

Der Künstler zeigte sich etwas verunsichert. »Das sind optische Illusionen, die Ihnen jemand beigebracht hat, nicht wahr?«

»Vielleicht ja, vielleicht nein.« Mr Rileys Antwort steigerte nur das Mysterium.

»Jeder dieser Talismane wird Ihnen dabei helfen, sich an jeweils eine der elf Maximen zu erinnern, die ich in den vergangenen zehn Jahren beherzigt habe, um mein Vermögen zu mehren und ein wundervolles Leben zu führen. Wie ich schon sagte, erzeugen meine Tage einen stetigen Strom von Schönheit, ehrfürchtigem Staunen und unablässigem Zauber. Der Himmel auf Erden«, wiederholte der Milliardär. »Und ich möchte, dass Sie beide auch so leben können. Das Wunderbare ist, dass jeder sich eine solche Existenz erschaffen kann. Aber nur sehr wenige Menschen wissen, wie sie dies bewerkstelligen können.«

»Und jeder der beigefügten Briefe wird eines der Kernthemen behandeln, die ich Ihnen im Laufe dieses einzigartigen Abenteuers nahegebracht habe, als eine Art Zusammenfassung, während wir uns dem Ende unserer Unternehmung nähern«, setzte der Mogul hinzu.

Der erste Talisman war ein kleiner Spiegel. In dem angehefteten Brief stand:

Die Milliardärs-Maxime #1

Um Zauber in der Welt hervorzubringen, muss man den Zauber in sich selbst tragen

Schauen Sie in den Spiegel. Ihre Beziehung zu sich selbst zeigt Ihnen, wie Ihre Beziehung zur Welt ist. Erinnern Sie sich daran, dass Sie ein urwüchsiges Verlangen nach Stille und Abgeschiedenheit haben – und dass sich in diesem Zustand des Friedens Selbsterkenntnis und Selbstgefühl herausbilden. Der französische Mathematiker Blaise Pascal hat geschrieben: »Das ganze Unglück der Menschen rührt allein daher, dass sie nicht ruhig in einem Zimmer zu bleiben vermögen.« Befreien Sie sich von Ihrem Verlangen nach Komplexität, und tauchen Sie ein in die Stille, die nur der frühe Morgen Ihnen bieten kann, damit Sie sich selbst wieder besser kennenlernen. Denn eine Flucht vor dem Alleinsein ist in Wirklichkeit eine Flucht vor der Freiheit.

Um ein Magier des Alltags zu werden, sodass Ihr Leben von Leidenschaft, von Fülle und Frieden erfüllt wird, müssen Sie lernen, Ruhe und Stille wieder besser auszuhalten. Damit Sie das Flüstern des großen Genies hören können, das in Ihnen schlummert. In der Ruhe werden Sie daran erinnert, wer Sie wirklich sind. Sie finden wieder Zugang zu Ihrem höchsten

Selbst, das überfließt mit Kreativität, Kraft, Unbezwinglichkeit und einer bedingungslosen Liebe. In diesem Schutzraum der Stille erhalten Sie zudem etwas, das in der heutigen Zeit sehr selten ist: Zeit, Sie selbst sein zu können. Und je intensiver Sie dies praktizieren, umso klarer werden Sie erkennen, wie das Leben wirklich funktioniert. Sie werden auch zu unterscheiden beginnen zwischen jenen Ihrer Überzeugungen, die lediglich kulturelle Zwänge widerspiegeln, und jenen, die tatsächliche Wahrheiten darstellen. Und zwischen der vertrauenswürdigen Stimme Ihrer Intuition und den verführerischen Verkündungen Ihrer Ängste. In der Stille werden Sie zudem jene grundlegenden Erkenntnisse gewinnen, die Ihren gesamten Tätigkeitsbereich transformieren werden. Ich weiß, es mag eigenartig klingen, aber in der Stille und der Ruhe werden Sie eintauchen in die alternative Realität, in der Visionäre wie Nikola Tesla, Albert Einstein, Grace Hopper, Thomas Edison, John D. Rockefeller, Marie Curie, Andrew Carnegie, Katharine Graham, Sam Walton, Rosalind Franklin, Steve Jobs und zahlreiche andere Berühmtheiten viel Zeit verbracht haben. Warum, glauben Sie, haben legendäre Wissenschaftler, Erfinder, Unternehmer und Künstler so großen Wert auf das Alleinsein gelegt? Ich habe Ihnen bereits gezeigt, dass ausgedehnte Phasen der Kontemplation in der Stille eines der Geheimnisse für geistige Weiterentwicklung sind. Warum sollten Sie nicht die Beziehung zu Ihrem großartigsten Selbst stärken, sich Ihrer Genialität voll gewahr werden und eine lebenslange Romanze mit Ihrer erhabensten Natur beginnen?

Der zweite Talisman hatte die Form einer Blume. Der Milliardär sog ihren Duft ein. Dann lächelte er und reichte seinen beiden Schülern den beigefügten Brief. Darin hieß es:

Die Welt hat Sie verhärtet. Als Kind hat Sie Ihr Instinkt noch gelehrt, das Wunderbare in einer Schneeflocke zu erkennen, das Glück im Spinnennetz zu entdecken und die Herrlichkeit fallender Blätter an einem farbenprächtigen Herbstmorgen wahrzunehmen. Es ging nicht darum, Dinge zu erwerben. Es ging darum, das Leben zu erkunden. Die Linse, durch die man auf das Leben blickt, auszutauschen und jene, die das Gewöhnliche zeigt, zu ersetzen durch eine andere, die das Außergewöhnliche sichtbar macht, um Ihre Fähigkeit, Wunder zu erschaffen, zu vervielfachen. Und jene verlorene Reinheit wieder zu erfahren, die Sie noch in Ihrer Jugend kannten, bevor eine kaputte Gesellschaft Ihnen beigebracht hat, Gegenstände und Geld höher zu bewerten als Freude und Entzücken. Lachen Sie öfter, tanzen Sie regelmäßig und spielen Sie häufiger. Darum bitte ich Sie.

»Die Zukunft birgt das Versprechen des Geheimnisvollen und des Guten. Alles kann über Nacht geschehen«, sagte die Mystikerin Florence Scovel Shinn. Seien Sie aufgeschlossener für die Wunder, die Sie tagtäglich umgeben: eine sanfte Brise, Eichhörnchen, die im Park umhertollen, Musik, die so wunderschön ist, dass Sie weinen müssen. Und Sie werden anfangen, königlich zu leben und Ihre Urkräfte zu stärken, um Ihre Morgen mit noch mehr Zauber zu erfüllen. Opfern Sie niemals Ihr Wohlergehen und Ihre Lebensqualität zugunsten eines höheren Einkommens und eines größeren Vermögens. Die bestimmenden Faktoren eines wundervollen Leben sind seit Jahrhunderten unverändert: das Gefühl, dass man Wachstum erfährt und das menschliche Potenzial nutzen kann; gewissenhafte Arbeit, in der die eigene Produktivität zur Geltung kommt und die nützlich ist für die Menschheit; tiefe Bindungen zu positiv gestimmten Menschen, die das eigene Wohlgefühl erhöhen; und Zeit dafür, etwas zu tun, was den Geist fördert, während man mit dankbarem Herzen seinen täglichen Verpflichtungen nachkommt.

Ja, in Rom habe ich mein Tagebuch abgeleckt. Das ist eines jener Rituale, die mir helfen, meine Lebendigkeit zu spüren, indem sie meine Wertschätzung für all die Segnungen steigern, die mir zuteilgeworden sind. Je intensiver ich alles in meinem Leben wertschätze, umso mehr steigt der Wert von allem, was mein Leben ausmacht.

Werden Sie also ein Sammler von großartigen Erfahrungen anstatt von materiellen Dingen. Vereinfachen Sie Ihr Leben, und kehren Sie zurück zu den elementaren Freuden, die in unmittelbarer Nähe zu finden sind. Dadurch können Sie jene Kräfte überwinden, die Ihre Energie unterdrückt haben, und die Scharade der Oberflächlichkeit niederreißen, in der so viele rechtschaffene Menschen gefangen sind. Auf diesem Weg werden Sie erfahren, wie wundervoll und grandios Ihr Leben tatsächlich ist.

Und denken Sie bitte immer daran, dass Ihre Vergangenheit ein Diener ist, der Sie zu dem gemacht hat, der Sie heute sind – kein Begleiter, mit dem Sie in der Gegenwart allzu viel Zeit verbringen sollten, und auch kein Freund, der Sie in Ihre makellose Zukunft führen wird. Es ist unmöglich, jeden neuen Morgen in diesen Zauber einzutreten, wenn man an alten Enttäuschungen festhält, an alten Verstimmungen und alten Verletzungen. Das wissen Sie mittlerweile sehr gut.

Unbeschwertheit des Seins und alter, überkommener Schmerz vertragen sich nicht miteinander. Ermöglichen Sie es sich also durch stetiges und unermüdliches Training, vollständig in diesen Augenblick einzutauchen. Ja, das erfordert Übung und Ausdauer. Doch diesen Augenblick zu erleben, das ist ein entscheidender Schritt zu einem überwältigenden Leben. Diese Zeit ist alles, was Sie haben. Und sie ist mehr wert als alles Geld auf der Welt. Eines Tages werden Sie dies erkennen.

Der dritte Talisman war ein Symbol für eine Tür.

»Jedes Ende markiert einen neuen Anfang. Alles, was wir erleben, geschieht aus einem nützlichen Grund. Und wenn sich eine Tür schließt, wird sich immer eine andere für Sie öffnen«, erklärte der Milliardär. »Vertrauen Sie stets darauf, dass das Leben es gut mit Ihnen meint – auch wenn einiges, was geschieht, keinen Sinn zu ergeben scheint.«

In dem angehefteten Brief war zu lesen:

Die Milliardärs-Maxime #3

Scheitern fördert Furchtlosigkeit

»Es ist unmöglich, im Leben nicht auch einmal an irgendeiner Sache zu scheitern, es sei denn, man lebt so vorsichtig und zurückhaltend, als hätte man überhaupt nicht gelebt, aber dann scheitert man zwangsläufig«, hat J. K. Rowling einmal gesagt.

Die machtvollen Riesen des Ehrgeizes und der große Koloss der Imagination in Ihnen dürfen sich niemals ablenken lassen von den winzigen Feiglingen des »Was werden die Leute denken?« oder des »Was ist, wenn ich abgelehnt werde?« oder des »Vielleicht mache ich mich bei dem Versuch lächerlich«.

Sie können sich lähmen lassen von der Angst vor Zurückweisung, oder Sie können einfach hinaustreten und die Welt in Staunen versetzen. Aber Sie können nicht beides tun.

Die Wirklichkeit des Lebens besteht darin, dass Sie eine überragende Bestimmung haben, die Ihre Aufmerksamkeit verlangt in dieser Zeit erdrückender Komplexität. Hören Sie auf, Ihre Großartigkeit zu missachten, Ihre Herrlichkeit zu deformieren und Ihre Ausstrahlung zu verleugnen, indem Sie etwas, das sich nicht wie von Ihnen erwartet entwickelt hat, als Fehlschlag einstufen. Wir alle wissen, dass in jedem scheinbaren Rückschlag eine herausragende Chance liegt, noch wesentlich größeren Erfolg zu haben.

Und fangen Sie an, in Ihrem Leben öfter »Ja« zu sagen.

Mut ist eine ausgezeichnete Waffe, um die Armeen des Bereuens zu besiegen, die ein zaghaft gelebtes Leben zerreißen.

Ein hölzerner Pinsel in Fingergröße war der nächste Talisman, den Mr Riley behutsam aus der Metallkiste nahm.

»Dies soll die Vorstellung stärken, dass Sie ein machtvoller Schöpfer Ihres Lebens sind. Und ein bedeutender Künstler gemäß Ihren Ambitionen. Dass produktive, erfolgreiche, fitte und optimistische Menschen ihren Wohlstand und ihr Wohlergehen durch Glück erworben hätten, ist eine Lüge. Ich habe viel Zeit aufgewendet, um Ihnen diesen Punkt nahezubringen. Dass diese Menschen ihre Imperien des Geldes, der Vitalität und des Einflusses auf die Gesellschaft aufbauen konnten, weil die Sterne in der richtigen Konstellation standen, um ihren Erfolg zu ermöglichen, ist ein reiner Mythos. Hier, sehen Sie sich das an«, sagte der Mentor und reichte seinen beiden Schülern den nächsten Brief.

Die Milliardärs-Maxime #4

Der richtige Gebrauch deiner Urkraft erschafft dein persönliches Utopia

Viele Menschen verbringen ihre besten Stunden hinter einer Fassade der Zufriedenheit. Damit meine ich, sie glauben und behaupten, sie wären glücklich, in Wirklichkeit aber fühlen sie sich elend. Sie erkennen, dass sie ihre Träume verraten haben, dass sie ihre menschlichen Reichtümer gering geschätzt haben und dass sie die Wirkungsmöglichkeiten beschränkt haben, die sie auf dem Planeten hätten haben können, indem sie sich mit dem Erreichten zufriedengaben, anstatt sich weiterzuentwickeln. Ja, man soll in hohem Maße dankbar sein für alles, was man hat. Doch es ist auch zu bedenken, dass sich diese

Menschen durch die Geringschätzung und absolute Vernachlässigung der ihnen innewohnenden Kraft in eine Sackgasse begeben haben. Dies hat dazu geführt, dass ihr Gefühl für persönliche Freiheit und jede Hoffnung auf Souveränität über ihre reichen Begabungen verkümmerten.

Um in den Zauber des Lebens einzutreten, müssen Sie sich Ihrer vier kreativen Werkzeuge bewusst werden, die all Ihre Wünsche in sichtbare Ergebnisse umwandeln. Diese vier Instrumente, die es Ihnen ermöglichen, Wunderwerke in der Welt zu vollbringen, sind Ihre Gedanken, Ihre Gefühle, Ihre Worte und Ihre Taten. Trainieren Sie Ihren Geist, damit Sie nur noch Gedanken hegen, die Ihren Aufstieg zu Meisterhaftigkeit und Glück unterstützen. Kultivieren Sie regelmäßig Gefühle der Dankbarkeit, der positiven Erwartung und der Liebe zu allem, was Sie in Ihrem Leben haben. Sprechen Sie nur noch Worte der Erbauung, der Fülle und der Ermutigung, so, wie ich es getan habe, als ich Handstand gemacht habe. Und achten Sie bei all Ihrem Tun darauf, ob es sich im Einklang befindet mit Ihrem inneren Helden.

Betrachtet man Menschen, die ihr Potenzial unter den Scheffel stellen, begreift man unwillkürlich, warum sich diese Menschen in einer schwierigen, für sie unbefriedigenden Lage befinden. Sie richten ihr Denken auf den Mangel statt auf die Fülle. Sie missachten die Kraft des Wortes, indem sie ständig von »Problemen« sprechen; indem sie ihre Lebensumstände als »schrecklich« beschreiben; und indem sie Belohnungen wie großen Erfolg, finanziellen Wohlstand, Zufriedenheit und leidenschaftliches Engagement für andere als »unmöglich« bezeichnen. Sie begreifen nicht, dass sie sich durch ihr Sprechen und Denken von ihrer Fähigkeit abtrennen, Zauberhaftigkeit zu erschaffen. Worte sind kreative Vervielfältiger. Das tägliche Verhalten solcher Menschen, die nur zu begrenzter Leistungsfähigkeit imstande sind, zeichnet sich dadurch aus, dass sie nicht hart arbeiten, nur möglichst wenig tun, sich zugleich aber ein wundervolles Leben erhoffen und glauben, niemand würde bemerken, wie sie sich gegen ihre Menschlichkeit vergehen. Doch der ihnen innewohnende höchste Magier – ihr Gewissen und ihr Unterbewusstes – beobachtet alles. Und wird Zeuge dieses Diebstahls des Besten, über das sie verfügen.

—

Der nächste Gegenstand war ein *Nazar,* ein augenähnliches Amulett, das in einigen Kulturen dazu verwendet wird, böse Menschen zu bannen. Vielleicht haben Sie es schon einmal auf einer Reise gesehen.

»Ich glaube allerdings nicht, dass jemand wirklich böse ist«, sagte der Milliardär zu seinen Schülern. »Na gut, vielleicht gibt es wirklich ein paar böse Menschen. Aber je älter ich werde, umso klarer erkenne ich, dass die meisten von uns im Laufe ihres Lebens irgendeine traumatisierende Erfahrung gemacht haben. Wie ich schon einmal dargestellt habe, fügen nur Menschen, die selbst Schmerz empfinden, anderen Menschen Schmerzen oder Verletzungen zu. Menschen, die leiden, erzeugen auch bei anderen Leiden. Und Menschen, deren Verhalten andere verwirrt, sind meistens auch selbst sehr verwirrt. Sie verletzen einfach nur andere. Ihnen ist etwas widerfahren, das dafür sorgt, dass sie sich bedroht fühlen. Die Herzensgüte in ihrem Wesenskern ist zusammengeschrumpft und hat sich verschlossen. Sie als widerwärtige Menschen zu bezeichnen ist eine sehr oberflächliche Beurteilung. Die Ursachen liegen wesentlich tiefer, als es diese flüchtige Wahrnehmung nahelegt. Wenn Sie Ihre maximale Produktivität, Ihre Top-Leistungsfähigkeit und grenzenlose Freude und inneren Frieden erlangen wollen, sollten Sie sich von solchen ›bösen Menschen‹ fernhalten, die so sehr von Verletzungen aus der Vergangenheit in Beschlag genommen werden, dass sie nicht über das Bewusstsein verfügen, dass sie diese nicht auf Sie projizieren dürfen. Auf einer Geschäftsreise nach Barbados hat mir ein cleverer Taxifahrer einmal den weisen Ratschlag gegeben: ›Meiden Sie schlechte Menschen.‹«

An das Auge war folgender Brief angeheftet:

Die Milliardärs-Maxime #5

Meide schlechte Menschen

Unterschätzen Sie niemals die Kraft Ihrer Assoziationen. Durch das Phänomen der »emotionalen Ansteckung« wie auch durch die Aktivierung der Spiegelneuronen in unserem Gehirn modellieren wir das Verhalten der Menschen, mit denen wir unsere Zeit verbringen. Bereichern Sie Ihr Leben mit herausragenden, unternehmungslustigen, gesunden, positiv denkenden, verantwortungsbewussten und wahrhaft liebevollen Menschen. Und im Laufe der Zeit werden auch Sie selbst diese wunderbaren Eigenschaften und Wesenszüge verkörpern. Verwehren Sie Leuten, die Ihnen Ihre Träume, Ihre Energie und Ihren Enthusiasmus rauben, den Zugang zu Ihrer dichten Blase vollkommener Fokussierung, und seien Sie sich bewusst, dass Sie sonst genauso wie sie werden.

Es geht darum, Leute zu meiden, die für Unruhe und Schwierigkeiten sorgen. Menschen, die in einem Umfeld aufgewachsen sind, das von Dramen und endlosen Problemen bestimmt wurde, werden bewusst und unterbewusst immer wieder solche Dramen und Probleme erzeugen oder heraufbeschwören, weil ihnen solche Bedingungen, so erstaunlich es erscheinen mag, vertraut sind und sie sich dabei sicher und wohl fühlen. Halten Sie sich von hysterischen und negativ gepolten Menschen fern. Sonst werden diese Menschen über kurz oder lang Ihre Großartigkeit auflösen und Ihr Leben zerstören.

Pflegen Sie, so weit wie möglich, ein friedvolles Verhältnis zu jedermann. Schon ein einziger Feind ist ein Feind zu viel. Bewegen Sie sich würdig und elegant durch das Leben, und halten Sie sich an die bewährten Mechanismen, wenn Konflik te auftauchen. Sollte Ihnen jemand ein Leid zufügen, überlassen Sie es dem Karma, die Schmutzarbeit zu erledigen. Ihr Weltklasseleben taugt besser als Rache.

—

An den sechsten Brief in der Metallkiste war ein Geldschein mit einem hohen Nennbetrag geheftet. Er war zu einem Dreieck gefaltet, und seine Herkunft war der Unternehmerin wie dem Künstler gleichermaßen unbekannt. Dieser Brief war länger als die übrigen. Sein Inhalt lautete:

Die Milliardärs-Maxime #6

Geld ist die Frucht der Großzügigkeit, nicht des Mangels

Lassen Sie sich nicht in die Irre leiten durch die vorherrschende Philosophie auf der Welt. Armut ist die Folge einer inneren Verfasstheit, nicht einer äußeren Situation. Würden Sie das Gegenteil glauben, würden Sie auf Ihre Fähigkeit verzichten, in all jenen Dingen, über die Sie klagen, den Zauber des Wohlergehens hervorzubringen.

Geld ist eine Währung, die fließen muss wie der elektrische Strom. Ja, Bargeld ist ein Strom. Es muss zirkulieren. Es zu horten, unterbindet seinen Zufluss in Ihr Unternehmen und in Ihr Privatleben. Alle wahren Magier sind sich dessen bewusst. Geben Sie also mehr, um auch mehr zu erhalten. Geben Sie der Bedienung im Restaurant, dem Zimmermädchen im Hotel und dem Taxifahrer ein großzügiges Trinkgeld. Spenden Sie an Wohltätigkeitseinrichtungen. Tun Sie schöne Dinge für Ihre Familie und Ihre Freunde, ohne einen Gedanken daran zu verschwenden, was Sie zurückbekommen werden. Ein Tsunami der Fülle wird über Sie hereinbrechen.

Sie mögen sich fragen, warum so viele Menschen in kärglichen Verhältnissen leben. Dieser Zustand ist den Narben geschuldet, die das Geld bei uns hinterlassen hat. Dies sind die

Programme, die tief in unserem Unterbewussten verankert sind und dort, ohne dass wir es bemerkten, durch die Botschaften unserer Eltern und die Lehren anderer machtvoller Beeinflusser in unserer Kindheit eingeschrieben wurden. Ihre allgemeinen Verkündungen, die auf den Unwahrheiten beruhten, die man ihnen selbst früher einprägte, lauten etwa »Sei zufrieden mit dem, was du hast« oder »Reiche Menschen sind unehrlich« oder »Geld wächst nicht auf Bäumen«. Diese Worte legten in uns die dunkle Saat des Mangels in einem Lebensalter, in dem wir noch empfänglich und beeinflussbar waren.

Vier Praktiken haben mir dabei geholfen, mein Vermögen zu erlangen, und diese möchte ich Ihnen vermitteln: positive Erwartungshaltung, aktiver Glaube, unablässig wachsende Dankbarkeit und das Bemühen, anderen stets außerordentlichen Wert zu bieten. Eine positive Erwartungshaltung bedeutet einfach, dass ich stets ein Mindset pflege, in dem ich erwarte, dass mir regelmäßig Geld zufließen wird, und zwar aus höchst unerwarteten Quellen. Aktiver Glaube heißt, sich auf eine Weise zu verhalten, die dem Leben zeigt, dass Sie auf seinen Reichtum und sein Wohlwollen vertrauen. Das Universum schätzt Gesten der Großzügigkeit, wie zum Beispiel, dass man die Bezahlung für ein Essen mit Freunden in einem teuren Restaurant übernimmt, auch wenn man sich dies eigentlich nicht leisten kann. Oder dass man sich die Hilfsmittel oder Werkzeuge kauft, die man für das eigene Geschäft benötigt, auch wenn man gerade wenig Geld zur Verfügung hat. Damit möchte ich keinesfalls sagen, dass Sie sich in hohe Schulden stürzen sollen. Ganz und gar nicht. Überschuldung ist eine höchst destruktive Kraft in unserer heutigen Gesellschaft. Zeigen Sie der Natur einfach nur, dass Sie wissen, dass Wohlstand zu Ihnen kommen wird, und bringen Sie durch Ihr Handeln zum Ausdruck, dass Sie in dem Gefühl leben, genügend zu haben. Unablässig wachsende Dankbarkeit, nun, darüber haben wir im Laufe unserer gemeinsamen Reise viel gesprochen.

Öffnen Sie weiterhin Ihr Herz für alle und jeden in Ihrem Leben. Danken Sie Ihrem Geld, wenn Sie eine Rechnung bezahlen. Danken Sie der Kassiererin im Lebensmittelgeschäft und den Bauern, die Ihre Nahrungsmittel geerntet haben. Danken Sie dem Autofahrer, der Sie im Straßenverkehr einscheren lässt, und den Musikern, die die Songs geschrieben haben, die zum Soundtrack Ihres Lebens wurden. Danken Sie Ihren Beinen dafür, dass sie Sie all die Jahre getragen haben, Ihren Augen dafür, dass Sie es Ihnen ermöglichen, Schönheit zu erleben, und Ihrem Herzen dafür, dass es Ihnen erlaubt, sich lebendig zu fühlen. Und das Liefern von außerordentlichem Wert bedeutet einfach, anderen – Teamkollegen, Kunden, Angehörigen und Fremden – mehr Nutzen zu bieten, als diese jemals von Ihnen verlangen oder erwarten würden. Denn wir ernten, was wir säen.

Ihr Bewusstsein, dass Sie im Wohlstand leben, zu entwickeln, zu hegen und abzusichern, wird zu einer exorbitanten Mehrung Ihres Einkommens und Ihres Vermögens führen. Verstehen Sie diese Maxime also richtig. Die Bekümmernis in unserer Kultur rührt zum großen Teil daher, dass viele Menschen nicht genügend Geld haben. Das muss nicht so sein.

»Was kommt als Nächstes?«, fragte der Künstler, zupfte eine dicke Traube von einer Weinrebe und schluckte sie als Ganzes.

Der Milliardär zog einen Mini-Laufschuh aus der Kiste und sagte: »Auch körperliches Training ist in gewisser Weise ein magischer Zauber. Lesen Sie den beigefügten Brief, den ich für Sie beide geschrieben habe.«

In dem Brief stand:

Die Milliardärs-Maxime #7

Optimale Gesundheit maximiert deine Fähigkeit, Zauber hervorzubringen

Wenn man jeden Tag am Morgen als Erstes ein körperliches Training absolviert, hat man schon die Aufgabe aus dem Weg geschafft, sich um die eigene Gesundheit zu kümmern. Diese höchst wichtige Aktivität ist bereits erledigt, sodass Ihre geistigen Fähigkeiten, Ihre Energie, Ihre Physis und Ihre seelischen Kräfte zusammenwirken können, um im Laufe des Tages Wunder hervorzubringen.

Wenn Sie dauerhaft jeden Morgen trainieren, werden Sie überrascht feststellen, wie schlecht Sie sich fühlen, wenn Sie das Training einmal einen Tag ausfallen lassen. Sie werden erkennen, dass dies Ihre übliche Befindlichkeit war in der Zeit, bevor Sie sich diese Praxis angeeignet haben. Sie waren sich dessen nur nicht bewusst, denn Niedergeschlagenheit war Ihr gewöhnlicher Daseinszustand.

Vollkommene Gesundheit ist wahrer Reichtum. Wer seine Gesundheit verliert, wird den Rest seines Lebens versuchen, sie zurückzuerlangen. Ungewöhnliche Vitalität ist zudem eine wunderbare Methode, um Ihr Wohlergehen zu steigern. Wenn Sie eine Fitness erlangen wie noch nie in Ihrem Leben, Ihre Ernährung auf ein meisterhaftes Niveau umstellen, Ihre Schlafroutine optimieren und den Alterungsprozess bremsen können, werden Sie eine enorme Verbesserung Ihrer Fähigkeit feststellen, Ihre Beziehung zu Ihrem souveränen Selbst zu intensivieren. Dadurch werden Sie Ihre Genialität, Ihre Einzigartigkeit und Ihr Mitgefühl in der Welt besser zur Geltung bringen können. Dies wird Ihnen im Gegenzug großen finanziellen Erfolg bescheren. Wichtiger noch, Sie werden in eine Position gelangen, die es Ihnen ermöglicht, Ihren Beitrag noch weiter zu steigern. Und nichts ist so bezaubernd wie das Nützlichsein. Jeder Magier kennt diese Weisheit.

Das achte Symbol war eine kleine Bergsteigerfigur.

»Hören Sie niemals auf, die Qualität Ihres Morgentrainings durch die Vortrefflichkeit Ihres Lebens zu steigern«, erklärte der Milliardär. Dann gab er abermals einen lauten Jodler von sich. Die Arbeiter im Weinberg schauten herüber und lachten laut. Mr Riley winkte und kicherte. Dann fuhr er mit seinem Vortrag fort.

»Wer in der ersten Liga spielt, verfolgt stets das Ziel, noch besser zu werden. Wenn Sie einen hohen Berg besteigen, können Sie die nächsten Gipfel sehen, die es zu erklimmen gilt. Das ist eine sehr grundlegende Metapher für Sie beide.«

Er pustete etwas Schmutz von dem Brief, der zu diesem Talisman gehörte, und hielt ihn seinen Schülern entgegen. Der Text lautete:

Die Milliardärs-Maxime #8

Steigere stetig die Standards deines Lebens bis zu absoluter Weltklasse

Hedonische Anpassung beschreibt die psychologischen Umstände, unter denen sich Menschen an Veränderungen der Umwelt und der Lebensbedingungen anpassen. Sie erhalten die seit Jahren ersehnte Gehaltserhöhung und sind dann einen Tag überglücklich. Aber dann wird dieses neue Gehaltsniveau zu Ihrer neuen Normalität. Die Freude, die Sie empfinden, schwindet. Oder Sie ziehen in eine laute Wohnung in der Nähe eines Bahngleises, doch mit der Zeit hören Sie die Züge gar nicht mehr. Oder das Traumauto, das Sie gerade erworben haben, weckt Ihre Begeisterung, aber nach ein paar Wochen wird es zu einem gewöhnlichen Bestandteil der Szenerie. Dies sind praktische Beispiele für hedonische Anpassung. Und dieses Phänomen entwickelt sich im Laufe des Lebens bei allen von uns.

Ein Gegenmittel gegen diese menschliche Verhaltensweise besteht darin, ständig die eigenen persönlichen Standards und Ansprüche höherzustecken und die Qualität des eigenen Lebens zu verbessern. Bemühen Sie sich, jedes Vierteljahr zu einem besseren als das vergangene Vierteljahr zu machen und jedes Jahr zu einem besseren als das vorhergehende. Diese Maxime leitet das Verhalten von Titanen und Legenden.

Damit verbunden ist eine Philosophie, die auch mir viel geholfen hat: Führen Sie Ihr Leben auf Weltklasseniveau. Das Leben ist zu kurz, um sich nicht selbst mit größtmöglicher Aufmerksamkeit und Achtung zu behandeln. Und wenn Sie sich besser um sich selbst kümmern, wird sich auch Ihr Verhältnis zu anderen Menschen, zu Ihrer Arbeit, zu Geld und zur Welt entsprechend verbessern, denn Ihr Verhältnis zu allem außerhalb von Ihnen ist zwangsläufig eine Demonstration Ihres Verhältnisses zu allem in Ihrem Inneren. So ist es schlicht und ergreifend.

Besorgen Sie sich die besten Bücher, die Sie bekommen können, und Sie werden dafür um ein Vielfaches entlohnt werden. Essen Sie in einem Nobelrestaurant die vorzüglichsten Speisen, auch wenn Sie sich eigentlich nur einen exquisiten Starter-Salat leisten können. Gehen Sie zum Kaffeetrinken in das teuerste Hotel in Ihrer Stadt. Wenn es in Ihrem Wohnort eine Profi-Sportmannschaft gibt, die Sie lieben, sitzen Sie einmal bei einem Spiel oder einem Auftritt dieser Mannschaft ganz vorn, statt sich für mehrere Saisons mit einem billigen Platz zu begnügen. Fahren Sie das bestmögliche Auto. Hören Sie sich täglich wundervolle, aufbauende Musik an. Besuchen Sie Kunstgalerien, wie ich es Ihnen schon empfohlen habe, damit die Kreativität und das Bewusstsein der Maler auf Ihre Seele abfärben. Und umgeben Sie sich mit Blumen – sie verbessern Ihre Fähigkeit, das alternative Universum zu sehen, in das zahlreiche Visionäre eintauchen. Warum, glauben Sie, haben sich so viele große Heilige, Seher, Heiler und Weisen Blumen in ihrer Umgebung gehalten? Sie werden angenehm erstaunt sein darüber, wie sehr dies Ihre Kraft fördert, alles zu erschaffen, was Sie sich ersehnen.

Talisman Nummer neun war ein Herz. In dem beigefügten Brief stand:

Die Milliardärs-Maxime #9

Tiefe Liebe bringt unbezwingliche Freude hervor

Zeigen Sie den Menschen bei jeder sich bietenden Gelegenheit Ihre Liebe. Ein Zitat, das William Penn zugeschrieben wird, hat mich den größten Teil meines Lebens geleitet und mir auf wunderbare Weise geholfen. Es lautet: »Ich gehe davon aus, dass ich nur ein einziges Leben habe. Wenn ich also Mitmenschen gegenüber Freundlichkeit zeigen oder ihnen in irgendeiner Weise Gutes tun kann, dann will ich das jetzt tun und es nicht hinausschieben oder unterlassen, weil ich dazu wahrscheinlich keine weitere Gelegenheit erhalte.«

Sagen Sie den Menschen, wie stolz Sie auf sie sind und wie sehr Sie sie lieben, solange Sie – und die anderen Menschen – leben. Ich habe einmal einen Mann kennengelernt, der mir erzählte, er empfinde unbändige Freude, wenn er einen lebenden Menschen sehe. »Warum?«, fragte ich ihn. »Weil ich in meinem Leben schon so viele tote Menschen gesehen habe, dass es ein besonderes Geschenk ist, jemanden zu treffen, der lebt«, antwortete er.

Keiner von uns weiß, wann sein Leben zu Ende gehen wird. Warum sollte man also das Wertvollste zurückhalten: die Fähigkeit des Menschen zu tief empfundener Liebe?

Zu Ihrer Aufgabe als lebendiger Mensch gehört es auch, anderen dabei zu helfen, eine bessere Einstellung zu sich selbst zu bekommen. Und andere zum Lächeln zu bringen. Es wird Sie verblüffen, wie wenig es braucht, um jemanden glücklich zu machen. Schreiben Sie altmodische Liebesbriefe an Menschen, die Ihnen etwas bedeuten, schicken Sie Dankesschreiben an Leute, die Ihnen geholfen haben. Bringen Sie zum Ausdruck, wie sehr Sie sich freuen, wenn Sie nicht durch die teuflische Angst vor Zurückweisung eingeschränkt werden. Und seien Sie stets mehr interessiert an anderen Menschen als daran, selbst als interessante Person zu erscheinen. Jeder Mensch, dem Sie begegnen, hat eine Lektion zu vermitteln, eine Geschichte zu erzählen und einen Traum im Herzen, der sich danach sehnt, von Ihnen Unterstützung zu erfahren.

Unser bestes Selbst wird gefesselt durch die liebevollen Worte, die wir nicht aussprechen, die herzlichen Gefühle, die wir nicht zeigen, und die guten Taten, die wir nicht vollbringen.

»Hier, nehmen Sie dies, bitte«, sagte der Tycoon und reichte seinen Gästen eine Engelsfigur. »Was auf dieser Seite steht, ist besonders wichtig. Ich möchte Sie bitten, den Text mit offenem Geist zu lesen.«

Der Brief lautete folgendermaßen:

Die Milliardärs-Maxime #10

Der Himmel auf Erden ist ein Zustand, kein Ort

Unternehmen Sie tägliche Reisen in das Staunen und regelmäßige Abenteuerausflüge in das Wunder. Das Staunen ist eine höchst machtvolle Quelle des Glücks und eine Grundvoraussetzung für die stetige Steigerung Ihrer Genialität. Alle großen Frauen und Männer der Welt haben gelernt, sich durch die Magic eines zauberhaft verbrachten Tages zu entspannen.

Durch meine Experimente mit dem Leben habe ich begriffen, dass das, was die unsterblichen Philosophen, Mystiker und Seher den »Himmel auf Erden« nannten, kein Ort ist, den man aufsuchen kann, sondern ein Zustand, den man erlangen kann. Vertrauen Sie mir: Wenn Sie Ihr Mindset kultivieren, Ihr Heartset reinigen, Ihr Healthset optimieren und Ihr Soulset auf eine neue Stufe heben, wird die Art, wie Sie das Leben wahrnehmen und erfahren, Ihr gesamtes Erleben durchgreifend verändern. Aber wenn Sie diese grundlegend wichtige Arbeit nicht leisten, werden Sie es nie erfahren. Meine Worte mögen wie die Schwärmerei eines alten Exzentrikers klingen. Aber wurde ein geistig gesunder Mensch in einer Welt, die verrückt geworden ist, nicht schon immer als krank eingestuft?

Wenn Sie also Ihrer persönlichen Meisterhaftigkeit mehr Zeit widmen, wird auch das Ausmaß der Selbstliebe, die Sie empfinden, zunehmen. Und alle großen Erfolge und privaten Freuden sind abhängig davon, dass man sich selbst liebt. Was Sie an Ihre Zweifel, Unsicherheiten und Ängste kettet, ist Ihr geringes Selbstbewusstsein. Weil aufgrund dessen, was man Ihnen in der frühen Kindheit vermittelte, Ihr Unterbewusstsein Ihre Kühnheit behindert, Ihre Herrlichkeit erstickt und Ihre Großartigkeit in Fesseln legt.

Wenn Sie die falschen Überzeugungen überwinden, die man Ihnen als Wahrheiten verkaufte, und wenn Sie die emotionalen Verletzungen zulassen, die Sie gegenüber der Liebe verschlossen haben – und hier meine ich viel mehr als nur die romantische Liebe –, werden Sie die Fähigkeit erlangen, die völlig neue Wirklichkeit wahrzunehmen, von der ich spreche. Sie war schon immer vorhanden. Aber aufgrund des getrübten Filters, durch den Sie die Welt sahen, war es Ihnen verwehrt, sie zu erkennen.

Ja, nichts ist verkehrt. Es hat keine Vergeudung gegeben. Alles entfaltet sich, wie es soll. Am Ende Ihres Lebens werden Sie erkennen, dass nur sehr wenig von dem, was geschehen ist, ein Zufall war. Alles diente Ihrem Wachstum. Und alles war zu Ihrem Guten.

Die Unternehmerin und der Künstler zuckten leicht zurück, als der Milliardär ihnen den elften und letzten Talisman zeigte.

»Wenn Sie wirklich der Magie des Lebens teilhaftig werden

wollen, sollten Sie öfter über dies hier reflektieren«, sagte der Milliardär und reichte den beiden einen Sarg im Miniaturformat.

Der beigefügte Brief war, anders als die vorherigen Briefe, in roter Tinte geschrieben. Der Text lautete:

Die Milliardärs-Maxime #11

Das Morgen ist ein Bonus, kein Recht

Vertagen Sie nicht Ihre Heldenhaftigkeit, und verschleppen Sie nicht Ihre Friedfertigkeit. Ihr Leben kann binnen einer Stunde vorüber sein. Ich bin ein Optimist und ein echter Händler der Hoffnung. Aber ich bin auch Realist. Unfälle, Krankheit, Verlust und Tod sind alltägliche Ereignisse. Es entspricht der Natur des Menschen zu glauben, solche Dinge würden nie geschehen. Doch alle weisen Philosophen lehren uns die Vergänglichkeit unserer Existenz.

Rüsten Sie sich mit dieser Erkenntnis, nehmen Sie Verbindung auf zu Ihrer Sterblichkeit. Begreifen Sie, dass Ihre Tage gezählt sind. Mit jedem glorreichen Morgen, der vergeht, gelangen Sie näher an Ihr Ende.

Verschieben Sie es nicht auf später, Ihre Gaben und Talente zum Ausdruck zu bringen. Und sorgen Sie dafür, dass sich diese Reise angenehm für Sie gestaltet. Haben Sie eine schöne Zeit, während Sie Ihrer Großartigkeit entgegenstreben. Es ist traurig, dass so viele Menschen es versäumen, ein wunderschönes, freudvolles und zauberhaftes Leben zu führen, bis sie zu alt sind, um es in vollem Umfang genießen zu können.

Das Leben ist eine grandiose Reise. Ja, wir alle erleben Prüfungen – und großen Kummer. Doch im Großen und Ganzen ist alles gut. Jede Heldengeschichte braucht einen Schurken und auch eine anrührende Tragödie mit Triumphen und einem Sieg am Ende, damit es lohnenswert erscheint, sie zu verfolgen.

Rücken Sie daher die Kürze des Lebens stets in den Mittelpunkt Ihrer Aufmerksamkeit. Schieben Sie nicht Ihr Glück hinaus, bis Sie mehr Zeit haben oder bis Sie die Beförderung erhalten oder bis mehr Geld auf Ihrem Konto liegt. Dies sind Entschuldigungen, die aus dem Gefühl geboren werden, dass Sie das Glück nicht verdienen. Spüren Sie diese Entschuldigungen auf, und verscheuchen Sie sie aus Ihrer Lebensbahn, damit Sie aufsteigen können in Ihre höchsten Sphären.

Das Morgen ist ein Versprechen, kein Faktum. Genießen Sie jeden Morgen, und wertschätzen Sie jeden Tag, der Ihnen auf Erden beschieden ist. Gehen Sie durchaus Risiken ein, aber sichern Sie sich ab durch gesunden Menschenverstand. Finden Sie einen Mittelweg zwischen einem Leben, als gäbe es kein Morgen, und einem Verhalten, als würden Sie ewig leben. Wenn dann eines Tages das Ende kommt, wissen Sie, dass Ihr Leben ein majestätisches Zeugnis abgelegt hat dafür, dass jeder Mensch die Fähigkeit in sich trägt, zur Legende zu werden.

Der Milliardär beugte sich nach vorn und gab seinen Schülern einen Kuss.

»Ich liebe Sie beide, das wissen Sie. Ich werde Sie wirklich vermissen.«

Dann verschwand er im Weinberg und ließ nur sein Mountainbike zurück.

Kapitel 17

Die Mitglieder des 5-Uhr-Clubs werden zu Helden ihres Lebens

»Lebe wie ein Held. Das lehren uns die alten Klassiker. Sei ein Hauptdarsteller. Worum sonst sollte es im Leben gehen?« – J. M. Coetzee

Der Hubschrauberlandeplatz in Kapstadt in Südafrika liegt an der V&A Waterfront, einem Ort, wo Touristen mit dem Cape Wheel, dem Riesenrad, fahren können, wo Jachtbesitzer ihre Vorräte auffüllen für herausfordernde, adrenalingetriebene Segelwettbewerbe und wo man Angeltouren buchen und starken Morgenkaffee trinken kann.

Die temperamentvolle Brünette mit der Vintagebrille überprüfte, ob die Haftungsverzichtserklärungen vom Milliardär, der Unternehmerin und dem Künstler unterschrieben worden waren. Dann ging sie zu einem Ledersofa, hakte eine Checkliste ab und händigte ihren drei VIP-Kunden die Sicherheitsanweisungen aus, die notwendig waren, bevor der Hubschrauber sie nach Robben Island bringen konnte.

Auf Robben Island – einer unfruchtbaren, nicht besonders großen Insel, die von Haien umgeben ist und nicht weit vor der Küste von Kapstadt liegt – war Nelson Mandela während seiner insgesamt 27 Jahre dauernden Gefängnishaft 18 Jahre lang in einer winzigen, nur vier Quadratmeter großen Gefängniszelle inhaftiert. In jener Zeit wurde dieser große Held der Welt immer wieder drangsaliert, misshandelt oder anderweitig schikaniert. Doch er reagierte auf diese üble Behandlung mit Ölzweigen, sah in seinen Wärtern auch das Gute und bewahrte sich seine Hoffnung auf die Entstehung einer demokratischen Nation, in der alle Menschen gleichberechtigt sein würden. Mit Blick auf Mahatma Gandhi hatte Einstein einmal gesagt: »Künftigen Generationen wird es schwerfallen zu glauben, dass einmal ein solcher Mensch aus Fleisch und Blut auf Erden gewandelt ist.« Gleiches könnte man auch über Nelson Mandela sagen.

»Es ist mir ein großes Vergnügen, Sie zu unserem kurzen Ausflug auf die Insel willkommen zu heißen«, erklärte die Frau höflich. Die Südafrikaner sind ausgesprochen kultivierte und aufmerksame Menschen. Der Milliardär trug eine schwarze Baseballkappe, auf der vorn der Satz stand: »Führung gilt es zu nutzen«.

»Sie müssen die Kappe abnehmen, wenn Sie in den Hubschrauber gestiegen sind, junger Mann«, sagte die Frau mit einem warmherzigen Blick zu ihm.

Der Milliardär strahlte. »Ich glaube, sie mag mich«, flüsterte er seinen Reisegefährten zu. »Heute ist unser letzter gemeinsamer Tag«, setzte er wie beiläufig hinzu.

Nach der Aushändigung der Sicherheitsanweisungen wurden der Milliardär, die Unternehmerin und der Künstler aus dem Gebäude geleitet und in einen gepflasterten Wartebereich geführt, auf dem zwei wettergegerbte Picknicktische standen. Es schien zwar die Sonne, aber es blies ein heftiger Wind. Der Milliardär nahm seine Kappe ab.

»Ich empfinde ein wenig Beklemmung«, dachte der Milliardär. »Ich war noch nie auf Robben Island. Ich habe viel darüber gelesen, was hier unter dem schlimmen, unmenschlichen Apartheidregime vorgegangen ist, in dem Menschen unterschiedlich behandelt wurden entsprechend ihrer Hautfarbe, ohne auf ihren Charakter zu schauen – oder auf die Reinheit ihres Herzens.«

Ein ernst blickender junger Mann, der einen dünnen Regenmantel, eine Kakihose und Bootsschuhe trug, kam aus einer der leeren Wartungsbuchten und forderte den Milliardär und seine beiden Begleiter auf, ihm zum Hubschrauberplatz zu folgen. In der Ecke stand ein grüner Armeehelikopter, dessen Rotoren sich eindrucksvoll drehten. Der Pilot war mit seinen Kontrollanzeigen beschäftigt und hantierte mit Skalen, Knöpfen und Ähnlichem.

Der junge Mann achtete sorgfältig darauf, dass die drei Passagiere sicher im Hubschrauber platziert und das Gewicht gleichmäßig verteilt wurde, dann setzte er dem Milliardär einen Kopfhörer mit Mikrofon auf.

»Guten Morgen«, rief der Milliardär dem Hubschrauberpiloten begeistert zu, als sich die Rotoren beschleunigten. Das Gesicht des Piloten war unter seinem Helm, seiner Fliegerbrille und dem Gesichtsschutz nicht zu erkennen. Und er sprach auch kein Wort.

»Nicht gerade freundlich«, murmelte der Milliardär, der etwas nervös, zugleich aber auch freudig und erwartungsvoll war in Anbetracht dieses einmaligen Erlebnisses, das ihnen bevorstand.

Der Helikopter hob ab und stieg zuerst langsam und dann zunehmend schneller in die Höhe.

»Der Flug dauert ungefähr fünf Minuten. Der Wind und der Seegang sind heute außergewöhnlich stark«, ließ sich schließlich der Pilot vernehmen. Und auch jetzt klang er sehr kurz angebunden.

Der Milliardär, der Künstler und die Geschäftsfrau schwiegen. Alle drei blickten hinab auf Robben Island, eine kleine Landmasse, die größer wurde – und auch furchterregender –, als sie sich der Insel näherten.

Der Hubschrauber setzte auf einem Landeplatz auf, der von niedrigen Bäumen gesäumt war und an dem gerade sieben Springböcke vorüberzogen. Ja, sieben Springböcke! Zugleich begann es zu regnen. Und ein weiterer doppelter Regenbogen, ganz ähnlich jenem, der auf Mauritius nach ihrem Abenteuer mit den Delfinen erschienen war, erstreckte sich über die gesamte Breite des Horizonts, der sich über den Atlantischen Ozean wölbte.

»Das ist wirklich ein ganz besonderes Erlebnis«, sagte der Künstler, der einen Arm um seine Ehefrau gelegt hatte.

»Wir sind eingetreten in den Zauber«, erwiderte der Milliardär in respektvollem Ton, in dem eine tiefe Wertschätzung dafür zum Ausdruck kam, dass sie die Gelegenheit erhalten hatten, Robben Island zu besuchen, in dem aber zugleich auch eine gewisse Traurigkeit darüber mitschwang, wie viele kostbare Menschenleben hier zerstört worden waren.

Der Pilot hielt sich weiterhin im Cockpit auf, drückte verschiedene Knöpfe und stellte den Motor des Helikopters ab, während seine drei Passagiere auf den asphaltierten Landeplatz hinaustraten und schweigend die Szenerie in sich aufnahmen. Aus dem Nichts tauchte ein alter Pick-up-Truck auf, an dessen Seite »KSA« stand, und fuhr auf sie zu, wobei der Wagen eine beträchtliche Staubwolke hinter sich herzog.

»Sie dürfen hier nicht sein!«, rief der Fahrer, anscheinend ein Sicherheitsmann, mit breitem südafrikanischem Akzent, als er den Helikopter erreicht hatte. Er blieb im Wagen sitzen.

»Wegen des schlechten Wetters ist Robben Island für die Öffentlichkeit geschlossen worden«, rief er in festem Ton. »Die Fähren haben den Betrieb eingestellt. Kein Schiff kann mehr hier anlegen, und keine Hubschrauber dürfen mehr landen. Das hätten Sie doch wissen müssen! Sie dürfen hier nicht sein!«, rief der Offizier und fügte hinzu: »Was sind das für Leute?«

Der Wachmann verhielt sich die ganze Zeit professionell. Aber er war sichtlich überrascht. Und er wirkte auch leicht entsetzt, weil er vielleicht dachte, die Insassen des Helikopters hätten eine Attacke im Schilde führen können. Und anscheinend glaubte er, die unerwarteten Besucher hätten keine Genehmigung.

»Es ist alles in Ordnung«, sagte der Pilot mit einer ungewöhnlichen Festigkeit und Überzeugtheit. Er stand nun neben dem Hubschrauber und begann langsam auf den Mann im Kleintransporter zuzugehen. Dabei richtete er zuerst sein Hemd und dann den Helm, den er aber aufbehielt. Der Pilot war kein junger Mann mehr. Das sah man an der Art, wie er ging.

»Dies ist ein ganz besonderer Tag für sie«, erklärte der Pilot mit lauter werdender Stimme. »Diese Leute sind einen weiten Weg gekommen, um die Gefängniszelle zu sehen, in der Nelson Mandela eingesperrt war. Sie wollen die Kalksteinbrüche besichtigen, in denen er mehr als ein Jahrzehnt lang die Steine bearbeiten musste, in der mörderischen Sonne, die von den Felsen zurückgeworfen wurde, sodass sein Augenlicht dauerhaft geschädigt wurde. Sie wollen den Hof sehen, auf dem der Staatsmann körperliche Übungen absolvierte und seinen Mitgefangenen im Nachbarblock Tennisbälle mit vertraulichen Nachrichten zuwarf. Sie möchten die Stelle besuchen, wo Nelson Mandelas Manuskript seiner Autobiografie *Der lange Weg zur Freiheit* heimlich verbrannt wurde, nachdem er viele Stunden daran gearbeitet hatte. Sie möchten – zumindest im Ansatz – das Leiden nachempfinden, das Mr Mandela in den 18 Jahren seiner Inhaftierung hier zu erdulden hatte. Und sie möchten erfahren, wie und warum er, obwohl er hier so grausam behandelt wurde – viele seiner besten Jahre wurden ihm gestohlen –, sich nach seiner Freilassung entschloss, all jenen zu vergeben, die so grausam zu ihm gewesen waren.«

Der Pilot trat vor den Pick-up-Laster. »Diese Leute möchten ebenfalls Helden ihres Lebens werden, wie ich erfahren habe. In ihrem beruflichen und ihrem persönlichen Leben. Sie möchten Spitzenvertreter ihrer Produktivität werden, Ikonen ihrer voll entfalteten Meisterhaftigkeit und vielleicht sogar Wegbereiter der Verwirklichung einer besseren Menschheit. Noch nie hat unsere Welt Helden dringender benötigt als heute. Und wie ich bei meinen Auftritten stets predige: *Warum sollen wir auf sie warten, wenn es in uns selbst angelegt ist, zu Helden zu werden?«*

»Du stimmst mir doch sicherlich zu, Stone, oder?«, fragte der Pilot und wandte sich an den Milliardär, dessen Mund offen stand.

Der Pilot nahm langsam, gewissermaßen in Zeitlupentempo, seinen Gesichtsschutz ab. Dann setzte er seine Sonnenbrille ab. Und schließlich nahm er auch den Helm ab.

Der Milliardär, die Unternehmerin und der Künstler waren völlig verblüfft.

Es war der Redner.

Eine sterile, kalte, fluoreszierende Beleuchtung ließ das Gefängnis auf Robben Island gespenstisch und unheimlich erscheinen, auch bei Tageslicht. Und es wirkte kärglich, grausam und erbarmungslos.

Unsichtbare Hände schienen die Mitglieder des 5-Uhr-Clubs an diesem fantastischen südafrikanischen Morgen zu geleiten, weil aufgrund einer erlesenen Symphonie der Synchronizität – der Milliardär hätte von »Zauber« gesprochen – der Sicherheitsmann, der mit dem Kleinlaster an den Helikopter herangefahren war, ein großer Anhänger des Redners war. Eine Art »allergrößter Fan« sozusagen. Er war hingerissen von der Arbeit des Redners.

Und daher – es mag unglaublich erscheinen, ereignete sich aber tatsächlich – startete die Leiterin der Verwaltung, nachdem sie grünes Licht von der Wachmannschaft erhalten hatte, den Tourbus, der an diesem Tag wegen des schlechten Wetters eigentlich nicht zum Einsatz vorgesehen war, und lenkte ihn zu dem Platz, wo die Besucher warteten. Sie bat auch einen der Wachmänner, die sich noch auf der Insel befanden, die Fahne aufzuziehen und das Gefängnis für eine private Besichtigungstour zu öffnen. Nur für den Milliardär, die Unternehmerin, den Künstler und den Redner.

In jedem Leben, vor allem in einem besonders harten, tun sich Türen der Möglichkeit und Zugänge zum Wunderbaren auf und enthüllen, dass alles, was wir erleben, Teil eines intelligenten – oft auch unlogischen – Plans ist, der uns näher heranführen soll an unsere höchsten Kräfte, die wundervollsten Umstände und das Allerbeste in uns. Alles, was wir auf unserer Lebensreise durchmachen, ist in Wirklichkeit eine fantastische Orchestrierung, deren Zweck darin besteht, uns einzuführen in unsere wahrsten Talente, uns zu verbinden mit unserem souveränsten Selbst und unsere Vertrautheit mit dem glorreichen Helden zu vertiefen, der in uns lebt. Ja, *in jedem Einzelnen von uns.* Also auch in Ihnen.

Der Touristenführer, zufällig ein ehemaliger Insasse des Gefängnisses, war ein groß gewachsener Mann mit einer schroffen Stimme. Während er seine Gäste zu der Zelle führte, wo Nelson Mandela so lange eingesperrt war, beantwortete er alle Fragen, die ihm gestellt wurden.

»Haben Sie Nelson Mandela persönlich gekannt?«, wollte der Redner wissen.

»Ja, ich war acht Jahre hier auf Robben Island an seiner Seite.«

»Wie war er als Mensch?«, fragte der Maler, der anscheinend überwältigt war von Emotionen, als sie über den Hauptgang dieses Gefängnisses schritten, in dem während der Apartheidära so viele Gräueltaten geschehen waren.

»Oh«, antwortete der Führer mit einem freundlichen, fast weisen Lächeln auf dem Gesicht, »dieser Mann war ein demütiger Diener.«

»Und wie war Nelson Mandela als politischer Führer?«, erkundigte sich die Unternehmerin.

»Sagenhaft. Würdevoll. Inspirierend durch die Art, wie er mit sich selbst umging und wie er alles ertrug. Immer wenn er einen der anderen Anführer traf, und das geschah oft auf diesem Hof hier«, erklärte der Guide, während er auf jenen Platz trat, wo die politischen Häftlinge spazieren gehen, reden und Pläne schmieden konnten, »da fragte er: ›Hast du die Möglichkeit zu lernen?‹ Oft fragte er auch: ›Lernst du?‹ Oder er sagte: ›Jeder soll einen anderen unterweisen‹, und machte dadurch seinen Mitkämpfern deutlich, wie wichtig es war, täglich zu lernen und ihre Erkenntnisse weiterzugeben, um auch die Führungsqualitäten der anderen zu verbessern. Mr Mandela wusste, dass Bildung der Hauptweg zur Freiheit ist.«

»Dieser Mann wurde so schlecht behandelt. Diese stundenlange Plackerei im Kalksteinbruch. Die Herabsetzung und Demütigung. Einige Jahre nachdem er hierhergekommen war, musste er im Gefängnishof ein Grab ausheben – und sich dann hineinlegen«, fuhr der Besucherführer fort.

»Er muss gedacht habe, das ist das Ende«, sagte der Milliardär.

»Ja, wahrscheinlich«, erwiderte der Guide. »Aber stattdessen haben die Wärter die Reißverschlüsse ihrer Hosen aufgemacht und auf ihn uriniert.«

Der Redner, der Milliardär, die Unternehmerin und der Künstler blickten zu Boden.

»Ich vermute, wir alle haben unser eigenes Robben Island, das uns gefangen hält«, überlegte der Milliardär.

»Auf unserem Lebensweg haben auch wir unsere Prüfungen und Ungerechtigkeiten zu ertragen. Nichts, was so schlimm ist wie das, was hier vor sich gegangen ist, natürlich. Ich habe gelesen, dass Nelson Mandela gesagt hat, er bedauere es am meisten, dass man ihm nicht erlaubt hat, am Begräbnis seines ältesten Sohnes teilzunehmen, der bei einem Verkehrsunfall ums Leben kam«, sagte der Milliardär. Dann blickte er nach oben in den Himmel. »Ich glaube, wir alle haben etwas, das wir bereuen oder bedauern. Und niemand kommt davon ohne seine eigenen Qualen und Tragödien.«

Der Besucherführer zeigte zum vierten Fenster rechts neben dem Eingang zum Hof. »Dort«, sagte er. »Das ist Nelson Mandelas Zelle gewesen. Gehen wir hinein.«

Die Zelle war unglaublich klein. Kein Bett. Ein kleiner Holztisch, an dem der Häftling knien musste, wenn er seine Tagebucheintragungen machte, weil es keinen Stuhl gab, ein Betonboden und eine braune Wolldecke mit grünen und roten Tupfern darauf.

»Im ersten Jahr seiner Haft durfte Nelson Mandela keine langen Hosen tragen, obwohl es im südafrikanischen Winter sehr kalt ist. Er erhielt nur ein dünnes Hemd und leichte kurze Hosen. Wenn er duschte, standen die Wächter dabei und beobachteten diesen älteren Mann, der nackt unter der Dusche stand – ein Versuch, ihn zu demütigen und zu brechen. Zu essen bekam er oft Nahrungsmittel, die nicht einmal mehr für Tiere geeignet waren. Wenn Briefe von seiner Ehefrau und seinen Kindern kamen, wurden sie ihm häufig nicht ausgehändigt. Oder wenn ja, waren sie stark zensiert. All dies sollte dazu dienen, Mr Mandelas Geist zu brechen«, sagte der Besucherführer.

»Ich glaube, alles, was er in dieser winzigen Gefängniszelle zu erdulden hatte, auf dieser tristen Insel, umgeben von einem tobenden Meer, das hat zu seiner Weiterentwicklung geführt, hat ihn stärker gemacht und geöffnet. Das Gefängnis wurde zu seiner Feuerprobe. Die Misshandlung wurde zu seiner Erlösung, erschloss ihm seine natürliche Kraft, seine höchste Menschlichkeit und ermöglichte die vollkommenste Ausprägung seines makellosen Heldentums. In einer Welt der Selbstsucht, der Gleichgültigkeit und der Entfremdung der Menschen vom Menschlichen nutzte er, was man ihm bot, um zu einer fortgeschrittenen Seele auf dieser Erde zu werden – zu einem Mann, der den anderen zeigte, was Führungskraft, Standhaftigkeit und Liebe bedeuten. Und dadurch wurde er zu einem unserer großen Repräsentanten der Vergebung. Und zu einem der bedeutendsten Symbole des Friedens«, sagte der Redner.

»Ja, in der Tat«, bestätigte der Besucherführer. »Als Mr Mandela Robben Island verlassen durfte, wurde er in das Drakenstein Correctional Centre verlegt, wie es heute heißt, ein Gefängnis zwischen Pearl und Franschhoek. Sein Aufstieg zum Staatspräsidenten von Südafrika war unausweichlich, und daher wurde er darauf vorbereitet, eines Tages diese Position einzunehmen und eine freie, aber tief gespaltene Nation zu führen. In der letzten Phase seiner Haft teilte man ihm die Wohnung des Gefängnisdirektors zu. Am Tag seiner Freilassung verließ er dieses Gebäude über eine lange gepflasterte Straße, an deren Ende ein Wachposten und ein weißes Tor stehen. Nelson Mandela wurde vom Gefängnispersonal gefragt, ob er lieber mit dem Auto über diese Straße in die Freiheit gebracht werden wolle. Er lehnte ab und erklärte schlicht, dass er zu Fuß gehen wolle. Und so ging dieser politische Führer, der den Übergang repräsentierte, dieser Mann, der Geschichte schrieb und dessen Vermächtnis viele nachfolgende Generationen inspirieren wird, mit zögernden Schritten in seine lange ersehnte Freiheit.«

Der Guide holte tief Luft. Dann fuhr er fort.

»Mr Mandela übernahm ein Land am Rande des Bürgerkriegs. Doch irgendwie gelang es ihm, ein Vereiniger zu werden und kein Zerstörer. Ich erinnere mich noch an die Worte seiner berühmten Verteidigungsrede vor Gericht:

> *Mein Leben habe ich diesem Kampf um das afrikanische Volk gewidmet. Ich habe gegen die weiße Vorherrschaft gekämpft, und ich habe gegen die schwarze Vorherrschaft gekämpft. Mein teuerstes Ideal ist eine freie und demokratische Gesellschaft, in der alle in Harmonie mit gleichen Chancen leben können. Ich hoffe, lang genug zu leben, um dies zu erreichen. Doch wenn dies notwendig ist, ist dies ein Ideal, für das ich zu sterben bereit bin.*

Mr Riley räusperte sich. Er blickte hinab auf den Betonboden der winzigen Zelle.

»Mr Mandela war ein echter Held«, sagte der Guide. »Nach

seiner Freilassung lud er den Staatsanwalt, der im Prozess die Todesstrafe für ihn gefordert hatte, zum Essen ein. Können Sie sich das vorstellen? Und er bat einen der Gefängniswärter, die ihn auf Robben Island bewacht hatten, an seiner Amtseinführung als Staatspräsident Südafrikas teilzunehmen.«

»Tatsächlich?«, fragte die Unternehmerin.

»Ja, das ist verbürgt«, antwortete der Führer. »Er war ein echter Leader, ein Mann, der wirklich zur Vergebung bereit und fähig war.«

Der Redner hob einen Finger, um kundzutun, dass er noch ein anderes Thema ansprechen wolle: »Nelson Mandela hat geschrieben ›Als ich durch die Tür zu jenem Tor ging, das in meine Freiheit führte, wusste ich, wenn ich meine Verbitterung und meinen Hass nicht hinter mir lassen würde, dann würde ich weiterhin im Gefängnis sein.‹«

»Er hat auch gesagt, dass ›frei sein nicht nur bedeutet, die Ketten abzuwerfen, sondern auf eine Weise zu leben, welche die Freiheit anderer respektiert und fördert‹«, setzte der Tourguide hinzu. »Und dass ›niemand mit dem Hass auf einen anderen Menschen geboren wird aufgrund von dessen Hautfarbe, Herkunft oder Religion. Die Menschen müssen erst lernen zu hassen, und wenn sie zu hassen lernen können, dann können sie auch zu lieben lernen, denn die Liebe findet auf natürlichere Weise den Weg in das menschliche Herz als deren Gegenteil.‹«

»Ich habe gelesen, dass er oft um 5 Uhr aufgestanden und eine Dreiviertelstunde auf dem Fleck gelaufen ist. Und anschließend hat er zweihundert Sit-ups gemacht und hundert Liegestütze auf den Fingern. Das ist der Grund, warum auch ich regelmäßig Liegestütze mache«, erklärte der Milliardär etwas umständlich.

»Hmm«, meinte der Besucherführer, bevor er weitersprach. »Mr Mandela kam als hitzköpfiger, zorniger, feindseliger und militanter junger Mann in diese Zelle. Als der Mensch, der er in dieser Zelle wurde, ist er zu jener Ikone geworden, die wir alle heute verehren. Wie Erzbischof Desmond Tutu uns erklärt hat, kann ›das Leiden uns entweder verbittern oder veredeln‹. Dankenswerterweise hat sich Madiba – das war sein Stammesname – für Letzteres entschieden.«

»Alle herausragenden Männer und Frauen der Welt haben eines gemeinsam«, sagte der Redner. »Extremes Leiden. Und alle von ihnen haben ihre Großartigkeit zum Tragen gebracht, weil sie sich dafür entschieden, ihre konkreten Gegebenheiten einzusetzen, um sich selbst zu heilen, zu reinigen und zu erhöhen.«

Dann zog der Redner ein Lernmodell aus seiner Jackentasche, das letzte, das seine beiden Schüler erhalten sollten. Es trug den Titel *Der menschliche Heldenzyklus.* Es sah folgendermaßen aus:

DER MENSCHLICHE HELDENZYKLUS

»Dies sind die Tugenden, die wir alle erstreben müssen, um Umgestalter der Welt zu werden und Helden, die eine bessere Welt erschaffen«, sagte der Redner, in dessen Stimme an diesem Morgen eine gewisse Melancholie, aber auch eine enorme Stärke zum Ausdruck kamen.

»Jeder kann ein Leader werden. Jeder von uns, ganz gleich, wo wir leben, was wir tun, was uns in der Vergangenheit widerfahren ist und was wir im Augenblick erleben – jeder muss die Fesseln der Schuld abstreifen, die Ketten des Hasses, die Fußschellen der Gleichgültigkeit und die Gitterstäbe des Gewöhnlichen, die uns in der Sklaverei der dunklen Kräfte unserer niedersten Natur festhalten. Jeder von uns muss jeden Morgen aufstehen – ja, um 5 Uhr – und alles tun, was in seinen Möglichkeiten steht, um seine Genialität zu entfalten, seine Talente zu entwickeln, seinen Charakter zu vertiefen und seinen Geist zu erhöhen. Jeder von uns muss das tun, überall auf der Welt.«

Der Redner begann zu schluchzen, als er weitersprach. »Wir alle müssen uns befreien aus unseren persönlichen Gefängnissen, die unsere Herrlichkeit einkerkern und unsere Edelmütigkeit in Fesseln legen. Denken Sie bitte daran, dass Gaben und Talente, die missachtet werden, letztlich zu Flüchen und zu Leid werden.«

Der Redner schwieg einen Moment.

»Jetzt sind Sie an der Reihe«, sagte er und blickte der Unternehmerin und dem Künstler in die Augen.

Das Modell des *Menschlichen Heldenzyklus* lag auf dem kleinen Tisch in der Zelle, der unter dem vergitterten Fenster stand. Der Redner zog den Tisch in die Mitte des Raums, sodass er an diesem besonderen Tag zum Mittelpunkt der Gefängniszelle wurde.

Dann bat der Redner den Milliardär, die Geschäftsfrau, den Künstler und den Besucherführer, sich um den Tisch zu versammeln. Sie fassten sich an den Händen.

»Ja, ganz gleich, welchen Kampf wir zu bestehen und welche Widrigkeiten wir zu ertragen haben. Ganz gleich, welche Angriffe, Demütigungen und Gewalttaten gegen uns verübt werden. Wir müssen standhalten. Wir müssen weitermachen. Wir müssen stark bleiben. Wir müssen unsere erhabene Natur zur Entfaltung bringen. Und unser wundervolles Selbst vergrößern. Auch wenn es den Anschein hat, dass die gesamte Welt gegen uns steht. Dies ist es in Wahrheit, was uns zu Menschen macht. Auch wenn es den Anschein hat, dass das Licht niemals die Dunkelheit wird durchdringen können, müssen Sie *Ihren* Weg zur Freiheit fortsetzen. Werden Sie zu einem Modell des Höchsten für uns alle. Zu einem Beispiel für Würde für die Mehrheit von uns. Zeigen Sie uns allen, was wahre Liebe bedeutet.«

»Jetzt ist Ihre Zeit gekommen«, sagte der Redner, hob eine Hand und legte sie dem Künstler auf den Arm. Die andere Hand legte er sachte auf die Schulter der Unternehmerin.

Ein stilles Lächeln erschien auf seinem Gesicht. Er wirkte gelöst. Und heiter.

»Zeit wofür?«, fragte der Maler.

»Um Ihre Pilgerschaft anzutreten«, lautete die knappe Antwort.

»Wohin?«, fragte die Unternehmerin, die etwas verwirrt schien.

»Hin zu einem Territorium, das man Vermächtnis nennt«, sagte der Redner. »Viele Menschen sind Touristen an diesem Ort. Einige flüchtige Minuten ihrer wertvollen Morgen denken sie an die Werke, die sie vollbracht haben, und daran, was sie zurücklassen werden, wenn sie sterben. Einige kurze Augenblicke, bevor sie abgelenkt werden, denken sie über die Qualität ihres Schaffens nach, über das Maß ihrer Rechtschaffenheit und die Tiefe ihrer Wirkmächtigkeit. Für kurze Momente, bevor die Geschäftigkeit sie wieder mit Beschlag belegt, sinnieren sie darüber, wie schön ihr Leben war und wie hilfsbereit sie gegenüber anderen waren. Sie sind reine Besucher in diesem Reich.«

Mr Riley streckte die Arme hoch in die Luft, während er den Worten seines Mentors lauschte. »Ich liebe mein Leben. Ich werde ein noch besserer Leader werden. Ich werde einen noch größeren Beitrag zur Fortentwicklung der Welt leisten. Und ich werde zu einem noch inspirierenderen Menschen werden«, sprach er flüsternd vor sich hin.

»Die großen Helden der Menschheit«, fasste der Redner zusammen, »waren Bürger und lebenslange Bewohner dieses Territoriums des Vermächtnisses. Es war ihre Heimat. Und dies hat sie zu Legenden gemacht. Die machtvolle Mission, die sie ihrem Leben zugrunde legten, bestand darin, für eine Sache zu leben, die größer und bedeutender war als sie selbst. Und als sie schließlich starben, hinterließen sie unsere Welt heller und leuchtender, als sie sie vorgefunden hatten.«

»Wir alle haben ein Verfallsdatum«, setzte der Milliardär hinzu. »Keiner von uns weiß, wie lange er leben wird.«

»Das Heute«, verkündete der Redner, »und dieser eine Augenblick verdient und verlangt Ihre Selbstverpflichtung, zu überragend schöpferischen, überwältigend produktiven und eindrucksvoll rechtschaffenen Menschen zu werden und sich in den Dienst der vielen zu stellen. Hören Sie bitte auf, Ihre Meisterhaftigkeit hinauszuzögern. Widersetzen Sie sich nicht länger Ihrer Urkraft. Lassen Sie nicht zu, dass die Schattenkräfte der Angst, der Zurückweisung, des Zweifels und der Enttäuschung das Licht Ihres strahlendsten Selbst verdunkeln. Dies ist *Ihre* Zeit. Und heute ist der entscheidende Tag: um anzusetzen zu Ihrem Sprung, auf Ihre jeweils spezielle Weise, in die dünne Luft der besten Leader, die jemals gelebt haben. Und einzutreten in das Universum der wahrhaftigen Meister, der herausragenden Virtuosen und der authentischen Helden, denen der Fortschritt der Zivilisation zu verdanken ist.«

Alle fünf bildeten einen Kreis. Mr Riley stieß einen kurzen Jodler aus, bis ein strenger Blick des Redners ihn zum Verstummen brachte. Die beiden lächelten sich an. Ein klarer Ausdruck gegenseitigen Respekts.

»Führen heißt, andere zu inspirieren durch die Art und Weise, wie man lebt. Führen heißt, die Prüfungen der harten

Zeiten durchzustehen, um zur Vergebung zu gelangen. Führen heißt, jede Form von Mittelmäßigkeit zu eliminieren und sie daran zu hindern, einzudringen in das eigene Leben durch eine überwältigende Zurschaustellung der Erhabenheit, die Ihr Geburtsrecht ist. Führen heißt, die eigenen Ängste in Triumphe zu verwandeln und allen Kummer in Heldenhaftigkeit umzusetzen. Und Führen heißt mehr als alles andere, eine Kraft des Guten zu sein auf diesem winzigen Planeten. Heute ist der Tag, an dem Sie diesen großartigen Ruf akzeptieren, den Standard, nach dem Sie leben, für den Rest Ihres Lebens auf eine neue Stufe zu heben.«

»Oder zumindest morgen damit anzufangen«, warf der Milliardär mit schelmischem Grinsen ein.

»Um 5 Uhr früh fangen wir an«, erklärten alle gemeinsam. »Gestalte deinen Morgen, und in deinem Leben wird alles möglich.«

Epilog

Fünf Jahre später

Einige Monate nach dem Besuch auf Robben Island starb Stone Riley.

Er verschied friedlich im Schlaf in einer kleinen Wohnung im historischen Stadtkern von Rom. Seine Tochter war an seiner Seite. Ebenso der Redner.

An dem Tag, an dem der Titan ging, flogen mehr Tauben und Schmetterlinge über der Ewigen Stadt als jemals zuvor. Sogar ein doppelter Regenbogen erstreckte sich von der Spanischen Treppe zum Kolosseum.

Es wäre ein höchst eindrucksvoller Anblick gewesen, hätte man dabei sein können.

Der Milliardär hatte an einer seltenen und unheilbaren Krankheit gelitten, von der er niemandem außer dem Redner erzählt hatte. Denn dieser war sein bester Freund.

Erwähnenswert ist auch, dass der exzentrische Tycoon in seinen letzten Tagen die vielfältigen Unternehmungen seines riesigen Firmenimperiums verkaufte. Und die gesamten Erlöse spendete er wohltätigen Zwecken.

Mr Riley hatte sich entschlossen, sein Strandhaus auf Mauritius der Unternehmerin und dem Künstler zu überlassen, da er wusste, wie sehr die beiden diesen Ort liebten.

Der Vollständigkeit halber möchte ich noch berichten, wie es der Geschäftsfrau und dem Maler seit diesem surrealen Abenteuer erging, das sie zusammen mit dem Milliardär erlebt hatten. Ich glaube, es dürfte Sie interessieren.

Die Unternehmerin wurde eine außerordentlich wohlhabende Frau, denn sie machte aus der Firma, die sie gegründet hatte, ein Kultunternehmen. Sie ließ die Dämonen ihrer Vergangenheit los, die sie so lange verfolgt hatten, und liebte nun über alle Maßen ihr gemeinsames Leben mit ihrem Ehemann, dem Künstler. Sie arbeitet noch immer hart, genießt aber auch ihre Freizeit. Sie ist gerade ihren vierten Marathon gelaufen, hat eine große Vorliebe für die Gartenarbeit entwickelt und arbeitet jeden Dienstagabend als Freiwillige in einem Heim für Obdachlose. Es geht ihr nicht mehr um Ruhm, Geld und weltliche Macht, auch wenn sie jetzt all dies besitzt.

Der Künstler ist faszinierenderweise zu einem der berühmtesten Maler in seinem Bereich geworden. Er hat seine Neigung, Dinge zu verschleppen und hinauszuschieben, vollständig überwunden, ist weithin anerkannt als Meister seines Fachs und ist ein außerordentlich guter Ehemann. Er hat zusammen mit seiner Frau zwei Marathonläufe absolviert und ist mittlerweile Veganer geworden. Jeden Mittwochabend besucht er einen Jodelkurs.

Und außerdem: Das Paar hat einen wundervollen und sehr intelligenten Jungen. Sie haben ihm den Namen Stone gegeben.

Die Unternehmerin und der Künstler sind nach wie vor Mitglieder im 5-Uhr-Club und praktizieren jeden Morgen vor Tagesanbruch die *20/20/20-Formel*. Sie führen auch weiterhin die meisten anderen Übungen durch, die ihnen Mr Riley gezeigt hat. Und sie haben das Versprechen gehalten, das sie ihrem Mentor gegeben haben, nämlich möglichst vielen Menschen davon zu berichten, welche einschneidende Bedeutung dem Frühaufstehen zukommt.

Und der Redner lebt noch. Er ist heute in vielfacher Weise stärker denn je. Er wohnt in der Nähe von Tokio, verbringt aber einen großen Teil seiner Zeit auf Bühnen in Veranstaltungssälen oder Stadien auf der ganzen Welt und in Hotelzimmern.

Er angelt auch immer noch gern.

Wie geht es weiter mit Ihrem heldenhaften Abenteuer?

Das Ende dieses Buches ist der Beginn Ihres eigenen Weges zum 5-Uhr-Club. Um Ihnen zu helfen, sich die Gewohnheit des Frühaufstehens zu einer lebenslangen Übung zu machen und jeden Morgen die *20/20/20-Formel* als Morgenroutine zu praktizieren, um Weltklasseergebnisse zu erzielen, hat Robin Sharma die folgenden Tools für Sie entwickelt, die völlig kostenlos verfügbar sind:

Das 5-Uhr-Installationsprogramm

Eine außergewöhnliche App, die Ihnen hilft, Ihre täglichen Fortschritte in den nächsten 66 Tagen zu verfolgen, sodass das Aufstehen bei Tagesanbruch automatisiert wird. Darüber hinaus erhalten Sie vollständigen Zugriff auf Arbeitsblätter zur Umsetzung der Modelle, die Sie kennengelernt haben; Listen von Musiktiteln, die Ihre Motivation fördern, sowie eine Unterstützungsplattform, damit Sie mit anderen Mitgliedern des 5-Uhr-Clubs in Verbindung treten können.

Die 5-Uhr-Challenge

Sie erhalten zwei Monate lang umfangreiche und praxisbezogene Coaching-Videos, Anleitungen und Inspirationsimpulse von Robin Sharma, damit Sie Ihre Motivation aufrechterhalten können. Und Ihre Siege als Frühaufsteher ausbauen können.

Die meisterhaften Morgenmeditationen des 5-Uhr-Clubs

Um Ihnen zu helfen, ruhig, fokussiert und positiv in den neuen Tag zu starten, hat Robin Sharma eine Serie sorgfältig abgestimmter geführter Meditationen entwickelt, die Sie jeden

Morgen praktizieren können, um Ihr Mindset zu optimieren, Ihr Heartset zu reinigen, Ihr Healthset zu stärken und Ihr Soulset zu fördern.

Das geheime letzte Kapitel

Beflügelt von kreativer Schaffenskraft, hat der Autor eines frühen Morgens eine alternative (und sehr überraschende) Fassung des Schlusskapitels dieses Buches geschrieben. Sie ist verblüffend, hinreißend und überaus dramatisch.

Um Zugang zu erhalten zu all diesen wundervollen und kostbaren Ressourcen, die Ihnen völlig kostenlos zur Verfügung stehen, gehen Sie auf die Internetseite
robinsharma.com/The5AMClub

Lesen Sie auch die anderen Weltbestseller von Robin Sharma, um Ihr Vorankommen zu fördern:

Haben Sie je bemerkt, dass die aufmerksamsten, sprachgewandtesten, erfolgreichsten und elegantesten Menschen, denen Sie begegnet sind, alle etwas gemeinsam haben? Sie lesen jedes Buch, das ihnen in die Hände fällt.
Ob Sie nun schon an Ihrem persönlichen Gipfel angelangt sind oder erst damit beginnen, Ihren eigenen Berg zu erklimmen: Lesen ist eine der meisterhaftesten Angewohnheiten der Besten unter uns.
Aus diesem Grund finden Sie hier die komplette Liste aller international gefeierten Bücher des Autors, die Ihren Aufstieg zu höchster Produktivität, herausragendem Können und einem wunderschönen Leben unterstützen sollen – während Sie sich einen Namen in der Geschichte machen.

[ ] The Monk Who Sold His Ferrari [deutsche Ausgabe: Der Mönch, der seinen Ferrari verkaufte]
[ ] The Greatness Guide
[ ] The Greatness Guide, Book 2
[ ] The Leader Who Had No Title [deutsche Ausgabe: Jeder kann in Führung gehen]
[ ] Who Will Cry When You Die?
[ ] Leadership Wisdom from the Monk Who Sold His Ferrari
[ ] Family Wisdom from The Monk Who Sold His Ferrari
[ ] Discover Your Destiny with The Monk Who Sold His Ferrari
[ ] The Secret Letters of the Monk Who Sold His Ferrari [deutsche Ausgabe: Die geheimen Briefe des Mönchs, der seinen Ferrari verkaufte]
[ ] The Mastery Manual
[ ] The Little Black Book for Stunning Success
[ ] The Saint, the Surfer, and the CEO

Über den Autor

Robin Sharma ist ein weltweit anerkannter Humanist und Gründer eines nicht gewinnorientierten Unternehmens, das Kinder unterstützt und es ihnen ermöglicht, ein besseres Leben zu führen.

Er gilt als einer der führenden Leadership-Experten der Welt; zu seinen Kunden zählen viele Fortune-100-Unternehmen, bekannte Milliardäre, Profisportler, berühmte Musiker und Mitglieder von Königshäusern.

Zu den Organisationen, die sich von Robin Sharma bei der Schulung von Führungskräften beraten ließen, gehören die NASA, Microsoft, Nike, General Electric, FedEx, Hewlett Packard, Starbucks, Oracle, die Yale University, IBM Watson und die Young Presidents' Organization.

Darüber hinaus ist er ein weltweit gefragter Vortragsredner. Unter robinsharma.com/speaking sind die Termine seiner Auftritte einsehbar.

Die Bestseller des Autors, wie insbesondere *The Monk Who Sold His Ferrari* [deutsch: *Der Mönch, der seinen Ferrari verkaufte*], *The Greatness Guide* und *The Leader Who Had No Title* [deutsch: *Jeder kann in Führung gehen*], wurden in 92 Sprachen übersetzt und verkauften sich millionenfach. Dadurch wurde Robin Sharma zu einem der weltweit am meisten gelesenen lebenden Schriftsteller.